Nomos Universitätsschriften

Soziologie

Band 18

Andreas Johannes

Das Feld der Großmächte im 18. Jahrhundert

Eine soziologische Analyse
am Beispiel des Aufstiegs Preußens
zur Großmacht (1740–1763)

 Nomos

Die Deutsche Nationalbibliothek verzeichnet diese Publikation in
der Deutschen Nationalbibliografie; detaillierte bibliografische
Daten sind im Internet über http://dnb.d-nb.de abrufbar.

Zugl.: Bielefeld, Univ., Diss., 2015

ISBN 978-3-8487-3194-7 (Print)
ISBN 978-3-8452-7558-1 (ePDF)

1. Auflage 2017
© Nomos Verlagsgesellschaft, Baden-Baden 2017. Gedruckt in Deutschland. Alle Rechte,
auch die des Nachdrucks von Auszügen, der photomechanischen Wiedergabe und der
Übersetzung, vorbehalten. Gedruckt auf alterungsbeständigem Papier.

Inhaltsverzeichnis

Einleitung		11
Teil I	Einführung: Die Perspektive von Geschichtswissenschaft und Politologie	33
I – 1)	Der Großmachthabitus im Zeitalter des Absolutismus (Die geschichtswissenschaftliche Perspektive)	33
	I – 1.1) Absolutismus und Ancien Régime: Das Streben nach Macht jenseits von Religion und Ideologie	34
	I – 1.2) Die Genese von Staat und Gesellschaft durch den Großmachthabitus	35
	I – 1.3) Vom Monopolmechanismus zum Großmachthabitus	47
	I – 1.3.1) Die günstige Gelegenheit und habitueller Dauerzustand	47
	I – 1.3.2) Zur Motivationsgenese des Großmachthabitus	51
	I – 1.4) Der Großmachtstatus	54
	I – 1.4.1) Versuche den Großmachtstatus quantitativ oder statistisch zu erfassen	54
	I – 1.4.2) Die Kompensationsfunktion des Großmachtstatus aus der Perspektive der Beobachtung zweiter Ordnung	64
	I – 1.4.3) Der Großmachtstatus als Großmachthabitus	68
	I – 1.4.4) Die Anerkennung des Großmachtstatus als Prozess im Feld der Pentarchie	71
	I – 1.4.4.1) Frankreich	72
	I – 1.4.4.2) Großbritannien	77
	I – 1.4.4.3) Österreich	80
	I – 1.4.4.4) Russland	86

Inhaltsverzeichnis

	I – 1.4.4.5)	Anerkennung als Großmacht im 18. Jahrhundert (Resümee)	89
I – 1.5)		Rückschau auf den Großmachthabitus im Zeitalter des Absolutismus	91
I – 2)		Das Feld der Großmächte aus der Sicht des politischen Realismus	96
	I – 2.1)	Die Weltsicht des politischen Realismus	97
	I – 2.2)	Dekonstruktion eines Theorems: Was die Balance of Power verbirgt.	102
	I – 2.3)	Die verborgenen Fallstricke des Struktursyndroms von Anarchie, Balance of Power und dem Ensemble der Großmächte	104
	I – 2.4)	Die Bedeutung des prinzipiellen Bruchs in der Theorie von K. Waltz für das Verständnis des Ensembles der Großmächte	112
	I – 2.5)	Resümee: Das Feld der Großmächte im politischen Realismus	124
Teil II		Entdinglichung und Schließung: Der methodische Zugang zum Feld	127
II – 1)		Das Feld der Großmächte: Kein Soziales System und kein Idealtypus	128
II – 2)		Die Beobachtung der Beobachtung nach N. Luhmann	133
II – 3)		Entdinglichung: Die Einheit des Feldes der Großmächte als reflexive Generalisierung (ausgehend vom Begriff des Generalisierten Anderen bei G.H. Mead)	136
II – 4)		Schließung: Habitus und Feld nach P. Bourdieu	140
II – 5)		Der Zugang zum Feld der Großmächte	145
Teil III		Preußen als Parvenu: Das Feld der Großmächte im 18. Jahrhundert – erklärt am Aufstieg Preußens zur Großmacht	147
III – 1)		Vorausblick: Der geschichtliche Rahmen und die innere Plausibilität des Prozesses der Anerkennung	147
III – 2)		Der Großmachthabitus Preußens	161
	III – 2.1)	Ruhmbegierde und Konkurrenzdruck	162

III – 2.2) Generalisierung der Einheit des Feldes: die Lage   165
   III – 2.2.1) Die Pragmatische Sanktion als Beispiel für die Lage als „conjoncture favorable"   166
   III – 2.2.2) Die Lage Preußens vor dem Beginn des Österreichischen Erbfolgekrieges   171
   III – 2.2.3) Die Lage Preußens vor dem Beginn des Siebenjährigen Krieges   176

III – 2.3) Preußen wird positioniert: Die Erkenntnis seiner Bedrohungsfähigkeit als erster Schritt zur Anerkennung Preußens im Feld der Großmächte   183
   III – 2.3.1) Das Bild Friedrichs des Großen aus der Sicht der Großmächte   185
   III – 2.3.2) Das Bild Österreichs   188
   III – 2.3.3) Das Bild Großbritanniens   193
   III – 2.3.4) Das Bild Russlands   198
   III – 2.3.5) Das Bild Frankreichs   201
   III – 2.3.6) Friedrich der Große im Gesichtskreis der Pentarchie   207

III – 2.4) Preußen wird positioniert: Die Imitation Preußens als zweiter und dritter Schritt seiner Anerkennung im Feld der Großmächte   209
   III – 2.4.1) Die Imitation Preußens durch Österreich   209
      III – 2.4.1.1) Österreich bewundert Preußen   209
      III – 2.4.1.2) Österreich respektiert Preußen   217
   III – 2.4.2) Die Imitation Preußens durch Großbritannien   225
      III – 2.4.2.1) Großbritannien bewundert Preußen   226
      III – 2.4.2.2) Großbritannien respektiert Preußen   229
   III – 2.4.3) Die Imitation Preußens durch Frankreich   233
      III – 2.4.3.1) Frankreich bewundert Preußen   234

Inhaltsverzeichnis

	III – 2.4.3.2) Frankreich respektiert Preußen	236
III – 2.4.4)	Die Imitation Preußens durch Russland	240
	III – 2.4.4.1) Übersicht	240
	III – 2.4.4.2) Imitationen der Mittelmacht Preußen	241
	III – 2.4.4.3) Russland bewundert Preußen	244
	III – 2.4.4.4) Russland respektiert Preußen	251

III – 3) Die Praxisform des Großmachthabitus: Wie das strategische Verhalten sich durch die Neudefinition der Situation im Feld ändert   261
     III – 3.1) Der Praxisrahmen   261
     III – 3.2) Die Konsequenz für den Praxisrahmen Frankreichs   264
     III – 3.3) Die Konsequenz für den Praxisrahmen Österreichs   271
     III – 3.4) Die Konsequenz für den Praxisrahmen Großbritanniens   275
     III – 3.5) Die Konsequenz für den Praxisrahmen Russlands   281
     III – 3.6) Die Dynamik des Feldes   285

III – 4) Das Feld der Großmächte und sein Umfeld: Das Machtgefälle als Grenze (dargestellt am Beispiel der Mittelmächte Bayern und Sachsen)   287
     III – 4.1) Macht als Grenze zwischen Feld und Umfeld   287
     III – 4.2) Bayern als typische Mittelmacht   299
         III – 4.2.1) Die Mittelmacht Bayern zwischen Frankreich und Östereich   299
         III – 4.2.2) Das Schicksal der Mittelmacht Bayern im Österreichschen Erbfolgekrieg als Aktualisierung der Grenze des Feldes der Großmächte.   306
     III – 4.3) Die Bestätigung der Grenze des Feldes durch abweichendes Verhalten: Sachsens zerstobene Großmachtträume   309

III – 4.3.1)	Die Bedeutung der Mittelmacht Sachsen für die Verifizierung der Grenze des Feldes der Großmächte	309
III – 4.3.2)	Sachsen als Spielball im Feld der Großmächte	311
III – 4.3.2.1)	Sachsen gerät zwischen die Großmächte Österreich und Preußen (1740–1742)	314
III – 4.3.2.2)	Die schlechtere Lösung: Sachsen als Diener zweier Herren (1743–1745)	320
III – 4.3.2.3)	Politische Mimikry: Die Stellung Sachsens als Chamäleon im Feld der Großmächte (1745–1748)	325
III – 4.3.2.4)	Die Tragödie der sächsischen Außenpolitik (1753–1756)	328
III – 4.3.3)	Geostrategie und Großmachthabitus (Resümee)	337
III – 5)	Die Konstitution des Feldes der Großmächte	342
III – 5.1)	Das Feld zu Beginn des Österreichischen Erbfolgekrieges	345
III – 5.2)	Das Feld zu Beginn und während des Siebenjährigen Krieges	347
III – 5.3)	Das Feld als Prozess von Imitation und Koordination von Heterochronizität	350
III – 6)	Nachtrag. Zum theoretischen Gehalt des methodischen Vorgehens	355
Wichtige Daten der Epoche		359
Literaturverzeichnis		361

Einleitung

A – Die These

Das Thema der hier vorgelegten Arbeit ist das Feld der Großmächte im 18. Jahrhundert. Die fünf Großmächte des 18. Jahrhunderts (Frankreich, Großbritannien, Österreich, Preußen und Russland), in ihrer Gesamtheit auch Pentarchie genannt, sind im wissenschaftlichen Alltag Gegenstand von Geschichtswissenschaft und Politologie. Deshalb bedarf eine soziologische Perspektive darauf einer besonderen Begründung.

Neuere historische Soziologie, zumal eine im Gefolge der Systemtheorie Niklas Luhmanns, hat vor allem den Umbau von stratifikatorischer zu funktionaler Gesellschaftsdifferenzierung im Blick und dies aus der Perspektive semantischer Umbrüche, die als Indikatoren für diesen Umbau gelten. Luhmanns eigene Publikationen stehen für diese Perspektive.

Die geplante Arbeit dagegen fokussiert nicht einen Umbruch, sondern eine Kontinuität: Das Feld der Großmächte, wie es sich seit dem 30jährigen Krieg (1618–1648) in Europa herausgebildet hat und bis zum Ende des Kalten Krieges, genauer, bis zum Zerfall der Sowjetunion im Jahr 1991, die politischen und gesellschaftlichen Geschicke Europas bestimmte. Es sind besondere Beziehungen dieser Großmächte untereinander, im Vorgriff gesprochen: Es ist das Feld der Großmächte vom 18. bis ins 20. Jahrhundert, das zur Genese moderner Gesellschaften führte. Wie dies im Einzelfall geschah, wird in der Arbeit an einem Beispiel, an Österreich (Kapitel III-2.4.1), dargestellt. Der Fokus allerdings liegt auf der Struktur des Feldes der Großmächte. **Die These, die es zu behaupten gilt, lautet: Es gibt eine Struktur des Feldes der Großmächte, die von anderen Beziehungen der Großmächte untereinander noch einmal unterschieden werden muss.** Nicht das „Zwischen" internationaler Beziehungen soll thematisiert werden, sondern das Feld der Großmächte als Institution eigenen Rechts, in dem die Großmächte qua Positionierung vertreten sind. Es gilt eine Institution herauszuarbeiten, die von Geschichtswissenschaft und Politologie avisiert oder vorausgesetzt wird, deren Struktur bislang aber lediglich als gegeben angenommen wurde und in ihrer Eigenart nicht herausgearbeitet worden ist. Die Struktur dieses Feldes kann dann verständlich machen, wie seine Eigendynamik zur Herausbildung von verschiede-

11

Einleitung

nen Gesellschaften führte – die wahrscheinlich bedeutsamsten Folgeprodukte des Anerkennungsprozesses der Großmächte untereinander. **Das ist die Absicht: die Struktur dieses Feldes der Großmächte herauszuarbeiten, um eine soziologische Verständnisgrundlage für die Genese heutiger moderner Gesellschaften zu schaffen.** Nicht an einen Typ moderner Gesellschaft denke ich, sondern an eine Vielzahl von Gesellschaften, die den ihnen gemeinsamen Vergleichspunkt in ihrem Entstehungsmodus aus dem Feld der Großmächte finden, also aus analogen Startbedingungen, die als „latent pattern maintenance" bis heute wirksam sind. Das Augenmerk liegt dabei auf dem zentralen Charakter der Bedrohungsfähigkeit, der die Statusebenbürtigkeit der Großmächte verbürgt genauso wie die Abgrenzung gegenüber Mittel- und Kleinmächten.

Zwischen der Beobachtung von Gesellschaft, und oft handelt es sich implizit dabei um je einzelne nationale Gesellschaften, die unter einem kontextlosen Begriff „Gesellschaft" firmieren[1], und der Beobachtung von Weltgesellschaft tut sich in der zeitgenössischen Soziologie eine Kluft auf,

---

1 P. Bourdieus Hauptwerk „Die feinen Unterschiede" (frz: La Distinction) hat z.B. die französische Gesellschaft im Blick, auch wenn er im Vorwort zur deutschen Ausgabe sich Mühe gibt, seinen universalen Anspruch zu untermauern (P. Bourdieu, Die feinen Unterschiede, Frankfurt/M. 1987, S. 11-15 und beispielsweise das Kapitel: Der Sinn für Distinktion, S. 405-499 vor allem die Schemata S. 409, 414, explizit auch in P. Bourdieu, Praktische Vernunft 1998, S. 28f). Ebenso konzentriert sich Gerhard Schulze in seinem Hauptwerk „Die Erlebnisgesellschaft" auf Deutschland und lässt sich von den deutschen Verhältnissen in seiner Analyse leiten (Gerhard Schulze, Die Erlebnisgesellschaft, Frankfurt/M – New York 1992, siehe die Einleitung S. 15f.). Im Sammelband „Soziologische Gesellschaftsbegriffe" (Hg. G. Kneer / A. Nassehi [2]1997) werden eher Aspekte von Gesellschaftsbegriffen der Ersten Welt thematisiert (Postmoderne, multikulturelle, schamlose, funktional differenzierte, individualisierte, postindustrielle Gesellschaft oder Geschlecht in der Gesellschaft, Zivilgesellschaft, Risikogesellschaft, Marktgesellschaft, Erlebnisgesellschaft, Informations- und Mediengesellschaft. Das Problem schon fokussierend: D. Richter: Weltgesellschaft (S. 184-204), darin das Kapitel „Strukturfunktionalistische Analysen: Internationale Beziehungen oder Weltgesellschaft?, S. 187-190). Gesellschaft als sozial abgrenzbare Struktureinheit kommt dabei kaum in den Blick. A. Giddens kritisiert diese Verengung der Sichtweise immerhin: „Diesen Vorurteilen zu widerstehen wird leichter, wenn man sich klarmacht, daß gesellschaftliche Ganzheiten ausschließlich innerhalb eines Kontextes zwischengesellschaftlicher Systeme angetroffen werden, ... Zusammengefasst handelt es sich also bei „Gesellschaften" um soziale Systeme, die sich vor dem Hintergrund einer Reihe anderer systemischer Beziehungen, in die sie eingebettet sind, reliefartig „herausheben"", A. Giddens, Die Konstitution der Gesellschaft [3]1997, S. 217.

eine Kluft der Analyse und der Theorie. Es ist diese hermeneutische Kluft, in der, nach beiden Seiten ausgreifend, die Internationalen Beziehungen ihren Ort haben. Die Kommunikation zwischen einzelnen Gesellschaften, ihre inter-nationalen Beziehungen, enthalten ja das, was – alteuropäisch gesprochen – die transzendentalen Bedingungen für die Genese und Entwicklung von Gesellschaften ausmacht. Wie zu zeigen sein wird, ist es hier das Feld der Großmächte, das den Impuls zur Genese von Gesellschaften hervorbringt und das auch die Orientierung dieser Genese qua Imitation verbürgt. Das Feld der Großmächte, ein Typ von Kommunikation zwischen Gesellschaften verschiedener Reputation auf der Bühne internationaler Beziehungen, transzendiert einzelne Gesellschaften, überwölbt sie gleichsam und wirkt auf sie zurück oder schafft sie allererst. Darum ist es unerlässlich, sich diesen Bedingungen zu zuwenden, wenn Grund und Art von Gesellschaftsbildung verstanden werden soll. Und in eben diesem Sinn sind dann auch Internationale Beziehungen ein Thema soziologischer Forschung.

Das Zeitalter des Absolutismus bietet dem wissenschaftlichen Beobachter die Chance, Großmachtverhältnisse offen und unverstellt in Anspruch und Realisierung analysieren zu können. Das Zeitalter der Religionskriege war vorbei (seit dem Westfälischen Frieden), und das Zeitalter der Ideologisierung von Machtansprüchen hatte noch nicht begonnen (zu beobachten seit der Französischen Revolution). Beide, Religion und Ideologie, verdecken Machtkämpfe oder spitzen sie zu. Macht um der Macht willen und darin sich selbst absolut setzend, diese Konstellation internationaler Beziehungen lässt sich gerade zwischen Westfälischem Frieden (1648) und Wiener Kongress (1815) in der Epoche des Absolutismus beobachten. Eingelöst werden diese absoluten Machtansprüche durch Großmächte, die niemanden über sich dulden und darin ein Feld unter Gleichen bilden. Im Zeitalter des Absolutismus lässt sich also der Charakter von Macht, von absoluter Macht, und die darin ambivalente Kreativität eines sich selbst absolut setzenden Willens zur Macht transparent und im Vergleich zu anderen Epochen davor und danach unverstellt profilieren. Es ist der Wille zu absoluter Macht, vorgestellt im Großmachthabitus als Selbstpräsentation des Feldes, der zur Ausbildung moderner Gesellschaften führte.

Dieses Feld der Großmächte soll an einem historischen Beispiel veranschaulicht werden, am Aufstieg Preußens zur Großmacht im 18. Jahrhundert. Dieser Prozess des Aufstiegs umfasst die Zeitspanne der Jahre 1740–1763, vom Beginn der Herrschaft Friedrichs des Großen und dem zeitgleich beginnenden Österreichischen Erbfolgekrieg bis zum Ende

Einleitung

des Siebenjährigen Krieges. Am Beispiel des Aufstiegs Preußens das Feld der Großmächte herauszuarbeiten, bietet zwei Vorteile: Preußen galt als Eindringling in das schon bestehende Ensemble der Großmächte. Frankreich, Österreich und Großbritannien waren als Großmächte bereits anerkannt, Russland stand in einem vergleichbaren Prozess der Großmachtwerdung. Man kann an Preußens Aufstieg daher die Reaktion des schon bestehenden Feldes der Großmächte eruieren. Zugleich war Preußen eine untypische Großmacht. Die bis heute vor allem in der Literatur des Bereichs Internationale Beziehungen, aber auch im außerwissenschaftlichen Sprachgebrauch geltend gemachten, quantitativ erfassbaren Eigenschaften einer Großmacht: wirtschaftliche Stärke, eine Mindestausdehnung des zur Verfügung stehenden Grund und Bodens, eine Mindestmaß an Bevölkerung, nicht zuletzt als Rekrutierungsbasis für ein stehendes Heer, all das traf auf Preußen nicht im gleichen Maße wie auf die anderen Großmächte zu. Preußen galt als Großmacht „auf tönernen Füßen", d.h. als eine Großmacht ohne diese dafür typischen Basisressourcen. Preußen als Großmacht bietet so einen Ansatzpunkt für eine kritische Auseinandersetzung mit dieser quantitativ orientierten, vor allem im anglo-amerikanischen Bereich starken Tendenz der Großmachtauffassung und weist darüber hinaus auf andere Gründe für die Zuerkennung des Großmachtstatus; aus der hier gewählten Perspektive: auf den Prozess der Anerkennung als Großmacht.

Der Tatsache, dass das Thema Großmächte und Großmachtstatus vor allem in der Geschichtswissenschaft der frühen Neuzeit und im Bereich Internationale Beziehungen / Politologie, dort in der Schule des sog. Politischen Realismus, diskutiert worden ist, verdankt diese Arbeit ihren **Aufbau**. Im ersten Teil, der Einführung, soll in zwei Kapiteln je der Zugang von Geschichtswissenschaft und Politologie zum Thema vorgestellt und kritisiert werden, um daraus im zweiten Teil einen methodischen Zugang zu entwickeln, der dort in Auseinandersetzung mit den Entwürfen *M. Webers*, *N. Luhmanns*, *G.H. Meads* und *P. Bourdieus* präsentiert wird. Der dritte Teil bietet dann eine Erklärung des Feldes der Großmächte im Zeitalter des Absolutismus am Beispiel des Aufstiegs Preußens zur Großmacht. In diesem Teil wird dann auch deutlich, wie die Eigendynamik des Feldes der Großmächte zur Genese moderner Gesellschaften führt.

Noch ein Hinweis zum Schriftbild: Die Arbeit verwendet drei Typen herausgehobener Schreibweise: Zitate werden abgesetzt und in kleinerer Schrift präsentiert. Zusammenfassungen und – damit meist verbunden – der Wechsel von der Beobachtung erster Ordnung in den Beobachtungsmodus zweiter Ordnung sind kursiv abgehoben. Fett gedruckt werden Stichworte oder Schlüsselsätze, die zur Orientierung im Text dienen.

B – Historischer Kontext, Argumentation und Darstellung

Der historische Kontext

Als Friedrich II. am Abend des 13. Dezember 1740 unbemerkt den königlichen Maskenball im Berliner Schloss verließ, war alles schon für die Abreise des Königs vorbereitet worden. Über Nacht traf er an der schlesischen Grenze bei Crossen ein und führte seine Truppen am 14. Dezember ins österreichische Schlesien hinein[2]. In wenigen Tagen war die gesamte Provinz erobert ohne eine nennenswerte militärische Auseinandersetzung (diese folgte dann im Frühjahr 1741). Ein Überraschungscoup, der das politische Europa wie ein Erdbeben durchfuhr. Die darauf folgenden Kriege, der Österreichische Erbfolgekrieg und der Siebenjährige Krieg, sollten die europäische und internationale Lage grundlegend verändern.

Das Jahr 1740 hatte in Europa drei Thronwechsel europäischer Herrscher gesehen. Am 20. Oktober 1740 verstarb Karl VI. und hinterließ seiner Tochter Maria Theresia ein Erbe, um das trotz vielfältiger, vertraglicher Vorsorge (die Pragmatische Sanktion) Krieg geführt wurde, der Österreichische Erbfolgekrieg (1740–1748). Am 28. Oktober 1740 starb die Zarin Anna, so dass Russland als ebenfalls aufstrebende Großmacht seine Großmachtambitionen neu zu ordnen begann. Friedrich Wilhelm I. von Preußen starb am 31. Mai 1740, und die Thronbesteigung seines Sohnes Friedrich II. stellte sich im Nachhinein als der folgenreichste Wechsel in der Familie europäischer Herrscherhäuser dar. Friedrich II. war gerade 6 Monate König, als ihm der Überraschungscoup gelang, die ökonomisch wichtigste Provinz des habsburgisch-österreichischen Imperiums zu erobern. In zwei Kriegen wurde um Schlesien gekämpft, im Österreichischen Erbfolgekrieg (1740–1748) und im Siebenjährigen Krieg (1756–1763). Am Ende dieses Krieges war Preußen der Großmachtstatus nicht mehr zu nehmen, auch wenn dies das Ziel der von Österreich gegen Preußen geschmiedeten Koalition war.

---

2 Franz Kugler, Geschichte Friedrichs des Großen, Leipzig 1856, S. 135.

Einleitung

Das Ziel Friedrichs II. war begrenzt und unbegrenzt zugleich: Es ging ihm „nur" um Schlesien und nicht um weitere Gebietserwerbungen, die eine Verbindung zwischen preußischen Gebieten ohne Landverbindung hätten schaffen können (Minden, Mark, Kleve, Tecklenburg, Ostpreußen). Deshalb ging es in beiden Kriegen nicht um Arrondierung. Mit der Eroberung Schlesiens hatte Preußen sozusagen im Handumdrehen ein Drittel mehr Einwohner, und die Wirtschaftskraft Preußens erhöhte sich dadurch um ca. 40 %[3]. Neben der Sicherung dieser bis dato österreichischen Provinz zeigte sein Taktieren im Österreichischen Erbfolgekrieg deutlich, worauf Friedrich zielte: Er demonstrierte seine Unabhängigkeit gegenüber den anderen Großmächten. Dreimal wechselte Friedrich II. die Seiten: Im Geheimabkommen von Klein-Schnellendorf (9. Oktober 1741) mit Österreich kehrte er der von Frankreich geführten Koalition den Rücken[4]. Friedrich II. war weder an einer Eroberung Wiens noch Böhmens interessiert. Als sich das Kriegsglück allerdings zugunsten Österreichs wendete (mit der Eroberung Bayerns), griff der preußische König wieder auf französischer Seite ein und besiegte das österreichische Heer erneut bei Chotusitz, um am 28. Juli 1741 in Breslau mit Österreich einen Separatfrieden zu schließen – wiederum hinter dem Rücken seiner Alliierten. Als jedoch das Blatt sich wieder zugunsten Österreichs zu wenden begann, vor allem durch das Eingreifen der sog. Pragmatischen Armee (u.a. niederländische, britische und Truppen des Heiligen Römischen Reiches Deutscher Nation) auf der Seite Österreichs, und Frankreich zunehmend in Bedrängnis geriet, wurde das preußische Heer am 17. August 1744 wieder in Bewegung gesetzt (auch der Zweite Schlesische Krieg in der Geschichtsschreibung

---

3 Bernd Sösemann und Gregor Vogt-Spira, Friedrich der Große in Europa 2012 Bd. II, S. 418f. Dort der Anteil Schlesiens am Exportüberschuss der Handelsbilanz im Jahr 1753 (2425.305 Mill. preußische Reichstaler entfallen auf Schlesien von einen Gesamtüberschuss von 5610.036 Mill. Reichstalern). Schlesien hatte damals ca. 1,1 Millionen Einwohner (K.-H. Kaufhold, Der friderizianische Merkantilismus 1986, S. 106), Preußen ohne Schlesien dagegen 2,26 Millionen (B. Sösemann und G. Vogt-Spira 2012 Bd.II, S. 410).

4 Die politische Einordnung dieser Strategie finden sich gut zusammengefasst bei J. Kunisch 2004, 194ff: „Das Schlesienabenteuer erfüllte im Kalkül des Königs ja nur dann seinen Sinn, wenn es Preußen gelang, aus der Phalanx der Mittelmächte herauszutreten und eine Präeminenz des Hauses Brandenburg den Rivalen gegenüber zu begründen. Wenn gerade jene aber im Begriffe waren, einen womöglich noch größeren Anteil an der habsburgischen Hinterlassenschaft an sich zu reißen, war alles verspielt, was Friedrich mit dem Zugriff auf Schlesien auf sich genommen hatte".

Einleitung

preußischer Tradition genannt). Nach wechselhaftem Kriegsglück beendete Friedrich II. die preußische Beteiligung am Österreichischen Erbfolgekrieg im Dresdener Frieden Weihnachten 1745. Der österreichische Erbfolgekrieg endete 1748. Dessen Kriegsgeschehen verlagerte sich danach zusehends auf Schauplätze französisch-britischer Gegnerschaft.

Die häufigen Seitenwechsel Friedrichs II. waren dabei Ausdruck einer Politik der gezielten Veränderung des Praxisrahmens aller Beteiligten, die vor allem den eigenen Großmachtstatus im Blick hatte. Weder Verbündete (Frankreich) noch Gegner (Österreich und Großbritannien) sollten in diesem Kampf einseitig so stark werden, dass sie der neuen Großmacht gefährlich werden konnten. Hier war Friedrich II. vor allem Schüler britischer Kontinentalpolitik.

Schon 1742, nach Abschluss des Breslauer Friedens, blickte Friedrich II. zufrieden auf eine erste Etappe der Großmachtwerdung zurück. Er schrieb an seinen Minister Podewils, es ginge darum,

> „die Kabinette Europas daran zu gewöhnen, uns in der Stellung zu sehen, die uns dieser Krieg verschafft hat, und ich glaube, daß viel Mäßigung und viel Gleichmut gegenüber allen Nachbarn uns dahin führen wird".[5]

Die Kabinette Europas gewöhnten sich vorerst nicht daran. Österreich sann fortan auf Mittel, Friedrich II. Schlesien wieder zu entreißen. Georg II. von England ließ einen Plan ausarbeiten, der bis zur Vernichtung und Aufteilung Preußens ging, so sehr trieb ihn der Hass auf seinen Neffen in Berlin[6] um. Russland fürchtete ein Preußen, das sich nicht mehr in einen Staatenkordon gegen Frankreich eingliedern ließ und – wie es dann ja auch geschah – auf französischer Seite dessen Einfluss ausgerechnet im Vorfeld Russlands stärkte. Preußen war zum Störenfried im Kreis der Großmächte geworden. Auch wenn der Siebenjährige Krieg im Ohiotal in Nordamerika begann, der Anlass für das Überspringen des Kriegsfunkens boten die wahren (wie man jetzt weiß), aber für Friedrich schwer nachprüfbaren Gerüchte um die von Österreich gegen Preußen angestrebte Koalition mit den weiteren Großmächten Frankreich und Russland. Von österreichischer und russischer Seite wurde dieser Krieg vor allem geführt, um Preußen seine Großmachtstellung wieder zu nehmen. Das misslang. Preußen trotzte einer stupenden militärischen Übermacht dreier Groß-

---

5 J. Kunisch 2004, S. 203.
6 M. Schlenke, England und das friderizianische Preußen 1740-1763, 1963, S. 110-113.

mächte. Keine Balance nirgends in diesem ungleichen und blutigen Kampf. Dafür ein glückliches Überleben Preußens, vor allem durch den Tod der Zarin Elisabeth, deren Nachfolger, Zar Peter III., aus der Koalition gegen Friedrich den Großen ausscherte, da er als begeisterter Anhänger Friedrichs (wie Joseph II. von Österreich) sich so sehr mit Friedrich II. identifizierte, dass er nicht nur wie der preußische König im Feld ständig Uniform trug, sondern auch preußisch exerzierte und um den Orden des schwarzen Adlers bei Friedrich dem Großen bat (was ihm bewilligt wurde). Man kann ohne Übertreibung sagen, dass letztlich das europaweite Charisma Friedrichs des Großen, sein Ruf als König und Feldherr (roi connétable), Preußen im Siebenjährigen Krieg vor der doch drohenden Niederlage bewahrt hat. Danach war Preußen der Großmachtstatus nicht mehr zu nehmen. Preußen war als Großmacht anerkannt.

Argumentation und Darstellung: zu TEIL I (Die Perspektive von Geschichtswissenschaft und Politologie)

Die Dreiteilung der Arbeit spiegelt die Entwicklung des Arguments: Die Thematisierung des Ensembles der Großmächte in Geschichtswissenschaft und Politologie (Teil I) führt ein Dilemma vor Augen: Geschichtswissenschaft wie Politologie setzen die Existenz eines Ensembles von Großmächten voraus, dringen aber nicht zu einer transparenten Klärung seiner Struktur vor. Begriffe wie Pentarchie, Club der großen Mächte, Ensemble u.a.m. stehen vielmehr für eine unklar empfundene Nötigung, einen Struktursachverhalt zu behaupten, ohne ihn doch nachvollzuziehen zu können. Der Zugang zum Thema unterscheidet sich dabei deutlich. Die Geschichtswissenschaft der frühen Neuzeit hat die weltpolitisch einzigartige Situation des Feldes der Großmächte im Zeitalter des Absolutismus anschaulich herausgearbeitet. Ganz anders die Grundannahme des politischen Realismus/Politologie, der von einer permanenten, durch die Zeiten gleichbleibenden, anarchischen Grundsituation in internationalen Beziehungen ausgeht, in der jeder Staat der Feind jedes anderen ist.

Aus historischer Perspektive ist die Präsenz des Feldes der Großmächte an bestimmte wiederkehrende Situationen im Absolutismus gebunden. Das Feld existiert nicht einfach, sondern aktualisiert sich in „conjonctures favorables", in günstigen Gelegenheiten, die sich als Handlungsdruck für jede im Feld positionierte Großmacht bemerkbar machen. Die einmalige Situation wird so durchaus als in sich repetitiv strukturiert

Einleitung

wahrgenommen. Sie ist allerdings auch keine Situation permanenter Konkurrenz, wie sie *N. Elias* im Begriff des Monopolmechanismus formuliert hat. Vielmehr zwang das letztlich erfolglose Hegemoniestreben von Habsburg-Österreich und Frankreich alle bedeutenden europäischen Mächte zur Einsicht, ihr Nebeneinander nicht als Übergang, sondern als bleibende Ordnung aufzufassen. Ein bestimmter Dauerzustand der Beziehungen von Großmächten untereinander wurde dabei ins Habituelle transformiert, d.h. er war als Disposition jederzeit abrufbar, aber nicht jederzeit aktuell gegeben. Seine Aktualisierung setzte das Eintreten einer entsprechenden Lage voraus. Diese Lage trat im Zeitalter des Absolutismus z.B. bei Erbfolgekonflikten ein. Die vielen Erbfolgekriege der Epoche weisen darauf hin, wie oft und gegen alle geschlossenen Verträge sich der Großmachthabitus immer wieder durchzusetzen wusste. In diesem Fall trat ein Großmachthabitus in Erscheinung, der den Willen zur absoluten Macht jenseits von Verträgen und gewohnheitsrechtlichen Verbindlichkeiten bei jeder einzelnen Großmacht hervorbrechen ließ und damit plötzlich ein Feld sich gegenseitig belauernder Rivalitäten von fürstlichen Machtansprüchen präsentierte, das auch unter Großmächten Verlierer und Sieger kannte, die auf jede günstige Gelegenheit warteten, die Scharte auszuwetzen und den eigenen Machtanspruch wieder im Feld zu behaupten. Kriege um Land und Beute, um Ansehen und Ruhm dienten der Selbstverherrlichung von Dynastie und Person des Herrschers und waren zugleich Ausdruck des sich darin aktualisierenden Großmachthabitus.

Der politische Realismus kennt die typische Situation dagegen als unveränderte und unveränderliche Grundbefindlichkeit des internationalen Systems vom Altertum bis in unsere Tage. Er zeichnet ein düsteres Bild der Welt internationaler Beziehungen, nennt es realistisch und verweist auf die permanenten Spannungen, Konflikte und Kriege zu allen Zeiten, die ihn verführen, eine permanent anarchische Grundsituation anzunehmen, in der jeder Staat des anderen Feind und das ubiquitäre Misstrauen der Kitt ist, der die internationale Staatenwelt zusammenhält. Alle Formen von Verbindlichkeit in internationalen Beziehungen, die das Misstrauen im Einzelfall überwinden, sind nichts weiter als Nebenfolgen aus dem Misstrauen gegen Zweite, denen gegenüber man sich mit Dritten aus Selbstverteidigung zusammenschließen muss. In diesem Gedankensprung ist dann auch schon gleich die Balance of Power logische Konsequenz aus der anarchischen Grundsituation und Antwort auf die Frage, wie aus dem Misstrauen aller gegen alle heraus überhaupt Strukturbildung möglich ist. Das Renommé des Theorems Balance of Power und seine praktische Anwen-

Einleitung

dung bis in die US-Außenpolitik der jüngsten Tage hinein (H. Morgenthau, Z. Brzezinski, H. Kissinger, C. Rice) als Containmentpolitik zeigen die politische Wirksamkeit einer Metapher, die gleichwohl als analytisches Instrument unbrauchbar ist.

Aus beiden Situationsbeschreibungen ist zu lernen. Während die günstige Gelegenheit im dritten Teil als Lage analysiert wird, in der die Einheit des Feldes für eine Position greifbar wird, dekonstruiere ich das Theorem „Balance of Power" in seine beiden Bestandteile, Konflikt und Feld, erläutere, wie die im politischen Realismus behauptete Wechselwirkung von Anarchie (als permanenter Grundsituation) und Balance of Power durch das Ineinanderschieben der Perspektiven erster und zweiter Ordnung entsteht und bei Trennung beider eben auch nicht behauptet werden kann. Konsequent muss deshalb der Konflikt aus der Beschreibung der Aktualisierung des Feldes ausgeschieden werden (um ihn davon gesondert noch einmal dazu in Beziehung setzen zu können). Ebenso überschreitet daher das Feld der Großmächte die Grenzen anarchischer Situationsbeschreibung.

Im Großmachthabitus zeigt sich ein Ausschnitt des Feldes, aber darin auch, positionsgebunden, aus der Perspektive auf eine bestimmte Großmacht und deren Perspektive auf die anderen Großmächte, das Feld als Ganzes. Der Charakter des Großmachthabitus wirkte gleichermaßen in den Raum internationaler Beziehungen, wie er die werdenden Gestalten von Staat und Gesellschaft formte. Es war der Großmachthabitus, der die verschiedenen Bereiche innergesellschaftlichen Handelns zum Zweck der eigenen Machtsteigerung so miteinander verflocht, dass sie auf je herrschaftsindividuelle Weise ineinandergriffen, und damit Gesellschaft generierte. Einstmals europaweit geflochtene Netze von Wirtschaftsbeziehungen, von Religion und von Kunst wurden immer stärker politisiert und für den Machtbereich absolutistischer Herrscher instrumentalisiert. Der Fürst im Absolutismus führte einen Zweifrontenkampf, im Innern den Kampf gegen Adel und Stände, außen den Kampf gegen die Rivalen im Feld.

Die Allgemeinheit dieses Habitus darf dabei nicht als eine europaweit gleichzeitige Entwicklung aufgefasst werden. Gerade die **Heterochronizität**, die Ungleichzeitigkeit in der Formung der Staaten erlaubte den Blick auf benachbarte Mächte, die durch Nachahmung sich das zur weiteren Machtentfaltung aneigneten, was sie bei sich nicht finden konnten. Und darum war es die Imitation des Militärischen, durch die eine Großmacht als Großmacht anerkannt wurde. Wenn vom Feld der Großmächte die Rede ist, dann nicht als synchronem Gebilde, sondern als einem Feld, in dem

Einleitung

gerade die Koordination von Heterochronizität durch Imitation geleistet wird.

Dies die Ausgangslage für die Genese aller Gesellschaften, die im Bannkreis des Feldes der europäischen Großmächte im 18. Jahrhundert entstanden.

Ein anderer geschichtswissenschaftlicher Topos führt ebenfalls an die Schwelle einer soziologischen Perspektive auf das Feld der Großmächte. Es ist die Rede vom **Großmachtstatus**. Im Gegensatz zur Bestimmung des Großmachtstatus über Basisressourcen, wie sie pars pro toto an der These *P. Kennedys* in seinem Hauptwerk „Aufstieg und Fall der Großen Mächte" demonstriert wird, konnte mit *R.G. Hawtrey* festgehalten werden, dass der Großmachtstatus eine kompensatorische Bedeutung hat. Er rechnet gerade mit der permanenten Unvollständigkeit des gegenseitigen Wissens der Großmächte über die jeweiligen Ressourcen der anderen. Es geht damit schon implizit um die **Einführung der Beobachtung zweiter Ordnung**, wenn nicht mehr die Basisressourcen im direkten Zugriff, sondern ihre Bedeutung für die gegenseitige Einschätzung der Großmächte untereinander in Blick kommt: Der Großmachtstatus wurde und wird also zugestanden, auch wenn eine Großmacht die Basisressourcen der anderen Großmacht nur teilweise beurteilen konnte und sich genau darüber im Klaren war. Meist stand deshalb der gewonnene Krieg einer Großmacht gegen eine andere (und als Symbol dafür oft eine gewonnene Schlacht) für die Zurechnung des Großmachtstatus, nämlich als Ausweis ihrer Bedrohungsfähigkeit. Auch Preußen konnte die militärische Schlagkraft seiner Gegner nur unvollständig einschätzen. Den Krieg gegen die Großmacht Österreich hat es gleichwohl begonnen. Und ebenso kam die Kenntnis der anderen Großmächte über die militärische Schlagkraft Preußens eher von ungefähr. Man war informiert über den Ausbau des Militärs unter Friedrich Wilhelm I., maß dem aber solange keine Bedeutung zu, wie davon kein Gebrauch gemacht wurde. Als dann das Interesse am preußischen Militär durch den Kriegserfolg Friedrichs II. erwachte, wurden gerade die mangelnden preußischen Basisressourcen für Österreich zum Hoffnungsschimmer, dass sich ein in die Länge gezogener Krieg gegen Preußen gewinnen lassen müsse. Das Mirakel des Hauses Brandenburg (*J. Kunisch*) im Siebenjährigen Krieg ließ aber die Feldherrnkunst Friedrichs des Großen in unermessliche Höhen der Anerkennung steigen und verwies die mittlerweilen gewonnenen Informationen über preußische Basisressourcen in die Zweitrangigkeit. Der Aufstieg Preußen lehrte ja genau dies: Ohne anscheinend ausreichende Basisressourcen konnte der Österreichische

Einleitung

Erbfolgekrieg und der Siebenjährige Krieg gewonnen werden. Und Preußen wurde als Großmacht auf tönernen Füßen anerkannt.

J. Black hat daher alle Versuche, den Großmachtstatus im 18. Jahrhundert in direktem Zugriff über eine Skalierung von Basisressourcen zwecks Vergleich zu bestimmen, dahin kommentiert, dass nur diejenige Macht als Großmacht gelten kann, die zu ihrer Zeit auch dafür gehalten wurde, also als Großmacht anerkannt war. Die Struktur dieses **Prozesses der Anerkennung** bleibt in der geschichtswissenschaftlichen Literatur aber im Dunklen und die Politologie thematisiert ihn als lediglich als innere Entwicklung eines Staates, als Entwicklung seiner Wirtschafts-, Finanz und Militärkraft. Die Diskrepanz zwischen Titeln und Überschriften geschichtswissenschaftlicher Provenienz, die einen Prozess der Anerkennung insinuieren, und den Berichten in diesen Werken und Kapiteln aus der Arena internationaler Beziehungen im 18. Jahrhundert, in denen sich dieser Prozess so gar nicht wiederfindet, ist allgemein und damit Ausdruck einer epistomologischen Schwelle: Anerkennung wird avisiert, aber nicht erkannt. Im dritten Teil wird darum der Prozess der Anerkennung Preußens durch die anderen Großmächte herausgearbeitet (Stichwort: Imitation, s.u.), und skizziert, was dieses für die Konstitution des Feldes als Prozess bedeutet.

Soweit dieser kurz gefasste Gang der Argumentation des ersten, hinführenden Teils. Er dient als Basis für den zweiten und dritten Teil. Im dritten Teil wird, ausgehend von der besonderen historisch eruierten Situation Preußens, das Feld der Großmächte in seiner typischen Konstitution dargestellt und erklärt: als Prozess der Anerkennung samt der für das Feld typischen Interaktion sowie der Aktualisierung seiner Grenzen im Machtgefälle zwischen dem Feld der Großmächte und dem Umfeld der Mittelmächte (an den Beispielen Bayerns und Sachsens). Dabei wird als Konsequenz aus dem zweiten Kapitel des ersten Teils nicht der Konflikt zwischen Großmächten, sondern nur das Feld der Großmächte thematisiert. Es ist das Feld der Großmächte, in dem und durch das die für Staats- und Gesellschaftsgenese wichtigen Prozesse von Imitation, Kontrolle und Bedrohung stattfinden.

Zu TEIL II (Entdinglichung und Schließung)

Der zweite Teil diskutiert einen adaequaten methodischen Zugang zum Feld. Hier, im Überblick, werden die strukturellen Konsequenzen aus dem ersten Teil, die erst im dritten Teil zum Tragen kommen, vorgestellt.

Um eine unkontrollierte Verwendung oder Produktion von Idealtypen (*M. Weber*) oder Systembegriffen (*N. Luhmann*) zu vermeiden, und um einen historisch situations-adaequaten Erkenntniszugang zu gewährleisten, wird die Differenz von Beobachtung erster und zweiter Ordnung noch einmal methodisch explizit eingeführt (*N. Luhmann*). Dies hat zur Folge, dass Beobachtung erster und zweiter Ordnung auch in Text und Argument unterschieden werden müssen. Die Argumentation hat sich deshalb weit hinein in Details der Geschichte der internationalen Beziehungen des 18. Jahrhunderts begeben, um diese dann aus eigener Perspektive in andere Zusammenhänge zu stellen als die, welche aus geschichtswissenschaftlichen Veröffentlichungen geläufig sind. Die Arbeit basiert also auf den geschichtswissenschaftlichen Resultaten, zitiert diese, stellt sie in den historischen Zusammenhang und interpretiert sie dann in ihrer Aussagekraft für die hier gestellte Aufgabe. Auf diese Weise kann der Argumentationsgang transparent und nachvollziehbar gestaltet werden. Der Wechsel in die Beobachtung zweiter Ordnung, also die Interpretation und Einordnung in den hier geführten Gang der Argumentation, wird zum besseren Nachvollzug kursiv gehalten, soweit er als Resümee nachgestellt werden kann. Damit ist der Übergang von Faktenreferat und –kommentierung zum argumentativen Teil markiert. Um die Anerkennung Preußens als Großmacht historisch situations-adaequat darzustellen, muss immer wieder der Blick aller anderen Großmächte, Frankreichs, Großbritanniens. Österreichs und Russlands, auf Preußen nacheinander referiert werden – dies die erste Ebene der Beobachtung, um anschließend die Einheitlichkeit der dabei gewonnenen Strukturmerkmale zusammenfassend darzustellen, die zweite Ebene der Beobachtung.

Im Anschluss an den ersten, einführenden Teil stellte sich die Frage nach der empirischen Verifizierung der Einheit des Feldes, nach dem Zugang zum Feld für einen Beobachter zweiter Ordnung. **Wie und wo ist die Einheit des Feldes empirisch zu greifen?** Wenn man darauf verzichtet, sie erst als Idealtyp oder System zu postulieren, um sie anschließend durch Belegstellen zu plausibilisieren, bedarf es eines empirisch auffindbaren Kriteriums, das die Einheit des Feldes präsentiert. Nun war das Feld der Großmächte nicht als Objekt in der Beobachtung erster Ordnung auszumachen. Zwar wird schon im 18. Jahrhundert immer wieder von den großen Mächten gesprochen, allerdings variieren Anzahl und gemeinte Mächte je nach Zeitpunkt und Perspektive, die Einheit des Feldes als ein Objekt mag hin und wieder Erwähnung finden, lässt sich aber nicht durchgängig belegen. Andererseits sind es immer wieder die gleichen Mächte, auf die Bezug genommen wird, wenn es darum geht, den gegenseitigen Einfluss auf die Handlungsfreiheit der jeweils anderen Großmächte zu bestimmen. Das führt Historiker und Politologen dazu, eine Struktur des Ensembles der Großmächte zu postulieren: Begriffe wie Pentarchie, Club der großen Mächte u.a.m stehen für eine unklar empfundene Nötigung, einen Struktursachverhalt zu behaupten, ohne ihn doch nachvollzuziehen zu können. Beobachtung erster und zweiter Ordnung werden dabei oft ineinander geschoben, wie die Erörterung in Teil I zeigt. Hält man allerdings beide Ebenen der Beobachtung auseinander und stellt explizit die Frage nach der empirischen Verifikation der Einheit des Feldes aus der Beobachtung erster Ordnung, also wie sich das Feld der Großmächte aus der Sicht der einzelnen Großmächte präsentiert, dann treten **zwei Aspekte der Einheit des Feldes auseinander, seine Entdinglichung**[7] **und die Art und Weise seiner Schließung**.

Zunächst präsentiert sich die Einheit des Feldes positionsgebunden, d.h. die Position jeder Großmacht im Feld verweist auf ihre eigene Version der Einheit des Feldes, so auch die Position Preußens. Auf diese Weise erscheinen für den Beobachter zweiter Ordnung mehrere Versionen der Einheit des Feldes kopräsent (auch wenn hier nur ausführlich auf die Sicht Preußens eingegangen wird). Damit fallen aber die Präsentation der Einheit und die Außengrenze des sozialen Sachverhalts auseinander. Eben damit unterscheidet sich dieser soziale Sachverhalt von Personen oder Dingen, bei denen die Präsentation ihrer Einheit ja in aller Regel mit ihrer Außengrenze zusammenfällt. Für das Feld der Großmächte kann deshalb die Einheit des Feldes nicht als Objektivierung des Feldes gedacht werden. Das Feld kann nicht als Objekt bestimmt werden im Sinne von Dingen oder Personen. Dieses Auseinanderfallen von Präsentation der Einheit und der Außengrenze des Feldes nenne ich **Entdinglichung**. Die Erörterung der Lage zu Beginn des Österreichischen Erbfolgekrieges und des Siebenjährigen Krieges am Anfang des dritten Teils zeigen vielmehr, dass in

---

7 So der geglückte Ausdruck bei Bernhard Giesen, Die Entdinglichung des Sozialen 1991.

einer bestimmten Situation, einer „conjoncture favorable" wie es im 18. Jahrhundert hieß, es zu einer feldtypischen Generalisierung kommt (*G.H. Mead*), die eine allgemeine Bedrohungslage durch alle anderen Großmächte annimmt und dazu befürchtet, dass alle anderen Großmächte eben diese Bedrohungslage ebenso annehmen und deshalb sich zu kriegerischen Aktionen bereitfinden können. Kurz gesagt: **Reflexive Generalisierung als Lage, darin scheint die Einheit des Feldes auf – für eine Position** (ausführlich siehe Teil III – 2.2). Dieser reflexiven Generalisierung als Lage fehlt dann allerdings die jedem Objekt inhärente Differenz von anderen Objekten durch Verweis auf seine eigene Außengrenze.

Deshalb muss die feldtypische reflexive Generalisierung um die allen Positionen gemeinsame **feldtypische Außengrenze** ergänzt werden. Diese Außengrenze ist nicht positionsgebunden und wird am Beispiel der Mittelmächte Bayern und Sachsen dargestellt. Selbst keine Großmacht und damit zum Umfeld der Großmächte gehörend, wurden sie zu einem bestimmten Verhalten zwischen den Großmächten gezwungen. In diesem Druck, der auf den zum Umfeld gehörenden Mittelmächten lastet, aktualisiert sich die **Schließung** des Feldes als sozialer Einheit sui generis. Um sich selbst zu schützen, sind Mittelmächte gezwungen, bei einer Großmacht Schutz vor einer Anderen zu suchen. Sie werden damit Teil der Position einer Großmacht, ohne selbst Einfluss auf den Praxisrahmen und das strategische Spiel zwischen den Großmächten zu bekommen. Ihre Mit-Positionierung im Feld bedingt ihren Ausschluss als eigenständiger Akteur. Soviel zum Grundmechanismus von Schließung des Feldes und Ausschluss des Umfeldes. Ich erörtere den entsprechenden Machtbegriff deshalb als Machtgefälle zwischen Feld und Umfeld.

Um das Ganze des Feldes zu greifen, muss daher das Verhältnis von Entdinglichung und Schließung geklärt werden. Welchen Bezug hat die feldtypische reflexive Generalisierung, die Lage, zum Machtgefälle zwischen dem Feld der Großmächte und dem Umfeld der Mittel- und Kleinmächte?

Außengrenze des Feldes und die Positionierung einer Großmacht im Feld sind nun nicht direkt miteinander im Feld verbunden. Der Rekurs läuft vielmehr über die feldtypische Interaktion der Großmächte im Feld, das ist die gegenseitige, permanente Veränderung der Situationsdefinition, also des Praxisrahmens einer Großmacht, innerhalb dessen eine Handlung im Eigeninteresse noch als sinnvoll gilt. Das Feld der Großmächte kennt mithin **zwei Strukturebenen**, die basale Ebene der Positionierung der

Einleitung

Großmächte im Feld sowie deren feldtypische Interaktion *(K. Waltz, P. Bourdieu)*.

Ein bestimmter Typ von Interaktion ist nun auch relevant für die Positionierung der Großmacht im Feld, für den **Prozess der Anerkennung** Preußens, der hier in drei Stufen rekonstruiert wird. Aufbauend auf der Bestätigung seiner Bedrohungsfähigkeit durch ein bestimmtes Bild Friedrichs des Großen (1. Stufe), wird Preußen imitiert. Sei es lediglich qua Blendung durch den militärischen Erfolg Preußens oder auch durch die eigene Niederlage, andere Großmächte ahmen Preußen nach, um militärisch und damit ihrem Status gemäß als bedrohungsfähige Großmacht gleichzuziehen. Diese Imitation kennt zwei weitere Stufen, Bewunderung (2. Stufe) und Respekt (3. Stufe), und wird im Teil II (Preußen wird imitiert) ausführlich erörtert. Auch hier wird jeweils die Perspektive aller anderen Großmächte auf Preußen dargestellt, um die Positionierung Preußens durch variierende Imitate aber den immer gleichen Sinn dieser Imitationen zu belegen. Es sind diese Imitationen, die zunächst der Wahrung des Großmachtstatus einer im Krieg unterlegenen Großmacht gelten, die aber genau zu diesem Zweck eine Reihe von Maßnahmen in Gang setzen, die aus heutiger Sicht und damit aus der Beobachtung zweiter Ordnung als **Startpunkt der Genese einer modernen Gesellschaft** erscheinen. Die Fülle der historischen Bezüge dient dabei immer wieder dem Beleg der herauszuarbeitenden Struktur, die eben beides zeigt: den Versuch, den Großmachtstatus gegenüber über einem militärisch überlegenen Preußen zu wahren und zu diesem Zweck die Grundstrukturen einer modernen Gesellschaft zu implantieren oder weiterzuentwickeln.

Die begriffliche Disposition von **Habitus und Feld** ist dabei der Soziologie *P. Bourdieus* entlehnt. P. Bourdieu konzentriert sich in seinem Werk vornehmlich auf Machtkämpfe, die zur Schließung von Sozialstrukturen führen, dafür vor allem steht bei *P. Bourdieu* der Begriff des Feldes. Im Habitusbegriff verbinden sich einerseits die Ebenen von Positionierung und den diesen Positionen entsprechenden Praxisformen. An alle diese Aspekte wird im dritten Teil angeknüpft. P. Bourdieu bietet so ein ausgearbeitetes soziologisches Kategorienset, um die hier in Rede stehenden Aspekte dieser sozialen Großstruktur zu fassen.

Der in dieser Arbeit eingeführte Begriff des Feldes speist sich also aus drei Quellen. Er wird zunächst in Auseinandersetzung mit dem Theorem „Balance of Power", darin in Absetzung vom Konfliktbegriff entwickelt. Die Anerkennung im Feld wird ja durch alle, durch konfligierende und koalierende Großmächte geleistet. Wie bei *P. Bourdieu* liegt der Focus zu-

Einleitung

dem auf der Schließung einer Sozialstruktur und der darin die Einheit des Feldes generierenden Funktion des Habitus samt der doppelten Ebene von Positionierung und Handlungsrahmen (Praxisformen bei *P. Bourdieu*). Dazu kommt die von der Genese der Einheit des Feldes abzusetzende Grenze des Feldes, die als Machtgefälle von Feld und Umfeld sich von der Luhmannschen Formulierung der Grenze als Komplexitätsgefälle von System und Umwelt hat anregen lassen. Ein Hybrid also dieser Terminus, der seine Herkunft aus divergenten sozialwissenschaftlichen Milieus nicht verleugnet.

Zu TEIL III (Preußen als Parvenu)

Der dritte Teil schickt einen Überblick über das Folgende voraus. Er nimmt die Vorgaben der ersten beiden Teile auf und geht in die historischen Details, um an Hand des Aufstiegs Preußens die Struktur des Feldes der Großmächte im 18. Jahrhundert herauszuarbeiten. Begonnen wird mit der Darstellung der einen Seite des Großmachthabitus, mit der Generalisierung der Bedrohungslage, in der sich die Erfahrung der Einheit des Feldes manifestiert. Daran anschließend wird die andere Seite des Großmachthabitus erörtert, die Positionierung Preußens im Anerkennungsprozess (Erkenntnis der Bedrohungsfähigkeit sowie Imitation aus Bewunderung und Imitation aus Respekt). Die zweite Strukturebene, die feldtypische Interaktion, erklärt die Veränderungen des Praxisrahmens, der Situationsdefinition, durch die eine außenpolitische Handlung einer Großmacht, die eben noch als sinnvolle Verfolgung eigener Interessen galt, nun nicht mehr in Frage kommt auf Grund einer veränderten Großwetterlage im Feld der Großmächte. Die Darstellung muss also das Vorher und Nachher im Blick auf den preußischen Aufstieg erläutern, um die Verschiebung der Situationsdefinition einer Großmacht durch eine andere sichtbar zu machen.

Die Darstellung der Außengrenze des Feldes, das Machtgefälle Feld-Umfeld, zeigt im Fall Bayerns den Effekt der preußischen Politik über die Großmächte Österreich und Frankreich auf Bayern, sowie im Falle Sachsens das direkte Machtgefälle zwischen der neuen Großmacht Preußen und dem Mittelmacht gebliebenen Königreich Sachsen-Polen. Abschließend wird die Konstitution des Feldes am Kriegsbeginn von Österreichischen Erbfolgekrieg und Siebenjährigem Krieg geschildert, um die zuvor

Einleitung

getrennt erläuterten Aspekte des Feldes in ihrem Zusammenspiel vorzuführen.

Wird hier von Friedrich II. bzw. Friedrich dem Großen gehandelt, dann nicht als Privatmann, sondern von dem, der als König von Preußen den preußischen Staat verkörpert. *E. Kantorowicz* hat in seiner Arbeit über die beiden Körper des Königs darauf aufmerksam gemacht, dass es dem offiziellen, unsterblichen Körper des Königs als einer quasi mystischen Darstellung der Subjektivität des werdenden Staates eignet, Epitheta aus der persönlichen Sphäre in die offizielle zu ziehen, um individuelle Besonderheiten mit allgemeiner machtpolitischer Bedeutung aufzuladen, an denen eine allgemeine Teilhabe möglich ist[8]. In diesem und nur in diesem Sinn als Aspekte der Wahrnehmung Friedrichs nicht nur in Preußen, sondern auch auf europäischer Ebene kommen diese individuellen Eigenheiten Friedrichs des Großen hier zur Sprache. Es sind dann zeitgebundene Aspekte der Positionierung Preußens im Feld der Großmächte.

Der Sieg in der Schlacht von Mollwitz über das österreichische Heer im Frühjahr 1741 stand für den **Beginn der Anerkennung Preußens als Großmacht** und Frankreich machte darin den Anfang[9]. Nicht die Flucht des jungen Königs Friedrichs II. vom Feld zählte, sondern der Sieg des preußischen Heeres (unter der Führung von General von Schwerin). Friedrich II. wurde trotz seiner Flucht zum Sieger von Mollwitz. So sehr individuelle und repräsentative Sphäre königlicher Körperlichkeit für einander durchlässig waren, sie konnten auch quasi konträr gegeneinander abgeschottet sein, wie dieses Beispiel zeigt. Für alle Großmächte war dies ein Anfang wider Willen. Wer öffnet sich schon bereitwillig neuen Formen von Bedrohung, noch gar im Herzen Europas?

Wie reagierten die anderen Großmächte auf diesen Großmachtanspruch?

Dem Widerwillen folgte die Erkenntnis. **Die neue Bedrohungsfähigkeit schlug sich in einem Bild von Friedrich II. nieder, das bei allen Unterschieden in der Betonung und im Detail übereinstimmende Konturen aufwies.** Preußen wurde durch dieses Bild nicht diversifiziert, sondern po-

---

8 Ernst Kantorowicz, Die zwei Körper der Königs. Eine Studie zur politischen Theologie des Mittelalters 1992 (1957), S. 29-32.
9 L. Bely, Les relations internationales en Europe (XVIIe-XVIIIe siècles) 1992, S. 493f.

sitioniert. Die Reputation Friedrichs II., nach dem Frieden von Dresden und dem Ausscheiden Preußens aus dem Österreichischen Erbfolgekrieg auch Friedrich der Große genannt (1745), überstrahlte den Ruf aller anderen zeitgleichen Herrscher[10]. In diesen bewundernden, aber auch neidvollen und wegen seiner militärischen Erfolge verärgerten und wütenden Reaktionen zeigt sich die Positionierung Friedrichs und damit Preußens als Großmacht. Die ihm zugeschriebenen Eigenschaften hielten die Bedrohungsfähigkeit fest und sahen Preußen darin als Großmacht, während sie gleichzeitig diese Bedrohungsfähigkeit individualisierten und an der Person Friedrichs II. profilierten. Damit wurde Preußen aus der Perspektive der anderen Großmächte positioniert, d.h. Preußen wurde in das Feld der Großmächte integriert.

Der Erkenntnis der Bedrohungsfähigkeit folgte die Imitation. Zeitlich und sachlich verschieden geriet Preußen zum Vorbild, mit dem sich andere Großmächte: Herrscher, Teile des Militärs oder der Öffentlichkeit identifizierten. Jedes Mal nahm diese Imitation zunächst die Gestalt einer Identifikation an, um dann in einer Lösung aus dieser als zu eng empfundenen Bindung in eine Imitation aus Respekt umzuschlagen. Diese drei Schritte (Erkenntnis der Bedrohungsfähigkeit, Imitation als Identifikation, Imitation aus Respekt) lassen sich für alle anderen Großmächte (Frankreich, Großbritannien, Österreich und Russland) belegen. Dabei sind Sie nicht daran gebunden, ob sich die jeweilige Großmacht gerade im Konflikt mit Preußen befand (Frankreich, Österreich und zunächst Russland) oder in einer Koalition mit Preußen standen (Großbritannien, später Russland). Daran zeigt sich, dass auch empirisch die Anerkennung Preußens nicht mit einem Konflikt einhergehen musste, und die Dekonstruktion des Theorems Balance of Power in seine Bestandteile Feld und Konflikt (Teil I, 2. Kapitel) im ersten Teil so ihre empirische Bestätigung findet. **Die Rekonstruktion dieses Anerkennungsprozesses in drei Schritten macht dabei Ernst mit dem zentralen Charakteristikum der Bedrohungsfähigkeit als Ausweis des Großmachtstatus und geht den Folgen ihrer Erkenntnis nach.** Bei aller Ambivalenz des Preußenbildes in der Person Friedrichs des Großen zeigt die – wie im einzeln auch immer durch die Vielfalt der Imitate unterschiedlich geartete – Imitation ein einheitliches Reaktionsmuster: Eine Bewunderung, deren Imitationsbereitschaft keine Grenzen kennt und die darum leicht ins Lächerliche und Groteske überzieht. Die

---

10 M. Füssel, Friedrich der Große und die militärische Größe 2011, S. 52.

Einleitung

daran geäußerte Kritik durch die verschiedenen Öffentlichkeiten der jeweiligen Großmächte führt zu einer Distanzierung. Die Bewunderung verblasst und an die Stelle tritt das kühle Raisonnement auf die Vorzüge Preußens, die es zum eigenen Vorteil zu nutzen gilt. Darin bestätigt wird der Respekt vor der Großmacht Preußen nun auf einer Stufe der Gleichheit im Sinn gemeinsamer Großmachtmerkmale, die zu Statussymbolen mutieren.

Ein Prozess der Anerkennung Preußens als Großmacht im Lager neuzeitlicher Geschichtswissenschaft wurde über einen Zeitraum von 1741 bis zum Ende des Siebenjährigen Krieges 1763 behauptet, aber nicht erklärt, so dass die Schlussfolgerung nahelag, mit einem Prozess zu rechnen, ohne dass dieser vorher benannt werden konnte. Die hier zitierten, sich darauf beziehenden Quellen reichen vom Jahr 1741 bis ins Jahr 1783, wo im französischen Militär noch immer über die Konsequenzen für eine Heeresreform mit Blick auf den preußischen Sieg im Siebenjährigen Krieg diskutiert wurde. Wenn man bedenkt, dass es sich bei den Diskussionen in Frankreich im Jahr 1783 um Spätfolgen des Siebenjährigen Krieges handelt, geht der zeitliche Rahmen zwar über 1763 hinaus, bezieht sich aber deutlich auf das Ende des Siebenjährigen Krieges, so dass der Bezug zum durch die Geschichtswissenschaft avisierten Prozess (1741–1763) gegeben ist.

Kann der eben skizzierte Dreischritt von Erkenntnis der Bedrohungsfähigkeit, Imitation als Bewunderung und Imitation als Respekt als Indikator für den avisierten Anerkennungsprozess stehen?

Der Charakter dieses Prozesses berücksichtigt zunächst die Differenz der Beobachtung erster und zweiter Ordnung. Es handelt sich nicht um ein bloßes Postulat, sondern beobachtet wird, wie Preußen durch die anderen Großmächte in deren Blick auf seine Bedrohungsfähigkeit im Feld der Großmächte zu stehen kommt. Darüber hinaus vollzieht diese Abfolge eine Erkenntnis parallel zu der, wie sie *A. Honneth, L. Siep* und *M. Quante* schon für G.W. Hegel und G.H. Mead als zwei Theoretikern sozialer Anerkennungsstrukturen beschrieben haben: Dass in der Einheit von Selbst- und Fremdverhältnis ein für sich selbst befriedigendes Anerkennungsverhältnis eine adaequate In-Beziehungs-Setzung von Fremd- und Selbstverhältnis erfordert. Hier muss natürlich der Prozess analytisch von Konflikten gesondert werden (also gerade keine konfliktdynamische Anreicherung *(A. Honneth)* eines Anerkennungsprozesses wie bei G.W. Hegel), die empirisch immer mitunterlaufen können, und deren Beziehung zu einem solchen Anerkennungsprozess eine eigene Thematisierung erforderte. Der durch historische Tatsachen fundierte Prozess der Anerkennung Preußens als Großmacht gerät so zum Beispiel der Aktualisierung des Feldes der Großmächte in der Mitte des 18. Jahrhunderts.

Nachdem die Positionierung Preußens im Feld der Großmächte dargestellt worden ist, sein Großmachthabitus, gerät – auf dieser Basis – **die zweite Strukturebene des Feldes der Großmächte, die Situationsdefinition einer Großmacht** in den Blick. Pläne und Strategien einer Regierung, die eben noch als sinnvolle Umsetzung von Eigeninteresse galten, werden durch die Änderung der Situationsdefinition obsolet, der Praxisrahmen ändert sich und was eben noch als sinnvolle Handlung galt, fällt schon kurz darauf aus den Grenzen kontingenter Rationalität heraus. Um diesen Wechsel zu dokumentieren, muss das Vorher und Nachher dargestellt werden, die Verschiebung der Grenzen sinnvollen Handelns angesichts einer veränderten internationalen Lage. Hier wird die Änderung der Situationsdefinition für alle Großmächte an den Konsequenzen des Einmarschs Friedrichs II. in Schlesien im Jahr 1740 dargestellt. Die Eroberung führte für alle Großmächte zu einer Anpassung ihrer Situationsdefinition an die neue Lage.

Bayern und Sachsen waren als Mittelmächte Teil des Umfeldes der Pentarchie des 18. Jahrhunderts. Darum waren sie auch nicht in der Lage, eine Änderung einer Situationsdefinition herbeizuzwingen. Dieses Machtmittel stand im Inneren des Feldes nur Großmächten zur Verfügung, während Bayern und Sachsen hier nur die Ohnmachtserfahrung blieb, die noch jede Mittelmacht dazu führt, sich an eine Position im Feld, an die Position einer Großmacht anzuschließen, um Schutz vor anderen Großmachtinteressen zu suchen. Die Mittelmächte Bayern und Sachsen konnten von den Mechanismen des Feldes durch Kopplung an eine Position profitieren, sie aber nicht in der Weise einer Großmacht beeinflussen. **Die Beispiele Bayern und Sachsen stehen so für die Aktualisierung der Grenze des Feldes, dem Machtgefälle zwischen Feld und Umfeld.** Sie machen dabei die für Mittel- und Kleinmächte typische Erfahrung doppelter Ambivalenz. So stand Bayern zum einen in einem funktionalen Abhängigkeitsverhältnis zu einer Großmacht, zunächst Frankreich, und erlebte sich dabei als Objekt von Nützlichkeitserwägungen (nützlich für den französischen Einfluss im Heiligen Römischen Reich Deutscher Nation gegen das zu große Gewicht von Habsburg-Österreich im Vergleich zu anderen Staaten minderer Nützlichkeit (Sachsen, Württemberg u.a.m), die es als Basis der

Einleitung

eigenen Außenpolitik hinzunehmen hatte. Diese vorläufig günstige funktionale Bewertung basierte aber auf der Situationsdefinition der Großmacht Frankreich im Feld. In dem Augenblick, wo Bayern diese Funktion nicht mehr erfüllte, weil sich durch den Einmarsch Preußens für Frankreich und Österreich der Praxisrahmen verschoben hatte, verlor Bayern jeglichen operativen Wert für Frankreich. Bayern musste, um sein eigenes Überleben als Objekt des Feldes zu sichern, nun ein Schutzverhältnis mit Österreich eingehen, das eben noch bekämpft worden war. Während die erste Ambivalenz also den Wert für eine Großmacht im Vergleich zu anderen Mittelmächten taxiert, rechnet die zweite Ambivalenz mit den sich immer wieder verändernden Situationsdefinitionen von Großmächten und ihren drastischen Konsequenzen für die Politik von Mittel- und Kleinmächten. Das Machtgefälle bestand und besteht aus dieser im politischen Tagesgeschäft beobachtbaren Verschränkung beider Ambivalenzen.

An den Beispielen Bayerns und Sachsens ist zu beobachten, wie die Volten Friedrichs II. im Österreichischen Erbfolgekrieg die Situationsdefinitionen von Österreich, Russland und Frankreich so veränderten, dass die Mittelmächte Bayern und Sachsen gezwungen waren, sich an eine neue Großmacht zu koppeln, um im Krieg nicht unter die Räder der ein oder anderen Großmacht zu geraten. Ein Beispiel für die Aktualisierung des Machtgefälles an der Grenze von Feld und Umfeld der Großmächte durch die neue Positionierung einer Großmacht im Feld.

Deutlich wird dabei der Zusammenhang der eben dargestellten Strukturaspekte des Feldes, **seine Konstitution**. Die Aktualisierung der Grenze hängt ab von der Verschiebung von Situationsdefinitionen im Feld. Der Rekurs von Feldgrenze zur Generalisierung des Feldes läuft über die Verschiebung der Situationsdefinition einzelner Großmächte. Es war die Verschiebung jeder einzelnen Situationsdefinition der Großmächte durch den Einmarsch Preußens in Schlesien, die zur Positionierung Preußens als Großmacht im Feld führte. Dazu das letzte Kapitel des dritten Teils.

Teil I Einführung: Die Perspektive von Geschichtswissenschaft und Politologie

I – 1) Der Großmachthabitus im Zeitalter des Absolutismus
(Die geschichtswissenschaftliche Perspektive)

Der Großmachthabitus des 18. Jahrhunderts wird im Folgenden aus geschichtswissenschaftlicher Perspektive erörtert. Die geschichtliche Perspektive bezieht sich dabei nicht nur auf Veröffentlichungen der Geschichtswissenschaft zur frühen Neuzeit, sondern ebenso auf historische Soziologen wie *J. Schumpeter, N. Elias, Ch. Tilly* oder *M. Mann* und Vertreter des Fachs Internationale Beziehungen mit historischer Perspektive wie *A. Watson, J. Mearsheimer* und *A. Wendt*. Nicht auf das Fach, sondern auf den Beitrag zur Aufklärung des Sachverhalts kommt es an; darauf, wie Genese und Konstitution des Großmachthabitus im geschichtlichen Horizont erfasst werden.

Der Großmachthabitus hat eine lange Vorgeschichte. Er reicht tief zurück in die Epoche europäischer Feudalherrschaft und entwickelt seine kreative, d.i. seine konstruktive, aber zugleich auch zerstörerische Energie in langsamen, manchmal bedächtig anmutenden, dann aber wieder blitzschnell eine günstige Konstellation ausnutzenden Schritten durch die Jahrhunderte des späten Mittelalters bis in das Zeitalter des Absolutismus hinein. Erst im Zeitalter des Absolutismus wird er über die Konkurrenz einzelner Fürsten hinaus zum Kennzeichen des Feldes der Großmächte[11]

---

11 Ich verwende den Begriff des Großmachthabitus im ersten Teil in seiner allgemein verständlichen Alltagsbedeutung als einer durch Gewohnheit erworbenen Haltung. Er wird nach und nach im Gang der Erörterung an Konturen gewinnen und im zweiten Teil als Theorem eingeführt. Dabei wird auch auf die prominente Stellung des Habitusbegriffs und seine Verbindung mit dem Feldbegriff in der Soziologie P. Bourdieus eingegangen (Teil II). Für andere Verwendungen des Habitusbegriff P. Bourdieus in historischen Fragestellungen sei auf Sven Reichardt verwiesen: Bourdieus Habituskonzept in den Geschichtswissenschaften 2013, S. 307-323.

I – 1.1) Absolutismus und Ancien Régime: Das Streben nach Macht jenseits von Religion und Ideologie

Das 18. Jahrhundert ist durch eine besondere Konstellation der Großmächte geprägt, die nicht dieser Zeit aber eben dieser Konstellation einen hermeneutischen Plausibilisierungsvorsprung im Hinblick auf das hier interessierende Thema, auf die Konstitution eines Feldes der Großmächte, einräumt:

Seit dem Ende des Dreißigjährigen Krieges tritt allmählich an die Stelle einer europäischen Hierarchie der Macht von Kaiser und Papst eine Vielzahl souveräner Staaten. Der Papst taugt nicht mehr als Vermittlungs- und Anrufungsinstanz in politischen Streitfragen, und die Macht des Habsburgischen Reiches hatte durch den Westfälischen Frieden empfindliche Einbußen hinnehmen müssen. Die Herrscher der neuen Großmächte herrschten nun absolut. Sie selbst wurden zur alleinigen Instanz und zum Ursprung von Rechtsprechung und politischen Entscheidungen in ihren Staaten. Macht erschien hier an die Person des Herrschers gebunden und war nicht mehr rechenschaftspflichtig gegenüber einer religiösen Instanz, aber eben auch noch nicht gegenüber einer staatlichen Institution. Die Kriege dieses Zeitalters waren keine Religionskriege mehr, sie dienten dem Ruhm und der Machtsteigerung der Dynastie und ihres Regenten[12]. In diesem Sinne wird die Zeit zwischen dem Westfälischen Frieden und dem Wiener Kongress als das Zeitalter des **Absolutismus** bezeichnet. Nach der Französischen Revolution wiederum gab es einen Einflussfaktor, der bei keiner Erörterung von Herrschaft seit Beginn des 19. Jahrhunderts fehlen darf: der Einfluss der Ideologien auf die Ausübung von Herrschaft in Europa. Darum nennt man aus der rückwärtsgewandten Perspektive des 19. und 20. Jahrhunderts das Zeitalter des Absolutismus auch die Epoche des **„Ancien Régime"**, und bezeichnet damit eine noch nicht durch Ideologien begründete Herrschaftsform[13].

---

12 J. Burkhardt, Abschied vom Religionskrieg 1985, Das Kapitel: Der Niedergang des päpstlichen Einflusses und die Sensation von 1756, S. 22-27, D. McKay und H.M. Scott, The Rise of the Great Powers (1648-1815) 1983, S. 6, H. Duchhardt, Balance of Power und Pentarchie 1997, S. 61, ders., Das Zeitalter des Absolutismus 1992, S. 11f, St.U. Piper, Der Westfälische Friede und seine Bedeutung für das Völkerrecht, 1995, S. 993, O. Asbach, Die Globalisierung Europas und die Konflikte der Moderne ... 2011, S. 29.

13 Ideologien beeinflussen die Internationalen Beziehungen seit der Französischen Revolution und Amerikanischen Revolution bis auf den heutigen Tag. Vgl. W.

I – 1) Der Großmachthabitus im Zeitalter des Absolutismus

Das Ancien Régime bzw. der Absolutismus war das Zeitalter, in dem Ideologien noch keinen Machtfaktor darstellten, Religion aber nicht mehr direkt in den Kampf um die Macht in Europa eingreifen konnte. Diese Epoche war so eine Epoche der Macht und des Machtgewinns um seiner selbst willen. Es ging um den Willen zur absoluten Macht und deren Durchsetzung. Das Feld der Großmächte brachte Herrscher dazu, sich in den europaweiten Konkurrenzkampf um Ruhm und Ehre, um internationales Ansehen zu stürzen. Die Macht der anderen zwang dazu, die eigene Macht zu erhalten, auszubauen und zu erweitern.

In eben dieser Zeitspanne, zwischen Westfälischem Frieden im Jahr 1648 und Wiener Kongress im Jahr 1815, steigen Mächte zu Großmächten auf. Zunächst Frankreich, in der zweiten Hälfte des 17. Jahrhunderts, dann Großbritannien und Österreich im Verlauf des Spanischen Erbfolgekrieges und im Jahrzehnt danach erst Russland und schließlich auch Preußen bis zur zweiten Hälfte des 18. Jahrhunderts. Bezeichnenderweise sind es die Beinamen der Könige, die bis heute daran erinnern: Ludwig XIV, genannt der Sonnenkönig, Peter der Große, Katharina die Große und Friedrich der Große. Daran zeigt sich: Die Genese dieser Großmächte hing an dem außerordentlichen Machtzuwachs, an der gewonnenen Machtfülle dieser Herrscher. Der Herrscher repräsentierte sie nicht nur. Er war der Staat, insofern damit die Machtausübung über die verschiedenen Bereiche des sozialen Lebens im Herrschaftsgebiet und ihre Absicherung nach außen gemeint waren.

I – 1.2) Die Genese von Staat und Gesellschaft durch den Großmachthabitus

Dieser Aufstieg zu Großmächten und die zunächst negative Bestimmung als Epoche der ideologie- und religionsfreien Machtausübung muss vor dem Hintergrund der Herausbildung des frühmodernen Staates und der

---

Baumgart, Europäisches Konzert und Nationale Bewegung 1999, das Kapitel „Der Nationalismus" S. 83-100, D. Langewiesche, Liberalismus in Deutschland 1988, S. 12, und K. von Beyme, Politische Theorien im Zeitalter der Ideologien 1789-1945, 2002, das Kapitel „Ideologie und Parteiungen", S. 45-53.

Teil I Einführung: Die Perspektive von Geschichtswissenschaft und Politologie

frühmodernen Gesellschaft gesehen werden[14]. Nur vor diesem Hintergrund wird verständlich, dass es sich dabei um mehr als eine Frage des Ruhms einzelner Fürsten handelte[15]. Die Sicherheit des werdenden Staatsgebildes, seine politische und ökonomische Existenz sowie seine Unabhängigkeit von anderen Fürsten und von kirchlichen Machtansprüchen waren darin untrennbar verwoben. *J.A. Schumpeter* hat den Startpunkt für diese Entwicklung, die feudalherrschaftlichen, vorstaatlichen Herrschaftsverhältnisse skizziert:

"Der Fürst des 14. und 15. Jahrhunderts war nicht der unbedingte Herr seines Landes, der er nach dem dreißigjährigen Krieg wurde. Die Stände, also vor allem der Adel verschiedener Kategorie, in geringerem Maß der Klerus, in noch geringerem die Bürgerschaft der Städte, ..., hatten ihm gegenüber eine feste Stellung aus eigener Macht und zu eigenem Recht, die im Grunde der landesfürstlichen Stellung wesensgleich war, ...Von ihnen unterschied sich der Landesherr also zunächst nur graduell, als primus inter pares[16]".

Also musste der werdende, absolute Fürstenstaat in seinem Herrschaftsgebiet die Kontrolle vor allem über den ihm einstmals lehensmäßig verbundenen Adel in Macht über die verschiedenen Stände verwandeln. Gleichzeitig musste er die Kontrolle anderer, konkurrierender fürstlicher Ansprüche über dieselben Patronate ausschließen[17]. Erst dadurch kam es zu einer territorialen Scheidung in innen und außen für ein Herrschaftsgebiet.

N. Elias fasst den gleichen Sachverhalt unter dem Begriff **Monopolmechanismus**[18]. Auch *N. Elias* geht von der europäischen Landkarte zur Zeit der Feudalgesellschaft aus: Eine Vielzahl mittelgroßer, kleiner und kleinster Feudalherrschaftsgebiete stehen zueinander in Konkurrenz um Bedarfsgüter und Produktionsmittel und ringen deshalb um die Macht über Herrschaftsgebiete. Dieser Konkurrenzkampf sah Verlierer und Sieger, mit der Folge,

"dass nach und nach immer weniger über immer mehr Chancen verfügen, dass immer mehr aus dem Konkurrenzkampf ausscheiden müssen und in di-

---

14 Gerhard Oestreich, Geist und Gestalt des frühmodernen Staates, Vorwort und der Aufsatz „Strukturprobleme des europäischen Absolutismus", S. 179-197, Berlin 1969.
15 Vgl. dazu J. Kunisch, Friedrich der Große, Friedrich Wilhelm II. und das Problem der dynastischen Kontinuität im Hause Hohenzollern, München 2008, S. 146f.
16 J.A. Schumpeter 1953, S. 7.
17 Peter H. Wilson 2000, S. 36.
18 N. Elias, Über den Prozess der Zivilisation Band II, das Kapitel Zur Soziogenese des Staates 1979, S. 123-311.

rekte oder indirekte Abhängigkeit von einer immer kleineren Anzahl geraten".[19]

N. Elias beschreibt hier einen sozialen Selektionsprozess durch Konkurrenzkampf, der zu einer immer kleineren Gruppe von immer mächtigeren Staaten führt. Diesen Prozess unterteilt er in zwei Phasen:

„Schematisch gezeichnet verläuft der Prozess zwischen den verschiedenen, mehr oder weniger eng benachbarten Territorialgesellschaften, ganz analog zu jenem, der sich zuvor innerhalb eines festen Territoriums zwischen den einzelnen Gutsherren oder Rittern bis zum Erwerb der Vormachtstellung ... abspielt.

Um die Verteilung dieser Chancen erhebt sich also jetzt von neuem ein Konkurrenzkampf unter denen, die auf solche Chancen angewiesen sind. Aber während in der vorangehenden Phase der Konkurrenzkampf „frei" war, nämlich allein davon abhängig, wer sich an einem bestimmten Zeitpunkt als stärker oder schwächer erwies, ist er jetzt auch davon abhängig, für welche Funktion oder zu welchem Zweck der Monopolist (der Fürst, der Autor) den Einzelnen aus seiner Übersicht über das Ganze des Herrschaftsbereichs braucht. An die Stelle des freien Konkurrenzkampfes ist ein gebundener, von einer Zentralstelle von Menschen her gelenkter oder jedenfalls lenkbarer Konkurrenzkampf getreten"[20].

Benachbarte Territorialgesellschaften in *N. Elias*' Sprachgebrauch sind sowohl größere feudale Herrschaftsgebiete (Herzogtümer und Grafschaften) als auch die Klein-, Mittel- und Großmächte des Ancien Régime. In dieser zweiten Phase entsteht also das Innen und Außen, die Grenzen eines Staates, Untergebener Adel wird von herrschendem Adel zum Kampf herangezogen, so scheiden sich Untergebene von Konkurrenten, an die Stelle des freien tritt der organisierte Konkurrenzkampf. Dadurch kommt es zur Ausbildung einer Haltung, einer Herrschaftsdisposition, die aus der Situation einer permanenten Konkurrenz erwächst:

„So finden sich in der folgenden Phase eine Reihe von Herrschaftseinheiten der nächsthöheren Größendimension, von Herzogtümern und Grafschaften, in eine Konkurrenzsituation gestellt, in die Notwendigkeit zu expandieren, wenn sie nicht früher oder später von expandieren Nachbarn besiegt oder abhängig werden wollen. ...

---

19 N. Elias 1979, S. 144.
20 N. Elias 1979, S. 124, 127, 132, 133, 154.

Hier sieht man von neuem die Wirkung des Druckes, der diese Gesellschaft durchzieht: Er treibt die Territorialherrn gegeneinander; und er setzt eben damit den Monopolmechanismus in Gang"[21].

N. Elias fasst den sozialen Charakter der Angelegenheit ins Auge: Der Monopolmechanismus treibt die Territorialherren gegeneinander. Wo sie Handelnde sind, sind sie auch Getriebene. In dieser Konkurrenzsituation wird die Expansion zur Notwendigkeit, um nicht einem expandierenden Nachbarn zu erliegen. Dieser Grundzug des Monopolmechanismus, wie ihn N. Elias hier beschreibt, ist auch für den Großmachthabitus gültig: Die Situation der Konkurrenz setzte diese Herrscher unter Zugzwang: Zuerst oder rechtzeitig zu reagieren, zu expandieren, Krieg zu führen, oder auch nur: diplomatisch geschickt Eheverbindungen einzufädeln, bevor der Konkurrent uneinholbare Vorteile davontrug. In diesem Sinn gab es einen Zwang zur Expansion, der alle Herrscher unter einen vergleichbaren Druck setzte. In den absolutistischen Staaten hat sich dieser Monopolmechanismus im Kampf mit den Ständen nach innen bis zur Herrschaft einer Dynastie verdichtet und konzentriert[22]. Nach außen dagegen mündete er in ein Machtgefälle von Klein-, Mittel- und Großmächten. Dort konnte sich der Monopolmechanismus trotz allen immer wieder vorgetragenen Hegemonieansprüchen nicht völlig durchsetzen. Vielmehr kam es, wie *J. Burkhardt* schreibt, zu einem „kriegerischen Lernprozess, der den beteiligten Mächten die Einsicht aufzwang, ihr Nebeneinander nicht als Episode, sondern als bleibende Ordnung aufzufassen"[23]. Während noch vom 15. bis zum 17. Jahrhundert der habsburgisch-französische Konflikt um die nur einmal zu vergebende Spitzenstellung in Europa geführt wurde, stellte sich das werdende Staatensystem der frühen Neuzeit, 1658–1815, dar als das Ergebnis „eines schließlich abgebrochenen Konkurrenzkampfes von Universalgewalten"[24].

Ähnlich markiert *J. Kunisch* den Übergang vom Monopolmechanismus zum Großmachthabitus aus geschichtswissenschaftlicher Sicht und be-

---

21 N. Elias 1979, S. 133f. J. Herz erörtert das gleiche Phänomen als "security dilemma" vgl. Teil I -2, S. 66.
22 Nicht in allen Staaten setzte sich der Monopolmechanismus bis hin zum Absolutismus durch wie H. Schulze an den Beispielen Polens, der Niederlande und Venedigs demonstriert. H. Schulze 1995, S. 81f.
23 J. Burkhardt 1997, S. 527.
24 J. Burkhardt 1997, S. 515-530, bes. S. 517, 521 und 526. Und ebenso A. Watson ²2009, S. Kapitel 16: „The Habsburg Bid for Hegemony" und Kapitel 17: „Westphalia. An antihegemonial commonwealth of states", S. 169-198.

I – 1) Der Großmachthabitus im Zeitalter des Absolutismus

schreibt den Charakter der internationalen Beziehungen im Absolutismus: Es handelte sich um eine „Rivalität der kontinentaleuropäischen Mächte untereinander, die sich im 17. Jahrhundert zu einem habituellen Dauerzustand entwickelte"[25].
Damit weist er dem Großmachthabitus einen historischen Beginn zu[26]. *J. Kunisch* blickt dabei auf die dynastischen Sukzessionsordnungen der bedeutenden europäischen Herrscherhäuser. Durch innere Spannungen im Gefolge der Krise des Ständestaates im 16. und 17. Jahrhundert wandelten sich die herrschaftsinternen Erbschaftsverfügungen zu dynastischen Grundgesetzen, deren Gültigkeit auch mit anderen Mächten auszuhandeln war, wie er an mehreren solcher Erbfolgeverfügungen demonstriert[27]. *J. Kunisch* sieht wie *O. Hintze* vor allem die „Mächte ersten Ranges" in einer sich permanent zuspitzenden Konkurrenz, die zur Folge hatte, dass dynastie-interne Sukzessionsordnungen nicht mehr ausreichten, um im Thronfolgefall die anderen Großmächte vom Eingreifen abzuhalten[28]. Das Bedrohungspotential dieser Mächte reichte aus, um im gesamten europäischen Raum ein Eingreifen möglich oder sogar wahrscheinlich zu machen. Wird so der gesamte europäische Raum zum Interessengebiet einer Großmacht, kommt es zwangsläufig zu einer sich verdichtenden Konkurrenz, zu einer Rivalität als habituellem Dauerzustand[29].
Trotzdem sollte aus den Verhältnissen späterer Zeit nicht auf fertige Staaten im modernen Sinn zurückgeschlossen werden. Der Übergang von einer dynastischen Union zu einer Verstaatlichung dieses dynastischen Verbandes war nach *J. Kunisch* ein Mittel zum Zweck der Machtsicherung:

„In dieser Übergangsperiode ging es noch nicht darum, einen bereits vorhandenen Staat absolutistisch zu organisieren, sondern um den entscheidenden Schritt, durch die Etablierung absolutistischer Fürstenherrschaft den Staat überhaupt erst zustande zu bringen. Das Ziel der europäischen Fürstenstaaten des 17. Jahrhunderts war die Verstaatlichung des dynastischen Verbandes. Die

---

25 J. Kunisch 1979, S. 11, Vgl. auch Otto Hintze, Wirtschaft und Politik im Zeitalter des modernen Kapitalismus 1962, S. 435, und O. Hintze, Staatsverfassung und Heeresverfassung 1962, S. 69. Ähnlich Ch. Tilly 1990, S. 23.
26 J. Kunisch 1982, S. IX, XII, XIV, S. 48-52.
27 J. Kunisch 1982, siehe die Einleitung, S. IX-XV und S. 49.
28 J. Kunisch 1982, S. 72, J. Kunisch 1979, S. 11f.
29 Vgl. dazu E. Dillmann 2000, S. 26-28, der anschaulich die politische Begehrlichkeitslage in Europa nach dem Tod Karls VI schildert.

Stichworte lauteten: ‚Intergritet, Tranquillitet, Libertet und Sicherung', wie es in eindringlicher Reihung in § 65 des Prager Friedens von 1635 heißt"[30].

Das zeigt sich auch daran, dass Innen- und Außenpolitik für diese Epoche noch nicht strikt zu trennen waren. Eindeutige Grenzen mussten erst etabliert werden[31]. *H. Mohnhaupt* nennt als Beispiel für eine Übergangslage den Spanischen Erbfolgekrieg (1701–1714), in dem noch die Verflechtung von innerer und äußerer Machtsicherung einerseits, aber auch schon eine klare Trennung dieser Sphären andererseits demonstriert werden kann[32]: Es ging um die Bestätigung der Macht der einen Bourbonendynastie in zwei Königreichen (Frankreich und Spanien als dynastischer Verband), die laut Friedensvertrag aber nicht mehr vereinigt werden durften (die Grenzen zweier Staaten wurden festgelegt): der bestimmende Gewinner hieß nämlich Großbritannien, dessen protestantische Thronfolge die anderen Mächte im Vertrag von Utrecht zu garantieren hatten. Klare, auch für Dynastien zu respektierende Grenzen wurden damals im Interesse des Siegers gezogen[33].

Die Übergangssituation spiegelte sich auch in Sprachgewohnheiten: Bis 1806 war der Begriff eines preußischen Staates unüblich. In Berlin residierte deshalb die königliche Zentralverwaltung für „sämtliche preußische Staaten"[34]. In den preußischen Provinzen galt jedes Gebiet außerhalb ihres Bezirks als Ausland, egal ob es zu Preußen, zum Reich oder zu einem anderen europäischen Staat gehörte[35]. Der überall zu beobachtende Zwischenschritt, die Sammlung geographisch unzusammenhängender Herrschaftsterritorien führte zum Problem der Arrondierung, d.h. dem Versuch der Zusammenführung dieser Gebiete in ein einheitliches, geographisch zusammenhängendes Machtterritorium, ein wichtiger Kriegsgrund dieser Epoche. Umgekehrt war durch konkurrierende Ansprüche anderer Fürsten ein Staat sofort in seiner territorialen Integrität bedroht[36]. Konkurrierende Ansprüche auf Territorien waren jederzeit und für jedes Territorium abrufbar. Dafür sorgte schon das unübersichtliche, aber dicht gewobene Netz an

---

30 J. Kunisch 1982, S. XIV.51, vgl. auch J. Burkhardt 1997, S. 514.
31 J. Kunisch 1999, S. 94.
32 H. Mohnhaupt 1982, S. 32.
33 Siehe dazu H. Mikoletzky 1967, S. 106-109, J. Kunisch 1978, S. 37, und gut das Wesentliche zusammenfassend P. Kennedy 1989, S. 176.
34 H. Schulze 1995, S. 79.
35 D. Gerhard 1985, S. 194.
36 J. Kunisch 1992, S. 26.

Verwandtschaftsverhältnissen im europäischen Adel[37]. Denn die Herrscherhäuser der großen Mächte waren alle verwandtschaftlich verbunden, und auch viele der sog. Mittelmächte wie z.B. Bayern oder Sachsen konnten durch solche Familienbande Ansprüche auf Throne und Territorien erheben, die sonst außer Reichweite ihrer Machtpolitik lagen. Man musste nur in den Archiven weitgenug zurückverfolgen, wo durch Heirat und/ oder Erbfolgen aller Art sich irgendwann und irgendwoher die Option auf eine Thronfolge herleiten ließ – scharfsinnige Ausspähgeschicklichkeit, hat es *Immanuel Kant* genannt[38]. *J. Kunisch* hat dies als den wichtigsten und typischen Grund für die vielen Erbfolgekriege der Epoche herausgearbeitet.

Grenzen in modernem Sinn bilden sich also erst allmählich heraus. Während Grenzen zur Zeit der Feudalgesellschaft eher Übergangszonen von einem Herrschaftsgebiet ins anderen gleichen, schafft erst der absolutistische Staat die scharf abgegrenzten Territorien, die ihn als Staat im modernen Verständnis entstehen lassen.

Bedrohung von innen und außen *um es aus der Rückschau zu sagen – von untergebenen und nicht untergebenen Fürsten um es näher an der damaligen Zeit zu formulieren – das ist das Szenario aus dem heraus der Monopolmechanismus zum Großmachthabitus kristallisieren kann. Zu einem Großmachthabitus, der Staat und Gesellschaft des Absolutismus als seine Verkörperung aus dieser doppelten Bedrohung heraus schafft*[39]. *Der auf Dauer gestellte Konkurrenzkampf ficht so an zwei Fronten, innen und außen. Für den Territorialherrscher kommt deshalb alles darauf an, an beiden Fronten ökonomisch und effizient zu agieren. Was liegt näher, als eine Front zur Begradigung der anderen zu nutzen? Diese Aufgabe erfüllt das stehende Heer. In ihm wird überall in Europa der Adel zu führenden Positionen herangezogen gewissermaßen als Kompensation des erlittenen Machtverlusts, dessen darüber weithin ohnmächtige Aggression nun auf neue Ziele gelenkt werden kann.* **Die Art und Weise der Organisation des**

---

37 Vgl. dazu L. Bely 1992, La grande famille des rois (Chapitre 2, première partie), S. 50f.
38 Immanuel Kant, Zum Ewigen Frieden 2010, S. 3f.
39 So auch M. Hochedlinger 2003, S. 43 mit Blick auf Österreich: „Thus, closely interacting, foreign and domestic policy both had to work to stabilize and, if possible, to improve the position of a given state within the international system. It is this constant interaction between external pressure and internal reaction which Habsburg statecraft and Austrian history, and hence this book are all about.".

Militärs zeigt deshalb, wie Herrscher im Absolutismus auf diese doppelte Bedrohung zu reagieren in der Lage sind. Es ist dann auch die Organisation des Militärs im Absolutismus, die vor allem anderen das Interesse, die Faszination und die Imitationsbereitschaft der Großmächte untereinander weckt. An seiner Organisation ist abzulesen, wie ein Fürst die innere Bedrohung durch Disziplinierung seiner Untertanen und die äußere Bedrohung durch Beherrschung der Kriegsmittel zu kontrollieren imstande ist[40]. Nach außen wie nach innen: **Das stehende Heer ist der Spiegel seiner Macht und erste Gestalt des werdenden absolutistischen Staates**[41].

Damit ist auch schon gesagt, dass es zu kurz gegriffen wäre, den Großmachthabitus nur auf die politische Arena konkurrierender Machts- und Gebietsansprüche zu beschränken. *Gerade die eben skizzierte Verschränkung von innerer und äußerer Bedrohung führt dazu, dass der absolutistische Fürstenhof versucht, sich alle sozialen Lebensäußerungen in seinem Herrschaftsgebiet zum Zweck der eigenen Machterweiterung und Machtabsicherung zunutze zu machen.* Adel, Klerus, Bürgerschaft, Wirtschaft, Recht und Kunst, u.a.m. haben ihren Beitrag zum Ausbau und Unterhalt des stehenden Heeres zu leisten. Der Koordination dieser Zuträgerdienste dient der Aufbau einer staatlichen Verwaltung[42]. Auch wenn man von einer Tendenz sprechen muss und neuere Forschungen die Grenzen dieses Machtstrebens in Regional- und Schichtungsforschung der Gesellschaft im Absolutismus aufzeigen können – Ch. Tilly spricht deshalb

---

40 Zur Disziplinierung der Untertanen: H. Schulze 1995, S. 80f, G. Oestreich 1969, S. 187ff, und N. Elias 1979, S. 320-325. Zur Bedeutung des stehenden Heeres: H. Duchhardt 1992, S. 42f, E. Krippendorff 1985, S. 274f, 280f, J. Kunisch 1999, S. 84f.

41 Das Heer als erste Gestalt der werdenden Gesellschaft fasst T. Blanning für Österreich in den Blick: „It is no exaggeration to say that it was with this reform (das von Preußen abgeschaute Kantonsystem als Rekrutierungsverfahren, der Autor) that the Austrian state came of age. As one of Joseph's earlier biographers observed: ‚It can be said that with this institution Austria won a new and higher status among the states of Europe, for [the introduction of conscription]meant that it had achieved the transition from barbarism to civilisation'. If that smacks of overstatement, it should be borne in mind that the immediate result of conscription was a massive and unprecedented increase in state interference in the lives of ordinary people". ... For the first time, the authorities acquired some sort of idea of how many subjects they had to govern and where they all were.", T. Blanning 1994, S. 127.

42 Vgl. W. Neugebauer 2008, der Aufsatz „Staatsverfassung und Heeresverfassung während des 18. Jahrhunderts, bes. S. 30-32, 42-44.

I – 1) Der Großmachthabitus im Zeitalter des Absolutismus

von einem Zeitalter der „indirect rule" – gilt nach wie vor die Feststellung von G. Oestreich:

> „Die absolute Monarchie ist gekennzeichnet durch die Tendenz, die Sphäre gesamtstaatlicher Lenkung im Innern und die gesamtstaatliche Vertretung nach außen von jeglicher Mitwirkung anderer Kräfte, besonders der Reichs-, Provinzial- oder Landstände als der partikularen Gegenkräfte des fürstlichen Zentralisierungs- und Machtwillens, frei zu halten und unabhängig zu gestalten"[43].

Das sollen einige Beispiele illustrieren:

So war **Merkantilismus** als Wirtschaftsform zunächst nichts anderes als der Versuch, alle verfügbaren Wirtschaftsressourcen dem eigenen absolutistischen Machtstreben dienstbar zu machen[44], so unterschiedlich die Maßnahmen im Einzelnen sein mochten. Handel und Gewerbe wurden in den Dienst staatlicher Machtpolitik gestellt, denn ein stehendes Heer musste durch finanzielle Reserven abgesichert und unterhalten werden, sei es um Kriege für einen längeren Zeitraum zu finanzieren, sei es um Bedrohungsfähigkeit in Friedenszeiten demonstrieren zu können. Deshalb griff die Wirtschaftspolitik des Absolutismus in alle Lebensbereiche reglementierend ein[45]. Als Beispiel sei *K.H. Kaufhold* zitiert, der die merkantilistische Wirtschaftspolitik Friedrichs des Großen folgendermaßen umrissen hat:

> „Finanzielle Reserven bot in erster Linie ein ausreichender Staatsschatz, und die Staatseinkünfte mussten daher so reichlich fließen, dass sie Überschüsse für die Schatzbildung abwarfen. Daraus folgte dreierlei: Die Erträge der Landwirtschaft, erstens, sollten verbessert werden, damit die Domänen bei der Neuverpachtung höhere Einkünfte brachten und (wichtiger) die Bauern in der Lage waren, ihre hohe Steuerlast (Kontribution) ohne Gefährdung ihrer Existenz zu tragen. Zweitens musste das Gewerbe nicht zuletzt durch staatliche Unterstützungen befähigt werden, den inländischen Bedarf soweit wie möglich zu decken. Das erhöhte seine, durch die Akzise (eine Konsumtionssteuer) genutzte Steuerkraft und förderte durch Minderung der Importe entscheidend das dritte, besonders wichtige Ziel, nämlich eine positive Handelsbilanz (Überschuss der Exporte über den Import), zu deren Ausgleich dem

---

43 Zitat: G. Oestreich 1969, S. 180. Zu „indirect rule" vgl. bei Ch. Tilly 1990, S. 25, 103. Die Grenzen des Durchgriffs absolutistischer Macht thematisiert W. Neugebauer 2008, S. 34-40.
44 Rainer Gömmel 1998, S. 44. E Hinrichs 1986, S. 345f.
45 H. Schulze 1995, S. 73. Vgl. auch H.-J. Schoeps 1981, S. 51f und J. Burkhardt 1997, S. 560.

Teil I Einführung: Die Perspektive von Geschichtswissenschaft und Politologie

Staat Edelmetall aus dem Ausland zufloß, das unter anderem zur Schatzbildung verwendet werden konnte"[46].

Das Zitat notiert nicht nur typische Merkmale merkantilistischer Wirtschaftspolitik (Eingriffe in landwirtschaftliche Produktionsmethoden, positive Handelsbilanz, Autarkiebestrebung, Hebung der Steuerkraft), es schildert sie auch als Teil der absolutistischen Machtpolitik Friedrichs des Großen.

Ebenso war der **Aufbau einer einheitlichen Administration** in Gebieten mit ganz unterschiedlichen Rechts- und Verwaltungstraditionen ein Akt absolutistischer Machtsicherung im Kampf mit den Ständen [47]. Permanent steigende Ausgaben für Militär und der damit einhergehende Ausbau der staatlichen Administration zwangen dazu, höhere Steuern einzutreiben und gegen ihre Veruntreuung anzugehen. In Frankreich gelangten im Jahr 1661von 85 Millionen Livres nur 32 Millionen Livres in die Staatskasse. Der erfolgreiche Kampf gegen die Steuerhinterziehung wurde zum Schlüssel für den finanziellen Unterbau des französischen Absolutismus: „L'Absolutisme fut, en grande partie, l'enfant de l'impôt" zitiert *H. Duchhardt* den französischen Historiker *D. Richet*[48].

In eben diesem Sinn versuchten Fürsten, Konfessionsstreitigkeiten als Quelle sozialer Unruhen auszuschließen und sich der dominierenden **Kirche vor Ort als Machtstütze** zu versichern. *Ulrich Muhlack* hat dies mit Blick auf die Genese des absolutistischen Staates die Mediatisierung der Religion genannt[49].

Wie schon angedeutet, musste zudem der **Adel entmachtet** werden: *U. Muhlack* hat am Beispiel Frankreichs gezeigt, wie noch im Hochmittelalter zuerst die Wahl des Königs durch den Adel abgeschafft wird, dann die kirchliche Weihe, bestehend aus Salbung und Krönung, nur noch als Bestätigung nicht mehr aber als Inkraftsetzen der Regentschaft inszeniert wird, und als letzte der drei mittelalterlichen Legitimationsformen des Kö-

---

46 K.H. Kaufhold 1986, S. 105.
47 H. Duchhardt 1992, S. 42, J. Kunisch 1999, S. 72-84, M. Messerschmidt 2001, S. 334f.
48 H Duchhardt 1992, S. 44.
49 Ulrich Muhlack 1982, S. 176f, 190-195 (zu Frankreich). Vgl. auch G. Oestreich 1969, S. 182, Ch. Clark 2008 (zu Preußen), S. 144-154, J. Kunisch 1979, S. 28-35 (Dänemark als Beispiel von Mediatisierung der Kirche), A.C. Thompson 2006, Introduction (S. 1-24) Und Kapitel 1 „The balance of power, universal monarchy and the protestant interest" (S. 25-42, zu England), J. Kunisch 1999, S. 117-125 (ein Überblick), und M. Maurer 1999, S. 70-72.

I – 1) Der Großmachthabitus im Zeitalter des Absolutismus

nigs nur noch das Erbrecht überlebt. Dies benötigte weder Adel noch Kirche, es kam einzig und allein auf die Geburt eines Thronfolgers an[50]. Aus den Landschaftsständen des mitregierenden Adels wurden nach und nach Berufsstände innerhalb einer Untertanengesellschaft, auch wenn der Adel dort dann zu den Obersten der Untertanen zählte[51]. In aller Regel wurde der Offiziersnachwuchs für das stehende Heer aus ihm rekrutiert.

Diese gesamtgesellschaftliche Tendenz schlägt sich in den Haushalten aller Großmächte nieder. Die Staatshaushalte der Großmächte wurden durch ihre Kriegsführung bestimmt. Die Ausgaben für das Militär machten 50% – 80% des Staatsbudgets aus[52]. *Michael Mann* erläutert den Effekt steigender Militärausgaben so:

> „Jeder neue Krieg führt zu einer Ausweitung des Staates, die in zwei Etappen vor sich ging: In der ersten Phase waren es die Militärausgaben, auf die und in denen er sich auswirkte, in der zweiten, sozusagen im Sinne eines Verzögerungseffektes, die Schuldenrückzahlung. Bisher sind die Funktionen dieses Staates (der Staat im Absolutismus, der Autor) ... in überwältigendem Maße militärische Funktionen. Andere Funktionen, die er auch erfüllt, leiten sich überwiegend aus seinen kriegerischen Aktivitäten her"[53].

Diese Beispiele mögen genügen, um die Tendenz zu illustrieren. In jedem Fall ist es der fürstliche Wille, in allen diesen Lebensbereichen seine Macht durch – und absolut zu setzen, der den Impetus zur Genese von Staat und Gesellschaft aus den Verpflichtungen zur Kriegsführung enthält.

Es gab allerdings **zeitliche Abstände** zwischen den einzelnen Staaten, was den Grad der Machtvollkommenheit des Herrschers anging. Frankreich war im 18. Jahrhundert allen anderen europäischen Staaten voraus an organisatorischer Stringenz des absoluten Machtanspruchs seines Herrschers: „L'état c'est moi", wird Ludwig XIV. fälschlicherweise zugeschrieben, trifft aber das Selbstverständnis dieses Herrschers, der seinen Machtanspruch für prinzipiell eingelöst erklärte[54]. Preußen, Österreich,

---

50 Ulrich Muhlack 1982, S. 174-179.
51 J. Kunisch 1999, S. 59, H. Duchhardt 1992, S. 36, 39f, 51.
52 Michael Mann, Die Geschichte der Macht 1994, das Kapitel „Staatsausgaben und Kriegsführung 1688-1815", S. 372-382.
53 Michael Mann, Geschichte der Macht 1994, S. 376f.
54 C. Hinrichs 1964, S. 306-308. Vgl. dazu die Erklärung zum historischen Verständnis des Ausspruchs bei H. Schulze: „Zur Zeit Ludwigs XIV. war das Wort l'état in der Einzahl überraschend neu. Man war gewohnt es in der Mehrzahl zu gebrauchen: *les états* waren die Stände, also das gemeinsame Regiment des Fürsten (der ebenfalls einen Stand darstellte) mit den übrigen Ständen, mit Adel, Klerus und

Teil I Einführung: Die Perspektive von Geschichtswissenschaft und Politologie

England und Russland dagegen waren zu Beginn des 18. Jahrhunderts noch mit Arrondierungsproblemen nach außen und Machtsicherung im Inneren befasst. Sie wurden erst im Lauf des 18. Jahrhunderts zu Großmächten.

Es findet also keine gleichmäßige und parallele Entwicklung statt. Vielmehr geht ein Fürst anderen Fürsten in der Vervollkommnung seines Machtanspruchs voraus und gibt damit das Beispiel und den Grund für andere, es ihm gleichzutun. Er wird nachgeahmt. Auch wenn dadurch nach einiger Zeit ein durchaus vergleichbarer Stand erreicht worden ist, der einem aus zurückblickender Perspektive das Bild einer im Ganzen gleichmäßigen Entwicklung verschiedener Staaten nahelegt und damit die Annäherung einzelner Staaten an einen Idealtypus suggeriert, der Focus wissenschaftlichen Interesses sollte gerade auf diesem zeitlichen Abstand liegen, in denen das Beispiel des einen zum Vorbild des anderen wird, der dann durch Imitation doch zu seiner ganz eigenen Form der Machterweiterung findet. Hinter der aus Rückschau sich nahelegenden scheinbaren Gleichzeitigkeit der Entwicklung muss diese Ungleichzeitigkeit entdeckt werden, in der die ganze Spannung und die Variation der Entfaltung sukzessiv sich realisierender und rivalisierender Machtansprüche zu finden ist. In der Geschichtswissenschaft hat sich dafür der nüchterne Begriff der **Phasenverschiebung** *eingebürgert*[55]. *Phasen sind es. Dennoch wird durch die vermeintliche, sog. Verschiebung eine Gleichmäßigkeit lediglich hineingelegt, die den kreativen, zeitlichen Abstand verdeckt, in dem Geschichte konkret wird. Dazu mehr im dritten Teil (III-5.3 Die Eigendynamik des Feldes der Großmächte als Koordination von Heterochronizität).*

Damit ist im Übergang vom Monopolmechanismus (N. Elias) zum Großmachthabitus eine erste Grundlage des Großmachthabitus erarbeitet, die für alle absolutistischen Staaten gilt, auch wenn sie Mittel- oder Kleinmächte sind[56]:

Bürgertum. ... ‚Stände' und ‚Staat' fielen in Alteuropa bis weit in 17. Jahrhundert zusammen, und deshalb war die Aussage ‚Der Staat bin ich' nicht anmaßend sondern revolutionär: In der Krone sollten sich fortan sämtliche Gewalten vereinen." H. Schulze 1995, S. 65.
55 H. Duchhardt 1992, S. 54, J. Kunisch 1982, S. 81, 86; J. Kunisch 1979, S. 40, J. Kunisch 1986, S. 15.
56 Wie ruinös dieses Streben für eine kleine Macht sein konnte, hat G. A. Craig am Beispiel Goethes als Staatsmann am Weimarer Hof und seinen Versuchen, Carl August zu Budgetkürzungen im Militärbereich zu bewegen, anschaulich geschildert, G.A. Craig 1996, S. 22, 33-35.

I – 1) Der Großmachthabitus im Zeitalter des Absolutismus

Der fürstliche Wille zur absoluten Macht, der seit dem 17. Jahrhundert alle Bereiche gesellschaftlichen Handelns unter seine Kontrolle zu bekommen versucht und sie zur eigenen Machtsteigerung nutzt, ist das Fundament für die Ausbildung von Staat und Gesellschaft in der beginnenden Moderne. J. Kunisch hat ihn ein verschleiertes Faustrecht genannt: Macht wurde eingesetzt, um Macht zu erlangen, zu steigern oder zu stabilisieren[57]*. Es ist dieser Wille, der alle Bereiche der werdenden Gesellschaft zur eigenen Machtsteigerung nutzt, so dass seine Macht die alle und alles verbindende Klammer bildet und damit Gesellschaft generiert. Eben damit ist dieser Wille Habitus: Er reagiert und agiert im Feld eines permanenten Konkurrenzdrucks der anderen Großmächte als dessen individuelle Konkretion. Zugleich wird deutlich, dass der Fürst im Absolutismus einen Zweifrontenkampf führte. Die herrschaftsindividuelle Verschränkung der Kontrolle von innerer und äußerer Bedrohung wird in ihrer Eigenart an der Konstitution des stehenden Heeres sichtbar, dem alle anderen gesellschaftlichen Bereiche Zuträgerdienste leisten mussten. Die neugeschaffenen Grenzen kanalisieren eine Bedrohung gegen die andere. Dabei handelt es sich keinesfalls um eine gleichzeitige Entwicklung. Gerade die Allgemeinheit des Habitus im Feld der Großmächte lenkt den Blick auf die zeitlichen Unterschiede in der Gestaltung der werdenden Staaten. Nachahmung treibt den Blick über die eigenen Grenzen hinaus, um die Phantasie zur eigenen Machtentfaltung von jenseits der Grenzen noch einmal anders und durch den Druck des Feldes anregen zu lassen. Nicht in der Synchronizität der Entwicklung sondern in der Heterochronizität qua Imitation liegt der Motor dieser Dynamik.*

I – 1.3) Vom Monopolmechanismus zum Großmachthabitus

I – 1.3.1) Die günstige Gelegenheit und habitueller Dauerzustand

Wie aber wirkte der Monopolmechanismus, wenn die beteiligten Mächte die Konkurrenzsituation als bleibende Ordnung hinzunehmen hatten, wenn vor allem die Rivalität der Großen unter ihnen als habitueller Dauerzustand das Kennzeichen der internationalen Ordnung im Absolutismus war? Der Großmachthabitus stellte die Konkurrenzsituation einerseits auf

---

57 J. Kunisch 1982, S. 63.

Teil I Einführung: Die Perspektive von Geschichtswissenschaft und Politologie

Dauer und fügte dem reinen Monopolmechanismus ein weiteres wichtiges Element hinzu: Die gegenseitige Anerkennung der Großmächte als solche, die in der Lage sind, sich gegenseitig zu bedrohen. Andererseits schränkt das sich allmählich ausbildende internationale Recht, Heiratspolitik und europäische Verwandschaftsbeziehungen, Verträge zur Anerkennung von Sukzessionsfolgen, auf Kongressen ausgehandelten Friedensverträge u.a.m die Konkurrenzsituation ein, sie ist meist nur latent gegeben, in actu dagegen nur bei einer günstigen Gelegenheit, einer „conjoncture favorable".

Bevor hier der Großmachtstatus erörtert wird, soll zunächst darauf eingegangen werden, was es heißt, diese Konkurrenzsituation auf Dauer zu stellen und gleichzeitig einzuschränken und sie damit als selbstverständlichen Hintergrund in allen politisch strategischen Entscheidungen vorauszusetzen. Hier hat *J. Kunisch* aufschlussreiche Hinweise gegeben.

Mit Blick auf die Erbfolgeregelungen dieser Zeit und die für diese Epoche typischen, vielen Erbfolgekriege hat *J. Kunisch* die legitimatorischen Krisen von Dynastien untersucht und daraus seine These von der bellizistischen Disposition des absoluten Fürstenstaates entwickelt[58]. Nach der Ausschaltung der Wahl des Königs durch den Adel und der Salbung durch den Klerus als Legitimation des Herrschers blieb allein das Recht der Dynastie[59] als Legitimationsgrund des Fürsten im Absolutismus: Der Herrscher war rechtmäßiger Herrscher von Geburt. Allein als Sproß einer Dynastie kam ihm das Recht zu, Macht über einen Untertanenverband auszuüben. Das war seine einzige und folgerichtig auch umkämpfte Machtlegitimation. Ein legitimer Kampf um die Macht war dementsprechend auf die einzige Situation beschränkt, in der dieses Recht mehrere Erbfolgemöglichkeiten zuließ: Das war der Tod des Herrschers bei umstrittener Nachfolgeberechtigung. In dem Augenblick, wo der Erbfolgefall eintrat, konnte die Legitimität des zukünftigen Herrschers nach innen und nach außen in Frage gestellt werden. Immer wenn die Erbfolge unklar oder interpretierbar wurde, weil z.B. kein männlicher erstgeborener oder mehrere Thronfolger zur Stelle waren, konnten innerhalb des weitverzweigten, europa-

---

58 Siehe die drei Veröffentlichungen von J. Kunisch: Staatsverfassung und Mächtepolitik. Zur Genese von Staatskonflikten im Zeitalter des Absolutismus (1979); Der dynastische Fürstenstaat. Zur Bedeutung von Sukzessionsordnungen für die Entstehung des frühmodernen Staates (1982); Fürst – Gesellschaft – Krieg. Studien zur bellizistischen Disposition des absoluten Fürstenstaates (1992).
59 J. Kunisch 1979, S. 14; U. Muhlack 1982, S. 176.

weiten Familiengeflechts konkurrierende Thronansprüche geltend gemacht werden, die sofort die Integrität des werdenden Staats in Frage stellten. So konnte qua Thronfolge Sachsen und Polen zu einem Königreich vereinigt werden. Der Bayerische Kurfürst und der Sächsische Kurfürst erhoben z.B. nach dem Tod Karl VI. Anspruch auf den Österreichischen Thron und fochten die Legitimität der Nachfolge der ältesten Tochter Karls VI., Maria Theresia, an usw. Staatsgrenzen wurden auf diese Weise per Thronfolge neu definiert.

Trat ein solcher Erbfolgestreit ein, die Krise der Dynastie, standen nicht nur verschiedene Ansprüche gegeneinander, gerieten nicht nur Teile der Völkerrechtsordnung des 18. Jahrhunderts, des „droit public de l'Europe"[60], ins Wanken. Solche Krisen wurden vielmehr zu Anlässen, zu günstigen Gelegenheiten für die eigene Machterweiterung, im politischen Sprachgebrauch des 18. Jahrhunderts: zu **„conjonctures favorables"**[61]. In Archiven und Bibliotheken wurde gesucht, ob sich nicht aus vielfältigen Heiratsverbindungen ein passender Anspruch zusammenschreiben ließe. Die oben zitierte ‚Ausspähgeschicklichkeit' sollte dabei Belege finden, um

---

60 Vgl. W. Grewe 1988, S. 323ff: Droit public de l'Europe: Die Völkerrechtsordnung des französischen Zeitalters. 1648-1815, und J. Kunisch 1979: „... finden sich erste Hinweise auf das Bestreben, die wichtigsten Bestimmungen der neuen Sukzessionsordnung in Form einer Besitzstandsgarantie in das Jus publicum Europaeum einzubringen, also die Erbfolgeregelung des Hauses Habsburg als Bestandteil einer umfassenden Völkerrechtsordnung, als ein auch international zu respektierendes Staatsgrundgesetz, zu sanktionieren". S. 46f.

61 Vgl. zum Folgenden das Kapitel „Dynastische Krisen als „conjonctures favorables", in: J. Kunisch 1979, S. 41-74. Johannes Kunisch hat in einer Reihe von Veröffentlichungen zur bellizistischen Disposition des absoluten Fürstenstaates und zu den dynastischen Sukzessionsordnungen die Bedeutung der „conjoncture favorable" für die Internationalen Beziehungen der frühen Neuzeit herausgearbeitet. Kurz gesagt ist die günstige Gelegenheit, die „conjoncture favorable", der Moment, aus dem qua bellizistischer Disposition die Legitimation zur bellizistischen Aktion abgeleitet werden kann: Ist der Erbfolgekonflikt gegeben, erscheint es legitim, auch kriegerisch die eigenen Ansprüche geltend zu machen. Da die meisten Kriege im Zeitalter des Absolutismus Erbfolgekriege waren (J. Kunisch 1992, S. 21f), ist damit in der Tat eine typische Situation gegeben, in der sich der Großmachthabitus aktualisiert. Die Differenz zu den Annahmen des politischen Realismus ist offensichtlich. Für die frühe Neuzeit wird von J. Kunisch nicht eine allgemeine anarchische Grundsituation reklamiert wie im politischen Realismus, sie gilt vielmehr nur für den Fall eines Konfliktes über die dynastische Erbfolge, in der Ansprüche geltend gemacht werden konnten. Die anarchische Situation erscheint begrenzt auf die „conjoncture favorable".

Teil I Einführung: Die Perspektive von Geschichtswissenschaft und Politologie

die Gier nach Machterweiterung mit dem Mantel der Legitimität zu umhüllen. In dieser Situation konnte man offen und verdeckt zugleich agieren, offen im Anspruch, verdeckt im dazu hintreibenden Impuls. Der Schein der Legitimität wurde gewahrt, der Großmachthabitus trat im Gewand des Rechts auf, auch wenn der Rock zu kurz geraten war. Die vielen Erbfolgekriege zwischen 1648 und 1815 zeigen, wie verführerisch diese Lage war, den eigenen Machtzuwachs unter dem Schein des Rechts auch mit Gewalt voranzutreiben. Erbfolgekriege wurden zur „Haupt- und Staatsaktion der gesamten europäischen Politik"[62]. Und dies wurde auch erwartet: Man rechnete mit der Deklaration territorialer Ansprüche im Fall von Erbfolgestreitigkeiten[63] und man stellte sich bei erwartetem Ableben eines Fürsten auf den Konfliktfall ein. Offensichtlich handelte es sich also um eine Legitimitätslücke als günstige Gelegenheit, in die hinein der Großmachthabitus offen und ohne Rücksicht gerade deshalb agieren konnte, weil der Schein des Rechts die Hemmungen beseitigte. Es handelte sich um die Ambition, einen Machtanspruch mit Aussicht auf Erfolg realisieren zu können und das heißt nicht zu jeder, sondern bei einer günstigen Gelegenheit[64]. So trat einerseits die Hemmung des Großmachthabitus durch damals international verbindliche Sukzessionsordnungen klar zu Tage – solange eine solche Ordnung galt, konnte der Großmachthabitus nicht im Gewand des Rechtsanspruchs auftreten –, aber ebenso der Versuch, mit Hilfe lediglich des Scheins eines Rechtsanspruchs die eigenen Ambitionen gegen andere Beteiligte durchzusetzen, falls eine „conjoncture favorable" die Thronfolge für familiäre Ansprüche weitverzweigter Art plötzlich öffnete.

---

[62] J. Kunisch 1979, S. 14.
[63] J. Kunisch schildert es anschaulich: „Denn längst hatte sich unter den auf „agrandissement" und Arrondierung sinnenden Mächten des europäischen Staatensystems der Grundsatz durchgesetzt, dass Erbfolgestreitigkeiten zu territorialen Ansprüchen zu nutzen waren, sofern nur der Anschein eines Rechtstitels auf einen der zur Disposition stehenden Landesteile vorgebracht werden konnte. Und wo gab es bei den verwickelten staatsrechtlichen Verhältnissen in Europa, bei den engen, bewusst und langfristig geplanten und deshalb kaum noch zu entwirrenden Verwandschaftsverhältnissen der Dynastien, bei dem Hineinragen älteren Lehnrechts in den Besitzstand der Staatenwelt und den unzähligen Erbverbrüderungs-, Verpfändungs- und Übereignungsverträgen im „Urbarium" der verschiedensten, „nach Art des Privatrechts erworbenen Staatsrechte" nicht Exspektanzen, die den Zugriff auf ein „Erbteil" zu rechtfertigen vermochten?", J. Kunisch 1982, S. 52.
[64] J. Kunisch 1992, S. 27.

Dies alles ist demnach an der „conjoncture favorable" abzulesen: Hemmung des Großmachthabitus durch international verbindliche Sukzessionsfolgeregelungen ohne günstige Gelegenheit. Tritt diese ein, instrumentalisiert der Großmachthabitus Sukzessionsansprüche unter dem Schein eines Rechtsanspruchs und schließlich bricht der Großmachthabitus Recht, er richtet sich direkt gegen völkerrechtliche Verbindlichkeiten. In diesem Sinn ist die „conjoncture favorable" nicht nur für die damals beteiligten Akteure eine günstige Gelegenheit, sie ist auch eine Gelegenheit, der Sitz im Leben für einen Beobachter zweiter Ordnung, den Großmachthabitus historisch in actu zu analysieren. Auf Dauer gestellt heißt hier zunächst einmal: die regelmäßige Wiederkehr einer typischen Legitimationslücke in der Sukzessionsordnung einer Dynastie, einer „conjoncture favorable", die den Impuls setzt für das offene Agieren des Großmachthabitus.

I – 1.3.2) Zur Motivationsgenese des Großmachthabitus

Auf der Suche nach einer typischen Motivation des Großmachthabitus setzt sich *J. Kunisch* mit dem Versuch *J.A. Schumpeters* einer geschichtssoziologischen Einordnung auseinander. Es ist vor allem das Streben nach Ruhm, die Ruhmsucht geradezu, die aus Äußerungen von Herrschern wie Ludwig XIV., Friedrich II. oder Joseph II. spricht[65]. Nach *J. A. Schumpeter* gründet diese Ruhmsucht in einer jahrhundertealten Disposition von Herrscherfamilien, die in einem langen, Generationen andauernden Prozess mit militärischer Gewalt sich ein Herrschaftsgebiet schufen, indem ihre Machtausübung ein Ansehen als ruhmreicher Kriegsheld unbedingt voraussetzte[66]. Ruhmbegierde und als Mittel dazu die Attitüde agressiven Auftretens, Kampf und eventuell sogar Kriegsführung als angemessenen Lebensstil war die treibende Kraft für die „objektlose Disponiertheit zu gewaltsamer Expansion ohne bestimmte, zweckgebundene Grenze"[67].

---

65 Zu Ludwig XIV: C. Hinrichs 1964, S. 306; E. Krippendorff 1985, S. 282; J. Kunisch 1999, S. 135; J. Kunisch, 1992, S. 2f, 36; Zu Friedrich II.: J. Kunisch 2004, S. 167; J. Kunisch 1992, S. 28ff; H.-J. Schoeps 1981, S. 66; Th. Schieder 1986, S. 132; Ch. Clark 2006, S. 132; Zu Joseph II.: Friedrich der Große und Maria Theresia in Augenzeugenberichten 1972, S. 449-454; F. Fejtö 1987, S. 201f; H. Mikoletzky 1967, S. 309f.
66 J. A. Schumpeter 1953, S. 112f.
67 J. Kunisch 1992, S. 4, die Intention J.A. Schumpeters zusammenfassend.

Einmal habitualisiert wurde diese Haltung in Epochen mitgeführt, in denen der Adel längst nicht mehr die einstige Führungsrolle besaß, so dass sie im absoluten Machtanspruch des ancien régime, aber auch im Zeitalter des Imperialismus sich losgelöst aus ihrem Entstehungszusammenhang weiter wirksam neu entfalten konnte[68]. *J. Kunisch* rahmt diese Aspekte in seiner These von der bellizistischen Disposition des absoluten Fürstenstaates durch den Verweis auf die dynastische Komponente dieser Argumentation. Das Streben nach persönlichem Ruhm ist danach immer in den Kampf um den Fortbestand der Dynastie eingebettet[69] und äußert sich dementsprechend in den durch die erwähnten „conjonctures favorables" ausgelösten Erbfolgekriegen des ausgehenden 17. und 18. Jahrhunderts (s.o.). *J. Kunisch* übernimmt damit die These von der objektlosen Disponiertheit zu gewaltsamer Expansion ohne bestimmte, zweckgebundene Grenze und fügt ihr den Grund des Dynastieerhalts als Machterhalt hinzu. Darauf gründet sich nach *J. Kunisch* die bellizistische Disposition des absoluten Fürstenstaates: Der Ruhm des Fürsten fällt in eins mit dem Kampf um den Fortbestand der Dynastie.

J. Burkhardt verweist in seiner Auseinandersetzung mit der These *J. Kunischs* auf überstaatliche Geltungsansprüche, wie sie noch im frühneuzeitlichen Europa aus der römischen Rechtstradition überliefert wurden. Für den aus dieser Tradition abgeleiteten hegemonialen Weltherrschaftsanspruch standen Symbolbegriffe wie z.B. imperium, monarchia und christianitas. Gerade der Begriff der Monarchie hatte nach *J. Burkhardt* auch zu Beginn der Neuzeit noch den Sinn von Einherrschaft in der Welt, er stand für diesen alten, immer noch gültigen Weltherrschaftsanspruch. So wie die „einander ausschließende Konkurrenz um die nur einmal zu vergebende Spitzenstellung in Europa ... die Grundlage des habsburgisch-französischen Dauerkonflikts vom 15. Jahrhundert bis ins 18. Jahrhundert gewesen ist" stellt sich das werdende Staatensystem der frühen Neuzeit dar als das Ergebnis „eines schließlich abgebrochenen Konkurrenzkampfes von Universalgewalten"[70]. *J. Burkhardt* macht damit auf Jahrhunderte alte kulturgeschichtliche Motive aufmerksam, die den Konkurrenzkampf gerade der Großmächte beflügelt haben können.

---

68 J. A. Schumpeter 1953, S. 120; und die Diskussion bei J. Kunisch 1992, S. 3-9.
69 J. Kunisch 1992, S. 21-24.
70 J. Burkhardt 1997, S. 515-530, Zitate S. 517, 521 und 526.

I – 1) Der Großmachthabitus im Zeitalter des Absolutismus

Diese Erklärungsansätze zur Genese der Motivlage des Großmachthabitus von J. A. Schumpeter, N. Elias, J. Kunisch und J. Burkhardt tragen wichtige Umstände zur Plausibilisierung der Dauerrivalität zusammen.

Die objektlose Disponiertheit zu gewaltsamer Expansion ohne feste Grenze (J. Schumpeter) agiert nicht ins Blaue hinein, sondern in einem Feld sich belauernder Rivalitäten (N. Elias). Hier herrscht ein Zwang zur Expansion, der alle Herrscher unter einen vergleichbaren Druck setzte. Daher ist der Wille zur Macht des absoluten Fürstenstaates auch nicht in erster Linie ein Phänomen des Willens, wie man an Friedrichs II. Jugendwerk, dem Antimachiavell, sehen kann, das sich gerade gegen eine solche Machtdisposition wendet[71], sondern ein Phänomen der Macht, des oktroiierten Drucks im Feld der Großmächte, dem sich auch Friedrich II. beugte, sobald er an die Macht kam.

Die bellizistische Disposition des absoluten Fürstenstaates (J. Kunisch) geht überdies von einer völkerrechtlich verbindlichen Einschränkung der Konkurrenzsituation aus, wie sie dem Monopolmechanismus von N. Elias noch fremd ist. Sie berücksichtigt die Legitimität der dynastischen Sukzessionsfolgen, um sich genau in der entstehenden Lücke, der „conjoncture favorable", zu platzieren. Damit behauptet sich der Großmachthabitus in einer völkerrechtlich fortgeschrittenen Lage unter Wahrung des Rechts dynastischer Sukzessionsfolgen, in seiner Instrumentalisierung oder dann im offenen Widerspruch, im Rechtsbruch. Diese für das 18. Jahrhundert kennzeichnende Situation ist weder reine Anarchie (so die Behauptung des politischen Realismus/Politologie) noch permanente Konkurrenzsituation[72]. Der Dauerzustand ist vielmehr habituell, d.h. als Disposition jederzeit abrufbar, aktualisiert nicht zu jeder, sondern nur bei jeder günstigen Gelegenheit.

---

71 Vgl, Th. Schieder 1986, das Kapitel „Antimachiavell" und Machiavellismus, S. 102-126.
72 Der amerikanische Politologe A. Wendt trifft diese Situation in seiner Konstruktion einer idealtypischen Situation, der „Lockean Culture": Durch die gegenseitige Anerkennung der Staaten im Sinne von Souveränität, wird Krieg akzeptiert und gleichzeitig limitiert. Feindschaft weicht Rivalität als Situationsdefinition, A. Wendt 1999, S. 283, 286.

Teil I Einführung: Die Perspektive von Geschichtswissenschaft und Politologie

I – 1.4) Der Großmachtstatus

Ein anderer Argumentationsstrang aus dem Bereich der Geschichtswissenschaften der frühen Neuzeit und aus dem Bereich „Internationale Beziehungen" führt ebenfalls vor die Tore einer soziologischen Argumentation für den Großmachthabitus. Es ist die Frage nach dem Status einer Großmacht im 18. Jahrhundert. Wann galt eine Macht im 18. Jahrhundert als Großmacht?

I – 1.4.1) Versuche den Großmachtstatus quantitativ oder statistisch zu erfassen

Die Versuche, den Großmachtstatus mit Hilfe von Methoden quantitativer Sozialforschung zu erfassen, kommen dem Alltagsverständnis von Großmacht am nächsten[73]. Ab einer gewissen Größe des Landes, einer großen Bevölkerung, die ein menschliches Reservoir für die erforderliche Heeresstärke bereithält, einem relativ elaborierten Stand der Waffen- und Militärtechnik unterbaut von einer Wirtschaftskraft, die zur Entwicklung moderner, eigener Waffen- Transport- und Logistiksysteme in der Lage ist, sind Öffentlichkeit und Medien heute bereit, den Großmachttitel zu vergeben. Mit Blick auf das 18. Jahrhundert gibt es einige Versuche, solche quantitativen Kriterien zu etablieren. Der bekannteste Versuch dazu stammt wohl von dem amerikanischen Historiker *Paul Kennedy* in seinem Buch „Aufstieg und Fall der großen Mächte" (1989)[74].

Nach *P. Kennedy* beginnt der Aufstieg einer Großmacht mit einem außerordentlichen Wirtschaftswachstum, das sich dann auch in militärischer Stärke niederschlägt. Diese militärische Stärke ist die Basis für die in Kriegen zu erringende internationale Bedeutung einer Großmacht. Aus einem Vorlauf an außerordentlichem Wirtschaftswachstum entsteht mit einer gewissen zeitlichen Verzögerung militärische Stärke, die sich nach einiger Zeit in ihrer internationalen Bedeutung als Großmachtstatus aus-

---

[73] Friedrich der Große teilte diese Meinung: „Der Sturz der größten Reiche hat stets die gleiche Ursache gehabt: „nämlich ihre innere Schwäche", (Friedrich der Große, Betrachtungen über den gegenwärtigen politischen Zustand Europas (1738), S. 229.

[74] Paul Kennedy, The Rise and Fall of the Great Powers, New York 1987, in deutscher Übersetzung erschienen im S. Fischer Verlag, Frankfurt/M. 1989.

zahlt[75]. Der anschließende Fall einer Großmacht folgt dann aus dem einseitigen Ausbau der militärischen Stärke, der zu einer Vernachlässigung u.a. der Sicherung der Grundlagen des wirtschaftlichen Wachstums führt. Damit sägt der militärische Komplex an dem Ast, auf dem er sitzt, und vernichtet seine eigene wirtschaftliche und gesellschaftliche Basis[76].

Das Bestechende dieser These liegt darin, dass Aufstieg und Fall gewissermaßen aus ein und derselben Bewegung erklärt werden können, dies noch dazu ohne Ansehen des internationalen politischen Geschehens. Eine im Prinzip rein endogene Betrachtungsweise[77], die die internationale Politik ausblendet zugunsten eines sich immer wiederholenden wirtschaftlichen und militärischen Prozesses.

In der Anwendung der These auf die Pentarchiemächte und damit auch auf Preußen im 18. Jahrhundert verschiebt *P. Kennedy* allerdings das Erklärungsmodell. Kenntnisreich referiert er die Konstellation der internationalen Politik im 18. Jahrhundert, um dann plötzlich die Frage umzuformulieren: Nicht mehr der Aufstieg einer Großmacht relativ zu anderen Mächten soll erklärt werden, sondern der Aufstieg der 5 Großmächte, auch wenn sie nicht die gleiche Stärke besaßen[78]. Damit gibt er eine zugrundeliegende Prämisse seiner These stillschweigend auf. Er geht nicht mehr von einer führenden Großmacht, von ihrer Hegemonialstellung aus, wie noch in den vorangegangenen Kapiteln. Zwar sei Frankreich einer hegemonialen Stellung der mächtigsten Großmacht vorübergehend nahege-

---

75 P. Kennedy 1987, S. 21-25.
76 P. Kennedy 1987, S. 12f.
77 So auch Michael Mann, Geschichte der Macht (Zweiter Band) 1994, das Kapitel „Die europäische Dynamik: III. Internationaler Kapitalismus und organische Nationalstaaten, 1477-1760", S. 319-390. Am Beispiel Englands wird die europäische Dynamik jeweils staatsintern begriffen und von einer Parallelentwicklung in den europäischen Staaten ausgegangen. M. Mann konstatiert zwar: „Gewiß, Britannien marschierte den anderen voraus, aber eben doch nur um ein paar Schritte. Frankreich und Teile der Niederlande waren ihm eng auf den Fersen. Und von dem Moment an, da dem Vielstaatensystem klar wurde, daß Britannien auf riesige neuartige Machtquellen gestoßen war, wurde es eilends kopiert." (S. 320). Die Tatsache, dass dieses Kopieren aber eine Ungleichheit voraussetzt, die aus Gründen mit dieser Imitation behoben werden soll, diese Koordination von Heterochronizität also mündet nicht in eine methodologische Überlegung zum Sinn dieser Dynamik. Das Bild einer prinzipiellen Parallelität der Entwicklung bei leichter Ungleichzeitigkeit wird beibehalten, ohne die Dynamik gerade in der Ungleichheit dessen zu suchen, was rückblickend dann Entwicklung genannt wird.
78 P. Kennedy 1987, S. 131.

Teil I Einführung: Die Perspektive von Geschichtswissenschaft und Politologie

kommen, aber letztlich durch die anderen Großmächte immer wieder daran gehindert worden[79]. Der Aufstieg der Pentarchiemächte soll hier eher über Finanzpolitik, staatlich effiziente Organisation und Geopolitik erklärt werden[80]. So verschiebt sich das heuristische Modell realistisch an den Fakten entlang, aber weit weg von der rein endogenen Betrachtungsweise der Anfangsthese, wie sie bis dato durchgehalten wurde, denn nun gerät der Aufstieg von fünf Großmächten in ihrer gegenseitigen Bezogenheit in den Blick. Die Gründe für den Aufstieg Preußens, werden eher summarisch referiert: „das organisatorische und militärische Genie dreier Herrscher, des Großen Kurfürsten (1640–1688), Friedrich Wilhelm I. (1713–1740) und Friedrichs „des Großen" (1740–1786); die Wirksamkeit der von Junker-Offizieren geführten preußischen Armee, in die vier Fünftel der Steuereinnahmen des Staates flossen; die (relative) fiskalische Stabilität, basierend auf ausgedehnten königlichen Domänen und der Ermutigung von Handel und Gewerbe; der bereitwillige Einsatz von ausländischen Soldaten und die Liberalität gegenüber ausländischen Unternehmern; dazu die berühmten preußischen Beamten, die unter der Leitung des Kriegskommissariates arbeiteten."[81]. Der Hinweis auf Wirtschaft, Finanzen und Militär lässt von fern die Hauptthese anklingen, ohne sie jedoch am Fall durchzubuchstabieren. In einem weiteren Absatz wird Preußens Stellung in Europa zur Zeit der drei erwähnten Monarchen umrissen.

Diese für den Fortgang der Argumentation *P. Kennedys* allzu weiche Gedankenführung hat Gründe.

Konfrontiert man nämlich seine oben referierte Anfangsthese direkt mit dem Preußen der ersten Hälfte des 18. Jahrhunderts, so muss man sie für Preußen als widerlegt betrachten. Preußen war einer der ärmsten Mittelmächte in Europa. Trotz des im Verhältnis zur eigenen Bevölkerung großen Militärapparates konnte das Heer keinen quantitativen Vergleich mit der Armee anderer Großmächte wie Frankreich, England und Österreich aushalten. Das zeigt ein Blick in die Tabellen über die Bevölkerungszahlen und die jeweilige Armeegröße der Großmächte, wie sie *P. Kennedy* selbst präsentiert[82]. Gleichwohl gelang es Friedrich II. durch die Eroberung Schlesiens, Österreichs wirtschaftlich bestgestellter Provinz, einen wirtschaftlichen Aufschwung Preußens in Gang zu setzen. Der militäri-

---

79 P. Kennedy 1987, S. 14, zu dieser These illustrierend: S. 130f, 151-153, 167ff.
80 P. Kennedy 1987, S. 132f.
81 P. Kennedy 1987, S. 156.
82 P. Kennedy 1989, S. 166-167; vgl. auch H. Duchhardt 1997, S. 155.

sche Erfolg also wurde zur Voraussetzung für den preußischen Wirtschaftsaufschwung – nicht aber der Wirtschaftsaufschwung zur Voraussetzung für die militärische Stärke oder den militärischen Erfolg. Mit Blick auf die These *P. Kennedys* erscheinen hier Ursache und Wirkung geradezu vertauscht. Die Großmachtstellung Preußens verdankte sich in ihrem ersten Schritt ja diesem militärischen Erfolg. Wirtschaftsaufschwung und auch der weitere Ausbau des Militärs folgten anschließend.

Auch das militärische Genie Friedrichs II. ist zu dieser Zeit (1740/41) noch in Klammern zu setzen. Als er Mollwitz schon verloren glaubte und vom Feld geflohen war, rettete General Schwerin die Schlacht, der Friedrich II. seine Reputation verdanken sollte und die von da an Preußens Großmachtstellung symbolisierte. Die Positionierung Preußens als Großmacht ist also für die These *P. Kennedys* der „schwarze Schwan", der auf weitere Ungereimtheiten bei der Verknüpfung endogener Gründe für eine Großmachtstellung mit der dann tatsächlich errungenen Großmachtposition hinweist.

Die weitaus früher erschienene Arbeit (1947) von *Elisabeth Broicher* geht ein Stück weit parallel mit der These *P. Kennedys*, da sie in chronologischer Abfolge zunächst den Ausbau des Militärs unter Friedrich Wilhelm I., auch der Soldatenkönig genannt, in ihrem außenpolitischen Auswirkungen untersucht (1947)[83], um daran anschließend den Erwerb des Großmachtstatus Preußens unter Friedrich II. zu schildern)[84]. Friedrich Wilhelm I. brachte das preußische Heer auf eine Friedensstärke von 66.000 Mann, zentralisierte die Verwaltung und konnte so die Staatseinnahmen beträchtlich erhöhen[85]. Dieser finanzielle Spielraum für den Ausbau des Militärs und die damit verbundene Ausweitung politischer Unabhängigkeit wurde europaweit durchaus bemerkt. Er lief auf eine gesteigerte Geltung Preußens im europäischen Kontext hinaus. England suchte Preußen als Partner gegen Russland einzubinden[86]. Österreich nahm die Machterweiterung Preußens mit Besorgnis auf[87], Frankreich und Russland

---

83 Elisabeth Broicher, Der Aufstieg der preussischen Macht von 1713-1756 in seiner Auswirkung auf das europäische Staatensystem, Köln 1947. 1. Teil: Die Schaffung der preussischen Macht durch Friedrich Wilhelm I. und die europäischen Mächte, 1713–1740.
84 E. Broicher 1947, Teil II: Die Erringung der Großmachtstellung Preussens durch die beiden ersten schlesischen Kriege Friedrichs des Grossen, 1740–1746.
85 E. Broicher 1947, S. 7ff.
86 E. Broicher 1947, S. 10-14.
87 E. Broicher 1947, S. 23f.

Teil I Einführung: Die Perspektive von Geschichtswissenschaft und Politologie

suchten Preußen im August 1717 in ein Bündnis gegen Schweden einzubinden[88]. All das blieb aber deutlich unter der Schwelle einer Anerkennung als Großmacht. Im Gegenteil, in den 30er Jahren des 17. Jahrhunderts kam es geradezu zu einem Missverhältnis zwischen den zur Verfügung stehenden administrativen und militärischen Mitteln einerseits und der außenpolitischen Geltung Preußens andererseits[89]. Der Grund dafür ist in der Außenpolitik Friedrich Wilhelms I. zu suchen. Friedrich Wilhelm I. suchte verstärkt die Anlehnung an Kaiser und Reich und vernachlässigte seine zuvor beachtliche Präsenz im europäischen Rahmen[90]. Seine Außenpolitik wurde als diplomatischer Rückzug gewertet. Als sein Sohn, Friedrich II., dann mit dem Angriff auf Österreich, der Eroberung von Schlesien, seinen Großmachtanspruch anmeldete, kam es zu einer bezeichnenden Reaktion der europäischen Mächte: Der Eindruck herrschte vor, man habe die Entwicklung Preußens zu wenig beachtet. E. Broicher zitiert den französischen Diplomaten am preußischen Hof, Marquis de Beauvau:

> „… dass man, durch die außenpolitische Timidität dieses Fürsten in Sicherheit gewiegt, die Tragweite der sich im preußischen Staate vollziehenden Änderungen übersehen habe. Man wusste, dass er nie einen Krieg unternehmen würde, und so wurden alle seine Rüstungen stets als ungefährlich betrachtet."[91].

Kurz, die europäischen Staaten waren sich des militärischen Potentials bewusst, reagierten aber solange nicht, wie sie die preußische Außenpolitik als unbedrohlich einstuften. Die sich im preußischen Staat vollziehende Änderung war in den Augen der europäischen Großmächte vor allem eine politische Neuausrichtung durch Friedrich II.

Man kann an diesem Beispiel sehen, wie einige von P. Kennedy angeführte Parameter tatsächlich zutreffen: Ausbau des Militärs, Zentralisierung der staatlichen Administration, dadurch höhere Einnahmen. Dies alles in einem zeitlichen Vorlauf vor dem Erwerb des Großmachtstatus, ohne doch deshalb den von Kennedy behaupteten Kausalnexus zwischen steigender Wirtschaftskraft, daran anschließendem Ausbau militärischer Kapazität und endlich der Erlangung des Großmachtstatus aufrechterhalten zu können. Ein Missverhältnis zwischen militärischer Kapazität und außenpolitischer Geltung ist bei Kennedy nicht vorgesehen. Zum einen er-

---

88 E. Broicher 1947, S. 14f.
89 E. Broicher 1947, S. 48-55.
90 E. Broicher 1947, S. 42f.
91 E. Broicher 1947, S. 88f.

scheint eine Steigerung der Wirtschaftskraft gerade umgekehrt als Konsequenz militärischer Erfolge im Fall Preußens, zum anderen wird man mit E. Broicher militärische Kapazität als Bedingung, nicht aber als Grund für den Großmachtstatus festhalten können.

Das Beispiel Sachsen ist in diesem Zusammenhang lehrreich. Wer als Zeitgenosse die politische Landschaft in Mitteleuropa im Jahr 1740 analysiert hätte, wäre weitaus eher auf Sachsen als Kandidat für einen künftigen Großmachtstatus verfallen als auf Preußen. August III. war gleichzeitig König von Polen (Personalunion), als solcher Mitinitiator des Großen Nordischen Krieges (1700–1721)[92], der angestrebte Landkorridor zwischen Polen und Sachsen – mehrmals in greifbarer Nähe – wäre ein entscheidender Schritt gewesen, um die Personalunion in eine Staatsunion zu transformieren, zudem war der sächsische Kurfürst nach dem Tod Karls VI. ein Anwärter auf den Kaiserthron des Heiligen Römischen Reiches Deutscher Nation[93]. Allerdings konnte der König von Polen nicht über das polnische Militär verfügen. Hier hatte Russland das letzte Wort. Ebenso waren die Steuereinnahmen aus Polen marginal[94]. Aber auch Sachsen allein konnte den Vergleich mit Preußen hinsichtlich der Wirtschaftskraft für sich entscheiden. Die Wirtschaftskraft allein Sachsens galt als der preußischen Wirtschaft überlegen[95]. Ein Vergleich mit Preußen zeigt die Dimensionen:

---

92 R. Hanke 2006, S. 1, 15.
93 R. Hanke 2006, S. 33.
94 R. Hanke 2006, 17f.
95 René Hanke, Brühl und das Renversement des Alliances 2006, S. 21; H. Schlechte, Einleitung zu „Das Geheime politische Tagebuch des Kurprinzen Friedrich Christian 1751-1757" 1992, S. 25; Katrin Keller, Landesgeschichte Sachsen 2002, S. 196-201+209-214; J. Ziekursch, Sachsen und Preußen um die Mitte des 18. Jahrhunderts 1904, S. 30-33; Jürgen Luh, Sachsens Bedeutung für Preußens Kriegsführung 2001. S. 29; H. Duchhardt 1997, S. 207.

Teil I Einführung: Die Perspektive von Geschichtswissenschaft und Politologie

1740–45	Fläche	Einwohnerzahl	Budget 1740	Soldaten 1740	Soldaten 1745
Sachsen	35 000 km²	1 019 997	6 – 8 Millionen Taler = 18 – 24 Millionen Goldmark (umgerechnet)	25 000	30 000
Preußen	194 891 km²	5 430 000	22 Millionen Goldmark	80 000	135 000

Quellen: Anmerkung[96]

Hinsichtlich Fläche und Einwohnerzahl bleibt Sachsen deutlich hinter Preußen zurück. Das Budget allerdings ist annähernd gleich. Sachsen verstand es demnach, aus seinem Territorium ein wesentlich höheres Steueraufkommen zu beziehen. Ein deutlicher Hinweis auf die Preußen überlegene Wirtschaftskraft. Dass Sachsen gleichwohl in der Heeresgröße nicht mithalten konnte, hatte seinen Grund nicht nur in der geringeren Einwohnerzahl, sondern auch in der Tatsache, dass Sachsen keine Söldner (wie Preußen) akquirierte, sondern nur Sachsen zum Militärdienst heranzog. Hinzu kam die wachsende Verschuldung des sächsischen Staates unter der Ägide Graf Heinrich von Brühls[97], der für die Großmachtambitionen Sachsens eher auf Diplomatie als auf Militär setzte.

Man sieht an der ungleichen Verteilung der „Ressourcen" zweier aufstrebender Mächte, wie viel am Machtgeschick der Regierung lag, eine optimale Nutzung dieser Ressourcen zu gewährleisten. Sachsen-Polen brachte es auf die vierfache Fläche von Preußen und hatte mehr als doppelt so viele Einwohner[98], ist aber als Personalunion durch die dadurch begrenzte Herrschaftsbefugnis nicht direkt vergleichbar mit einem absolutistischen Staat wie Preußen. Sachsen allein hat ein höheres Budget, stellt aber keine Preußen vergleichbare Armee. Wirtschaftskraft, so zeigt sich

---

96 **Fläche** Sachsen: Reiner Groß, Geschichte Sachsens 2001, S. 131; **Fläche** Preußen: H.-J. Schoeps, Preussen 1981, S. 397; **Einwohnerzahl** Sachsen: Karlheinz Blaschke, Bevölkerungsgeschichte von Sachsen 1967, S. 91; **Einwohnerzahl** Preußen: H. Duchhardt 1997, S. 155; **Budget** Preußen: H.-J. Schoeps 1981, S. 405; **Budget** Sachsen: J. Ziekursch 1904, S. 26 [Zur Umrechnung vom Goldmark Standard (gültig ab 1871) in Taler, siehe:, http://de.wikipedia.org/wiki/Mark_(1871) (3.11.2013, 16.00 Uhr). Danach enstsprach 1 Taler 3 Goldmark], Heeresgröße von Sachsen: V. Salisch 2009, S. 23; und Heeresgröße von Preußen: H. Duchhardt 1997, S. 155. Den Vergleich für 1745 hat J. Luh, Kriegskunst 2004, S. 17.
97 R. Hanke 2006, S. 22f.
98 Handbuch der Europäischen Geschichte Band 4 ³1996, S. 738.746ff.

I – 1) Der Großmachthabitus im Zeitalter des Absolutismus

hier, muss politisch genutzt werden können, um als Machtbasis brauchbar zu sein. Auch hier gilt: *Ressourcen sind Bedingungen, aber keine Gründe für einen Großmachtstatus.*

H. Duchhardt hat im 4. Band des Handbuchs zur Geschichte der internationalen Beziehungen ein Kapitel dem Aufstieg Preußens gewidmet[99]. Preußen ist für ihn der wirkliche Aufsteiger, die Überraschung des 18. Jahrhunderts[100]. *H. Duchhardt* konzentriert sich dabei auf den bei *P. Kennedy* überdeckten Widerspruch von preußischem Großmachtstatus und mangelnden Ressourcen im Vergleich mit anderen europäischen Großmächten. Die Fakten sind schnell aufgezählt[101]:

Mit 2,2 Millionen Einwohnern zu Beginn des 18. Jahrhunderts nahm Preußen unter den europäischen Mächten den 13. Platz ein. Das Ländereienkonglomerat setzte sich bis 1740 aus drei Teilen zusammen: 1) Kurmark, Teile Vorpommerns und Hinterpommern, 2) dem Königreich Preußen (das später sog. Ost-und Westpreußen), und 3) Gebiete in Westfalen und am Niederrhein (Kleve, Geldern, Ravensberg, Lingen Tecklenburg, Minden, Moers). Nach Ab 1740 kam mit 1,1 Millionen Einwohnern Schlesien dazu und vergrößerte die preußische Bevölkerung sofort um ein Drittel. Preußen hatte also wie Österreich kein einheitliches Territorium, war dementsprechend angreifbar und schwer zu verteidigen.

Auch wenn Friedrich Wilhelm I. den Personalbestand seiner Armee von 40.000 auf 80.000 im Jahre 1740 erhöht hatte und damit auf den 3. oder 4. Rang an Armeegröße in Europa vorstieß, so war z.B. Frankreichs Bevölkerung zehnmal größer, seine Armee immerhin noch doppelt so groß wie die preußische, auch wenn die Relation Bevölkerung – Heeresstärke bei einer preußischen Gesamtbevölkerung von 5,5 Millionen im Jahr 1786 1: 29 betrug und die gleiche Relation in Frankreich zur selben Zeit1:145, in Großbritannien 1:310 und in Spanien, einer zu dieser Zeit schon abgestiegenen Großmacht 1:160 betrug. All diese Länder, gerade auch die Mittelmacht Spanien, verfügten also von der Bevölkerungszahl her gesehen über ganz andere Ressourcen als Preußen[102]. Die Heeresstärke der Armeen der

---

99 Heinz Duchhardt, Balance of Power und Pentarchie. Internationale Beziehungen 1700-1785, Paderborn-München-Wien-Zürich 1997, S. 154-165.
100 H. Duchhardt 1997, S. 154.
101 Das Folgende aus H. Duchhardt 1997, S. 157ff.
102 Sinngemäß ebenso nachzulesen bei B.R. Kroener, Herrschaftsverdichtung als Kriegsursache: Wirtschaft und Rüstung der europäischen Großmächte im Siebenjährigen Krieg 2000, S. 154.

anderen Großmächte bewegte sich zwischen 200.000 und 300.000 Mann, so dass der Abstand immer noch erheblich war.

Man hat Preußen nicht zu Unrecht einen Militärstaat genannt. Die erzwungene Bereitschaft des Adels, allein den Offizierskorps zu stellen, und ebenso das Kantonsystem, das die Soldaten an ihre Region band und sie einem Wechsel von soldatischer und beruflicher Tätigkeit unterwarf, reichten beide nicht aus, um über die Regierungszeit Friedrichs II. hinweg den Bedarf an Rekruten für die anwachsende Heeresgröße zu befriedigen. Zeitweise reduzierte sich der einheimische Personalbestand in Preußens Armee auf ein Drittel der Truppenstärke. Der Rest bestand aus angeworbenen Söldnern, Kriegsgefangenen und ausländischen Deserteuren. Die Finanzierbarkeit dieses für preußische Verhältnisse überdimensionierten Heeres wurde durch Steigerung der Domäneinkünfte, durch Subsidien (Finanzhilfen befreundeter Staaten), Ausbeutung eroberter Länder, verschiedene Steuern u.a.m sichergestellt.

H. Duchhardt bestätigt so zwar den prinzipiellen Zusammenhang zwischen einer Steigerung der staatlichen Einkünfte, einer effektiven staatlichen Organisation und dem Ausbau des Heeres, wie von *P. Kennedy* argumentiert, weist aber gleichzeitig daraufhin, das auch dieses preußische Heer gerade mal auf die Hälfte der Iststärke der französischen Armee im entscheidenden Jahr 1740 kam.

Dazu kam die prekäre Versorgungslage mit Rohstoffen. Die Versorgung des Heeres war weitgehend von Importen abhängig. Kupfer, Eisen, Zinn Blei, Salpeter und Schwefel waren in Preußen nicht verfügbar. Pulver und Geschütze wurden aus den Niederlanden importiert, Kanonen aus Schweden, Gewehre und Pistolen aus Lüttich und Thüringen. Lediglich Uniformen konnte Preußen dem gesamten Heer aus eigener Produktion stellen. Die Eroberung Schlesiens brachte militärtechnische Produktionskapazitäten nach Preußen, ausreichend für eine autarke Versorgung waren sie aber nicht.

Demnach war auch die Abhängigkeit der Kriegswirtschaft Preußens von Importen augenfällig und wies nicht von selbst auf einen künftigen Großmachtstatus hin.

Zusammenfassend kann man sagen, dass weder der gelungene Ausbau der Armee, bedingt durch die eben genannten Faktoren, noch die Größe der Bevölkerung als Ressource allein zureichende Bedingungen für den Großmachtstatus Preußens bieten, wenn man es mit anderen Großmächten der Zeit vergleicht. Gleichwohl ist der 3. bzw. 4. Rang unter den europäischen Armeen sicher eine achtbare Größe und damit eine Bedingung für den Erwerb des Großmachtstatus. Preußen war, wie H. Duchhardt zusammenfassend formuliert, eine Großmacht auf tönernen Füßen seiner bescheidenen Ressourcen wegen[103]. *Darin trifft sich H. Duchhardt mit anderen Beurteilungen des damaligen Preußen*[104]. *Die Formulierung ist glücklich gewählt, denn sie indiziert die Erwartung, dass eine Großmacht ohne gewisse Basisressourcen nicht auskommt, stellt gleichsam erstaunt in Rechnung, dass Preußen hierin eine Ausnahme macht, um doch den Großmachtstatus in Anspruch zu nehmen. Also konstatiert sie Ressourcen als Bedingungen für den Großmachtstatus, von denen es Ausnahmen geben kann, und weist damit auf eine Unabhängigkeit des Großmachtstatus von diesen Ressourcen hin, deren Bedeutung sie dennoch festgehalten wissen möchte. Das von E. Broicher für die Zeit Friedrich Wilhelms I. konstatierte Missverhältnis zwischen militärischen Kapazitäten und außenpolitischer Geltung wird von H. Duchhardt mit Blick auf die Zeit Friedrich II. noch einmal mit umgekehrtem Vorzeichen vorgetragen. Es handelt sich jetzt um das Missverhältnis zwischen dem Großmachtstatus Preußens und seinen dafür eigentlich ungenügenden Ressourcen. Das Verhältnis zwischen ökonomischen und militärischen Ressourcen einerseits und dem Großmachtstatus andererseits bleibt so zwar ungeklärt. Durch das von E. Broicher und H. Duchhardt herausgearbeitete Missverhältnis zeigt sich aber auch deutlich die Unabhängigkeit des Großmachtstatus Preußens von quantifizierbaren Basisressourcen und die Verengung einer Perspektive, die allein auf Wirtschaftskraft als Bedingung für den Großmachtstatus setzt. H. Duchhardt bezieht den Vergleich mit anderen Großmächten in seine Darstellung ein und weist damit auf den Mangel einer rein endogenen Betrachtung der Gründe für den Großmachtstatus Preußens hin. Preußen wurde Großmacht in einem bereits vorhandenen Feld anderer Großmächte. H. Duchhardt, nimmt dabei neben der militärisch-ökonomischen Potenz die Kontrollfunktion über bestimmte Regionen in den Blick* [105]. *Auch wenn er eine Antwort auf die Frage, was militärisch-ökonomische Potenz der Großmächte im Unterschied zu Nichtgroßmächten bedeutet, schuldig bleibt, verweist die Erwähnung der Kontrollfunktion über andere Regionen, d.h. bestimmte Mittel- und Kleinstaaten, auf das Verhältnis zu Nichtgroßmächten und damit auf die nicht nur endogen zu bestimmende Grenzfunktion eines solchen Großmachtstatus.*

---

103 H. Duchhardt 1997, S. 155.
104 H.M. Scott 2001, S. 42f; und Jeremy Black 1990, S. 201.
105 H. Duchhardt 1997, S. 10.

Teil I Einführung: Die Perspektive von Geschichtswissenschaft und Politologie

I – 1.4.2) Die Kompensationsfunktion des Großmachtstatus aus der Perspektive der Beobachtung zweiter Ordnung

Das Beispiel Preußens steht hier für eine umfangreiche geschichtswissenschaftliche und politologische Literatur, die versucht, zeitlos gültige und quantifizierbare Kriterien wie etwa die Größe eines Landes, Bevölkerungszahl und -dichte, Heeresumfang und –ausstattung sowie Wirtschaftskraft als Kriterien für einen Großmachtstatus zu etablieren. Diese Literatur übergeht dabei nicht nur die eben herausgearbeitete analytische Unabhängigkeit, sie gerät auch immer wieder dann an ihre Grenzen, wenn sie dem historischen Wandel Rechnung zu tragen versucht. Die Übereinstimmung der Großmächte in dem ein oder anderen Kriterium (z.B. Heeresgröße) über eine gewisse Zeitspanne im Unterschied zu Mittel- oder Kleinmächten stehen andere Faktoren wie beispielsweise die unterschiedliche Wirtschaftskraft derselben Länder im gleichen Zeitraum entgegen, in der z.B. die Niederlande als Mittelmacht durchaus dem zur Großmacht aufgestiegenen Preußen zeitweise überlegen war[106]. Ebenso war das abgestiegene Spanien der neuen Großmacht Preußen an Größe des Territoriums und Bevölkerungszahl weit überlegen[107]. *W. Baumgart*[108] beschreibt anschaulich, wie zunächst plausible, dem allgemeinen Vorstellungsvermögen zugängige Kriterien des Großmachtstatus die historische Komplexität des 18. und 19. Jahrhunderts nicht zu erfassen vermögen. Selbst wenn man sich auf die Skala einer Machtmessung von Großmacht geeinigt hätte, „wandelt sich das Machtpotential einer und derselben der fünf Großmächte im Lauf der Jahrzehnte. ... Die Großmachtposition ist also nichts Statisches, sondern etwas Fließendes, Wandelbares, Labiles, das Gleichgewicht hält bis zu einer gewissen Grenze Erschütterungen und Verschiebungen aus"[109].

Diese Wandelbarkeit der Großmachtposition rührt nun nicht nur aus den Schwankungen der zur Verfügung stehenden Ressourcen her. Es geht dabei auch um die gegenseitige Wahrnehmung der jeweiligen Ressourcen

---

106 H. Duchhardt 1997, S. 177-179; J.S. Levy 1983, S. 18.
107 P. Kennedy 1989, S. 166f: Spanien – Bevölkerungszahl im Jahr 1700: 6 Millionen, im Jahr 1750: 9 Millionen, Preußen – Bevölkerungszahl im Jahr 1700: 2 Millionen, im Jahr 1750: 6 Millionen.
108 W. Baumgart 1999, S. 147f.
109 W. Baumgart 1999, S. 148.

I – 1) Der Großmachthabitus im Zeitalter des Absolutismus

durch die Großmächte untereinander. *Ferdinand Wagner*[110] hat in seinem immer noch zitierten Aufsatz aus dem Jahr 1899 herausgearbeitet, dass und wie Friedrich II. mit eigenen Unsicherheiten, Irrtümern und Täuschungen sowie mit Falschinformationen über die Ressourcenbeschaffung der anderen Großmächte zu rechnen hatte. So sah Friedrich II. im Nachhinein ein, dass er sich irrte, als er in Russland vor dem Siebenjährigen Krieg vor allem einen Vasallen Großbritanniens sah[111]). Erst im Jahr 1775 war er bereit, Russland rückwirkend als Großmacht zu sehen. Über England fehlten ihm im Jahr 1746 Informationen zur Finanzsituation, die laut *F. Wagner* bei schriftlich verlautbarten Einschätzungen zur Gefährlichkeitseinschätzung einer anderen Großmacht nicht fehlen durften. *F. Wagner* führt sie auf die mangelnden Englischkenntnisse am preußischen Hof und auf die Insellage zurück[112]: „Dem Könige blieb es ein Rätsel, aus welcher Quelle die Engländer die Gelder schöpften für die neu eingegangenen Subsidienverträge mit mehreren deutschen Staaten und namentlich mit Russland. Nach seiner Überzeugung konnte das Inselreich nicht mehr als vier Feldzüge führen, jeden zu 20-25 Millionen Thaler gerechnet, da eine Vermehrung der hohen Staatsschuld nur noch um 20 Millionen Pfund Sterling zulässig sei". Von der Finanzkraft Großbritanniens will Friedrich II. demnach geradewegs auf die militärische Schlagkraft schließen. Die unklare Herkunft der Gelder lässt aber eine Berechnung der Schlagkraft nicht zu.

Im Jahr 1754, drang das Gerücht zu Friedrich II., dass 8 Reiterregimenter aus Ungarn an den österreichischen Herbstmanövern in Böhmen teilnehmen sollten. Nach Friedrichs II. Überzeugung wäre die österreichische Armee erst mit diesen Reiterregimentern in den Stand versetzt worden, Schlesien anzugreifen, um es Preußen wieder zu entreißen[113]. So wurde Frankreich von Friedrich II. schon vom bevorstehenden Angriff der Österreicher unterrichtet, auch wenn dieser dann nicht erfolgte.

Auch wenn es nur im ersten Fall direkt um den Großmachtstatus geht, illustrieren die Beispiele doch, von wie viel unzuverlässiger, falscher oder schwer einzuschätzender Information über militärische Schlagkraft weitreichende strategische Entscheidungen abhingen. Auch die gegenseitige, unter Umständen irrige oder unvollständige und deshalb anschließend

---

110 F. Wagner 1899, S. 397-443.
111 F. Wagner 1899, S. 403f, 412, 437.
112 F. Wagner 1899, S. 415-417.
113 F. Wagner 1899, S. 428.

korrigierte Beobachtung der Großmächte erschwerte also die Zurechnung messbarer und im Augenblick zur Verfügung stehender Ressourcen auf den Großmachtstatus. Und man war sich dessen bewusst!
Ralph George Hawtrey hat aus diesem Grund die Bedeutung des Machtprestiges eines Staates eben in der **Kompensationsfunktion** gesehen: Gerade weil es den Großmächten untereinander oft nicht möglich war, den Reichtum eines Landes, seine militärische Macht, die Effizienz seiner Administration oder die Professionalität seiner Eliten zu messen oder statistisch zu erfassen, verbürgte die Anerkennung des Prestiges eines Staates, also z.B. seines Großmachtstatus, eine Sicherheit, die messbare, aber auch leicht falsch einzuschätzende Ressourcen nicht bieten konnten[114]. In unserem Fall hätte also der Status einer Großmacht die aus prinzipiell begrenztem Wissen resultierende Unsicherheit der Einschätzung kompensiert: durch den Prozess der Zuerkennung eines Status. Damit ist aber auch der Bezug des Status zum verfügbaren Wissen hergestellt: „Prestige is not entirely a matter of calculation, but partly of indirect inference", schreibt *R.G. Hawtrey*[115]. Andere oder klarere Informationen konnten auch zur Veränderung des Prestiges bzw. des Status führen. Die Zuerkennung des Status sagte aus, dass mit diesem Staat ungeachtet alles unvollständigen oder irrigen Wissens und über alles zutreffende Wissen hinaus bis auf weiteres als Großmacht zu rechnen war.

Der Großmachtstatus kompensiert danach die Unsicherheit der Information über Basisressourcen durch die Anerkennung des Status. Offen muss hier noch bleiben, was „indirect inference" heißt. Wann lässt die Unsicherheit oder das notwendige Minimum an Information z. B. nur noch eine Aberkennung des Status zu? Die unten darzustellende Symbolfunktion der siegreichen Schlacht markiert diesen Übergang. Immerhin ist von F. Wagner zu lernen, dass diese endogenen „messbaren" Fakten in ihrer Zeit nur dadurch Bedeutung gewinnen, dass sie von anderen Großmächten gewusst werden und zu ihrer eigenen Situationsdefinition beitragen. Nur im Verhältnis von Großmacht zu Großmacht sind die Einschätzung der anderen Großmacht und damit auch die Grenzen der Informiertheit von politischer Bedeutung. Die politische Bedeutung der sog. quantitativen Faktoren für die Anerkennung als Großmacht erschließt sich also aus wissenschaftlicher Sicht nur aus der Beobachtung zweiter Ordnung (N. Luh-

---

114 R.G. Hawtrey 1930, S. 95f.
115 R.G. Hawtrey 1930, S. 96.

I – 1) Der Großmachthabitus im Zeitalter des Absolutismus

mann), aus der Beobachtung, wie Großmächte sich gegenseitig beobachten und einschätzen.

J. Black hat in seiner Erwiderung auf *P. Kennedy's* Buch „Aufstieg und Fall der Großen Mächte" auf die materialistische Engführung der Argumentation *P. Kennedys* hingewiesen und kann damit für eine Zusammenfassung des eben Ausgeführten stehen. Seine Kritik gilt allen Versuchen, den Großmachtstatus endogen und auf statistischer Basis zu fassen[116]:

> „the precision offered by analysts who provide measures of power and measure great powers is ahistorical and inappropriate. ... Analytical models do not explain why certain powers saw themselves, and were seen, as great powers"[117].

Er vermisst Hinweise auf kulturelle und ideologische Differenzen, die für den Erfolg in Konflikten entscheidend sein können. Ebenso würde in der Engführung einer in der Hauptsache ökonomischen Argumentation die Bedeutung von Geopolitik und Prestige nicht ausreichend beachtet. Zudem ließe sich der Erfolg in vielen Kriegen nicht auf ökonomische Überlegenheit zurückführen – man denke nur an das Beispiel Preußen im Österreichischen Erbfolgekrieg oder an die Überlebenskünste der Niederlande im Französisch-Holländischen Krieg 1672–1678[118]. Zuletzt käme es gerade bei ökonomischen Ressourcen auf die Organisation ihrer Verwendung an gepaart mit dem Willen bestimmte Ziele zu erreichen[119]. *J. Black's* Schlussfolgerung lautet deshalb:

> „that a great power is perhaps best defined as a power (of some sort) that people at the time thought was great"[120] und: „Great powers, in short, were those recognized by others in this role"[121].

Begründet wird dies mit der zentralen Rolle der Wahrnehmung bzw. Einschätzung („perception") anderer Mächte. Diese Wahrnehmung bestimme allererst, wer für eine Großmacht gehalten wird und lege so das Fundament für eine spezifische Interaktion unter Großmächten. Deshalb sei diese Wahrnehmung nicht nur eine Weise der Erkenntnis, sondern selbst

---

116 Jeremy Black, Great Powers and the Quest for Hegemony, New York 2008, das Kapitel "Introduction: the Kennedy thesis considered", S. 1-26.
117 J. Black 2008, S. 9.
118 J. Black 2008, S. 10f.
119 J. Black 2008, S. 12.
120 J. Black 2008, S. 1.
121 J. Black 2008, S. 7.

schon ein Merkmal der Macht[122]. Ohne die von *P. Kennedy* eröffneten Erklärungshorizonte ökonomischer und militärischer Stärke prinzipiell zurückzuweisen, ordnet *J. Black* sie deshalb in diesen für ihn fundamentaleren Zusammenhang ein[123].

J. Black trägt damit dem einleuchtenden Sachverhalt Rechnung, dass nur der Staat als eine Großmacht gelten kann, der auch dafür gehalten wird, und das heißt: er muss als solcher anerkannt sein. Damit fordert J. Black eine methodische Vorgehensweise, die N. Luhmann als Beobachtung zweiter Ordnung in der soziologischen Diskussion verankert hat. Ich werde in der methodischen Zwischenüberlegung darauf näher eingehen.

Man kann sich die Tragweite dieser methodischen Weichenstellung kurz an einem Beispiel vor Augen führen: Angesichts der aktuellen Diskussion in der Geschichtswissenschaft der frühen Neuzeit darüber, ob China nicht auch im 18. Jahrhundert als Großmacht zu gelten habe[124]*, wäre aus einer Perspektive der Beobachtung zweiter Ordnung darauf hinzuweisen, dass China im 17. und 18. Jahrhundert keine Großmacht war, da es noch nicht soweit in den Gesichtskreis der europäischen Großmächte getreten war, dass eine Anerkennung als Großmacht anstand – und das bei aller ökonomischen und militärischen Potenz, die man heute vom China des 18. Jahrhunderts kennt. Mithin sollte es auch nachträglich nicht dafür erklärt werden. Preußen wiederum, bei geringer Bevölkerungsdichte, Konglomeraten unzusammenhängender Territorien und vergleichsweise geringer Wirtschaftskraft, hätte nach den besprochenen endogenen und materialen Kriterien keinen Platz im Feld der Großmächte beanspruchen können, galt aber spätestens nach dem Siebenjährigen Krieg als Großmacht. Preußen war, im Gegensatz zu China, als Großmacht anerkannt.*

I – 1.4.3) Der Großmachtstatus als Großmachthabitus

In diesem Sinn war der Status einer Großmacht in dieser Epoche eine europäische Erscheinung: Eine von anderen Großmächten anerkannte Großmacht. Wie vollzog sich diese Anerkennung? Die berühmte Definition *Leopold von Rankes* ist mit Blick auf Preußens durch den Siebenjährigen

---

122 J. Black 2008, S. 24.
123 J. Black 2008, S. 25.
124 J. Black 2008, S. 3f; Jürgen Osterhammel 2010, S. 12; vgl. H. Duchhardt 1997, S. 227-232.

I – 1) Der Großmachthabitus im Zeitalter des Absolutismus

Krieg 1756–1763 gewonnene Position formuliert und reflektiert den Prozess so:

> „Wenn es als der Begriff einer großen Macht aufgestellt werden kann, dass sie sich wider alle anderen, selbst zusammen genommen, zu halten vermögen müsse, so hatte Friedrich Preußen zu diesem Range erhoben." [125].

Die erwiesene Verteidigungsfähigkeit in den Augen der anderen Großmächte wird hier zum Statuskriterium. *M. Sheehan* knüpft inhaltlich an diese Bestimmung an, wenn er mit Blick auf das 18. und 19. Jahrhundert formuliert:

> „Their status (of the five great powers, der Autor) reflected their perceived economic and military strength. The criteria for great power status remained that of the ability to wage war against other great powers with a reasonable prospect of success."[126].

Mit dem Hinweis auf die Fähigkeit, Krieg gegen eine andere Großmacht „with a reasonable prospect of success" zu führen, weist *M. Sheehan* schon auf ein feldspezifisches Phänomen hin, nämlich auf die selbst bei prinzipieller Gleichheit als Großmacht immer noch vorhandenen Unterschiede in den Erfolgschancen bzw. in der Einschätzung der Erfolgschancen in einem Krieg. Die Wendung „vernünftige Aussicht auf Erfolg" zwingt ja die Unsicherheit eines Ausgangs mit einer vorhandenen, aber begrenzten Erfolgswahrscheinlichkeit zusammen in die Einheit einer vorsichtig realistischen Formulierung der gleichwohl zu konstatierenden Bedrohungsfähigkeit.

Noch einen Schritt weiter geht *H.M. Scott.* Zunächst konzediert er gewisse materiale Voraussetzungen:

> „An established definition of eighteenth-century great power is that it was a state which possessed the material and moral ressources to fight a major war without outside assistance. Ressources and the ability to mobilise these, together with military and, where appropriate, naval potential, were crucial to this assessment. By this yardstick Russia's military performance after 1756 made clear that she now ranked as one of the leading continental states".

Danach erweitert er das Argument:

> „There was rather more than this, however. Great power status also involved an important element of reciprocity: all the other powers had to acknowledge Russia's enhanced position and modify their attitude to the point of negotiat-

---

125 Leopold von Ranke 1995 (1833), S. 44.
126 Michael Sheehan 1996, S. 121f.

ing with St. Petersburg on a basis of equality, thereby admitting her to the exclusive club of Europe's leading states" [127].

Die materialen Voraussetzungen werden auch bei *H.M. Scott* als nichtzureichende Bedingungen mitberücksichtigt. Zur auch hier konstatierten Bedrohungsfähigkeit („to fight a major war without outside assistance ") kommt ein **Element der Wechselseitigkeit**, charakterisiert durch eine veränderte Haltung gegenüber einer neuen Großmacht, der jetzt auf einer Basis der Gleichheit begegnet wird, sowie die Tatsache, dass es sich dabei um die Gruppe der führenden Staaten Europas handele.

H.M. Scott hat damit wesentliche Strukturmerkmale des „exklusiven Clubs" benannt, der in dieser Arbeit am Beispiel Preußens als Feld der Großmächte im 18. Jahrhundert rekonstruiert werden soll. Zu klären ist dabei vor allem, wie das zentrale Merkmal der Bedrohungsfähigkeit nicht einfach die Eigenschaft einer Großmacht bezeichnet, sondern als zentrales Strukturmerkmal des Großmachthabitus die Einheit des Feldes der Großmächte symbolisieren kann.

Zum Großmachtstatus gehört demnach über die erwiesene und anerkannte Verteidigungsfähigkeit hinaus die Selbstbehauptung in einem Feld, das von konkurrierenden, aber darin gleichen Situationsdefinitionen jeder einzelnen Großmacht lebt: der Chance auf Erfolg in einem Krieg gegen eine andere Großmacht, d.h. seine Bedrohungsfähigkeit anderer Großmächte. Damit erweist sich der Großmachtstatus als ein Aspekt des Großmachthabitus, dessen Konkurrenzdruck ja auf der bellizistischen Disposition als latenter, in einer geeigneten Lage zu aktualisierenden Bedrohungsfähigkeit aufbaut. Es ist die eine Großmacht positionierende Seite des Habitus (im Unterschied zu seiner generalisierenden; dazu mehr in der Methodischen Zwischenbetrachtung, Teil II). Eine von anderen Großmächten in ihrer Bedrohungsfähigkeit anerkannte Großmacht, seine Positionierung, ist ein Kennzeichen des Feldes der Großmächte. Im 18. Jahrhundert war dies die Pentarchie, das Ensemble der fünf Großmächte bestehend aus Frankreich, England, Russland, Österreich und Preußen. Zur Aufgabe, die Positionierung einer Großmacht im Zeitalter von Absolutismus und Ancien Régime, aus geschichtlicher Perspektive zu orten, im Folgenden.

---

127 H. M. Scott 2001, S. 50.

Dg - dist
heidsisch
→ Feld

DB FERNVERKEHR AG
STEPHENSONSTR. 1
60326 FRANKFURT AM MAIN
UID NR.: DE 266058754

Zugnummer: HEJA 000617
Dienstnummer: 300063
Wagennummer: 838088120200

                                            MC 802
FGG SCHOPPER 11-05-2019 09:55   000034
PLATZNUMMER 22

RECHNUNG

RECHNUNGSNUMMER: 50

1 KAFFEE BONAMAT L   EUR 3,00
1 ADELWASSER GLAS 0,2Fl
                                             EUR 3,00
1 KAFFEE BONAMAT L   EUR 3,00
TOTAL   **EUR 9,00**
BAR   EUR 9,00

NETTO   EUR 7,56
MWST 19%   EUR 1,44

1-s bedient: Stef. HERR SCHOPPER
Verkaufsort: RESTAURANT

MWST AUSWEIS: LEISTUNGSORT SEMA3
ART. 57 RICHTLINIE 2006/112/EG

WIE HAT ES IHNEN HEUTE GESCHMECKT?
SAGEN SIE ES UNS!
WWW.BAHN.DE/BASTRO
VIELEN DANK

DB FERNVERKEHR AG
STEPHENSONSTR. 1
60326 FRANKFURT AM MAIN
UID NR.: DE 260656754

Zugnummer: ICE4A 000612
Dienstnummer: 300963
Wagennummer: 938088120200

MC #02
REG SCHOPPER 11-05-2019 09:55 000034
PLATZNUMMER. 22

RECHNUNG

RECHNUNGSNUMMER. 50

1	KAFFEE BONAMAT L	EUR 3,00
1	ADEL.WASSER CLAS. 0,5FL	EUR 3,00
1	KAFFEE BONAMAT L	EUR 3,00
	TOTAL	**EUR 9,00**
	BAR	EUR 9,00
	NETTO	EUR 7,56
	MWST 19%	EUR 1,44

Es bediente Sie: HERR SCHOPPER
Verkaufsort: RESTAURANT

MWST-AUSWEIS: LEISTUNGSORT GEMÄß
ART. 57 RICHTLINIE 2006/112/EG

WIE HAT ES IHNEN HEUTE GESCHMECKT?
SAGEN SIE ES UNS!
WWW.BAHN.DE/GASTRO
VIELEN DANK

I – 1.4.4) Die Anerkennung des Großmachtstatus als Prozess im Feld der Pentarchie

Bleibt die Frage, was, wenn nicht messbare, aber auch leicht falsch einzuschätzende Ressourcen, als Grund für die Zurechnung des Großmachtstatus im 18. Jahrhundert galt. Die geschichtswissenschaftliche Literatur zu den Internationalen Beziehungen in der frühen Neuzeit gibt dazu weitreichende und bezeichnende Auskünfte.

Trotz der eben zitierten Verweise auf die Bedeutung der Wahrnehmung einer Großmacht durch andere Großmächte, den „Clubcharakter" der Pentarchie, und auf die Wechselseitigkeit der Anerkennung bleibt die historische Darstellung auch der eben zitierten Autoren weitgehend bei einer Zuordnung von erworbenen Eigenschaften zu Daten und Ereignissen stehen. Dabei kommt es zu Inkonsistenzen. Allgemein wird ein längerer Prozess der Anerkennung in Rechnung gestellt. Titel wie „Aufstieg und Fall der Grossen Mächte"[128] *(P. Kennedy)* „The Rise of Great powers 1648–1815" *(McKay und H.M. Scott 1983)*[129], „The Rise of European Powers 1679–1793" *(J. Black 1990)*[130], „Das Werden einer Großmacht" *(O. Redlich 1942)*[131], „The Emergence of the Eastern Powers"[132] *(H.M. Scott,)*, „Austria's Wars of Emergence" *(M. Hochedlinger 2003*[133] oder Kapitelüberschriften wie "Der Aufstieg des Hauses Österreich in Konfrontation mit den Türken"[134] *(J. Kunisch)*, „Nordischer Krieg, Aufstieg des petrinischen Russland, Preußens und Österreichs Weg zur Großmacht"[135] *(H. Duchhardt)* u.a.m behaupten diesen Prozess, auch wenn weder über die Dauer des Gesamtprozesses aller Großmächte des 18. Jahrhunderts noch über die Prozesslänge für die einzelne werdende Großmacht Übereinstimmung herrscht. Gleichzeitig werden einzelne Daten genannt (Preußen 1740 oder 1763, Frankreich 1648, 1678 u.a.), deren Zusammenhang untereinander unklar bleibt. Aber auch ihre Verbindung zum behaupteten Prozess wird nicht thematisiert. So schaffen die meisten dieser Autoren eine

---

128 P. Kennedy 1987.
129 D. McKay und H. Scott, The Rise of Great Powers 1648-1815, 1983.
130 Jeremy Black, The Rise of the European Powers 1679-1793, 1990.
131 Oswald Redlich, Das Werden einer Großmacht. Österreich von 1700-1740, 1942.
132 H.M. Scott, The Emergence of the Eastern Powers, 1756-1775, 2001.
133 M. Hochedlinger, Austria's Wars of Emergence 2003.
134 Johannes Kunisch, Absolutismus, ²1999, S. 136.
135 H. Duchhardt, Das Zeitalter des Absolutismus 1992, S. 84.

Teil I Einführung: Die Perspektive von Geschichtswissenschaft und Politologie

Erwartung, die sie im Text enttäuschen. Weder ist der behauptete Prozess als „rise" oder „emergence" geschildert noch sind die divergenten Daten in den Zusammenhang des Prozesses gestellt. Die im Folgenden besprochenen Zitate und Festlegungen, ab wann eine Großmacht denn als solche galt, erhalten so einen beiläufigen Charakter, der im Widerspruch zu der Erwartung steht, die der Titel des Buches oder des entsprechenden Kapitel weckt. Welche Folgerungen daraus zu ziehen sind, wird im anschließenden Resümee geklärt. Im Folgenden skizziere ich, wie die einzelnen Mächte der Pentarchie nach Auskunft der historischen Literatur zu Großmächten wurden. Dabei geht es immer um die Sicht der anderen Großmächte auf eine Großmacht, die im Begriff steht, dazu zu werden, also sich Eintritt in den Kreis der Großmächte verschafft. Es geht um die Positionierung einer Großmacht im Ensemble der anderen Großmächte nach Auskunft der geschichtswissenschaftlichen Literatur zum Thema.

I – 1.4.4.1) Frankreich

Frankreich wurde schon im 17. Jahrhundert Großmacht. Die Geschichtswissenschaft geht auch hier von einem längeren Prozess der Anerkennung als Großmacht aus, in dem einzelne Daten eine Schlüsselrolle spielen. Uneinigkeit besteht weniger im Prozess, als vielmehr darin, wann bzw. mit welchem Datum der Beginn der französischen Großmachtstellung zu markieren wäre. Überschriften wie „The Rise of France, 1648–1688"[136]„Die Vormachtstellung Frankreichs" (1661–1685)[137]„Die Völkerrechtsordnung des französischen Zeitalters" (1648–1815)[138], „Louis and his Rivals" (1660–1672–1680)[139] rechnen alle mit einem längeren Prozess der Anerkennung als Großmacht, bzw. der Entwicklung Frankreichs zur Großmacht. Lediglich *Paul Kennedy* ist hier vorsichtiger. Seine Generalthese des Zeitalters einer bestimmten Hegemonialmacht bzw. eines Hegemonialblocks in seinem Buch „Aufstieg und Fall der Grossen Mächte", die dann durch politische, ökonomische oder geographische Überdehnung gewissermaßen an sich selbst zu Grunde geht, nimmt er im Falle Frankreichs zurück: „In diesem Zeitalter (1660–1815, der Autor) war Frankreich – zu-

---

136 D. McKay und H.M. Scott 1983, S. 1.
137 J. Kunisch 1999, S. 132.
138 W. G. Greve, S. 323.
139 J. Black 1990, S. 36.

I – 1) Der Großmachthabitus im Zeitalter des Absolutismus

erst unter Ludwig XIV., dann unter Napoleon – näher dran, Europa zu beherrschen, als zu irgendeiner Zeit davor oder danach, aber seine Anstrengungen wurden letzten Endes immer wieder durch eine Verbindung anderer Großmächte gebremst."[140]. Da er an der Hegemonialstellung Frankreichs interessiert ist, trifft er keine Aussage zur Zuerkennung seines Großmachtstatus. *Johannes Kunisch* zielt in die gleiche Richtung, wenn er trotz seines Kapitels zur Vormachtstellung Frankreichs (s.o.) sein drittes Hauptkapitel mit „Das europäische Staatensystem im Zeitalter des Absolutismus: Von der Hegemonie zur Pentarchie" überschreibt[141]. Er lässt die Vormachtstellung Frankreichs deshalb im Jahr 1685 enden. Nach *J. Kunisch* mündete sie in das System der fünf Großmächte, der Pentarchie. *J.B. Wolf*[142] sieht Frankreich erst seit dem Frieden von Nijmegen (1678/79) als europäische und als einzige europäische Großmacht. Für *J. Mearsheimer* dagegen war Frankreich keine Hegemonialmacht bis 1793[143]. Beginn und Dauer des Prozesses der Genese Frankreichs als Großmacht werden also völlig unterschiedlich bewertet. Angaben von Jahreszahlen wie 1648 (*D. McKay und H.M.Scott, W.G. Greve*), 1660, (*J. Black*) oder 1661 (*J. Kunisch*), die den Beginn des Aufstiegs markieren sollen, oder eine Reihe von Prozess-Enddaten wie 1680 (nach *J. Black* der Höhepunkt des Prozesses und nach *J.B. Wolf* das Datum, seit dem Frankreich fraglos als Großmacht anerkannt war), 1685 (*J. Kunisch*), 1688 (*D. McKay und H.M. Scott*) oder sogar 1815 (*W.G. Greve*), die das Ende der Entwicklung zur Großmacht bezeichnen, lassen weite Interpretationsspielräume offen. Die Diskrepanz zwischen den Erwartungen, die die erwähnten Titel wecken, und den eher beiläufigen Ausführungen zur Sache erschwert eine argumentative Belastung der Aussagen, die weiter ausgeführt und begründet werden müssten.

Für *D. McKay und H.M. Scott* (1983) begann der Aufstieg Frankreichs mit dem Westfälischen Frieden von 1648[144].

Der Westfälische Friede nach dem Dreißigjährigen Krieg war ein Triumph Frankreichs gegen den Widersacher Habsburg. Der Kaiser der Heiligen Römischen Reiches Deutscher Nation, gemäß der Tradition gleichzeitig Herrscher Österreichs, verlor das Recht, im Namen des Reichs Krieg

---

140 P. Kennedy 1987, S. 14.
141 J. Kunisch 1999, S. 126.
142 John B. Wolf 1951, S. 96f.
143 J. J. Mearsheimer 2001, S. 349.
144 D. McKay und H.M. Scott 1983, S. 3.

zu erklären, einen Friedensschluss herbeizuführen oder Steuern zu erheben ohne die Einwilligung des Reichstages[145]. Die deutschen Mittel- und Kleinstaaten wurden ermächtigt, eine eigene Außenpolitik zu führen. Sie stiegen damit zu eigenständigen Völkerrechtssubjekten in Europa auf. Frankreich konnte auf diese Weise im Reich gegen den Kaiser Bündnispolitik betreiben[146]. Es war ein weiterer und erfolgreicher Versuch Frankreichs, sich gegen die Umklammerung durch die Habsburgischen Lande zu wehren[147].

Als im Pyrenäenfrieden von 1659 auch das habsburgische Spanien und Frankreich ihren aus dem Dreißigjährigen Krieg herrührenden militärischen Konflikt beendeten, der so de facto für beide von 1618–1659 dauerte, konnte Frankreich u.a. mit Nordkatalonien (das heutige Roussillon) und mit Franche Comté (die Gegend um das heutige Besançon) sein Territorium auch geopolitisch geschickt arrondieren. Die Pyrenäen wurden zur Grenze zwischen Spanien und Frankreich. So hatte sich Frankreich erfolgreich gegen die Großmacht Spanien durchgesetzt, das in Folge der weitgehend von Frankreich diktierten Friedensbestimmungen seinen Status als Großmacht einbüßte[148], und sich nach *J. Kunisch*[149] selbst als erste europäische Macht, als „Vormacht". etablierte. Frankreich hatte damit, wie später auch alle anderen Großmächte, in einem Krieg gegen eine andere Großmacht, Spanien, gesiegt.

Beide, *D. McKay und H. M. Scott* für das Jahr 1648 (Sieg gegen das österreichische Habsburg) und *J. Kunisch* für das Jahr 1659 (Sieg gegen das spanische Habsburg), fokussieren damit einen gegen eine andere Großmacht gewonnenen Krieg als Beginn des Großmachtstatus Frankreichs.

Andere Historiker weisen allerdings auf den sog. Devolutionskrieg (1667/1668) gegen die spanischen Niederlande hin. In diesem Krieg wurde für die europäische Staatenwelt zum ersten Mal sichtbar, dass Ludwig XIV. nicht mehr wie noch die Kardinäle Richelieu und Mazarin an einer

---

145 D. McKay und H.M. Scott 1983, S. 6.
146 D. McKay und H.M. Scott 1983, S. 9.
147 J. Kunisch 1999, S. 132.
148 Vgl. dazu das Kapitel „The last Stage of the Franco-Spanish War", 1648-1659, in: McKay und H.M. Scott 1983, S. 6-10; und das Kapitel „Die Vormachtstellung Frankreichs 1661-1685", in: Kunisch 1999, S. 132-136.
149 J. Kunisch 1999, S. 132. Zum über den Dreißigjährigen Krieg hinaus dauernden Krieg zwischen Spanien und Frankreich siehe das Kapitel: The last stage of the Franco-Spanish War, 1648-1659, in: McKay und H.M. Scott 1983, S. 6-10.

I – 1) Der Großmachthabitus im Zeitalter des Absolutismus

„Pforten- und Passagenpolitik" festhielt, d.h. einer prinzipiell defensiven Politik, die über die Besetzung militärstrategisch wichtiger Orte jenseits der französischen Grenzen Vorfeldsicherung im Interesse des eigenen Territoriums betrieb[150]. Vielmehr stand jetzt territoriale Expansion auf der Tagesordnung, in diesem Fall die Eroberung der spanischen Niederlande. Damit wurde der expansiv-offensive Charakter der französischen Außenpolitik[151] in den Augen Europas offensichtlich. *K. Malettke* schreibt: „Dem ‚Sonnenkönig' und nicht mehr dem spanischen König, Frankreich und nicht mehr der ‚Casa d'Austria' oder Spanien wurde seither allgemein der Vorwurf gemacht, nach der ganz Europa bedrohenden Universalmonarchie zu streben"[152]. Nach *J. Black*[153] änderte der Holländische Krieg (1672–1678) die Einstellung Europas zu Ludwig XIV., da alle Groß- und Mittelmächte in diesen Krieg involviert waren und im Verlauf dieses Krieges auf die gegen Frankreich gerichtete Seite wechselten. Ausgangspunkt dieser Gegnerschaft war die Überzeugung, dass von nun an die Ambitionen Ludwigs XIV. eine Gefahr für das übrige Europa darstellten[154]. Mit diesem Krieg demonstrierte nach *J. Black* Ludwig XIV. zum ersten Mal dem restlichen Europa seine akute Bedrohungsfähigkeit. *P. Kennedy* notiert in diesem Sinn mit Blick auf das Jahr 1674: „Londons politischer Umschwung war jedoch von internationaler Bedeutung, weil er die weitverbreitete Furcht, die Ludwigs Pläne jetzt in ganz Europa weckten, widerspiegelte".[155]

Wird also der Beginn des Aufstiegs Frankreichs von den einen mit zwei gegen Großmächte gewonnenen Kriegen assoziiert (1648 und 1660/1), setzen andere auf die Erkenntnis der Hegemoniebestrebungen Frankreichs durch den Devolutionskrieg (1667–1668) und den Holländischen Krieg (1672–1678) und die darin demonstrierte Bedrohungsfähigkeit.

Man kann allerdings im Fall Frankreichs die Furcht der anderen Großmächte vor der Bedrohungsfähigkeit nicht mit einer großen siegreichen Schlacht assoziieren wie bei Preußen, Österreich oder Russland. Im Gegenteil, trotz des wahrscheinlich modernsten Militärs im Europa dieser Zeit gelangen der französischen Armee keine wirklich den Krieg entschei-

---

150 K. Malettke 1994, S. 126.
151 L. Schilling 2010, S. 110. K. Malettke 1994, S. 126, H. Duchhardt 1992, S. 26.
152 K. Malettke 1994, S. 130.
153 J. Black 1990, S. 36.
154 J. Black 1990, S. 37.
155 P. Kennedy 1987, S. 170, ähnlich J. Black 1990, S. 36.

Teil I Einführung: Die Perspektive von Geschichtswissenschaft und Politologie

denden Siege[156]. Gleichwohl sagte man der französischen Diplomatie nach, dass sie das, was in der Schlacht nicht zu gewinnen war, in den Verhandlungen danach erreicht hätte. Im Frieden von Nijmegen z.B. durch die Taktik, „die Alliierten durch separate und vor den anderen geheim gehaltene Sonderverhandlungen aufzuspalten und dadurch zu lähmen"[157], so dass *D. McKay und H.M. Scott* feststellen können:

„Louis and his contemporaries considered Nymegen a French triumph, a peace which he had been able to dictate to his enemies".[158]

Die Bedrohungsfähigkeit Frankreichs unter Ludwig XIV. wurde danach durch militärische Erfolge gegen andere Großmächte (Spanien und Österreich) in Verbindung mit einer strategisch geschickt agierenden Diplomatie unter Beweis gestellt.

Nimmt man die gesamte hier zur Diskussion stehende Zeitspanne, ergibt sich ein Zeitraum von 1648–1678. Ließe sich dieser Zeitraum einem Prozess der Anerkennung als Großmacht sinnvoll zuordnen? Die referierten Historiker geben darauf keine Antwort und belassen es bei Datenangaben. Der Charakter des Anerkennungsprozesses bleibt deswegen dunkel. Die Verschiedenheit der Daten und ihre Streuung über drei Jahrzehnte bieten ein ambivalentes Bild: Einzelne Daten scheinen ebenso von Bedeutung zu sein wie ein längerer Zeitraum, innerhalb dessen sich die Anerkennung als Großmacht vollzieht.

Die Frage nach materiellen Ressourcen bleibt in der Diskussion außen vor. Argumentiert wird, pauschal und beiläufig, aber explizit, mit der Würdigung Frankreichs als Großmacht durch die anderen Groß- und Mittelmächte, ohne deren Perspektive eigens darzustellen. Mit der oben vorgestellten Kompensationsfunktion des Großmachtstatus für begrenztes und unsicheres Wissen wäre das durchaus vereinbar. Die militärischen Siege Frankreichs über zwei andere Großmächte, Spanien und Österreich, sind Beweis der militärischen Bedrohungsfähigkeit, ohne dass es dazu einer detaillierten Informiertheit über die Quantität von Basisressourcen bedarf. Es wäre an dieser Stelle wünschenswert, die Zuerkennung des Großmachtstatus mit der begrenzten Kenntnis der französischen Ressourcen durch die anderen Großmächte Österreich und Schweden in Beziehung zu setzen,

---

156 D. McKay und H.M. Scott 1983, S. 33, J. Kunisch 1999, S. 134.
157 H. Duchhardt 1976, S. 8; ebenso J. Kunisch 1999, S. 136, und J. Black 1990, S. 37.
158 D. McKay und H.M. Scott 1983, S. 35.

um zu sehen, ob und wie sich eine Kompensationsbedeutung des Großmachtstatus hier behaupten ließe.

I – 1.4.4.2) Großbritannien

J. Black vermeidet bei Großbritannien eine Festlegung auf bestimmte Daten, die für dessen Großmachtstatus entscheidend sein könnten, und schildert den Aufstieg zwischen 1680 und 1785 als kontingenten, aber unaufhaltsamen Prozess[159]. Für diesen Prozess werden Gründe angegeben:

> „British military power rested on four fundamental capabilities: the successful suppression of internal revolt (except in America), a small, but highly trained army, that could engage its larger enemies in Europe, naval power, and successful trans-oceanic land warfare. There was nothing inevitable about how these capabilites emerged or inter-related. They were forged by circumstance from experiment and hard fighting"[160].

Diese Eigenschaften sieht *J. Black* als evolutionäre Universalien im Parsonschen Sinn, also als Schlüsseleigenschaften, die einen lange andauernden Prozess erfolgreich zu tragen vermögen. Im Kapitel „the rise of a world power" beschreibt *J. Black* die Erfolge Großbritanniens im Aufbau seiner Kolonialmacht aus der Perspektive dieser Schlüsseleigenschaften. Dabei vermeidet er, ihnen quasi-teleologische Qualität zuzuerkennen („There was nothing inevitable"), verweist auf den Vergleich mit den Ressourcen anderer Großmächte des 18. Jahrhunderts[161] und bleibt dabei einer endogenen Betrachtung verhaftet, auch wenn sie nicht mehr materiellen Ressourcen, sondern Schlüsseleigenschaften gilt. Seine spätere Erkenntnis, dass eine Großmacht nur die ist, welche als solche von anderen anerkannt wird[162] kommt hier noch nicht zum Tragen.

D. McKay und H.M. Scott verlegen die Anerkennung Großbritanniens als Großmacht in den Pfälzischen Erbfolgekrieg („Nine Years War" im englischen Sprachgebrauch) 1688–1697. Die Abschaffung des Absolutismus in England durch die Glorious Revolution von 1688/89, die Garantie der protestantischen Thronfolge durch Frankreich, der Ausbau der Kriegs-

---

159 J.Black 2001, Das Kapitel: The rise of a world power, S. 271-288, und J. Black 1990, S. xiv, 6.
160 J. Black 2001, S. 288.
161 J. Black 2001, S. 273.
162 J. Black 2008, S. 1.

Teil I Einführung: Die Perspektive von Geschichtswissenschaft und Politologie

flotte, die Gründung der Bank von England und das vom House of Commons erstmals gewährte Annuitätendarlehen in Höhe von 1 Million Pfund (National Debt) zur Schuldenfinanzierung des Kriegs gegen Frankreich führen die beiden Autoren als endogene Gründe für den Erwerb des Großmachtstatus von England an, ohne allerdings eine andere als zeitliche Verbindung zum Pfälzischen Erbfolgekrieg herzustellen[163]. Für *J. Black* dagegen erleichtern diese Ereignisse lediglich den Aufstieg England zur Großmacht[164].

Paul Kennedy wiederum fokussiert auf das im Vergleich mit Frankreich fortschrittliche Finanzsystem Großbritanniens verbunden mit seiner strategisch günstigen Insellage das Großbritannien im Lauf des 18. Jahrhunderts zum Großmachtstatus verholfen habe[165].

Gleichwohl assoziieren viele, vielleicht die meisten Autoren den Großmachtstatus Großbritanniens mit dem Sieg über Frankreich im Spanischen Erbfolgekrieg (1702–1713/14) und den weitgehend von England diktierten Vertragsbestimmungen von Utrecht[166]. William III., in Personalunion Herrscher von England und den Generalstaaten (die spanischen Niederlande), brachte gegen Frankreich die große Allianz der beiden Staaten mit Österreich zuwege. England wurde dann der große Gewinner dieses Krieges. Zwar musste der bourbonischen Königsfamilie in Frankreich auch der spanische Thron zugestanden werden, aber eine Personalunion beider wurde auf Dauer verhindert. Dafür kam es zur Realunion (davor Personalunion) zwischen englischer und schottischer Krone (1707), also zur Gründung von Groß-Britannien, die protestantische Sukzession in Großbritannien wurde garantiert und Frankreich musste den ewigen Thronanwärter Jakob III. (James III., The Old Pretender) als letzten von Frankreich unterstützen katholischen Thronerben Großbritanniens ausweisen. Gibraltar und Menorca wie auch Neuschottland, Neufundland, Hudson Bay sowie Handelsposten in der spanischen Welt gingen an Großbritannien, das seine Überlegenheit zur See eindrucksvoll demonstriert hatte. Für *M. Fröhlich* waren es vor allem die Eroberungen von Gibraltar (1704) und Menorca (1708)[167], die Großbritanniens Ruf als Großmacht zur See festigten. Zu-

---

163 D. McKay und H.M. Scott 1983, S. 45f.
164 J. Black 1990, S. 6.
165 P. Kennedy 1989, S. 137-147, 161-166.
166 H. Duchhardt 1997, S. 103f; A.C. Thompson 2006, S. 45; J. Kunisch 1999, S. 145; L.v. Ranke 1995, S. 24-28; A. Wandruszka 1986, S. 388.
167 M. Fröhlich 2004, S. 47.

dem gelang es durch zahlreiche Einzelbestimmungen, sich ungehinderten Zugang zu allen bekannten Märkten Europas, Asiens, Amerikas und Afrikas zu verschaffen.

Wenn auch keine Einigkeit über eine den Großmachtstatus begründende, entscheidende Schlacht besteht, der Sieg im Spanischen Erbfolgekrieg gilt doch als die Geburtsstunde der Großmacht Großbritannien. Spätestens die Friedensbestimmungen von Utrecht lassen in dieser Lesart der Anerkennung Großbritanniens als Großmacht keinen Zweifel daran, dass England mit dem Sieg der großen Allianz und den Bestimmungen im Vertrag von Utrecht (1713) nicht nur als ein Gewinner, sondern als neue Großmacht aus diesem Krieg hervorging: England wurde danach durch den Utrechter Vertrag zur Großmacht Großbritannien. Die bekannte, bei den jährlichen Promenadenkonzerte in London regelmäßig zelebrierte, inoffizielle Nationalhymne „Rule Britannia, Britannia rule the waves" stammt aus dieser Zeit und wurde am 1. August 1740 auf dem Landsitz des Prinz von Wales zum ersten Mal aufgeführt[168].

Diese letzte Lesart, die Anerkennung Großbritanniens als Großmacht in Reaktion auf den Abschluss des Utrechter Vertrages, setzt voraus, dass Großbritannien eben durch andere Großmächte anerkannt wurde, ohne es aber noch einmal eigens zu thematisieren. Darin liegt der den Darstellungen inhärente Widerspruch. Immerhin nimmt sie den Erfolg im Spanischen Erbfolgekrieg und die ertragreichen Vertragsverhandlungen als Statussymbol, ohne wie J. Black und P. Kennedy rein endogen zu argumentieren. D. McKay und H.M. Scott befinden sich mit dem Hinweis auf die zeitliche Übereinstimmung von Glorious Revolution und Pfälzischem Erbfolgekrieg gewissermaßen in einer Mittelposition, endogen der Hinweis auf die Revolution während das Augenmerk auf den Pfälzischen Erbfolgekrieg die anderen Großmächte indirekt in den Blick bringt. Ob zwischen beidem eine Verbindung besteht, wird nicht thematisiert.

Das Problem hier wie bei der Anerkennung Frankreichs als Großmacht scheint zu sein, dass die Anerkennung, der Status einer Großmacht, als emergente Eigenschaft aufgefasst wird ohne perspektivisch nachzuvollziehen, dass es sich um das Resultat einer Zurechnung durch andere Großmächte handelt, auch wenn es an Hinweisen darauf nicht fehlt.

---

168 W. Demel 2000, S. 233; und: http://de.wikipedia.org/wiki/Rule,_Britannia!, 24.08.09, 12:14.

I – 1.4.4.3) Österreich

Die Großmacht Österreich konnte zwar noch vom Nimbus des Weltreichs der Habsburger zehren, aber im 18. Jahrhundert ihren Großmachtstatus nicht mehr damit begründen.

Paul Kennedy sieht das Reich der spanischen und österreichischen Habsburger in den Jahren 1519–1659 als erste Macht Europas im Vergleich mit Frankreich, Schweden, Polen u.a.[169]. Sowohl die geographische Ausdehnung, vor allem die spanischen Kolonien mit ihren vielfältigen Ressourcen, aber auch die geschickte Heiratspolitik, dazu die Kaiserkrone des Heiligen Römischen Reiches Deutscher Nation und in der Hauptsache die für damalige Zeiten fortschrittlichste Kriegsführung durch die gut gedrillte spanischen Infanterie[170], all das habe das Reich der Habsburger zur größten Macht dieser Zeit aufsteigen und als Hegemonialmacht erscheinen lassen. Allerdings übergab Karl V. schon 1520 seinem Bruder Ferdinand Verwaltung und Souveränität über die österreichischen Erblande[171], um eine effektive Regierung sowohl der spanischen wie der österreichischen Ländereien zu gewährleisten. Im Jahr 1555 schließlich ging Österreich an Ferdinand, den Bruder Karls, Spanien dagegen an Philipp II., den Sohn Karls. Die Einheit der Dynastie wurde gewahrt, das Reich aber geteilt[172]. Das spätere Österreich konnte an den Nimbus dieser Zeit anknüpfen, musste sich aber neu als Großmacht im Spanischen Erbfolgekrieg bewähren. Der namensgebende Anlass für den Spanischen Erbfolgekrieg (1701–1714) war die Nachfolge des letzten kinderlos gebliebenen spanischen Habsburger Herrschers Karl II. von Spanien. Auch wenn letztlich die französische Königsdynastie der Bourbonen einen der Ihren auf den spanischen Thron bringen konnte und damit die 200-jährige habsburgische Herrschaft (1504–1701) in Spanien beendete, verhalf doch mitten in diesem Krieg das Spanien und Österreich übergreifende dynastische Erbrecht der Habsburger beinahe ihrer Dynastie noch einmal zu einem gemeinsamen Thronerben. Karl VI., der Vater Maria Theresias, wurde von der großen Allianz zunächst zum habsburgischen Nachfolger als Karl III. in Spanien bestimmt, während sein Bruder, Joseph I. über Österreich herrschte. Als dieser überraschend starb und Karl zum Herrscher des spanischen wie

---

169 P. Kennedy 1987, S. 69-128; aber auch D. McKay und H.M. Scott 1983, S. 1.
170 P. Kennedy 1987, S. 87.
171 P. Kennedy 1987, S. 73.
172 D. McKay und H.M. Scott 1983, S. 2.

I – 1) Der Großmachthabitus im Zeitalter des Absolutismus

österreichischen Erbes der Habsburger hätte bestimmt werden sollen, verweigerten England und die Generalstaaten die Zustimmung, da sie fürchteten, anstelle des französischen Vormachtanspruchs nun plötzlich mit dem alten und neuen habsburgischen Hegemonialanspruch konfrontiert zu werden, zumal Karl VI. 1711 auch noch zum Kaiser des Heiligen Römischen Reiches Deutscher Nation gewählt wurde. Karl musste so im Frieden von Rastatt (1714) und noch einmal bei Abschluss der Quadrupelallianz in London (2. August 1718) explizit auf die spanische Krone verzichten[173]. Allerdings wurde das spanische Erbe nun neu aufgeteilt und Karl VI. gewann Mailand, Mantua, Mirandola, Neapel, Sardinien, spanische Küstenplätze in der Toskana sowie die spanische Niederlande aus der spanischen Erbmasse für das Haus Österreich[174]. So wurde im Spanischen Erbfolgekrieg einerseits das habsburgische Universalreich bzw. seine sich noch einmal abzeichnende Möglichkeit in Idee und Realität zu Grabe getragen. Andererseits entstieg nun die österreichische Hälfte mit einem Teil der spanischen Erbmasse diesem Krieg als neue Großmacht in Europa.

Auch im Fall Österreichs suggerieren die Überschriften einen Prozess der Großmachtwerdung: „The emergence of Austria and Russia, 1660–1700"[175], „Das Werden einer Großmacht, Österreich 1700–1740"[176], „Der Aufstieg des Hauses Österreich in Konfrontation mit den Türken"[177], „Die Entwicklung Österreich-Ungarns zur Großmacht"[178], um eine Auswahl zu nennen. Konkreter machen dann *H. Mikoletzky* sowie *D. McKay* und *H.M. Scott* den Großmachtstatus Österreichs am Gewinn der eben aufgezählten Ländereien fest[179]. Auch wenn Österreich sich noch im geschichtlichen Abglanz des alten habsburgischen Weltreiches sonnte, habe es sich neu als Großmacht bewiesen durch den Zuerwerb der Ländereien. *H. Duchhardt* merkt an: „Dass Österreich an der Wende vom 17. zum 18. Jahrhundert als eine europäische Großmacht anzusehen war, stand für die Zeitgenossen wohl außer Frage"[180] und thematisiert damit die Anerkennung Österreichs durch die anderen Großmächte. Die endgültige Anerkennung verlegt *H.*

---

173 W. Demel 2000, S. 232; O. Redlich 1942, S. 141, H. Mikoletzky 1967, S. 106; 109..
174 H. Mikoletzky 1967, S. 108.
175 D. McKay und H.M. Scott 1983, S. 67.
176 O. Redlich 1942, Titel des Buchs.
177 J. Kunisch 1999, S. 136.
178 H. Hantsch 1933, Titel des Buchs.
179 H. Mikoletzky 1967, S. 108, D. McKay und H.M. Scott 1983, S. 67, 77.
180 H. Duchhardt 1997, S. 116.

Teil I Einführung: Die Perspektive von Geschichtswissenschaft und Politologie

Duchhardt allerdings in einen zweiten Schritt, nämlich in den Erfolg Karls VI., die Pragmatische Sanktion durch die anderen Groß- und Mittelmächte anerkennen zu lassen.[181] *O. Redlich*[182] unterfüttert die These der Anerkennung Österreichs als Großmacht im Spanischen Erbfolgekrieg, also die Sicht *H. Mikoletzkys, McKays/H.M. Scotts* und *Duchhardts,* durch die Betonung der symbolischen Bedeutung der zweiten Schlacht von Höchstädt an der Donau (13. August 1704), einer der wichtigsten Schlachten während des Spanischen Erbfolgekrieges. Der Sieg der alliierten englisch-österreichischen Truppen in der Schlacht von Höchstädt an der Donau über das zahlenmäßig überlegene bayerisch-französische Heer verdankte sich dem strategischen Können des österreichischen Prinzen Eugen[183]. „Die militärische und politische Bedeutung dieses vollkommenen, großen Sieges war ungeheuer" schreibt *O.Redlich*[184]. Da infolge dieses Sieges Österreich überdies das Herzogtum Bayern besetzte, während Kurfürst Max Emanuel nach Brüssel floh, wurde dieser Sieg zwar auch als Sieg des Kaisers des Heiligen Römischen Reiches Deutscher Nation, Leopold I., über Bayern, aus der Großmachtperspektive aber vor allem als Sieg Österreichs gegen Frankreich im Spanischen Erbfolgekrieg aufgefasst[185]. Es war danach diese Schlacht, die die militärische Bedrohungsfähigkeit Österreichs gegenüber der Vormacht Frankreich symbolisierte.

M. Hochedlinger[186] erwägt einen langen Prozess der Großmachtwerdung Österreichs. Nachdem Österreich von 1683–1718 durch Zufall Großmacht im Spanischen Erbfolgekrieg geworden sei, hätte es danach bis in 1780er/1790er Jahre gedauert bis Österreich als Großmacht aus eigenem Recht dastand. Ein interessanter Ansatz, zumal *M. Hochedlinger* hier in Etappen denkt. Leider trägt die nachfolgende, instruktive Konzentration auf die Institutionen der Habsburger Monarchie wenig zur Illustration der These bei.

---

181 H. Duchhardt 1992, S. 93. Bedeutsam geworden im Sinne der Sukzessionsordnung ist die Pragmatische Sanktion durch die Anerkennung der weiblichen Thronfolge des österreichischen Habsburg. Vgl. dazu Karl Vocelka 2001, darin das Kapitel: Die Pragmatische Sanktion, S. 84-87.
182 O. Redlich 1942.
183 H. Mikoletzky 1967, S. 78, und H. Duchhardt 1992, S. 92.
184 O. Redlich 1942, S. 47.
185 O. Redlich 1942, S. 47f, 344; Demel 2000, S. 230.
186 M. Hochedlinger 2003, S. 1.

I – 1) Der Großmachthabitus im Zeitalter des Absolutismus

Daneben wird auch auf die erfolgreiche Abwehr des Osmanischen Reichs hingewiesen[187]. Erst dadurch seien die innere Konsolidierung Ungarns und seine Verbindung mit den österreichisch-böhmischen Ländern möglich geworden. Dabei wird von *D. McKay* und *H.M. Scott* eher an die erfolgreichen Türkenkriege der 80er und 90er Jahre des 17. Jahrhunderts gedacht[188]. *J. Kunisch* verweist auf den Zeitraum von 1664–1718[189] und nimmt damit den sog. Türkenkrieg von 1716–18 mit in die Aufstiegsspanne hinein. *W. Demel, H. Mikoletzky* und *O. Redlich* betonen überdies den Sieg Österreichs in der Schlacht von Peterwardein im Jahr 1716[190]. Die Schlacht bei Peterwardein während des Feldzugs gegen den türkischen Großwesir Damad Ali (1716–1718)[191] führte zu einem glänzenden Sieg Prinz Eugens über die türkischen Streitkräfte. Der Sieg wurde überall gefeiert. Papst Clemens XI. zeichnete Prinz Eugen aus. Der deutsche Reichstag bewilligte eine Türkenhilfe von 50 Römermonaten[192], und der habsburgische Kaiser Karl VI. dankte Prinz Eugen mit der außergewöhnlichen Übersendung eines persönlichen Bildes von ihm. Als Folge dieser Niederlage gab das Osmanische Militär die Belagerung von Korfu auf, so dass auch die Gefahr für Italien überrannt zu werden gebannt war[193]. Prinz Eugen konnte anschließend Temesvar einnehmen und ein Jahr später Belgrad. Der von England und den Generalstaaten vermittelte Frieden von Passarowitz (1718) brachten „das Banat, Nordserbien mit Belgrad, kleinere Teile Bosniens und der Walachei"[194] unter österreichische Herrschaft, dazu den Freihandel mit allen osmanischen Ländern. Österreich war nach *W. Demel* und *J. Kunisch*[195] mit diesem Sieg von Peterwardein und dem anschließenden Frieden von Passarowitz zu einer Großmacht geworden,

---

187 H. Duchhardt 1992, S. 92; D. McKay und H.M. Scott 1983, S. 77; W. Demel 2000, S. 228; J. Kunisch 1999, S. 138; L. v. Ranke 1995, S. 29f.
188 D. McKay und H.M. Scott 1983, S. 76f.
189 J. Kunisch 1999, vgl. das Kapitel: Der Aufstieg des Hauses Österreich in der Konfrontation mit den Türken, S. 136-140.
190 W. Demel 2000, S. 227; H. Mikoletzky 1967, S. 114; O. Redlich 1942, S. 223.
191 O. Redlich 1942, S. 220.
192 50 Römermonate entsprachen laut Berechnungsgrundlage der von den Ständen zu entrichtenden Kriegssteuer einem Wert von damals ca. 128000 Gulden, siehe http://www.peter-hug.ch/lexikon/13_0924, 28.08.09, 10.27 Uhr.
193 Diese Details bei O. Redlich 1942, S. 223f.
194 W. Demel 2000, S. 228; H. Mikoletzky 1967, S. 114f.
195 W. Demel 2000, S. 228, J. Kunisch 1999, S. 138.

eine Großmacht, die aus dem Heiligen Römischen Reich Deutscher Nation herausgewachsen war und eine eigene Balkanpolitik zu treiben begann. *K. Vocelka* kommentiert diese Aufstiegsszenarien mit Blick auf den Erwerb von Ländereien, der für einen Großmachtstatus herhalten soll: „Dabei ist die territoriale Erweiterung nur ein Teilaspekt der Großmachtstellung. Von den Zeitgenossen wurden die Gebiete nicht nach ihrer Größe, sondern nach anderen Gewichtungen beurteilt"[196]. Mit Blick auf die Neuerwerbungen auf dem Balkan zielen *K. Vocelka* und *J. Kunisch* in die gleiche Richtung. Für *J. Kunisch* und *K. Vocelka* verschmolzen in diesen Eroberungen die dynastisch-politischen Interessen Habsburgs mit der Idee der Rettung des Abendlandes vor den Ungläubigen. Eine gesamteuropäische Solidarität kam der Doppelrolle der Habsburger in Europa zugute: Als Kaiser des Heiligen Römischen Reiches Deutscher Nation und Herrscher über einen immens erweiterten Länderkomplex stand die Einnahme weiter Teile des Balkans für die erfolgreiche Verteidigung des christlichen Abendlandes unter habsburgischer Führung und unterstrich noch einmal ihre zeremonielle Vorrangstellung in Europa[197]. *K. Vocelka* verweist darüber hinaus auf die Symbolkraft des Verlusts Schlesiens für Österreich im Jahr 1740: „Von dem durch die Pragmatische Sanktion mühsam zusammengehaltenen Totum der Monarchie, die Karl VI. als unteilbar und untrennbar erklärt hatte, war ein Glied amputiert worden – es ging nicht so sehr um das Glied selber als um die Tatsache der Amputation"[198]. Der Großmachthabitus hatte über eine der wichtigsten völkerrechtlichen Bestimmungen im 18. Jahrhundert gesiegt – auch dafür stand die Eroberung Schlesiens. Der Versuch der völkerrechtlichen Absicherung der eigenen Dynastie war an der Großmachtsucht Friedrichs II. gescheitert, der auf diese Weise seinen eigenen Großmachtanspruch anmeldete.

Es ist eine bunte Vielfalt in der Darstellung der Großmachtwerdung Österreichs, nicht auf einen Nenner zu bringen, aber dennoch bemerkenswert in einigen Gemeinsamkeiten: Für die einen ist es der Erfolg im Spanischen Erbfolgekrieg, darin vor allem der Sieg gegen die Großmacht Frankreich, symbolisiert durch den Sieg in der Schlacht von Höchstädt (1704), für die anderen die Erfolge in den Kriegen gegen das im Abstieg

---

196 Vgl. dazu das Kapitel: War die Habsburger Monarchie eine Großmacht? S. 79-84, in: K. Vocelka 2001, Zitat, S. 79.
197 J. Kunisch 1999, S. 139, K. Vocelka 2001, S. 82.
198 K. Vocelka 2001, S. 123.

I – 1) Der Großmachthabitus im Zeitalter des Absolutismus

begriffene Osmanische Reich[199] – der Sieg in der Schlacht von Peterwardein (1716) -, in denen Österreich-Habsburg als Sachwalter des Heiligen Römischen Reiches Deutscher Nation und darüber hinaus als Verteidiger des Christentums auftritt, während es gleichzeitig durch den Neuerwerb von Ländereien eine eigene Balkanpolitik außerhalb des Heiligen Römischen Reiches Deutscher Nation einleitet. Und damit sind es für beide wiederum Erfolge im Krieg gegen eine Großmacht, die in den Augen der anderen, wessen Augen?, den Erwerb des Großmachtstatus verbürgen. In welchem Krieg und gegen wen – darüber gehen die Meinungen weit auseinander. Es zeigt sich daran, dass die Perspektive auf Österreich nicht kontrolliert mitbedacht wird: Wann, durch welchen Krieg sehen z.B. Frankreich und Großbritannien Österreich als neue Großmacht? Ist man sich bei der Fokussierung auf militärische Erfolge einig, rutscht man doch schnell ins Ungefähre, wenn es darum geht, welcher Krieg und welche Front gemeint sein könnten, wenn man von der Erlangung des Großmachtstatus spricht. In der Zeitspanne 1664–1718 stehen einige Feldzüge gegen das Osmanische Reich und der gesamte Spanische Erbfolgekrieg zur Verfügung. Um die Kriegsperspektive immerhin scheint man nicht herumzukommen. Der implizite Verweis auf die Beobachtung durch andere Mächte läuft mit, wenn Erfolge im Krieg als Indikatoren für den Großmachtstatus festgestellt werden, bleibt aber unausgesprochen. Für welchen Prozess steht das Symbol der gewonnenen Schlacht? Den des Krieges? Den der sich verändernden Beziehungen der Großmächte untereinander? H. Duchhardt denkt an Etappen, wenn er zunächst den Spanischen Erbfolgekrieg fokussiert und den zweiten Schritt der Großmachtwerdung in der Absicherung der Pragmatischen Sanktion durch das Vertragswerk Karls VI. sieht. Kann der Neuerwerb von Ländereien einen neuen Großmachtanspruch symbolisieren? Allein K. Vocelka thematisiert Ressourcen als Bedingung für den Großmachtstatus. Der Vergleich von Österreich und Frankreich zeigt die Bedeutung von Fläche, Bevölkerungszahl einerseits und Schuldenlast andererseits, ohne doch als Gründe für den Großmachtstatus behauptet werden zu können.

Hier bleiben Fragen offen. Was in Überschriften und Thesen als Behauptung Neugier weckt, wird lediglich illustriert, ohne dass eine dem Begriff entsprechende Struktur zur Anschauung gebracht wird. Die Kontrolle der Perspektive anderer Großmächte auf Österreich als werdende Groß-

---

199 H. Duchhardt 1997, S. 189.

Teil I Einführung: Die Perspektive von Geschichtswissenschaft und Politologie

macht scheint nötig zu sein, um die Behauptungen zu Prozess und Status sowie zum Symbolgehalt gewonnener Schlachten und neuerworbener Ländereien mit der im Begriff avisierten Struktur anschaulich zu unterfüttern.

Immerhin: Dass gerade ein gewonnener Krieg gegen eine Großmacht und ein diesen in seiner Bedeutung zusammenfassender Sieg in einer Schlacht als Zeichen des unzulängliches Wissen kompensierenden Großmachtstatus gesehen werden, zeigt einmal mehr, dass es sich um die Bedrohungsfähigkeit einer Großmacht, genauer um die Erkenntnis der Bedrohungsfähigkeit durch die anderen Großmächte handelt.

I – 1.4.4.4) Russland

Die Ansichten, ab wann Russland als Großmacht im 18. Jahrhundert anerkannt worden ist, differieren zeitlich am stärksten. Nach Ansicht von *H. Duchhardt, W. Demel* und *J. Black, J. Kunisch* und *L.v. Ranke* hat Russland mit seinem Sieg über Schweden bei Poltava (1709) im Großen Nordischen Krieg (1700–7121) den Großmachtstatus erworben[200]. Andererseits vermerkt *H.M. Scott*, dass der österreichische Kanzler Kaunitz sich bis zum Siebenjährigen Krieg weigerte, Russland als Großmacht auf Augenhöhe mit Österreich zu behandeln[201]. Russland wurde z.B. 1748 noch nicht zum Aachener Kongress zugelassen, "weil es vermeintlich nicht zu den 'zivilisierten' Staaten gehöre"[202]. *D. McKay* und *H.M. Scott* urteilen differenzierter. Sie konzedieren Russland nach dem Sieg über Schweden im Nordischen Krieg den Großmachtstatus, schränken aber ein, nur Preußen und Österreich hätten Russland damals schon anerkannt, während bei Frankreich und England davon nicht die Rede sein könne[203]. Immerhin ein wichtiger Aspekt: Die Anerkennung muss weder zeitgleich noch synchron, also zeitlich abgestimmt, erfolgen. Sie verfangen sich aber in der Argumentation, wenn sie einerseits feststellen, dass Russland im Nordischen Krieg durch seine Kriegführung ohne ausländische Hilfe wie eine Großmacht aufgetreten sei, andererseits aber meinen feststellen zu müssen, dass nach dem Ende des Nordischen Krieges keine Großmacht sie als

---

200 H. Duchhardt 1997, S. 237, 243, 246f; J. Black 1990, S. xiv. 5; W. Demel 2000, S. 225; J. Kunisch 1999, S. 148; L.v. Ranke 1995, S. 33.
201 H.M. Scott 2001, S. 17.
202 Zitat aus H. Duchhardt 1997, S. 152.
203 D. McKay und H.M. Scott 1983, S. 92f.

gleichstehend behandelt habe[204]. Der letzte der beiden Autoren, *H.M. Scott*, verlegt dann in seinem später veröffentlichten Werk „The Emergence of the Eastern Powers, 1756–1775" (gemeint sind Preußen und Russland, der Autor) die Anerkennung Russlands als Großmacht an das Ende des Siebenjährigen Krieges im Jahr 1763[205], nennt aber auch das Jahr 1770[206] als Beginn des Großmachtstatus Russlands. Er gesteht anderen Autoren und seiner eigenen früheren Position zu, „after 1700 Russia's increasing power and her dominant role in Poland gave her enhanced importance"[207], kann sich aber nicht auf eindeutige Kriterien des Großmachtstatus festlegen:

> „There is an important distinction between European awareness of Russia's power and potential, which had been evident for decades before 1756 – particularly in neighbouring eastern Europe – and her emergence as a full member of the family of great powers, which determined the continent's political destiny. The leading states treated one other as equals; this was the key to their collective dominance of the international system. In Russia's case, this equality of treatment only began after the Seven Years War, and even then was incomplete"[208].

Das Zitat zeigt deutlich die Schwierigkeiten, den Prozess und die Etappen der Anerkennung als Großmacht herauszuarbeiten. Einerseits ist die Macht und das Potential Russlands lange vor 1756 bekannt; das geht auf den Sieg Russlands im Nordischen Krieg und die von vielen Autoren so gewertete Anerkennung als Großmacht in Folge des Sieges über die damalige Großmacht Schweden in der Schlacht von Poltava. Andererseits vermerkt *H.M.Scott* wie schon vorher mit *D. McKay*, dass hiermit noch nicht die volle Anerkennung gegeben ist und gewichtet diesen Fakt nun stärker. So eindeutig der Gewinn eines Krieges gegen eine andere Großmacht samt entscheidender Schlacht für die Erkenntnis der Bedrohungsfähigkeit und damit als Symbol für den Großmachtstatus steht – wie bereits oben für andere Großmächte demonstriert -, *H.M. Scott* kann an Hand vieler geschichtlicher Details herausarbeiten, dass die volle Anerkennung gleichwohl noch aussteht: Russlands „ökonomisches Erwachen" lag noch in der Zukunft[209]. Verhaltensmaßregeln der Großmächte untereinander mussten

---

204 D. McKay und H.M. Scott 1983, S. 92f.
205 H.M. Scott 2001, S. 42f, 119.
206 H.M. Scott 2001, S. 2f.
207 H.M. Scott 2001, S. 2f.
208 H.M. Scott 2001, S. 152.
209 H.M. Scott 2001, S. 153.

erst erlernt werden, die erfolgreiche Bekämpfung von Korruption musste als Zeichen gewachsener Vertrauenswürdigkeit des Staates anerkannt werden[210], höfisches Protokoll und der Aufbau eines diplomatischen Dienstes gehörten ebenso zu den Insignien einer Großmacht[211].

Russland wurde also trotz Erkenntnis seiner Bedrohungsfähigkeit noch nicht sofort als Großmacht völlig anerkannt. Als Beginn des Anerkennungsprozesses wird man auch hier den Sieg im Nordischen Krieg (1700–1721) und als symbolische Schlacht die Schlacht von Poltava (1709) vermerken können. Der Prozess der Anerkennung ist allerdings auch nach dem Siebenjährigen Krieg noch immer nicht vollständig. Bleibt hier demnach die von H.M. Scott nicht beantwortete Frage, worin die Anerkennung besteht und wie sie über die Erkenntnis der Bedrohungsfähigkeit hinausgeht.

Darüber hinaus bleibt die Prozesshaftigkeit diesen Kriterien äußerlich. Das zeigt sich auch bei der Unsicherheit, ab wann Russland als Großmacht zu gelten habe: Nach H.M. Scotts differierender Meinung nicht ab 1704 (der Sieg bei Poltava), aber ab 1763 (Ende des Siebenjährigen Krieges), vielleicht aber auch erst ab 1770 (die 1770er Jahre stehen bei H.M. Scott für die Polnische Teilung und den Erfolg Russlands im Kriege gegen das Osmanische Reich 1768–1774). Gleichwohl zeigen die Mängel, die Scott an Hand dieser Insignien am Beispiel Russlands aufzeigt, und das Zugeständnis an die anderen Autoren samt seiner eigenen früheren Position, die geschichtliche Realität einer Anerkennung des Großmachtstatus auf halbem Wege. „Die äußerliche Anerkennung Russlands als einer Pentarchiemacht war nichtsdestoweniger ein zäher Prozess", fasst H. Duchhardt den Sachverhalt zusammen[212]. *Die Anerkennung musste den anderen Großmächten demnach in diesem Prozess abgerungen werden. H.M. Scott und H. Duchhardt schärfen damit den Blick für die Aufgabe, den inneren Zusammenhang des Prozesses mit seinem zentralen Merkmal der Bedrohungsfähigkeit herauszuarbeiten. Diese Bedrohungsfähigkeit bleibt ja das zentrale Merkmal auch weiterhin: „Russia's role as a nineteenth-century power was demonstrated in the threat it was believed to pose to others", blickt J. Black ins folgende Jahrhundert*[213].

---

210 H.M. Scott 2001, S. 153f.
211 H.M. Scott 2001, S. 156-159.
212 H. Duchhardt 1997, S. 152.
213 J. Black 2008, S. 9.

I – 1.4.4.5) Anerkennung als Großmacht im 18. Jahrhundert (Resümee)

Der Überblick über die divergierenden Ansichten, wann und durch wen welche Großmacht als solche anerkannt ist, hat bei aller historischer Detailfülle doch einige strukturelle Übereinstimmungen zu Tage gefördert.

Bei allen vier Großmächten ist der Sieg über eine andere Großmacht für den Großmachtstatus entscheidend: Frankreichs Sieg über das österreichische Habsburg und/oder Spanien, Großbritanniens Sieg über Frankreich, Österreichs Sieg über Frankreich und/ oder das Osmanische Reich, Russlands Sieg über Schweden. Bei Österreich sind es die siegreichen Schlachten von Höchstädt und Peterwardein und im Falle Russlands der Sieg bei Poltava, die diese gewonnenen Schlachten aus der Rückschau zum Symbol antizipierten Kriegsgewinns und damit in eins zu antizipierenden Symbolen künftiger politischer Größe werden lässt. Frankreichs diplomatische Kunst bei Friedensverhandlungen war Ende des 17. Jahrhunderts ebenso gefürchtet wie seine Armee. Der militärische Sieg in einer Schlacht symbolisierte über den Kriegsgewinn hinaus die Bedrohungsfähigkeit einer Großmacht. **Diese Übereinstimmung weist daraufhin, dass sich der Großmachtstatus nicht allein auf die Kenntnis von Basisressourcen stützt, sondern den Beweis der Bedrohungsfähigkeit, also den Sieg einer Großmacht über eine andere Großmacht, braucht und damit in der Tat die prinzipiell immer unsichere Kenntnis von Basisressourcen der anderen Großmächte kompensiert.**

J. Black sucht in der Sozialstruktur Großbritanniens nach **Schlüsseleigenschaften***, die einen langen Aufstiegsprozess zu tragen imstande sind und ihn dann, was er in diesem Fall schuldig bleibt, endogen erklären könnten. Allgemein wird vor allem an den Kapitelüberschriften, an Begriffen wie „rise", „emergence", „Werden", deutlich, dass die eben kommentierten Autoren mit einem längeren Prozess der Großmachtwerdung rechnen. Lediglich H. Duchhardt und D. McKay und H.M. Scott sind aber so konsequent, dabei auch an* **Etappen** *zu denken. So fasst H. Duchhardt im Falle Österreichs die Pragmatische Sanktion als 2. Schritt der Anerkennung ins Auge. Karl VI. ließ damals die Legitimität der weiblichen Thronfolge in Österreich durch internationale Verträge absichern. D. McKay und H.M. Scott denken dagegen an zeitliche Divergenzen. Preußen und Österreich hätten danach Russland lange vor Frankreich und England als Großmacht anerkannt. Der Prozess der Anerkennung verliefe danach heterochron, d.h. die Anerkennungen z.B. Russlands durch je eine Großmacht wären nicht zeitlich miteinander abgestimmt, sie wäre, wie schon* *oben bemerkt, phasenverschoben. An die Stelle von Synchronität des Prozesses würde dann die* **Koordination der Heterochronizität des Prozesses** *treten. Hierhin gehört auch die Beobachtung H. Duchhardts, dass die Großmächte des 18. Jahrhunderts in der Regel Kontrollfunktionen über ihr eigenes Staatsgebiet hinaus ausüben. Eine Großmacht ist danach immer mächtiger, als das von ihr beherrschte und nach ihrem Namen benannte Territorium es suggeriert. Deshalb ist die Begründung ihres Machtanspruchs, so kann man gegen J. Black argumentieren, nie nur endogen zu führen, sondern immer auch mit Blick auf die internationale Situation. Nach M. Sheehan und H.M. Scott muss der Prozess überdies reziprok aufgefasst werden. Alle anderen Großmächte erkennen die eine Großmacht an und es entsteht eine prinzipielle Gleichheit des Umgangs, die nicht auf gemeinsamen Werten, sondern auf der gegenseitigen Anerkennung der Bedrohungsfähigkeit beruht. Worin der Prozess der Anerkennung über die Tatsache der anerkannten Bedrohungsfähigkeit hinaus bestehen soll, bleibt dunkel. Über die reine Zeitlichkeit hinaus, bedarf es ja eines inhaltlichen Kriteriums, das diesen Prozess treiben könnte.*

Wie oben schon erwähnt, verbietet die Beiläufigkeit bzw. mangelnde Ausführung der meisten kommentierten Bemerkungen zum Großmachtstatus einzelner Staaten, weitergehende Folgerungen daraus noch als Interpretation zu präsentieren. Gleichwohl soll die Beiläufigkeit der Bemerkungen nicht den Blick für die Bedeutung der angeführten Beobachtungen verstellen. Vielmehr handelt es sich um wichtige Hinweise, die im Folgenden den Blick auf die Genese der jüngsten Großmacht der Pentarchie, Preußen, schärfen helfen. **Die Bedrohungsfähigkeit einer Großmacht bleibt das zentrale Merkmal, der gewonnene Krieg über eine andere Großmacht ist ihr Symbol, und im Prozess der Anerkennung fokussiert die Auseinandersetzung der anderen Pentarchiemächte mit Preußen das Feld der Großmächte als Ganzes, also den Großmachthabitus Preußens.**

Soweit ich die mir zugängliche Literatur übersehe, endet an dieser Stelle das hermeneutische Bemühen zum Großmachtstatus innerhalb der Geschichtswissenschaft der frühen Neuzeit. Nicht notwendigerweise, aber aus einem **Dilemma** *heraus. Die eindringlichen Analysen J. Kunischs und anderer tragen bis an die Schwelle eines sozialwissenschaftlichen Ansatzes. Sie konstatieren noch den Zwang, den Druck, der von einer generalisierten Erwartung ausgeht, und auch das Resultat (den Großmachtstatus), ohne diese doch als Teil einer sozialen Struktur greifen zu können. Diese wird durchaus avisiert. Ein ganzes Arsenal von Begriffen für das Feld der*

I – 1) Der Großmachthabitus im Zeitalter des Absolutismus

Großmächte tritt auf: System[214]*, Klub*[215]*, Gruppe*[216]*, Aristokratie der Grossen Mächte*[217]*, Pentarchie*[218]*, Staatengemeinschaft*[219]*, Hegemonialmächte*[220] *u.a.m. Den Begriffen entspricht dann in schöner Regelmäßigkeit eine unangemessene Anschauung, die den Sachverhalt subjektanalog verkürzt und durch direkten Zugriff verdeckt. Der Großmachtstatus wird nicht als Indiz für eine bestimmte Struktur des Feldes der Großmächte verstanden. Er erscheint vielmehr als individuelle Eigenschaft eines Staates. So finden diese Termini Verwendung entweder in Bemerkungen zur Gesamtschau der Internationalen Beziehungen im 18. Jahrhundert oder wenn Aktionen benannt werden, die auf das Ensemble der Großmächte zurückgeführt werden sollen. Das Ensemble wird dann als handelndes Subjekt gekennzeichnet, auch wenn soziale Strukturen nur in Ausnahmefällen subjektanalog handeln. Die soziale Struktur wird thematisiert, aber nicht begriffen.*

I – 1.5) Rückschau auf den Großmachthabitus im Zeitalter des Absolutismus

Der klare und pure Wille zur absoluten Macht, ohne religiöse oder ideologische Zuspitzung und Begrenzung, ist das Kennzeichen der Epoche, die darum nach ihrem Machtstreben treffend Absolutismus genannt wird.

Darum eignet sich diese Epoche besonders zur Analyse des politischen, des staats- und gesellschaftsgründenden Charakters absoluter Macht: Ein Feld sich gegenseitig belauernder Rivalitäten von fürstlichen Machtansprüchen, das Verlierer und Sieger kennt, Verlierer die zu Abhängigen oder Untertanen werden, Sieger die zu immer weiterem Konkurrenzkampf gegen andere Sieger getrieben werden, ihrerseits durch ihre Siege unter

---

214 L.v. Ranke 1995, S. 15; J. Kunisch 1978, S. 31; J.Kunisch 1992, S. 131; H.M. Scott 2001, S. 1f, 7f, 65, 195; J. Black 1990, S. xv, 31, 69, 73, 07, 110, 164; H. Duchhardt 1997, S. 7f; Ch. Tilly 1990, S. 23; W.G. Rödel 1986, S. 97.
215 M. Erbe 2004, S. 17.
216 J. Kunisch 1992, S. 131; J. Kunisch 1996, S. 74; J. Black 1990, S. 174.
217 J. Kunisch 1978, S. 36.
218 Vor allem H. Duchhardt 1992, Kapitel 9: das Entstehen der Pentarchie, S. 106-116; und H. Duchhardt 1997, der Titel: Balance of Power und Pentarchie. Internationale Beziehungen 1700-1785, aber auch viele andere.
219 R. Pommerin 1986, S. 113.
220 J. Kunisch 1978, S. 36ff.

Teil I Einführung: Die Perspektive von Geschichtswissenschaft und Politologie

weiteren Zugzwang geraten, weiter zu expandieren, um nicht selbst in Abhängigkeit zu geraten und zu den Verlierern zu zählen. Einige dieser Fürstendynastien wachsen so zu europäischen Großmächten heran. Es ist dieser Monopolmechanismus, der die Fürsten in den Konkurrenzdruck gegeneinander treibt und sie unter einen vergleichbaren Druck setzt. Siege und Niederlagen formen sich so zu Abhängigkeitsverhältnissen, und diese teilen Regionen und Ländereien in ein Außen und ein Innen. Absolute Machtverhältnisse sorgen für klare Grenzen, wo vorher Übergangszonen ein Gebiet an ein anderes anschlossen. Abgegrenzte, arrondierte Territorien schaffen die Voraussetzung für den modernen Staat und die moderne Gesellschaft. Während sich so der Monopolmechanismus als Staatsmacht nach innen durchsetzen kann, mündet er nach außen in ein Machtgefälle von Groß-, Mittel- und Kleinmächten.

Diesen Konkurrenzdruck teilen Monopolmechanismus und Großmachthabitus. Doch geht der Großmachthabitus über den Monopolmechanismus hinaus. Er wird eingeschränkt und ausgeweitet. Das letztlich erfolglose Hegemoniestreben sowohl von Habsburg-Österreich als auch Frankreich zwingt alle bedeutenden europäischen Mächte zur Einsicht, ihr Nebeneinander nicht als Übergang, sondern als bleibende Ordnung aufzufassen. J. Kunisch hat diesen Einstellungswandel in den internationalen Beziehungen auf das 17. Jahrhundert bezogen. Hier entwickelt sich die Rivalität der europäischen Mächte zum habituellen Dauerzustand. D. h. der Konkurrenzdruck wird nicht mehr permanent, sondern nur noch gelegentlich aktualisiert, eben nicht bei jeder, sondern nur noch bei einer günstigen Gelegenheit. Dabei reicht das Bedrohungspotential der Großmächte nicht nur über die eigenen Grenzen in die Nachbarregionen hinaus, es erfasst bei einigen Großmächten den gesamten europäischen und zum Teil auch überseeischen Raum (Kolonien). Kann so der gesamte europäische Raum zum Interessengebiet einer Großmacht werden, verdichtet sich der Konkurrenzdruck durch diese Ausweitung der Interessenssphäre und die Gelegenheiten werden zahlreicher. Damit behauptet sich der Großmachthabitus in einer völkerrechtlich fortgeschrittenen Lage unter Wahrung des Rechts dynastischer Sukzessionsfolgen, in seiner Instrumentalisierung oder dann im offenen Widerspruch, im Rechtsbruch. Diese für das 18. Jahrhundert kennzeichnende Situation kennt weder reine Anarchie noch permanente Konkurrenzsituation. Der Dauerzustand ist vielmehr habituell, d.h. als Disposition jederzeit abrufbar. Seine Aktualisierung setzt das Eintreten einer entsprechenden Lage, einer allgemein reziproken und generalisierten Erwartung, voraus.

I – 1) Der Großmachthabitus im Zeitalter des Absolutismus

Dieser Charakter des Großmachthabitus wirkt gleichermaßen in den Raum internationaler Beziehungen, wie er die werdenden Gestalten von Staat und Gesellschaft formt. Es ist der Großmachthabitus, der die verschiedenen Bereiche gesellschaftlichen Handelns so auf das Ziel der eigenen Machtsteigerung ausrichtet, dass sie dabei für die Macht des Herrschers instrumentalisiert werden und damit zur Bildung von Gesellschaft beitragen. Der Fürst im Absolutismus führt einen Zweifrontenkampf, im Innern den Kampf gegen Adel und Stände, außen den Kampf gegen die Rivalen im Feld. Die herrschaftsbezogene Verschränkung der Kontrolle von innerer und äußerer Bedrohung wird in ihrer Eigenart an der Konstitution des stehenden Heeres sichtbar, dem alle anderen gesellschaftlichen Bereiche Zuträgerdienste leisten müssen. Die neugeschaffenen Grenzen haben osmotische Funktion: Sie kanalisieren die eine Bedrohung gegen die andere. Der auf Dauer gestellte Konkurrenzkampf ficht so an zwei Fronten, innen und außen. Für den Territorialherrscher kam deshalb alles darauf an, an beiden Fronten ökonomisch und effizient zu agieren. Was liegt näher als eine Front zur Begradigung der anderen zu nutzen? Diese Aufgabe erfüllt das stehende Heer. In ihm wird überall in Europa der Adel zu führenden Positionen herangezogen gewissermaßen als Kompensation des erlittenen Machtverlusts, dessen darüber weithin ohnmächtige Aggression nun auf neue Ziele gelenkt werden kann. Die Art und Weise der Organisation des Militärs zeigt deshalb, wie Herrscher im Absolutismus auf diese doppelte Bedrohung zu reagieren in der Lage sind. Es ist dann auch die Organisation des Militärs im Absolutismus, die vor allem anderen das Interesse, die Faszination und die Imitationsbereitschaft der Großmächte untereinander weckt (siehe Teil III, der Prozess der Anerkennung). An seiner Organisation ist abzulesen, wie ein Fürst einerseits die innere Bedrohung durch Disziplinierung seiner Untertanen und durch Instrumentalisierung aller sozialen Bereiche und andererseits die äußere Bedrohung durch Beherrschung der Kriegsmittel zu kontrollieren imstande ist, kurz gesagt, wie er Staat und Gesellschaft schafft und formt. Nach außen wie nach innen: Das Militär ist der Spiegel seiner Macht und erste Gestalt der werdenden Gesellschaft im Absolutismus.

Keinesfalls ist diese Allgemeinheit des Habitus eine europaweit gleichzeitige Entwicklung. Gerade die aus dem Rückblick sogenannten Phasenverschiebungen in der „Entwicklung" verschiedener Staaten lenken den Blick über die eigenen Grenzen hinaus auf die europäischen Nachbarn, um sich qua Nachahmung das anzueignen, was zur eigenen Machtvervollkommnung noch zu fehlen scheint.

Teil I Einführung: Die Perspektive von Geschichtswissenschaft und Politologie

Dort ist es zuerst und vor allem das Militär, das als Machtsymbol nach außen wie nach innen die Projektionsfläche für jegliche Form von Imitation bietet, durch die eine Großmacht als Großmacht anerkannt wird. So wird Heterochronizität durch Imitation koordiniert und möchte lediglich aus der Rückschau als Mirakel einer „doch letztlich" synchronen Entwicklung scheinen.

Wann galt eine Macht im 18. Jahrhundert als Großmacht?

Es gibt zahlreiche Versuche, den Großmachtstatus quantitativ oder statistisch zu erfassen. Sie kommen dem Alltagsverständnis von Großmacht am nächsten. An dem bekannten Beispiel von Paul Kennedy's „Aufstieg und Fall der Großen Mächte" wurde der dafür typische Argumentationsgang durchbuchstabiert und für unzureichend befunden. Das Beispiel Preußen war der „schwarze Schwan" für dieses rein endogene, auf die Eigenschaften des einzelnen Staates sich konzentrierende, Argument. Einige der von P. Kennedy angeführten Parameter trafen tatsächlich zu: Etwa der Ausbau des Militärs, die Zentralisierung der staatlichen Administration und den dadurch gewonnenen höheren Einnahmen. Dies alles in einem zeitlichen Vorlauf vor dem Erwerb des Großmachtstatus. Der von P. Kennedy behauptete Kausalnexus zwischen steigender Wirtschaftskraft, daran anschließendem Ausbau militärischer Kapazität und endlich der Erlangung des Großmachtstatus konnte dennoch nicht aufrechterhalten erhalten werden. Ein Missverhältnis zwischen militärischer Kapazität und außenpolitischer Geltung war bei Kennedy nämlich nicht vorgesehen. Die Steigerung der Wirtschaftskraft Preußens resultierte gerade umgekehrt aus dem militärischen Erfolg der Eroberung Schlesiens. Weder der gelungene Ausbau der Armee noch die Größe der Bevölkerung als Ressource oder die Wirtschaftskraft waren für sich genommen zureichende Bedingungen für den Großmachtstatus Preußens. Man wird mit E. Broicher die militärische Kapazität als Bedingung nicht, aber als Grund für den Großmachtstatus festhalten können.

Die particula veri, aber auch die Grenze dieser Versuche, den Großmachtstatus statistisch zu erfassen, erschließt sich erst aus der Beobachtung zweiter Ordnung, also aus der Beobachtung, wie die Großmächte einander beobachtet haben. Und erst die Berücksichtigung dieser Perspektive führt zum vollen Verständnis des Großmachtstatus.

Am Beispiel des Aufsatzes von F. Wagner, „Die europäischen Mächte in der Beurteilung Friedrichs der Großen 1746–1757", ist zu lernen, dass

I – 1) Der Großmachthabitus im Zeitalter des Absolutismus

diese endogenen „messbaren" Fakten in ihrer Zeit nur dadurch Bedeutung gewinnen, dass und soweit sie von anderen Großmächten gewusst werden und zu ihrer eigenen Situationsdefinition beitragen – in dem Bewusstsein, dass diese Informationen unzulänglich, falsch oder gefälscht sein können. Nur im Verhältnis von Großmacht zu Großmacht sind die Einschätzungen der anderen Großmacht und damit auch die Grenzen der Informiertheit von politischer Bedeutung. Die politische Bedeutung der sog. quantitativen Faktoren für die Anerkennung als Großmacht erschließt sich also aus wissenschaftlicher Sicht nur aus der Beobachtung zweiter Ordnung. Genau darauf bezieht sich die Beobachtung von R.G. Hawtrey, der von einer Kompensationsfunktion des Statusbegriffs ausgeht: Gerade weil es einer Großmacht nicht möglich ist, den Reichtum einer anderen Großmacht, seine militärische Macht, die Effizienz seiner Administration oder die Professionalität seiner Eliten exakt zu messen oder statistisch zu erfassen, und alle Großmächte versuchen, dies soweit wie möglich geheim zu halten, verbürgt die Anerkennung des Prestiges eines Staates, also z.B. seines Großmachtstatus, eine Sicherheit, die messbare, aber auch leicht falsch einzuschätzende Ressourcen nicht bieten können. Kurz gesagt: Der Großmachtstatus kompensiert die Unsicherheit der Information über Basisressourcen durch die Anerkennung des Status. Vor allem der Sieg über eine andere Großmacht, meist symbolisiert durch eine siegreiche Schlacht, galt deshalb als Lackmustest für die Zuerkennung des Großmachtstatus – wie auch immer es um die Basisressourcen bestellt sein mochte.

J. Black hat aus dieser Sachlage die Konsequenz gezogen, dass historisch nur der Staat als eine Großmacht gelten kann, der auch dafür gehalten wird, und das heißt: er muss als solcher anerkannt sein. Damit fordert J. Black eine methodische Vorgehensweise, die N. Luhmann als Beobachtung zweiter Ordnung in der soziologischen Diskussion verankert hat. Ich werde in der methodischen Zwischenüberlegung darauf näher eingehen.

So ist der Status einer Großmacht in dieser Epoche eine europäische Erscheinung: Eine von anderen Großmächten anerkannte Großmacht. Zum Großmachtstatus gehört demnach über die erwiesene und anerkannte Verteidigungsfähigkeit hinaus (L.v. Ranke) die Selbstbehauptung in einem Feld, das von konkurrierenden, aber darin vergleichbaren Situationsdefinitionen jeder einzelnen Großmacht lebt (M. Sheehan, H.M. Scott): also die Chance auf Erfolg in einem Krieg gegen eine andere Großmacht, d.h. seine Bedrohungsfähigkeit anderer Großmächte. Damit erweist sich der Großmachtstatus als positionierender Aspekt des Großmachthabitus, als individuelle Position im Feld der anderen Großmächte, durch die allererst

Teil I Einführung: Die Perspektive von Geschichtswissenschaft und Politologie

der Prozess der Anerkennung in Gang gebracht wird. Im 18. Jahrhundert ist dieses Feld der Großmächte die Pentarchie, das Ensemble der fünf Großmächte bestehend aus Frankreich, England, Russland, Österreich und Preußen.

An Kapitelüberschriften und an Begriffen wie Aufstieg oder Genese wird deutlich, dass viele Autoren mit einem längeren Prozess der Großmachtwerdung rechnen. Lediglich H. Duchhardt und D. McKay und H.M. Scott sind aber so konsequent, dabei auch an Etappen zu denken. So haben z.B. Preußen und Österreich Russland lange vor Frankreich und England als Großmacht anerkannt. Der Prozess der Anerkennung verläuft darum heterochron, d.h. die Anerkennungen Russlands durch je eine Großmacht waren nicht zeitlich miteinander abgestimmt. An die Stelle von Synchronität des Prozesses tritt dann die Koordination der Heterochronizität des Prozesses.

Die Beiläufigkeit bzw. mangelnde Ausführung der meisten kommentierten Bemerkungen zum Großmachtstatus einzelner Staaten verbietet es aber, weitergehende Folgerungen aus den Ausführungen einzelner Autoren noch als Interpretation zu präsentieren. Gleichwohl soll die Beiläufigkeit der Bemerkungen nicht den Blick für die Bedeutung der angeführten Beobachtungen verstellen. Vielmehr handelt es sich um wichtige Hinweise, die im Folgenden den Blick auf die Genese der jüngsten Großmacht der Pentarchie, Preußen, schärfen helfen. Die Bedrohungsfähigkeit einer Großmacht bleibt das zentrale Merkmal und im Prozess der Anerkennung fokussiert die Auseinandersetzung der anderen Pentarchiemächte damit das Feld der Großmächte als Ganzes.

Der Prozess der Anerkennung als Großmacht wird sich also auf die im Militär, vor allem im stehenden Heer, sichtbare Meisterung der Zweifrontenbedrohung des Fürsten konzentrieren. Die Nachahmung des Militärischen ist deshalb Symbol der Anerkennung einer erfolgreich demonstrierten Bedrohungsfähigkeit nach außen wie nach innen, und damit – wie man heute weiß – eine zuverlässige Ausgangsbasis für die Genese individueller Formen von Staat und Gesellschaft im 18. Jahrhundert

I – 2) Das Feld der Großmächte aus der Sicht des politischen Realismus

Wer sich wissenschaftlich mit Internationalen Beziehungen befasst und das Thema Großmächte angeht, muss sich mit der Theoriebildung der dafür wichtigsten Schule auseinandersetzen, dem politischen Realismus. Er

I – 2) Das Feld der Großmächte aus der Sicht des politischen Realismus

repräsentiert die Schule im Fach Internationale Beziehungen, in dessen Theoriebildungen dem Ensemble der Großmächte eine zentrale Bedeutung zukommt. Darum wird seine Sicht der Großmächte, darunter vor allem die des Klassikers des politischen Realismus, *K. Waltz*, hier vorgestellt, kritisiert und an zwei Stellen reformuliert, um den Beitrag dieser Schule zur Institution des Feldes der Großmächte für unseren Zweck fruchtbar zu machen.

I – 2.1) Die Weltsicht des politischen Realismus

Grundlage vieler Theorieansätze des politischen Realismus ist eine gemeinsame Weltsicht, die den eigenen Realismus gegen optimistische, gar utopische oder fortschrittsfreundliche, in der politologischen Lagerteilung als liberal apostrophierte Entwürfe absetzt[221]. Der politische Realismus fokussiert ein Struktursyndrom: Es ist die Welt der Kriege und Konflikte zwischen den Staaten der Welt, ein Milieu zwischenstaatlicher Beziehungen gekennzeichnet von Gewalt und Machtstreben, von Gesetzlosigkeit, Zerstörung und Amoralität[222], das hier als Basis für die Genese jedweder Struktur internationaler Beziehungen erscheint. **Anarchie** heißt das Stichwort, und diese gilt als Grundlage aller internationalen Beziehungen und damit auch als gemeinsamer Ausgangspunkt verschiedener Theorieansätze innerhalb des politischen Realismus.

Konsequent sieht der politische Realismus demnach ab von gemeinsamen Werten oder Zielen, von Traditionen, Entscheidungsmonopolen oder

---

221 Als Klassiker des politischen Realismus gelten: E.H. Carr, The Twenty Year's Crisis 1919-1939, New York 2001 (1. Aufl. 1939); H. Morgenthau, Politics among Nations, New York 2006 (1. Aufl. 1948); K. Waltz, Theory of International Politics, New York 1979; J. Mearsheimer, The Tragedy of Great Power Politics, New York – London 2001.
Ich nehme in den politischen Realismus sowohl die sog. Englische Schule mit hinein (H. Bull, A. Watson, B. Buzan, R. Little u.a.) als auch den konstruktivistischen Ansatz von A. Wendt. Diese teilen die Grundannahmen des politischen Realismus und betonen auf dieser Ebene die Genese von internationalen Ordnungen und Institutionen. Sie stehen damit gewissermaßen in der Mitte zwischen Realismus und Liberalismus. Vgl. dazu H. Morgenthau 2006, S. 602f; H. Bull 1977, S. 3-13.
222 K. Waltz 1979, S. 93, 97; A. Watson ²2009, S. 3, 14; H. Morgenthau 2006 (7th ed.), S. 179; J. Mearsheimer 2001, S. 2f, 19, 21, 30; A.Wendt 1999, S. 246ff; R. Gilpin 1981, S. 7, 27f, 85f; J.S. Levy 1983, S. 8-10, 19; H. Bull 1977, 46f.

Teil I Einführung: Die Perspektive von Geschichtswissenschaft und Politologie

anderen Selektionskriterien, wenn es um die Grundlagen internationaler Beziehungen geht. Konzeptualisiert wird Anarchie vielmehr mithilfe der sog. Hobbes'schen Situation: ein Mensch ist des anderen Wolf[223], hier übersetzt in das Milieu zwischenstaatlicher Beziehungen: Jeder Staat ist des anderen Wolf, und deshalb wird das gegenseitige Misstrauen zur Grundlage aller internationalen Beziehungen erklärt. Staaten gelten als „self-help-systems", als ausschließlich ihrem Eigeninteresse verpflichtete Einheiten des internationalen Systems.

Sowohl als historisches Postulat, es soll für alle geschichtlichen Epochen gleichermaßen zutreffen, wie auch als methodischer Ausgangspunkt, jede Erklärung der Strukturgenese des internationalen Systems hat von dieser Lage auszugehen, markiert diese These den Eckstein aller Theoriegebäude im politischen Realismus[224]. Allerdings führt dieses historische Postulat zu einem weitgehend ahistorischen Verständnis von Geschichtsabläufen: Die Hobbes'sche Situation gilt zu jeder Zeit, geschichtliche Epochen werden lediglich als Variationen dieser prinzipiell gleichbleibenden Situationsdefinition aufgefasst. Geschichte schrumpft so zur Wiederholung des immer Gleichen. Neues, Individuelles und Kreatives oder Unwahrscheinliches, sei es ein Entwicklungssprung oder die Eigenart einer historischen Etappe, wird hier an die Peripherie des Erkenntnisinteresses gedrückt[225].

Diese basale Anarchie des internationalen Systems erzwingt im mer wieder Allianzen und Blockbildungen, um der fremden Bedrohung die ei-

---

223 Th. Hobbes : "homo homini lupus est", in: Vom Menschen, in: Vom Menschen – Vom Bürger. Eingeleitet und herausgegeben von Günter Gawlick. Hamburg 1966, S. 59.
224 K. Waltz 1979, S. 91, 105-107, 111, 118; H. Morgenthau 2006, S. 29; Mearsheimer 2001, S. 32.
225 A. Wendt rückt an dieser Stelle einerseits ein Stück weit ab von diesem Prinzip, in dem er die „Hobbesian Culture" geschichtlich begrenzt (bis 1648, Westfälischer Friede) und ihr die „Lockean and Kantian Culture" an die Seite stellt. Andererseits gelten alle drei geschichtliche Epochen als Variationen der anarchischen Grundsituation (A. Wendt 1999, S. 246-312). A.Watson ²2009 basiert seine „Evolution of International Society" auf einer Bandbreite zwischen anarchischen und hierarchischen Grundsituationen, S. xxviiif, wobei für das 18. Jahrhundert eine anarchische Grundsituation in Anschlag gebracht wird, S. 188, B. Buzan und R. Little 2000 folgen A. Watson in dieser Auffächerung des internationalen Systems zwischen Anarchie und Hierarchie (S. 7, 40f, 232, 339), merken aber an, dass Veränderungen der Situationsdefinition sich den dominanten Einheiten im internationalen System, sprich den Großmächten, verdanken (S. 7).

I – 2) Das Feld der Großmächte aus der Sicht des politischen Realismus

gene entgegenzusetzen und sich so gegenseitig in Schach zu halten, was im politischen Realismus oft als friedensfördernde Konsequenz gewürdigt wird. Es handelt sich um eine scheinbar gleiche Machtverteilung notiert unter dem zweiten Stichwort **„Balance of Power"**.

Der im Englischen gebräuchliche Terminus „Balance" geht dabei etwas weiter als der deutsche Begriff Gleichgewicht. Mag man bei Gleichgewicht noch an das Vorbild der Newton'schen Gravitationslehre mit seiner multipolaren Konzeption einer Vielzahl sich gegenseitig stabilisierender Zentren im Universum denken, der Begriff Balance evoziert darüber hinaus das Bild des Balancierens, nicht nur das Bild der Waage, sondern auch das Bild des Wägens, das genau zwei sich gegenüberstehende Zentren avisiert, und diese befinden sich – mathematisch berechenbar – in einem genau angebbaren Zustand wechselseitiger Stabilisierung. Eben darum geht es beim politischen Realismus, wenn er Blockbildung im internationalen Staatensystem konzeptualisiert. Egal also, ob es sich um eine einfache Balance zwischen zwei Großmächten handelt oder ob es sich um eine multipolare Balance handelt, um eine Mehrzahl von Großmächten, die sich auf genau zwei Seiten einfinden[226], es ist die immer wieder zu beobachtende Reduktion auf zwei sich gegenüber stehende Blöcke, die mit dem Bild des Wägens, mit dem Bild der Balance getroffen werden soll. Anarchie und Balance of Power lenken den Blick dann scheinbar wie von selbst auf die „Großmächte", als ihren Sitz im Leben der internationalen Beziehungen.

Der direkte Zugriff auf die Stellung des **Feldes der Großmächte** in den verschiedenen Theorieansätzen des politischen Realismus enttäuscht zunächst. Der Erkenntnisgewinn bleibt dürftig. So hat z. B. *H. Morgenthau* einerseits das Gesamt aller Staaten im Blick, wenn er von „international society" bzw. „international system" redet[227]. Andererseits greift er für konkrete Beispiele in aller Regel auf Großmachtkonstellationen zurück[228].

---

226 K. Waltz 1979, S. 163. Es handelt sich dabei um die im Fachbereich Internationale Beziehungen geläufige Unterscheidung zwischen „bipolar systems" und multipolar systems", sprich um Blöcke, die nur aus je einem, oder Blöcke, die aus mehreren Großmächten bestehen. K. Waltz schätzt die Stabilität eines bipolaren Blocks höher ein als multipolare Blöcke (K. Waltz 1979, S. 170-176), grundsätzlich handelt e sich aber um Typen der Strukturbildung des internationalen Systems, die als Variation der Balance of Power begriffen werden.
227 H. Morgenthau 2006, S. 184, 188, 205, 218.
228 H. Morgenthau 2006, vgl. das Kapitel Limitations of National Power. The Balance of Power, S. 177-231.

J. Mearsheimer und *J.S. Levy* konzentrieren sich ohne weiteres und ausschließlich auf die Großmächte[229]. *J.S. Levy* spricht sogar von den Großmächten als dominantem Subsystem des internationalen Systems, wobei offenbleibt wie das Verhältnis System – Subsystem zu verstehen wäre[230]. *K. Waltz* erkennt an, dass Großmächte den größten Einfluss auf internationale Politik besitzen, sie bestimmen damit auch die Situation aller anderen Staaten Darüberhinaus generiert nach *K. Waltz* die Interaktion zwischen den Großmächten die Struktur des internationalen Systems[231].

A. Watson und *R. Gilpin* konzentrieren sich wie *P. Kennedy* auf Hegemonialmächte. Mit diesem Blick auf die mächtigsten aller Großmächte geraten dann das Machtgefälle zwischen verschiedenen Großmächten einerseits und Groß- und Mittelmächten andererseits in den Blick. *A. Watson* z.B. kennt Typen von Machthierarchien wie „Dominion", „Suzerain", „Hegemony". Ein Ensemble unabhängiger Staaten ohne Machtgefälle in einer anarchischen Grundsituation stellt lediglich einen Ausnahmefall dar, auch wenn als ein Ausnahmefall die internationale Gesellschaft europäischer Staaten seit dem Westfälischen Frieden vorgestellt wird[232]. Ein Ensemble von Großmächten wird so von *A. Watson* historisch korrekt und anschaulich notiert, auch wenn das konzeptuelle Interesse einen anderen Schwerpunkt hat. *R. Gilpin* und *P. Kennedy* verfolgen eine endogene, auf

---

229 J. Mearsheimer 2001, Kapitel 2, Anarchy and the Struggle for Power, S. 29-54.
230 J.S. Levy 1983, Kapitel 2, The Modern Great Power System, S. 8-49, Großmächte als dominantes Subsystem des internationalen Systems, S. 9.
231 K. Waltz 1979, S. 72: „The theory, like the story, of international politics is written in terms of the great powers of an era. ... In international politics, as in any self-help-system, the units of greatest capability set the scene of action for others as well as for themselves. ss and the structure of a system is generated by the interactions of its principal parts. Theories that apply to self-help-systems are written in terms of the systems' principal parts. It would be as ridiculous to construct a theory of international politics based on Malaysia and Costa Rica .... The fate of all states ... are much more affected by the acts and the interactions of the major ones than of the minor ones."
De facto geht K. Waltz hier von einem Hierarchiegefälle innerhalb der Staatenwelt aus und rückt von seinem rein anarchischen Ansatz ab. Einige Seiten weiter gesteht er ein: „So long as the major states are the major actors, the structure of international politics is definded in terms of them. That theoretical statement is of course borne out in practice", (S. 94.).
B. Buzan und R. Little vertreten die nämliche Position, B. Buzan and R. Little 2000, S. 105.
232 A. Watson ²2009, S. xxvif und das Kapitel „WESTPHALIA. An anti-hegemonial commonwealth of states", S. 182-197.

I – 2) Das Feld der Großmächte aus der Sicht des politischen Realismus

die Entwicklung von Machtressourcen einzelner Staaten fixierte Perspektive, die deren Aufstieg und Fall zur Hegemonialmacht erklären soll[233].
H. Bull hat solche Unentschiedenheiten und Einseitigkeiten im Blick, wenn er das Machtgefälle zwischen dem Ensemble der Großmächte und Mittel- und Kleinmächten fokussiert, um immerhin nahezulegen, dass das Ensemble der Großmächte sich in seiner Struktur von dem Gesamt des Weltstaatengefüges als internationalem System unterscheidet. Damit nähert er sich als einziger der Erörterung des Machtgefälles als Systemgrenze[234] zwischen Großmächten und allen anderen Staaten. Thematisiert wird ihr Statusunterschied von Mittel-und Kleinmächten und ihre systemrelevante Stellung im Gefüge der internationalen Staatenwelt, meist kurz „das internationale System" genannt.

Da die meisten dieser Theorieansätze sich auf dieses internationale System als immer mitgedachten Hintergrund beziehen, richtet sich die Aufmerksamkeit auf die Genese von Strukturen eines Weltgefüges aller Staaten aus dem permanent präsenten anarchischen Urgrund[235] des internationalen Systems, der, von zwischenstaatlichen Ordnungsgebilden aller Art immer nur notdürftig bedeckt, sich wie ein schlafender Vulkan von Zeit zu Zeit eruptiv an die Oberfläche des politischen Geschehens katapultiert, um dann, kaum hat er seine Schneise politischer Verwüstung geschlagen, genauso plötzlich wieder von der Bildfläche zu verschwinden. Und doch lauert er permanent im Verborgenen, um plötzlich und unvorhergesehen sich selbst auf die Tagesordnung zu setzen und alle politischen Standards wieder in den Strudel der Anarchie zu versenken.

Diese politische Metaphysik des politischen Realismus erscheint zunächst als trostloses und düsteres Szenario. *J. Mearsheimer* hat es tragisch genannt, denn es drückt internationaler Politik den Stempel der Vergeblichkeit auf, das Odium des Sisyphos verdüstert die Sicht[236].

Und doch kann gerade der politische Realist diesem Szenario einen Hoffnungsschimmer entlocken. Mögen die beiden Blöcke gegenseitig sich immer wieder bedrohend gegenüberstehen, aus dritter Warte registriert der wissenschaftliche Beobachter doch eine Balance, die der gegenseitigen

---

233 R. Gilpin 1981, vgl. die Kapitel 4 und 5, S. 156-210; P. Kennedy 1989, S. 12f.
234 H. Bull 1977, S. 50, 206f.
235 K. Waltz 1979, S. 66, 89, 128, 161f; A. Watson ²2009, S. 178, 188, 206; J. Mearsheimer 2001, S. 334f; B. Buzan R. Little 2000, S. 339.
236 J. Mearsheimer, The Tragedy of Great Power Politics, 2001 New York – London, S. 3 und das Kapitel "Realism", S. 17-22.

Bedrohung die Schärfe nehmen kann. Diese Balance in der gegenseitigen Bedrohung wird aus der Sicht des wissenschaftlichen Beobachters gerade zum Garanten dafür, dass aus der Bedrohung kein Ernst wird, weil sie eben nicht nur gegenseitig ist, sondern auch: reziprok adäquat, gleichwertig. Die Balance stellt nämlich über die Gegenseitigkeit der Bedrohung hinaus auch die gleiche Verteilung des Machtpotentials fest (wie immer diese dann definiert werden mag). Auch wenn der politische Realismus daher mit dem Bild der Balance eine letztlich zwielichtige Szenerie präsentiert – Frieden durch gegenseitige Bedrohung –, er selbst reklamiert dabei aus übergeordneter Warte den positiven Teil der Botschaft für sich: So unvermeidlich die gegenseitige Bedrohung im internationalen Staatensystem auch sein mag, sie kann – jenseits von einfachem Optimismus und Pessimismus – doch auch den Lichtblick der Friedenswahrung durch zielgenaues Balancieren bieten. Dies die über sich selbst hinausweisende, an Politik und Gesellschaft gerichtete Botschaft des politischen Realismus als Wissenschaft[237].

I – 2.2) Dekonstruktion eines Theorems: Was die Balance of Power verbirgt.

Die bunte Vielfalt der eben skizzierten Ansätze kann sich leicht in die Beliebigkeit von Beschreibungen verlaufen, die dann eben verschiedene Aspekte des Ensembles der Großmächte als Institution im politischen Realismus thematisieren. Um dies zu vermeiden, soll im Folgenden nur auf einige beispielhafte Ansätze eingegangen werden, um das beschriebene, dem politischen Realismus zugrundliegende Struktursyndrom von Anarchie, Balance of Power und Ensemble der Großmächte auseinanderzulegen. Erst im Anschluss daran werde ich mich mit dem Klassiker des politischen Realismus von *Kenneth Waltz*, seinem Hauptwerk „Theory of International Politics", auseinandersetzen, da hier der Anspruch auf Geschlossenheit des Theorieansatzes die innere Brüchigkeit des Struktursyndroms nur umso klarer ins Licht rückt. Der Lichtblick zielgenauen Balancierens wird sich dabei in das Zwielicht einer sich gegenseitig stabilisierenden Bedrohungslage verwandeln. Das Theorem Balance of Power zerfällt darin in

---

237 K. Waltz 1979, S. 204f; A. Watson ²2009, S. 201, 206, 210; H. Morgenthau 2006, S. 186, 213, 224; J. Mearsheimer 2001, S. 329.

I – 2) Das Feld der Großmächte aus der Sicht des politischen Realismus

seine beiden Bestandteile, Konflikt und Feld, und die Anarchie gilt schlussendlich nur in bestimmten Situationen, in denen alle Beteiligten damit rechnen, dass alle Beteiligten damit rechnen, dass irgendjemand die Situation zu seinem Vorteil und zum Nachteil aller anderen nutzt. Ich nenne dies eine Lage, günstig für den einen wie für den anderen bedrohlich. Sie wird allein schon durch ihr Eintreten zum Handlungsimpuls (vgl. Teil III, Kapitel 2.2). Die Resultate des ersten Kapitels, also dessen, was die frühneuzeitliche Geschichtswissenschaft zum Thema beizutragen hat, fließen als Kriterien mit ein.

Im Zentrum steht eine Offenlegung, ein analytisches Auseinanderziehen zweier im Begriff der Balance of Power schon enthaltener Institutionen, des Konflikts und des Feldes der Großmächte[238].

Der politische Realismus richtet sein Augenmerk auf eine internationale Welt von Konflikten. Und doch kommt der Konflikt darin immer nur uneigentlich vor[239]. Der eben geschilderte Denkansatz bringt es nämlich mit sich, dass er den Konflikt auf eine Weise thematisiert, die ihn sogleich wieder verdeckt: er balanciert ihn und verharmlost ihn damit. Seine gewalttätige und destruktive Seite wird theoretisch entschärft und verkannt. Sie erscheint dann unter der Perspektive einer Balance of Power domestiziert und wissenschaftlich wie politisch kontrollierbar. Durch die Sonderung von Konflikt und Feld der Großmächte aus dem Theorem Balance of Power werden Phänomene wie Blockbildung, Allianz, Feindbilder, u.a.m nicht mehr der Struktur des Feldes untergeschoben, sondern müssen als Aspekte des Konflikts zum Feld der Großmächte noch einmal in Beziehung gesetzt werden.

Vorweg deshalb ein Blick auf die einzuschlagende Argumentationsrichtung. Nach einer detaillierten Erörterung der bei Anarchie und Balance of Power mitlaufenden Assoziationen und Konsequenzen innerhalb des politischen Realismus (*J. Herz, St. Walt, H. Bull u.a.*), konzentriere ich mich auf die Auseinandersetzung mit dem Klassiker des politischen Realismus, *K. Waltz*. Aus den für den politischen Realismus repräsentativen Brüchen seines Theoriekonzepts lassen sich Konflikt und Feld jargon-entschlackt und argumentativ klar herauslösen. Am Ende dieses Kapitels steht folgen-

---

238 Ich verwende den Begriff der Institution hier in dem weiten Sinn eines Ergebnisses von Habitualisierung, vgl. P.L. Berger / Th. Luckmann, Die gesellschaftliche Konstruktion der Wirklichkeit 1980, S. 62.
239 H. Morgenthau 1948, S. xviii; J. Mearsheimer 2001, S. 5; K. Waltz 1979, S. 102, 167-170.

de Rekonstruktion der Begriffstrias von Anarchie, Balance of Power und Ensemble der Großmächte:

Die in Wissenschaft und Politik zu kategorialen Ehren gekommene Metapher von der Balance of Power erscheint aufgelöst in ihre beiden Bestandteile: in Konflikt und Feld. Im Rahmen dieser Arbeit: in den Konflikt zwischen Großmächten und in das Feld der Großmächte (der Begriff des Feldes markiert dabei die Abgrenzung zum allseits verwendeten Systembegriff, siehe Teil II). Dem Begriff der Anarchie wurde von *St. Walt* und *H. Bull* seine Grundlagenbedeutung abgesprochen. Aus ihrer Argumentation und der Rekonstruktion von Konflikt und Feld ergibt sich, dass eine Lagedefinition wie Anarchie lediglich strukturabhängig gelten kann[240], also nicht für alle politischen Räume und Zeiten gleiche Gültigkeit zu beanspruchen vermag. Dies trifft sich mit der Erkenntnis aus dem ersten Kapitel, dass sich der Großmachthabitus nur zu bestimmten, günstigen Gelegenheiten, der „conjoncture favorable" aktualisiert. Dafür steht der allgemeine Begriff der Lage, bzw. als anarchieähnliche Situationsdefinition: die Bedrohungslage.

I – 2.3) Die verborgenen Fallstricke des Struktursyndroms von Anarchie, Balance of Power und dem Ensemble der Großmächte

Der politische Realismus kennt verschiedene Wege zu Strukturerkenntnis und Theorieaufbau. Jeder muss aber erklären, wie und warum es in einer anarchischen Grundsituation überhaupt zu Strukturaufbau kommen kann. Legt nicht das strikte Beharren auf dem Eigeninteresse und dem Misstrauen allen andere gegenüber nahe, gerade dies für unmöglich zu halten? Setzt sozialer Strukturaufbau nicht die Entstehung von Gemeinsamkeiten voraus, die Kompromisse gerade beim Eigeninteresse erfordern und damit das wenn auch nur partielle Abrücken vom Eigeninteresse zum Ausgangspunkt des Strukturaufbaus erklären? Der politische Realismus geht diesen Weg nicht, sondern will den Strukturaufbau direkt aus der strikten Verfolgung des Eigeninteresses, aus der anarchischen Grundsituation erklären.

---

240 Das heißt in der Konsequenz, dass natürlich auch für Konflikte eigene Lagen gelten. Wo immer aber vom Ensemble der Großmächte und einem Konflikt zwischen ihnen die Rede ist, hat man deshalb von mindestens zwei typischerweise unterschiedlichen Lagen auszugehen und das hat eine prinzipielle, typische Uneindeutigkeit für Handlungsalternativen zur Folge.

I – 2) Das Feld der Großmächte aus der Sicht des politischen Realismus

Die folgenreichste und von vielen prominenten Köpfen des Realismus vertretene Antwort darauf findet sich im Schlüsselbegriff der **Balance of Power**. Den allen gemeinsamen Grundgedanken hat *J. Herz* in seiner Beschreibung des sog. „Security Dilemma" herausgearbeitet:

> „Wherever such anarchic society has existed – and it has existed in most periods of known history on some level – there has arisen what may be called the „security dilemma" of men, or groups or their leaders. Groups or individuals living in such a constellation must be, and usually are, concerned about their security from being attacked, subjected, dominated, or annihilated by other groups and individuals. Striving to attain security from such attack, they are driven to acquire more and more power in order to escape the impact of the power of others. … Since none can ever feel entirely secure in such a world of competing units, power competition ensues, and the vicious cycle of security and power accumulation is on"[241].

J. Herz erklärt hier, warum die anarchische Grundsituation alle Beteiligten in den Teufelskreis des Machterwerbs führt, in einen Wettbewerb um immer mehr Macht, der prinzipiell keine Grenzen kennt. Der Versuch, das eigene Sicherheitsbedürfnis qua Machterwerb zu befriedigen, schafft beim Gegenüber gerade das Maß an größerer Unsicherheit, das das Schwungrad der endlosen Machtakkumulation am Laufen hält[242].

Die Balance of Power fokussiert dabei einen bestimmten Moment dieser Bewegung: den Augenblick, an dem in diesem Wettbewerb für einen Moment ein Gleichstand der Macht erreicht ist. Mag er für den einen mehr Sicherheit bringen, für den anderen dagegen das Risiko erhöhen: die Mächte halten sich die Waage. Insoweit ergibt sich mit Blick auf den Wettbewerb hier eine Parallele zudem, was im 1. Kapitel zum Monopolmechanismus als Situation permanenter Konkurrenz von *N. Elias* herausgearbeitet worden ist.

Schauen wir genauer hin: Der Begriff setzt für den Beobachter eine Situation des beiderseitigen Ausgleichs ins Bild, die allerdings nach dem Selbstverständnis der Beteiligten und der auch für den Beobachter einsichtigen Situationslogik nur einer Seite, der bis dato schwächeren, als Ausgleich erscheinen kann, der anderen, bislang Stärkeren dagegen als vergrößertes Risiko. Würden beide Seiten den Ausgleich als solchen begreifen,

---

241 John H. Herz, 1950, S. 157.
242 Vgl. Die Zitation von J. Herz und die Aufnahme bei anderen Autoren des politischen Realismus: K. Waltz 1979, S. 102, 186; A. Watson ²2009, S. 201; J. Mearsheimer 2001, S. 3, 35f; aber sinngemäß auch schon bei H. Morgenthau 2006 (1. Aufl. 1948), S. 198.

Teil I Einführung: Die Perspektive von Geschichtswissenschaft und Politologie

käme ja das Schwungrad zum Erliegen, die anarchische Situation wäre aufgehoben und dem Sicherheitsbedürfnis wäre Genüge getan. Damit beides gelten kann, anarchische Situation und als eines ihrer Momente das Gleichgewicht der Mächte, wird dieser eben geschilderte ständige Perspektivwechsel zwischen externem Beobachter, der einen Ausgleich feststellen kann, und dem Beteiligten, der das größere Risiko realisiert, permanent vollzogen und gleichzeitig rhetorisch verwischt. Typisch ist etwa die Aussage, dass ein Gleichgewicht der Mächte natürlich nie genau, sondern immer nur ungefähr und annäherungsweise festzustellen sei. Der Status dieser Behauptung bleibt dann zwar ebenso unklar, aber genau in diese neblige Lücke wird dabei der Machtunterschied gesetzt, der das Sicherheitsdilemma und damit die anarchische Grundsituation gegen eine Machtbalance aufrechterhält[243], die eine weitere Machtakkumulation aus einem dann ja befriedigten Sicherheitsbedürfnis heraus nicht mehr nötig hätte. Auch diese Verwischung des Perspektivwechsels ist vielen Entwürfen des Realismus gemeinsam. Diese Entwürfe postulieren das Gleichgewicht der Mächte als notwendige Strukturentwicklung aus der anarchischen Grundsituation und gehen gleichzeitig davon aus, dass es wieder zu Fall gebracht wird[244]. So hat man eben beides: Das Gleichgewicht wird immer wieder erreicht und das Schwungrad der permanenten Machtakkumulation fungiert als Perpetuum mobile des politischen Realismus.

Diese Kritik setzt auch hier die Unterscheidung von Beobachtung erster und zweiter Ordnung voraus. Der externe Beobachter (Beobachtung zwei-

---

243 z.B. schon J.J. Rousseau, 1927 (1761), S. 27ff, 31; aber auch K. Waltz 1979, S. 122, 124; A. Watson ²2009, S. 198, 201; H. Morgenthau 2006 (7. Aufl.), S. 186, 218f; R. Gilpin 1981, S. 9, 92, 121, 235; J.S. Levy 1983, S. 20, 39, 120; H. Bull 1977, S. 102.

244 K. Waltz 1979, S. 118, 128. Lediglich J. Mearsheimer ist an dieser Stelle konsequent. Er postuliert den jeder Großmacht inhärenten Drang nach Hegemonie, so dass die Balance aus Sicherheitsgründen nur von der Großmachten gesucht wird, die sich gerade im Nachteil befindet und sich von der Balance eine Verbesserung der eigenen Situation erhofft (J. Mearsheimer 2001, S. 3, 34-37) Das ist theoretisch in sich schlüssig, in Bezug auf das 18. Jahrhundert aber so nicht zu halten. Nach geschichtswissenschaftlicher Auskunft war Frankreich die letzte Großmacht, die im 18. Jahrhundert nach Hegemonie strebte. Der Konkurrenzkampf um die nur einmal zu vergebende Spitzenstellung (Hegemonie, siehe J. Mearsheimer eigene Definition S. 40) wurde im Absolutismus schließlich abgebrochen und führte zu einer gegenseitigen Anerkennung der Großmächte als Großmächte (vgl. A. Watson 2009, S. 198. J. Burkhardt 1997, S. 526-530, R. Gilpin 1981, S. 121, 147).

I – 2) Das Feld der Großmächte aus der Sicht des politischen Realismus

ter Ordnung) muss notwendig eine andere Situationsauffassung haben, als die an ihr Beteiligten (die Beobachter erster Ordnung). Allerdings hätte auch der externe (z.b. wissenschaftliche) Beobachter diese andere Situationsauffassung nur im direkten Zugriff. Würde er die von ihm aus ja rekonstruierbare Situationsauffassung der beteiligten Parteien berücksichtigen, wäre diese Differenz für ihn selber im Rückschluss einsichtig.

Stephen Walt, aus dem Lager des politischen Realismus, hält gegen diese Annahme einer permanenten anarchischen Grundsituation: Nicht jeder Staat kann jedes Staat Feind sein, weder im Gesamt aller Staaten noch in der kleinen Gruppe von Großmächten, lautet der Einwand. Und so hat er Kriterien entwickelt, die für Bedrohungsfähigkeit bedeutsam sind: Räumliche Nähe, kumulierte Macht, offensive Fähigkeiten und offensive Intentionen[245]. Daran wird deutlich, dass auch unter Mächten mit gleicher Machtbasis nicht notwendig ein Sicherheitsdilemma bestehen muss. Weder der Konflikt noch die Machtakkumulation ergeben sich zwangsläufig, andere Bedingungen müssen vielmehr hinzutreten. Damit entzieht *St. Walt* der Behauptung den Boden, dass sich eine Balance of Power notwendig aus der anarchischen Grundsituation ergeben müsse. Vielmehr sind für ihn anarchische Grundsituation und Balance of Power unabhängige Variable. Auch wenn *St. Walt* so den grundlegenden Zusammenhang von Anarchie und Balance of Power für das internationale System im politischen Realismus bestreitet, an der Balance of Power als analytisch bedeutsamer Kategorie, bei *St. Walt* Balance of World Power[246], hält er fest.

Warum erliegt der politische Realismus bis heute trotzdem immer wieder der Faszination dieses Bildes aus der mechanistischen Kosmologie des 18. Jahrhunderts?

Interne Widersprüche im Konzept und Kritik der Bedingungen von tatsächlich gegebener Bedrohung zeigen: Balance of Power und anarchische Situationsdefinition lassen sich – wie gezeigt – nur unter einem Verlust an Kohärenz in ein schlüssiges Theoriekonzept pressen. Dennoch bietet das Bild vom Gleichgewicht die Möglichkeit, aus einer als gegeben angenommenen anarchischen Grundsituation einen dafür typischen Strukturaufbau zu plausibilisieren: In der Balance of Power handelten ja alle Beteiligten

---

245 Stephen Walt 1985, S. 9.
246 Stephen Walt 1985, der Titel: "Alliance Formation and the Balance of World Power".

Teil I Einführung: Die Perspektive von Geschichtswissenschaft und Politologie

aus Eigeninteresse, so die These. Deshalb scheint die kontinuierliche Verfolgung des Eigeninteresses direkt von der Anarchie in die Balance of Power zu führen. Kurz: das internationale System soll qua anarchischer Grundsituation und Balance of Power als autopoetisches, als sich selbst hervorbringendes und regulierendes System vorgestellt werden[247]. Die Unsichtbare Hand der internationalen Beziehungen formt aus der konsequenten Verfolgung des Eigeninteresses jedes Staates die Struktur des internationalen Systems. Die Behauptung der Genese eines Gleichgewichts der Mächte hat dabei die Beweislast zu tragen. Sie dient in diesem Fall dazu, die Autonomie des internationalen Systems als sozialem Sachverhalt aus eigenem Recht zu belegen und seine Genese aus einer anarchischen Grundsituation nachzuvollziehen. Zudem bot und bietet die Aufgabe, zielgenaues Balancieren als Politikziel zu formulieren, vorgetragen im Gestus der realistischen Einsicht in die Eigenbewegung des internationalen Systems, gerade amerikanischen Politikwissenschaftlern aus der Schule des politischen Realismus (E. Carr (Großbritannien), H. Morgenthau, E. Brzezinski, H. Kissinger, C. Rice) die verheißungsvolle Aussicht, aus einsichtsvoller Warte als Politikberater oder sogar Minister zu fungieren[248].

Sucht der politische Realismus nach Belegen für die geschilderte Konstellation, wird in aller Regel auf das **Ensemble der Großmächte** verwiesen. Dies hat historische wie systematische Gründe.

Die Rede vom Gleichgewicht der Mächte wurzelt in den internationalen Beziehungen der Großmächte zur Zeit des Absolutismus. Am Vorbild der heute klassischen Mechanik Isaac Newtons und seiner Theorie der Gravitation mit der Vorstellung sich gegenseitig stabilisierender Anziehungskräfte, einem Gleichgewicht gegenseitiger multipolarer Anziehung, hat sich der politische wie analytische Schlüsselbegriff im 18. Jahrhundert etabliert[249] und bis heute nichts an Anziehungskraft für politologische Theoriebildungen eingebüßt. Das Ideal der gegenseitigen Stabilisierung eines durch Gravitation garantierten Gleichgewichts, aber auch das der Messbarkeit physikalischer Kräfte übertrug sich leicht in die politische Arena innerstaatlicher und internationaler Beziehungen. Man hoffte, durch

---

247 K. Waltz 1979, S. 118f, 121f, 125; H. Morgenthau 2006, S. 180; J. Mearsheimer 2001, S. 35; A. Wendt 1999, S. 64, 73f.
248 Containmentpolitik hieß es im Kalten Krieg, vgl. G. Kennan, Memoiren eines Diplomaten 1982, S. 257, 365, 367, 380.
249 L.W. Beck, 1966, S. 4f, 14; H. Duchhardt 1997, S. 11f; M. Sheehan 1996, S. 46ff; K. Kluxen 1978, S. 42-44; A. Watson ²2009, S. 200; H. Morgenthau 2006, S. 214.

I – 2) Das Feld der Großmächte aus der Sicht des politischen Realismus

eine quantitative, messbare Auffassung von Macht ihre Struktur besser zu begreifen[250]. Im Vertrag von Utrecht (1713/14) fand der Begriff zudem erstmals Eingang in einen Vertragstext, wurde damit Teil der politischen Eindämmungsstrategie Großbritanniens gegenüber dem französischen Feind[251], diente so zur Rechtfertigung und Bemäntelung der weitgespannten Intentionen Großbritanniens und wurde zum beliebten Schlüsselbegriff, um ganz allgemein offensiv vertretenes Eigeninteresse im internationalen Kontext zu legitimieren – mit dem ja dann gerade der Strukturaufbau des internationalen Systems voran getrieben würde.

Systematisch gesehen vollzieht die Theoriebildung im politischen Realismus mit der Konzentration auf die Großmächte eine **stillschweigende Korrektur ihrer Grundannahmen**. Das Sicherheitsdilemma trifft nicht mehr uneingeschränkt zu, die Balance of Power wird auf die Großmächte eingeschränkt, weil man meint, das beschriebene Sicherheitsdilemma vor allem dort beobachten zu können. Deshalb konzentriert sich das Interesse der empirischen Verifizierung von Anarchie und Balance of Power auf das Ensemble der Großmächte. Diese Verengung der Perspektive zieht Folgekosten an anderer Stelle nach sich. *Hedley Bull* hat darauf aufmerksam gemacht.

Die prinzipielle Situationsdefinition des Realismus für das internationale System, die Gleichartigkeit der Bedrohung aller Staaten durch alle Staaten, sprich die anarchische Grundsituation, ist nach *H. Bull* schon allein durch die Tatsache nicht gegeben, dass Großmächte sich durch Mittelmächte nicht bedroht fühlen müssen, eben das wird ja durch den erwähnten Begriffsunterschied signalisiert. Mittel- und Kleinmächte aber müssen sich vor allem durch Großmächte und dann erst eventuell auch durch ihres gleichen bedroht fühlen[252]. Das Sicherheitsdilemma, das doch zur Struktur eines Gleichgewichts der Mächte führen sollte, ist damit einseitig und der Wettbewerb um Machtzuwachs kommt gar nicht erst in Gang: Geht die anarchische Situation noch von einer prinzipiellen Machtgleichheit aller Staaten aus, die das Schwungrad der Machtakkumulation in einem als permanent vorgestellten Urzustand am Laufen hält, gerät mit dem Thema

---

250 M.S. Anderson 1970, S. 184f; K. Kluxen 1978, S. 54f. Zum Ideal der Messbarkeit vgl. „Vermessen, Zählen, Berechnen. Die politische Ordnung des Raumes im 18. Jahrhundert, L. Behrisch (Hg.) 2006 mit vielen Einzelbeispielen, A. Watson ²2009, S. 200.
251 H. Duchhardt 1976, S. 68f.
252 H. Bull 1977, S. 50.

Großmacht das Machtgefälle unter den Staaten in den Blick. Dieses Machtgefälle wird als Eigenschaft, als quantifizierbare Machtressource vorgestellt. So kommt es lediglich zu einer Verengung der Perspektive. Nicht das Gleichgewicht der Mächte, sondern das Gleichgewicht der Großmächte rückt in den Blick.

Hedley Bull erörtert diese Machtabstufung. Dazu schwächt er konsequent den Anarchiebegriff ab[253]. Auch wenn Staaten eine permanente Bedrohungsfähigkeit gegeneinander auch in Friedenszeiten aufrechterhalten – aus Sicht des klassischen Realismus das entscheidende Charakteristikum für die prinzipielle anarchische Situation des internationalen Systems – gibt es gleichwohl Ordnungsmerkmale darin, die sich nicht lediglich als Folge der anarchischen Situation verstehen lassen. *H. Bull* nennt Völkerrecht, Diplomatie und vor allem aber: das Ensemble der Großmächte. Gerade die Tatsache einer Gruppe von Großmächten weist auf eine Differenzierung des Beziehungsgefüges hin, die den Zustand einfacher allgemeiner Anarchie in eine Rangfolge von Gefährdungslagen stuft und dadurch verschiedene, typische Situationsdefinitionen schafft. Da Großmächte alle anderen Mächte außer ihres gleichen dominieren, also außerhalb des Feldes der Großmächte ein Zustand permanenter Dominanz durch das Machtgefälle Großmacht – Mittelmacht – Kleinmacht herrscht, ist es für *H. Bull* klar, dass nur Großmächte untereinander sich in der Position befinden, die jeweils anderen Großmächte nicht dominieren zu können[254].

Deshalb wäre es nach *H. Bull* konsequent, das so verstandene Gleichgewicht der Mächte samt anarchischer Grundsituation als ein Strukturgefüge der Großmächte zu begreifen. Mit der Auffächerung von Gefährdungslagen durch den Dominanzbegriff könnte er das so verstandene Gleichgewicht der Mächte an die oberste Stelle der Dominanzhierarchie setzen und es dann, so würde man erwarten, als Strukturgefüge des Feldes der Großmächte fassen. H. Bull legt dies nahe, formuliert es aber so nicht.

Einerseits ist dies realistisch. Was unter dem Gesichtspunkt der Gleichgewichtsthematik erörtert wird, betrifft im Wesentlichen die Großmächte. Andererseits wird so ein prinzipielles Problem der Theoriebildung im politischen Realismus ausgeblendet. Weder gerät die Grenze des internationalen Systems in den Blick, und die Frage wird umgangen, wie denn ein System ohne angebbare Grenzen festzustellen wäre[255], noch wird das

---

253 Vgl. H. Bull 1977, das Kapitel „The Anarchical Society", S. 46-51.
254 H. Bull 1977, S. 206-208.
255 E.V. Gulick 1955, S. 8-19; A. Watson ²2009, S. 13f; J. Mearsheimer 2001, S. 3.

I – 2) Das Feld der Großmächte aus der Sicht des politischen Realismus

Machtgefälle zwischen Großmächten und Mittel- bzw. Kleinmächten zum Anlass genommen, um zu fragen, ob auch hier etwa eine Systemgrenze vorliegt. Die begriffliche Disposition „groß" „mittel" und „klein" verführt dazu, hier lediglich an ein Mehr oder Weniger, an eine quantitative Differenz, und nicht auch an einen qualitativen Sprung zu denken[256]. Macht wird hier wie im politischen Realismus überhaupt als Ressource aber nicht als eine Grenze im internationalen System verstanden.

Bis hierher kann festgehalten werden: Der Mangel an Kohärenz zwischen Anarchiebegriff und Balance of Power zeigt sich am stillschweigend vollzogenen Perspektivwechsel. Beobachtung erster und zweiter Ordnung gehen ineinander über, damit Gleichgewicht und Anarchie gleichzeitig gelten können. Können sie auch ins Verhältnis gesetzt werden, wenn man beide Perspektiven und beide Begriffe trennt, wie *St. Walt* es vorschlägt? Wie nähmen sich Anarchie und Gleichgewicht aus einer Perspektive zweiter Ordnung aus, wenn also beobachtet wird, dass das, was für den einen der Ausgleich für den anderen das vergrößerte Risiko darstellt? Diese Frage bleibt bestehen, auch wenn sich die Perspektive auf die Großmächte verengt. Dazu kommt allerdings die Frage nach dem Charakter der Grenze, die durch das Machtgefälle zwischen Großmächten einerseits und Mittel- und Kleinmächten andererseits bezeichnet ist. Nachdem im ersten Kapitel Ausgeführten kann Macht nicht einfach als Akkumulation von Basisressourcen aufgefasst werden. Dafür steht der kompensatorische Charakter des Großmachtstatus, der die Unzulänglichkeit der Kenntnis von Basisressourcen bei den am Feld beteiligten Großmächten durch die Zurechnung des Status infolge eines gewonnenen Krieges gegen eine Großmacht voraussetzt. Preußen war ja als Mittelmacht mit seinen Ressourcen zur Großmacht geworden. Die Frage bleibt also, wie die Grenze des Feldes der Großmächte als Machtgefälle zu verstehen ist (siehe dazu Teil III, Kap.4).

In Auseinandersetzung mit der Theorie von *Kenneth Waltz'* „Theory of International Politics" muss noch ein Schritt über die bisherigen Beobachtungen hinausgegangen werden. Die Ansprüche an eine in sich konsistente

---

256 So K. Waltz 1979, der die Machtunterschiede zwischen einzelnen Staaten quantitativ begreift. Er unterscheidet nach der Verteilung von Machtressourcen (distribution of capabilities), und zwar intern nach ökonomischer Stabilität, militärischer Stärke und kluge Strategien und extern das Spiel von Allianzen und Gegenallianzen S. 118. vgl. auch S. 97-101, 131. Messbarkeit soll dann hergestellt werden durch den empirischen Vergleich der Staaten untereinander.

Teil I Einführung: Die Perspektive von Geschichtswissenschaft und Politologie

Theorie der internationalen Beziehungen sind wohl kein zweites Mal so hoch gesetzt worden und nirgends sonst so klar herausgearbeitet worden wie in diesem Theorieansatz. Diese begriffliche und argumentative Klarheit bietet eine solide Basis für eine Auseinandersetzung, die auf eine Dekonstruktion der Begriffstrias von Anarchie, Balance of Power und dem internationalem System zielt, um ihr anschließend eine Rekonstruktion der beiden darin verdeckt enthaltenen Institutionen Konflikt und Feld der Großmächte folgen zu lassen.

I – 2.4) Die Bedeutung des prinzipiellen Bruchs in der Theorie von K. Waltz für das Verständnis des Ensembles der Großmächte

Kenneth Waltz' Theory of International Politics ist der Klassiker des politischen Realismus. Über das für den politischen Realismus typische Theoriedesign hinaus, gilt die prinzipielle Auseinandersetzung von *K. Waltz* den von ihm sogenannten „reduktionistischen" Theorieansätzen[257]. Solche Ansätze können das Thema des Fachs „Internationale Beziehungen" nach K. Waltz nicht erfassen, da sie alle relevanten Ereignisse auf nur einen Faktor reduzieren: Die Strukturen werden durch Rekurs auf die zugrundeliegenden Einheiten, auf die Staaten zurückgeführt. Damit wird aber die Unabhängigkeit der Strukturen ausgeblendet. Jedes System besteht nach K. Waltz aus Strukturen und Einheiten, die analytisch unabhängig voneinander zu verstehen sind. Strukturen können nicht völlig aus Einheiten erklärt werden, sowie Einheiten nicht einfach aus Strukturen entstehen[258]. Ein Beispiel: Würden Internationale Beziehungen mit dem Gesamt der Außenpolitik verschiedener Staaten gleichgesetzt, hätte man die Strukturen des internationalen Systems auf ihre Einheiten, auf die beteiligten Staaten zurückgeführt. Systemzwänge, die den Staaten und ihrer Außenpolitik selbst einen Praxisrahmen, eine Situationsdefinition vorgeben, bleiben außen vor[259]. Reduktionismus hieße in diesem Fall: Interessenpolitik von Staaten als Letztbegründung für Internationale Beziehungen aufzufassen.

So begonnen, muss *K. Waltz* diesem Reduktionismus seinen Realismus entgegensetzen, das heißt: er muss auf der Eigenständigkeit der

---

[257] K. Waltz 1979, das Kapitel 2 „Reductionist Theories", S. 18-37, und das Kapitel 4 „Reductionist Theories and Systemic Theories", S. 60-78.
[258] K. Waltz 1979, S. 40, 60, 65, 69, 79.
[259] K. Waltz 1979, S. 39, 65.

Strukturen des internationalen Systems als sozialem Sachverhalt aus eigenem Recht bestehen gegenüber den analytisch zu sondernden Einheiten (Staaten) des gleichen Systems.

Für diese Eigenständigkeit steht der oben skizzierte Zusammenhang von Anarchie als immer währender Ursituation aller internationaler Beziehungen und der einen daraus notwendig erwachsenden Struktur, der Balance of Power[260]. Diese Autopoiesis des internationalen Systems soll demzufolge garantieren, dass den am internationalen System beteiligten Staaten die Balance of Power ihrerseits wieder als Strukturzwang gegenübertritt, der ihre Handlungsmöglichkeiten qua Situationsdefinition eingrenzt[261].

Soweit der Ansatz und damit der Anspruch, wie ihn *K. Waltz* in den Kapiteln 2 und 4 seines Hauptwerkes formuliert. Beobachten allerdings kann *K. Waltz* lediglich folgendes: Den Strukturzwängen der Balance of Power sind in der Regel nicht das gesamte internationale System, sondern vor allem die Großmächte ausgesetzt. Und: Die Balance of Power fungiert de facto nicht als Strukturprinzip des Ensembles der Großmächte. Es kommt vielmehr auf die Machtressourcen der Großmächte an. Ihre Umverteilung führt ebenfalls zu einer Veränderung des Strukturprinzips:

„International structures vary only through a change of organizing principle or, failing that, through variations in the capabilities of units. Nevertheless I shall discuss these like units here, because it is by their interactions that international-political structures are generated."[262]

---

260 K. Waltz 1979, S. 66, 89, 125, 161. Siehe auch H. Morgenthau 2006, S. 198.
261 K.Waltz 1979, S. 71, 122; So auch z.B. A. Watson ²2009, S. 202; H. Morgenthau 2006, S. 179f. J. Mearsheimer formuliert hier vorsichtiger: „ Human nature realists recognize that international anarchy – the absence of a governing authority over the great powers – causes states to worry about the balance of power. But that structural constraint is treated as a second-order cause of state behavior. The principal driving force in international politics is the will to power inherent in every state in the system, and it pushes each of them to strive for supremacy.". Mearsheimer bewegt sich hier im strukturellen Grundgefüge des politischen Realismus, sieht sich aber durch seine Betonung des Hegemoniestrebens der Großmächte gezwungen, das Ordnungsprinzip Balance of power auf den zweiten Platz verweisen. (J. Mearsheimer 2001, S. 19, siehe auch S. 39).
262 K. Waltz 1979, S. 93, 131.
Oder auch einfach unklar: „We ask what range of expectations arises merely from looking at the type of order that prevails among them and at the distribution of capabilities within that order." S. 99. Welche Machtressourcen lassen sich denn le-

Teil I Einführung: Die Perspektive von Geschichtswissenschaft und Politologie

Und hier kommt es zum Bruch in der gesamten Theorieanlage. Sie manifestiert sich in zwei Worten: „failing that" Das heißt: Fällt die Balance of Power als Strukturprinzip aus, sind die Ressourcen der Staaten für die Genese der Struktur verantwortlich. Was im ersten Teil seiner Theorie noch als Reduktionismus gebrandmarkt wurde, bringt *K. Waltz* selbst wieder ins Spiel. Wenn das Strukturprinzip des internationalen Staatensystems, die Balance of Power, nicht für die Genese der Systemstruktur verantwortlich zeichnet, warum sollte sie dann als Strukturprinzip gelten? In der Tat konzentriert sich *K. Waltz* bei der Frage danach, wie die Struktur des internationalen Staatensystems entsteht auf die Machtressourcen (capabilities) der einzelnen Staaten[263], tappt damit aber in die Falle des Reduktionismus, vor der er in den vorangehenden Kapiteln selbst gewarnt hat. Das System lediglich aus seinen Einheiten herzuleiten, ohne die Strukturen zu berücksichtigen, die deren Ordnungsprinzip konstituieren, das ist ja nach *K. Waltz* die Sünde wider den politischen Realismus, die den optimistischen wie den pessimistischen, auf jeden Fall aber die Autonomie des in Frage stehenden Themas verfehlenden Theorieansätzen Tür und Tor öffnet. Wie kommt *K. Waltz* zu diesem Bruch, warum stellt er in Frage, was eben noch als seine Bastion gegen den Reduktionismus galt?[264]

---

    diglich mit Hilfe des Maßstabs der Balance of Power bestimmen, und wie kann Balance of Power als Maßstab für Machtressourcen gelten?

263 K. Waltz 1979, S. 97-99, 109, 131, 133. So z.B. auch J. Mearsheimer 2001, S. 55ff, 63. Da sein Entwurf weniger auf Stringenz der Theorie bedacht ist als auf historische Plausibilität in Bezug auf das 19. und 20. Jahrhundert, wird auch weniger offensichtlich, dass sein Systembegriff eher assoziativ als strukturell angelegt ist. Aber auch J.S. Levy 1983, S. 16f. A. Wendt (1999) kritisiert richtig, dass damit eine Konzeptualisierung von Struktur unmöglich wird. S. 97.

264 Diese letztendliche Konzentration auf die Machtressourcen teilt K. Waltz mit allen Autoren im politischen Realismus. Soweit ich sehe, hat nur A. Wendt hier einen weiterführenden Vorschlag gemacht. Social Theory of International Politics (1999) heißt das Hauptwerk und bietet einen sog. konstruktivistischen Ansatz. Aus soziologischer Perspektive würde man es einen wissenssoziologischen Ansatz nennen: „ideas all the way down", so der Slogan (A. Wendt 1999, S. 92-138.). So wie Macht durch Interessen konstituiert wird, werden Interessen durch Ideen konstituiert. Ideen begründen so soziale Strukturen. Interessant dabei ist, dass er für den Eingang von Ideen in Interessen und Machtstrukturen die Konzeption G.H. Mead's von I und ME sowie die des Generalisierten Anderen heranzieht (A. Wendt 1999, S. 32f, 36, 264f, 273, 309). Auf diese Weise kann A. Wendt sowohl den Eingang von Ideen in Strukturen plausibel machen als auch die beiden Seiten eines Systems, so wie es K. Waltz versteht, miteinander in Beziehung setzen. Die Einheiten des Systems und dessen Struktur sind zwar analy-

I – 2) Das Feld der Großmächte aus der Sicht des politischen Realismus

Der vorgestellte Bruch folgt aus seiner problematischen Positionierung der Großmächte im internationalen System. *K. Waltz* sieht die historische Dimension des Theorems Balance of Power. Der Begriff gilt als ein Phänomen europäischer Großmachtpolitik seit dem Westfälischen Frieden[265]. Diese historische Einordnung bleibt aber folgenlos. Der Status einer Großmacht wird durch ihre Ressourcen bestimmt, so *K. Waltz*, durch Geographie und Bevölkerung, Wirtschaftskraft und Ressourcenausstattung, militärische Schlagkraft, politische Stabilität und Kompetenz[266]. *K. Waltz* beobachtet eine Bedeutung der Balance of Power für die Strukturen europäischer Großmachtpolitik[267], kann aber nicht ausmachen, dass der Strukturzwang, der von der Balance of Power als Strukturprinzip ausgehen müsste, den Status der Großmächte im System begründet oder in irgendeiner Weise qualifiziert. Also wird der Großmachtstatus auch von *K. Waltz* durch die Quantifizierung und Skalierung von Machtressourcen erfasst[268], eine wie schon bei *R. Gilpin* und *P. Kennedy* beobachtete rein endogene Argumentation. Diese Abstufung dient ihm zum de facto Ausschluss von Mittel- und Kleinmächten aus den „systemrelevanten" Einheiten (=Großmächte), ein Ausschluss, der über das Strukturprinzip der Balance of Power allein nicht zu erreichen wäre[269]. Er geht dann soweit, das interna-

---

tisch zu trennen werden aber in der Generalisierung des Anderen, in einer auch die agierende Einheit selbst betreffende Weise zur Struktur generalisiert, und dies dann als Strukturgenese aufgefasst. Ich werde diesen Ansatz in der methodischen Zwischenbetrachtung wiederaufnehmen.

265 K. Waltz 1979, S. 131.
266 K. Waltz 1979, S. 131.
267 K. Waltz 1979, S. 122.
268 K. Waltz 1979, S. 129ff (das Kapitel 7.1.1 „ Counting Poles and Measuring Power"). So auch J. Mearsheimer 2001, das Kapitel „Wealth and Power" S. 55-82, davor S. 5.
269 Typisch die Ausführungen dazu von K. Waltz 1979, S. 71:
„The theory, like the story, of international politics is written in terms of the great powers of an era. ... In international politics, as in any self-help-system, the units of greatest capability set the scene of action for others as well as for themselves. ... and the structure of a system is generated by the interactions of its principal parts. Theories that apply to self-help-systems are written in terms of the systems' principal parts. It would be as ridiculous to construct a theory of international politics based on Malaysia and Costa Rica .... The fate of all states ... are much more affected by the acts and the interactions of the major ones than of the minor ones."
De facto geht K. Waltz hier von einem Hierarchiegefälle innerhalb der Staatenwelt aus und rückt von seinem rein anarchischen Ansatz ab. Einige Seiten weiter

Teil I Einführung: Die Perspektive von Geschichtswissenschaft und Politologie

tionale Staatensystem auf die relevanten Einheiten zu beschränken und von einem „small-number system" zu sprechen. Mit „small number" ist die kleine Anzahl von Großmächten im Verhältnis zur großen Anzahl von Mittel- und Kleinmächten gemeint[270]. Die Grenzziehung des jetzt sogenannten „small-number system" gegenüber seiner Umwelt wird also über die Größe der zur Verfügung stehenden Machtressourcen begründet und nicht über das postulierte Strukturprinzip des Systems, die Balance of Power. *K. Waltz* konstatiert klar, dass es sich hier um eine „imbalance" zwischen Groß- und Mittel- bzw. Kleinmächten handelt.

Offensichtlich will *K. Waltz* hier eine Grenzziehung durch Ressourcenquantifizierung vornehmen, um die Balance of Power als Strukturprinzip zu erhalten, indem er sie auf die Großmächte bezieht. Da diesen aber ihr Großmachtstatus, also ihre Position im Ensemble der Großmächte, durch die Größe der ihnen zur Verfügung Ressourcen zukommt, gibt *K. Waltz* damit den Strukturzwang verloren, den dieses Strukturprinzip im „small-number system" auf alle Großmächte ausüben sollte, **dies der erste Grund für den Bruch. Die Art der Grenzziehung zwischen Groß- und Mittelmächten lässt die Balance of Power als Strukturprinzip ins Leere laufen. Balance of Power als Strukturprinzip des Ensembles der Großmächte und deren Statusbegründung durch ein bestimmtes Maß an Machtressourcen schließen sich aus.**

Bleibt die Frage, wie die Balance of Power nach *K. Waltz* dann auf das Ensemble der Großmächte wirken soll, wenn sie nicht als Strukturprinzip auszumachen ist. In welcher Weise nimmt sie Einfluss auf das Ensemble der Großmächte?

Im Prinzip einfach:

„The theory leads us to expect states to behave in ways that result in balances forming."[271]

---

gesteht er ein: „So long as the major states are the major actors, the structure of international politics is defined in terms of them. That theoretical statement is of course borne out in practice", (ebd. S. 94.) Und das heißt dann eben: Über die Logik des Zusammenhangs von Anarchie und Balance of Power nicht zu erreichen.

270 Vgl. K. Waltz 1979, S. 131f: „The logic of small number systems applies internationally because of the imbalance of capabilities between each of the few larger states (gemeint sind wohl "powers", der Autor) and the many smaller ones. This imbalance of power is a danger to weak states. It may also be a danger to strong ones.".

271 K. Waltz 1979, S. 125. So auch J. Mearsheimer 2001, S. 52f.

I – 2) Das Feld der Großmächte aus der Sicht des politischen Realismus

Dass Staaten sich zu „balances forming" finden, verdankt sich nach *K. Waltz* dem Einfluss der Balance of Power. Diese sorgt für die Stabilität unter den Großmächten dadurch, dass sie Staaten zu Allianzen und Blockbildung treibt. Danach zwingt der Selbsterhaltungstrieb in einer anarchischen Situation diese Staaten, sich gegen Gefahren zusammenzuschließen und Blöcke zur Selbstverteidigung zu bilden. Das internationale System vorausgesetzt, wird hier aus geschichtlich sich wiederholenden Strukturen wie Allianz- und Blockbildung in internationaler Politik auf die Balance of Power als Strukturprinzip geschlossen. So eingeführt sorgt dann im Umkehrschluss die Balance of Power für die Stabilität des internationalen Systems[272] als ihr Strukturprinzip.

Die Leitfrage der daran anschließenden Kapitel bei *K. Waltz* lautet: Welches internationale System hat die größte Stabilität? Und da es auf die Großmächte ankommt: Welches Großmachtsystem hat die größte Stabilität:

> „How do the problems of states, and the likely fate of their systems, change as the number of great powers varies? The number of great powers is always small, but not always the same. For the sake of stability, peacefulness, and the management of collective affairs, should we prefer some such number as ten, or five or what?"[273]

K. Waltz argumentiert, dass ein bipolares System die größte Stabilität aufweise, ein System aus lediglich zwei Großmächten, und stellt diesem multipolare, also Systeme aus mehreren Großmächten, als minder stabil gegenüber:

> „in a bipolar world uncertainty lessens and calculations are easier to make"[274]
> „In a self-help system, interdependence tends to losen as the number of parties declines, and as it does so the system becomes more orderly and peaceful."[275]

Da ist er, der Hoffnungsschimmer des politischen Realismus, der in der Konfrontation der Blockbildung durch die Balance of Power ein größeres Maß an Sicherheit und Berechenbarkeit erblickt und damit den Perspektivwechsel weg von der Perspektive der Konfrontation der Beteiligten hin zu einer Warte der gleichmäßigen Einsicht auf beiden Seiten in die stabilisie-

---

272 K. Waltz 1979, S. 122.
273 K. Waltz 1979, S. 124.
274 K. Waltz 1979, S. 168.
275 K. Waltz 1979, S. 138. Vgl. auch S. 161-170. Ebenso argumentiert J. Mearsheimer 2001, S. 44-46, 267.

rende Wirkung der Balance of Power voraussetzt. **Je eindeutiger die Blockbildung, je weniger geschwächt durch mehrere divergierende Großmachtinteressen auf beiden Seiten, je stabiler also das internationale System, desto größer die Friedfertigkeit der Kontrahenten,** so seine These zur Wirkung der Balance of Power im Ensemble der Großmächte.

Diese These von K. Waltz mischt Plausibles und Unplausibles. In der Tat kann man der Blockbildung sei es von einzelnen Großmächten oder Allianzen eine Stabilisierungswirkung nicht absprechen. Der Kalte Krieg in Europa war dafür ein eindrückliches Beispiel und der Nato-Doppelbeschluss folgte eben dieser Logik. Immer wieder in der Geschichte der internationalen Beziehungen in Europa hat die politische Großwetterlage das internationale Staatensystem in zwei Blöcke geteilt. Die großen Weltkonflikte (Frankreich – Großbritannien im 18. Jahrhundert, Mittelmächte – Entente im 19. und 20. Jahrhundert, Achsenmächte – Alliierte in der ersten Hälfte des 20. Jahrhunderts) sind weitere Beispiele für Blockbildungen durch Allianzen. Allerdings sind diese Konflikte in aller Regel nicht nur friedlich oder genauer: nicht ohne Krieg verlaufen. Vielmehr waren die großen Kriege Auswuchs gerade solcher Blockbildungen. Auch der Siebenjährige Krieg konnte auf der Blockbildung zwischen Frankreich und England aufbauen. Viele dieser Konflikte kannten sogenannte friedliche Zeiten, d.h. Zeiten der Abwesenheit von Kriegshandlungen, aber auch Zeiten blutigster militärischer Auseinandersetzungen. Der Konflikt zwischen Frankreich und Großbritannien war der Großkonflikt des 18. Jahrhunderts. Dieser Konflikt kannte Kriege und Zeiten von Kriegsabwesenheit[276]. Der Kalte Krieg als weltweiter Konflikt vermied Europa als Kriegsschauplatz, führte dennoch überall in der Welt zu Stellvertreterkriegen. Was also stabilisierte die sog. Balance of Power wenn nicht den Frieden? Diese Balance of Power stabilisierte offensichtlich die Blockbildung, ohne deshalb schon von sich aus eine ausschließlich friedensfördernde Wirkung zu haben. *K. Waltz* wie der gesamte politische Realismus unterstellt der Stabilität des Konflikts mit dem Bild der Balance eine friedensfördernde Wirkung und unterschlagen dabei seine kriegsfördernden Konsequenzen. Die Konzentration auf die stabilisierende Wirkung von Blockbildung im internationalen System sollte deshalb neben der friedensfördernden die kriegsfördern-

---

276 Vgl. J. Black, Natural and Necessary Enemies. Anglo-French relations in the eighteenth century, 1986. Das Inhaltsverzeichnis: The Years of Peace, 1713-1739, The Years of War, 1739-1763, The Years of Confrontation, 1763-1793.

de Wirkung nicht vernachlässigen. Ungeachtet der Abwesenheit oder Anwesenheit von Gewalt als Mittel der Durchsetzung der eigenen Ziele, stabilisiert wird in jedem Fall der Konflikt.

Soweit scheint die Balance of Power nichts als ein anderer, historisch bewährter und verharmlosender Begriff zu sein für den Konflikt als autopoetische Struktur im Rahmen des politischen Realismus.

Allerdings wurden bis jetzt nur die zwei und genau zwei Seiten des Konflikts als Blockbildung fokussiert ohne seine Einheit ins Auge zu fassen. **Und damit nähert man sich dem gravierendsten Problem dieser Metapher aus Newtons Mechanik. Die Balance of Power thematisiert durchaus eine Einheit – nur eben nicht die des Konflikts**[277]. Bei *K.Waltz* klingen die verschiedenen Ebenen an, ohne doch eigens diskutiert zu werden: Die Zahl der Großmächte kann durchaus variieren, die Blockbildung dagegen kennt immer nur zwei und genau zwei Seiten (s.o.). Diese werden dann als bi- bzw. multipolare Variationen den beiden Seiten des Konflikts zugeschlagen.

Die Einheit des Konflikts besteht in der wechselseitigen, negativen Identifikation jedes Blocks mit dem anderen als ein sich gegenseitiges Verklammern, kurz: in der negativen Reziprozität des Feindbildes, sprich Blockbildung. Das Bild der Balance weist in eine andere Richtung. Es bezieht ja die beiden „Seiten der Waage" durchaus aufeinander. Die Beziehung liegt aber in der Annahme einer prinzipiellen Gleichheit beider Seiten. Es ist diese Gleichheit, durch welche die beiden Seiten sich einander aufwiegen, sich die Waage halten. Worin besteht die Gleichheit? Der politische Realismus versucht sie quantitativ, unter Rekurs auf Ressourcen zu bestimmen. Sowie im Bild der Balance fingiert, ist es ja das messbare,

---

277 J. Mearsheimer sieht das, kommt aber deshalb zur entgegengesetzten Schlussfolgerung: „There are three reasons not to equate power with outcomes. First, when focusing on outcomes it becomes almost impossible to assess the balance of power before a conflict, since the balance can be determined only after we see which side wins" (J. Mearsheimer 2001. S. 60). Wenn danach die Balance of Power sich lediglich auf die messbaren und deshalb vergleichbaren militärischen Kapazitäten einer Großmacht stützt (J. Mearsheimer 2001, S. 56), man deshalb zugestehen muss, dass auch eine Großmacht mit geringeren militärischen Kapazitäten über eine mit größeren Kapazität siegen kann (J. Mearsheimer 2001, S. 58f), dann kann sie in der Tat auch keine stabilisierende Rolle im internationalen System spielen. Erst wenn der Konflikt ins Spiel kommt, kann auch die damit verbunden Stabilisierungswirkung beobachtet werden. Diesen Gedanken hat J. Mearsheimer leider nicht weiter verfolgt.

Teil I Einführung: Die Perspektive von Geschichtswissenschaft und Politologie

vergleichbare Gewicht, das die Waage im Gleichgewicht hält. Was liegt vom Bild aus näher als sich an die quantitative Bestimmung des Machtpotentials zu halten und das Bild der Waage und des Wägens dem Bild des sich In-Schach-Haltens zweier Blöcke zu unterschieben?

Was das Bild der Balance of Power als plausibel suggeriert, gerät allerdings durch seine Verwendung als Metapher auf die schiefe Bahn. Wie oben schon konstatiert (der erste Grund für den Bruch), lässt sich durch die rein endogene Argumentation mit Machtressourcen weder ein Großmachtstatus begründen noch gar ein Strukturprinzip des Ensembles der Großmächte. Das ist am Beispiel des Aufstiegs Preußens zur Großmacht im ersten, historischen Kapitel dargelegt worden.

Aber auch die Tatsache des gegenseitigen „In-Schach-Haltens", der Blockbildung, also des Konflikts, ist nicht an ein gleiches Machtpotential gekoppelt.

Eine historische Reminiszenz: Wollte man für die Blockbildung die Gleichheit des Machtpotentials voraussetzen und sie daraus notwendig erwachsen lassen, böte sich ein Blick auf die beiden einzigen Großmächte des Absolutismus an, denen man aus heutiger Sicht ein ungefähr gleiches Machtpotential im 18. Jahrhundert bescheinigen kann: Frankreich und Österreich. Nach der Logik einer durch quantitativ aufgefasstes Machtpotential begründeten Balance of Power hätten diese beiden sich nicht im „Renversement des Alliances" gegen das viel schwächere Preußen verbünden dürfen, sondern doch eher gegen einander Krieg führen oder sich im „Frieden durch gegenseitige Bedrohung" miteinander befinden müssen. Sie hätten sich also gegenseitig in Schach halten müssen und das heißt im Konflikt miteinander befinden sollen. Man sieht daran, dass auch eine Gleichheit des Machtpotentials nicht notwendig zum gegenseitigen Konflikt führen muss, auch eine Allianz der Stärkeren gegen eine schwächere Großmacht war möglich.

Zudem kommt es dabei wieder zu einer Vermischung von Beobachtung erster und zweiter Ordnung. Eine von beiden Seiten gewusste, wechselseitige Bedrohung, die nicht unmittelbar zum Krieg führt, konnte, wie im ersten Teil ausgeführt, auch daher rühren, dass beide Seiten Schwierigkeiten hatten, die Stärke des anderen einzuschätzen. Oder: sie irrten sich, ein adäquates Machtpotential wurde der Gegenseite unterstellt, auch wenn dies nicht der Fall war, wie später bemerkt wurde. Überdies berichteten Quellen unterschiedlich, so dass ein widersprüchliches Bild von der Stärke der anderen Seite bestand. *Ferdinand Wagner* hat das in seinem berühmten Aufsatz „Die europäischen Mächte in der Beurteilung Friedrichs des Gro-

I – 2) Das Feld der Großmächte aus der Sicht des politischen Realismus

ßen 1746–1757"[278] herausgearbeitet und illustriert, mit welchen Unzulänglichkeiten der Informationsbeschaffung und bewussten Falschinformationen der anderen Seite ein absolutistischer Herrscher im 18. Jahrhundert zu rechnen und zu kämpfen hatte[279].

Überdies beobachteten die Großmächte gerade ihr militärisches Potential gegenseitig möglichst genau, imitierten das als zweckmäßig Erkannte und wussten diese Imitation möglichst lange vor ihres gleichen zu verbergen, damit der Vorteil einer überraschenden Modernisierung der eigenen Armee nicht vor dem nächsten militärischen Ernstfall aufgebraucht schien. Das preußische Rekrutierungsverfahren (das Kantonsystem) sowie der militärische Drill waren europaweite Themen im 18. Jahrhundert – nicht nach Einführung in der preußischen Armee, sondern eben erst nach dem Erfolg der preußischen Armee im Österreichischen Erbfolgekrieg. Auf diese Weise wanderte gerade das kreative militärische Potential durch die Armeen der europäischen Großmächte[280] und führte zu permanenten Schwankungen in ihrem militärischen Kräfteverhältnis.

All das gehörte schon damals zum laufenden Geschäft der Außenpolitik, weshalb die entstehende französische Diplomatie des 18. Jahrhunderts ihren Diplomaten genaue Vorgaben zum Inhalt der Depeschen als auch der Vertrauenswürdigkeit ihrer Informanten machten[281].

Kurz gesagt: Diese Unzulänglichkeiten der Informationspolitik und das dafür geschärfte Bewusstsein der Beteiligten machten es schon im 18. Jahrhundert unmöglich, dass Großmächte sich in ihrer Außenpolitik von einer Balance of Power leiten ließen, die ja gerade ein genaues Wissen um eine andauernd gefährdete Gleichgewichtssituation voraussetzen muss. Im Gegenteil: Alle Beteiligten waren sich der Unzulänglichkeit von Information und den permanenten Schwankungen im politisch-militärischen Kräfteverhältnis bewusst. Die heutige wissenschaftliche Beobachtung, wie damals beobachtet worden ist, eine Beobachtung zweiter Ordnung, zeigt

---

278 F. Wagner 1899, S. 397-443.
279 F. Wagner 1899, vgl. z.B. die Charakterisierungen des Quellenwerts von Informationen, die Friedrich II. über die anderen Großmächte zugingen und die Einschätzung dieses Werts durch Friedrich II., von F. Wagner auf den Seiten 404f, 412, 414, 417, 422f, 426, 429, 431 und seine Zusammenfassung S. 433f.
280 W. Baumgart 1999, S. 68-75 (das Kapitel Kriegsführung und Streitkräfte, 2. Teil). 148f.
281 Vgl. dazu S. Externbrink 2006, das Kapitel „Die französische Diplomatie im 18. Jahrhundert", darin: das Erkenntnisinteresse der Diplomaten (S. 47-60) und: Informationsbeschaffung (S. 61-71).

Teil I Einführung: Die Perspektive von Geschichtswissenschaft und Politologie

klar, dass von einer Balance of Power als ein die Politik der Großmächte leitendes Strukturprinzip nicht die Rede sein kann.

So sind weder der Großmachtstatus noch der Konflikt an die Gleichheit der Machtressourcen gekoppelt, die in der Balance of Power als einheitsstiftendes Band fungieren soll. Die Begründung der Statusgleichheit von Großmächten durch ein quantitativ aufgefasstes Machtpotential scheitert[282]. Und ebenso scheitert die Konsequenz, aus einer Ressourcengleichheit habe notwendig die Blockbildung gegeneinander zu folgen. **Es scheitert also der Versuch, die Einheit des Konflikts über die Gleichheit der Großmächte oder der unter ihnen geschmiedeten Allianzen zu fassen. Das Bild der Balance will plausibilisieren, was der Begriff der Balance als politische Metapher nicht leisten kann.**

Trotzdem ist der Rekurs auf die Einheit durch Gleichheit, wie es das Bild der Balance of Power evoziert, nicht einfach falsch. Das Bild der Balance bietet einen Realismus eigener Art. Bei der Verengung des Blickwinkels auf die Großmächte verweist der vergebliche Versuch, den Großmachtstatus über die Gleichheit des Machtpotentials zu bestimmen, auf etwas ganz anderes: Unabhängig von einem möglichen Konflikt wird hier die formale Gleichheit der hier sich begegnenden Großmächte ins Auge gefasst. Die Balance of Power in ihrer Beschränkung auf die Großmächte zielt mit der Thematisierung der formalen Einheit der beteiligten Staaten auf den Großmachtstatus, sprich auf die Anerkennung einer Großmacht als Großmacht. Dieses ist die einzige Gleichheit, die allen Beteiligten gegenseitig einsichtig ist. Hier können alle Großmächte den gleichen Status in die Waagschale der internationalen Beziehungen werfen. Der Großmachtstatus ist das einheitsstiftende Band. Er identifiziert diese Großmächte so miteinander, dass sie „sich gegenseitig in ihrem Status anerkennen". Kurz und im Vorgriff behauptet: Damit ist das Ensemble der Großmächte als eine eigene Struktur internationaler Beziehungen neben dem Konflikt auf dem Plan. Ich nenne es in Abhebung vom Systembegriff: Das Feld der Großmächte.

---

[282] Die Kritik an einer solchen Auffassung wurde schon im 18. Jahrhundert geübt. J.H.G. Justi weist in seiner Veröffentlichung von 1758, „Chimäre des Gleichgewichts von Europa", daraufhin, dass „die Lehre vom Gleichgewicht, statt Krieg zu verhindern eine unerschöpfliche Quelle ungerechtfertigter Kriege sei". Das Zitat stammt aus H. Klueting, Die Lehre von der Macht der Staaten 1986, S. 90, der damit die Intention der Schrift von Justi zusammenfasst.

I – 2) Das Feld der Großmächte aus der Sicht des politischen Realismus

Beide Strukturen, Konflikt und Feld, erscheinen aber in der Metapher der Balance of Power vermischt und ineinander gewoben. Während der Konflikt zwei und immer nur zwei Seiten kennt – dies der eine Aspekt der Balance of Power – variiert das Feld der Großmächte durchaus die Anzahl von Positionen im Feld, wie von *K. Waltz* beschrieben. Es kann aus zwei oder vier oder fünf und mehr Großmächten bestehen, die ihre Einheit von Statuszurechnung und dessen Allgemeinheit als Gleichheit des Status präsentieren – der andere Aspekt der Balance of Power. Sowie der Konflikt nicht auf die Einheit seiner beiden Seiten im Sinne einer formalen oder ressourcenadaequaten Gleichheit angewiesen ist, muss zum Feld der Großmächte nicht notwendig der Konflikt hinzutreten. Die Epoche des Konzerts der Mächte (1815–1855) ist dafür ein gutes Beispiel. Man muss diese beiden Strukturen daher analytisch trennen, um dann sehen zu lernen, wie sie miteinander interagieren. **In dieser Vermischung zweier Strukturen liegt der zweite Grund für den Bruch in der Theorie von *K. Waltz*. *K. Waltz* kann die Balance of Power deshalb nicht als Strukturprinzip des internationalen Systems etablieren, weil sie die Einheit der Blockbildung, also die Einheit des Konflikts nicht darstellt, er aber Balance of Power als Strukturprinzip behauptet**. Die dargestellte, formale Einheit wiederum taugt nicht als Strukturprinzip von Blockbildung. Das Strukturprinzip des Konflikts definiert zwei und nur zwei Seiten in ihrem exklusiven Bezug aufeinander aber nicht eine variable Anzahl von Großmächten in ihrem das Ensemble der Großmächte begründenden gemeinsamen Status. Dies ist der inhärente Widerspruch im Bild des Balancierens. Das Bild suggeriert eine Zusammenziehung zweier sozialer Sachverhalte als plausibel und verwischt damit ihre nicht auf einander reduzierbaren Unterschiede. Als Metapher ist es – trotz aller Beliebtheit- analytisch unbrauchbar. Die Balance of Power sagt nichts über die Struktur des Feldes der Großmächte, sie thematisiert lediglich ihre Gleichheit als einheitsstiftendes Band unter den Bedingungen von Blockbildung.

Das dürfte der Grund sein, warum viele Theorieentwürfe des politischen Realismus einerseits die Balance of Power im Sinne von Blockbildung als Struktur des internationalen Systems behaupten, sich dann aber auf Machtressourcen als Grenzen- und Statusbegründung kaprizieren. Die Gleichheit wird nur als skalierbare Gleichheit von Machtressourcen aufgefasst, und der fehlende Bezug zum Konflikt als Institution über das aus der klassischen Mechanik geborgte Bild erschlichen.

Dieselben Theorieansätze können sich andererseits nicht dazu durchringen, das Ensemble der Großmächte als eigene Struktur aufzufassen, ob-

Teil I Einführung: Die Perspektive von Geschichtswissenschaft und Politologie

wohl immerhin die Einheit des Feldes der Großmächte von der Balance of Power ins Bild gesetzt wird und sie deshalb nicht umhin können, bei der Thematisierung der Balance of Power ihren Blick auf die Großmächte zu richten. Der Grund, warum auf das Machtpotential der Großmächte als Statusbegründung rekurriert wird, liegt in der realistischen Konzentration auf das gleichheitsstiftende Band des Großmachtstatus. Dieses aber verweist weder auf die Gleichheit der Machtressourcen noch auf die Einheit des Konflikts, sondern auf die Einheit des Feldes der Großmächte als einen permanenten Prozess wechselseitiger Anerkennung.

I – 2.5) Resümee: Das Feld der Großmächte im politischen Realismus

Das Feld der Großmächte hat im Verlauf der Darstellung an Konturen gewonnen. Zunächst zeigte sich der Mangel an Kohärenz zwischen Anarchiebegriff und Balance of Power am stillschweigend vollzogenen Perspektivwechsel. Beobachtung erster und zweiter Ordnung gehen im Bild der Balance ineinander über, damit Gleichgewicht und Anarchie gleichzeitig gelten können: Während aus dem direkt beobachtenden Zugriff ein Machtressourcengleichstand konstatiert wird, kann aus der Beobachtung zweiter Ordnung (die Beobachtung, wie sich die Beteiligten gegenseitig beobachten) gesehen werden, dass der Verringerung der Bedrohung des einen die Vergrößerung der Bedrohung des anderen entspricht, mithin für die Beteiligten nicht nur keine Balance vorliegt, sondern zwei konträre Situationsdefinitionen. *St. Walt* konnte die damit behauptete Autopoiesis des internationalen Systems mit Verweis auf einen ganzen Kriterienkatalog für Bedrohungsfähigkeit in Frage stellen. So blieb das Sicherheitsdilemma bestehen, ohne sich zumindest vorübergehend durch eine Balance of Power beruhigen zu können. Anarchie verträgt keine Balance of Power, das war das erste vorläufige Resultat.

Auch wenn in der weiten Vielfalt der Ansätze der direkte Zugriff auf das Ensemble der Großmächte enttäuschte, wies *H. Bull* darin auf die abgestufte Dominanz von Groß- Mittel- und Kleinmächten hin. Er thematisierte damit die Grenze zwischen dem Feld der Großmächte und seinem Umfeld und tendierte dazu, die Balance of Power für das Feld der Großmächte zu reservieren.

Der Bruch in der Theorie von *K. Waltz* lehrte darüber hinaus, das Feld der Großmächte und den Konflikt als zwei Institutionen eigenen Rechts

I – 2) Das Feld der Großmächte aus der Sicht des politischen Realismus

auseinanderzuhalten und ihrer Begründung durch Rekurs auf Machtressourcen zu widersprechen.

Der erste Grund für den Bruch in der Theorieanlage von K. Waltz lag in der Grenzziehung durch Ressourcenquantifizierung, um die Balance of Power als Strukturprinzip zumindest für das Ensemble der Großmächte zu retten. Da diesen aber ihr Großmachtstatus, also ihre Position im Ensemble der Großmächte, durch die Größe der ihnen zur Verfügung stehenden Ressourcen zukam, gab *K. Waltz* damit den Strukturzwang verloren, den die Balance of Power Strukturprinzip im „small-number system" auf alle Großmächte ausüben sollte. Die Rettung wurde versucht und missglückte. Die Art der Grenzziehung zwischen Groß- und Mittelmächten ließ die Balance of Power als Strukturprinzip ins Leere laufen. Balance of Power als Strukturprinzip des Ensembles der Großmächte und deren Statusbegründung durch ein bestimmtes Maß an Machtressourcen schlossen sich aus.

Der zweite Grund für den Bruch bestand in der Verwendung des Bildes vom Balancieren als politische Metapher. Das Bild suggerierte, was die Metapher als unhaltbar erwies. Aspekte der Institutionen Konflikt und Feld der Großmächte scheinen auf in dem Bild, ohne dass beide in ihrer Struktur davon vollständig erfasst werden: Während die beiden Seiten der Balance im Sinne von Allianzen oder Blockbildung als die beiden Seiten des Konflikts erscheinen, weist die Einheit beider Seiten, sowie sie ins Bild gesetzt wird, nicht auf den Konflikt, sondern auf die Einheit der beiden Seiten durch eine formale Gleichheit, auf den Großmachtstatus hin.

K. Waltz kann die Balance of Power also darum nicht als Strukturprinzip des internationalen Systems etablieren, weil sie die Einheit der Blockbildung, also die Einheit des Konflikts nicht darstellt, ihn aber doch als Strukturprinzip behauptet. Das Strukturprinzip des Konflikts definiert zwei und nur zwei Seiten in ihrem exklusiven Bezug aufeinander aber nicht eine variable Anzahl von Großmächten in ihrem das Ensemble der Großmächte begründenden gemeinsamen Status. Dies ist der inhärente Widerspruch im Bild des Balancierens. Das Bild suggeriert eine Zusammenziehung zweier sozialer Sachverhalte als plausibel und verwischt damit ihre nicht auf einander reduzierbaren Unterschiede. Als Metapher ist es – trotz aller Beliebtheit – analytisch unbrauchbar. Die Balance of Power sagt nichts über die Struktur des Feldes der Großmächte, sie thematisiert lediglich ihre Statusgleichheit als einheitsstiftendes Band.

Im dritten Teil wird nicht der Konflikt, sondern nur das Feld der Großmächte thematisiert. Es ist nämlich das Feld der Großmächte, in dem und durch das die für Staats und Gesellschaftsgenese wichtigen Prozesse von

Imitation, Kontrolle und Bedrohung stattfinden. Der zweite Teil, die methodischen Zwischenüberlegung, dagegen trifft sowohl für die Auffassung von Feld wie Konflikt zu.

Teil II Entdinglichung und Schließung: Der methodische Zugang zum Feld

Geschichte ist Geschichte sozialer Strukturen. Das methodische Vorgehen, das diesem Sachverhalt Rechnung trägt, fragt nach ihrer empirischen Verifizierung. Dementsprechend muss hier der Zugang zur empirischen Präsenz des Feldes der Großmächte im 18. Jahrhundert geortet werden. Ich frage daher in diesem zweiten Teil nach der empirischen Verifizierung der Konstitution dieses Feldes in seinen verschiedenen Aspekten. Damit ist zum einen der Unterschied zur politologischen Herangehensweise bezeichnet. Diese geht von Staaten aus, die miteinander in vielfältigen Beziehungen stehen. Gegenstand der Beobachtung sind dann „Internationale Beziehungen", das „Zwischen" unter den Großmächten[283]. Hier dagegen wird das Feld der Großmächte als von der Summe der einzelnen Großmächte und ihrer Beziehungen noch einmal zu unterscheidender Sachverhalt thematisiert. Großmächte sind in diesem Feld qua Positionierung präsent. Zum anderen verweist die These eines Feldes der Großmächte auf seine Thematisierung in der Geschichtswissenschaft. Die Geschichtswissenschaft zur frühen Neuzeit führt auf verschiedenen Wegen (vgl. Begriffe wie Pentarchie, Konzert der Mächte, „conjoncture favorable", Kriterien für den Großmachtstatus u.a.) bis an die Schwelle einer sozialwissenschaftlichen Perspektive. Der Druck, den generalisierte Erwartung auslöst, wird konstatiert, die Situation eines abgebrochenen Konkurrenzkampfes um europäische Hegemonie wird analysiert u.a.m., all das aber dann als individueller Sachverhalt vorgestellt, der sich wie von selbst auf die Bühne europäischer Geschichte positioniert – lauter Monologe ohne verteilte Rollen. Immerhin: der größere Reichtum an Beobachtungen liegt hier, der Versuch dagegen unter Abstraktion davon ein überzeitliches Gerüst internationaler Beziehungen aus Anarchie, Balance of Power und internationalem System zu entwerfen, kennzeichnet den politischen Realismus.

---

283 Diese Sicht geht davon aus, dass trotz der Behauptung einer Balance of Power als Strukturprinzip der politische Realismus in aller Regel Strukturabgrenzung über Ressourcenquantifizierung betreibt. H. Bull und St. Walt seien ausdrücklich davon ausgenommen.

Teil II Entdinglichung und Schließung: Der methodische Zugang zum Feld

Von beiden konnte man im ersten Teil lernen, einen direkten kategorialen Zugriff zu vermeiden, sei es, dass er die Inkonsistenz zweier Theoreme wie Anarchie und Balance of Power verdeckte, sei es, dass der direkte Zugriff bei der Bestimmung des Großmachtstatus ins Leere lief, so dass *J. Black* konstatieren musste, dass nur die Macht eine Großmacht sei, die auch als solche anerkannt werde. Ein solcher direkter Zugriff kommt in jedem Fall einer Vorwegnahme gleich, denn er verkennt, dass es sich bei sozialen Prozessen immer um generalisierte, habitualisierte oder gar institutionalisierte Zuschreibungsprozesse handelt[284], die schon vom Charakter des Sozialen aus zu beobachten fordern, wie ein Sachverhalt aus der Sicht der anderen zu stehen kommt. Immer aber beinhaltet er eine unkontrollierte Objektivierung, die möglicherweise empirisches Material zur Plausibilisierung ihrer kategorialen Grundentscheidung mobilisieren kann, aber keine kritische Instanz zur Kontrolle dieser einmal getroffenen Entscheidung kennt.

Diese kritische Instanz wird erst aus der Beobachtung zweiter Ordnung zugänglich. Das Feld der Großmächte unterscheidet sich materialiter und durch diesen methodischen Zugang sowohl vom Begriff des Sozialen Systems bei *N. Luhmann* als auch vom Idealtypus bei *M. Weber*. Aus der Beobachtung wie Großmächte sich beobachten, kann sowohl die Positionierung einer Großmacht im Feld als auch deren positionstypische Generalisierung aller anderen Großmächte zur Einheit des Feldes nachvollzogen werden. Damit werden die beiden „Enden" des Habitusbegriffs erfasst, und die Einheit des anstehenden sozialen Sachverhalts wird empirisch kontrollierbar. Im Folgenden geht es um diesen methodischen Zugang zum Feld der Großmächte.

II – 1) Das Feld der Großmächte: Kein Soziales System und kein Idealtypus

Das Feld der Großmächte unterscheidet sich wesentlich von zwei Standardkategorien aktueller Soziologie, dem Sozialen System von *N. Luhmann* und dem Idealtypus von *M. Weber*.

---

[284] P.L. Berger – Th. Luckmann, Die gesellschaftliche Konstruktion der Wirklichkeit 1989, S. 56-72.

II – 1) Das Feld der Großmächte: Kein Soziales System und kein Idealtypus

Die Basisannahme für die Konstitution des Feldes der Großmächte ist nicht die der Konstitution des **Sozialen Systems,** d.h. eines Überschusses an Beziehungsmöglichkeiten, bei dem nicht mehr alle Elemente mit allen verbunden werden können und deshalb eine Auswahl getroffen werden muss[285]. *N. Luhmann* bestimmt auf diese Weise den Selektionsmodus als Individuierungsmerkmal des Systems. Ein System unterscheidet sich dadurch von seiner Umwelt, dass nicht mehr alles mit allem verbunden werden kann und eine Auswahl von Verbindungen zwischen den Elementen diese zum System konstituiert und andere, nicht realisierte Verbindungen ausschließt, m.a.W. der Selektionsmodus steht für die Unterscheidung des Systems von seiner Umwelt.

Im Feld der Großmächte dagegen werden alle Positionen mit allen permanent verbunden. Für den Charakter dieses Feldes ist deshalb nicht der Selektionsmodus entscheidend, sondern die Frage nach der Anerkennung als Großmacht und der damit verbundenen Positionierung im Feld. Im Gegensatz zu der von *N. Luhmann* für das Soziale System geltend gemachten Gleichzeitigkeit von Geschlossenheit und Offenheit[286], die Punkt-zu-Punkt-Beziehungen ausschließt, sind solche Punkt-zu-Punkt-Beziehungen zum Umfeld der Großmächte die Regel. Ein Beispiel: Alle Großmächte des 18. Jahrhunderts besaßen verbriefte Rechte im Heiligen Römischen Reich Deutscher Nation. Frankreich als Garantiemacht seit dem Westfälischen Frieden, Russland ebenfalls ab 1779 durch den sog. Teschener Frieden sowie Preußen, Österreich und Großbritannien durch dem Reich zugehörige Territorien. Sie pflegten durch Eigeninteresse definierte Beziehungen zu den Mittel- und Kleinmächten des Reiches. Die Positionen im Feld der Großmächte unterhielten so Punkt-zu-Punkt Beziehungen zum Heiligen Römischen Reich Deutscher Nation. Das Reich war deshalb in (sich überlappende) Interessensphären der Großmächte aufgeteilt. Auch weil die sich daraus ergebenden und sich verzweigenden Kontingenzen und Resonanzen oft nur noch schwer zu überblicken waren, erfuhr der Berufsstand des Diplomaten im 18. Jahrhundert von Frankreich ausgehend eine ins übrige Europa ausstrahlende Professionalisierung[287].

---

285 So N. Luhmann, Soziale Systeme 1985, S. 42f, 47, 56f, 187f, und N. Luhmann, Komplexität 1982, darin Abschnitt II, S. 206-208.).
286 N. Luhmann 1985, S. 63f, 96f, 297.
287 Vgl. dazu S. Externbrink, Friedrich der Große, Maria Theresia und das Alte Reich 2006, darin das 1. Kapitel: Die französische Diplomatie im 18. Jahrhundert, S. 30-71.

Teil II Entdinglichung und Schließung: Der methodische Zugang zum Feld

An diesem historischen Beispiel wird deutlich, dass von der Gleichzeitigkeit von Offenheit und Geschlossenheit eines Systems in Bezug auf die Pentarchie im 18. Jahrhundert nicht die Rede sein kann. Leider muss deshalb die Eleganz des Luhmann'schen Systembegriffs, nämlich Struktur, Grenze und die Konstitution von Elementen des Systems im Selektionsmodus zusammenfallenzulassen, hier aufgegeben werden. Grenze, Struktur und Positionierung des Feldes geraten vielmehr als sich wechselseitig beeinflussende Variable in den Blick. Gerade die Position ist kein Element, das sich der Definition allein durch den Selektionsmodus des Systems verdankt. Vielmehr erzwingt z.B. Preußen gegen den Willen aller anderen Großmächte den Zugang zum Feld und muss, wenn auch widerwillig, zunächst geduldet werden. Die neue Position, Preußen, ändert anschließend die Situationsdefinition aller beteiligten Großmächte: Deren „Selektionsmodus" verwandelt sich also gezwungenermaßen.

Das Grundproblem stellt sich deshalb anders: Wie kann die gegen den Willen der anderen Großmächte erzwungene Positionierung im Feld die Anerkennung, die für eine dauerhafte Stellung im Feld unabdingbar ist, durch diese selben Großmächte erlangen?

Parallel zur Luhmannschen Relationierung von System und Umwelt im Begriff der Komplexität gerät aber auch die **Grenze des Feldes** in den Blick (*H. Bull*). Diese erscheint nicht mehr als Komplexitätsgefälle und durch Sinnverwendung generierte Gleichzeitigkeit von Geschlossenheit und Offenheit, sondern wird sich als Machtgefälle des Feldes der Großmächte in einem Umfeld von Mittel-und Kleinmächten erweisen. Die Grenze des Feldes zeigt sich in der Relation von Feld und Umfeld. Natürlich sind diese Weichenstellungen zunächst ein Hinweis. Sie dienen an dieser Stelle lediglich dazu, den kritischen Sinn für das Folgende zu schärfen[288].

---

288 Eine über das Feld der Großmächte hinausweisende, eigene historische Dimension sollte zudem mitgedacht werden, auch wenn sie den Rahmen dieser Arbeit überschreitet: Das Feld der Großmächte kannte eine Entwicklung, die im Wiener Kongress (1814-1815) kulminierte: Das Feld konstituierte sich als internationales Rechtssubjekt (W. Greve ²1988, S. 502-510). Die Pentarchie reklamierte auf dem Wiener Kongress ein allgemeines Recht der Großmächte, alle internationalen Angelegenheiten in ihrem Umfeld politisch verbindlich zu regeln. Man nannte sie deshalb auch das Konzert der Mächte. Auch wenn dieses Konstrukt von Anfang an auf schwachen Füßen stand, wenn mit der Heiligen Allianz zwischen Preußen, Österreich und Russland ein Frankreich ausschließendes Bündnis zeitgleich gegründet wurde (Großbritannien trat dieser Allianz später bei), und es dann spätes-

II – 1) Das Feld der Großmächte: Kein Soziales System und kein Idealtypus

Der Begriff des **Idealtypus**, aus der Soziologie *M. Webers* stammend, trifft gerade bei jüngeren Historikern auf Interesse und findet Eingang in die Anlage verschiedener Studien[289]. Für die Zwecke dieser Untersuchung ist er ungeeignet[290]. Es handelt sich um eine Konstruktion im Geist des Neukantianismus[291], die heute in Spielarten des Konstruktivismus seine Fortsetzung gefunden hat. Blendet man für die Zwecke dieser Arbeit die erkenntnistheoretischen Implikationen der Erörterung des Idealtypus durch *M. Weber* aus[292], dann bleibt gleichwohl bestehen, dass auf der methodologischen Ebene die idealtypische Begriffsbildung nicht nur „durch einseitige Steigerung eines oder einiger Gesichtspunkte" soziologische Erkenntnis ermöglicht, sondern „in seiner begrifflichen Reinheit dieses Gedankenbild nirgends in der empirischen Wirklichkeit vorfindbar ist"[293]. Methodisch hat dies die fatale Konsequenz, dass unkontrollierter Begriffsbildung Tür und Tor geöffnet wird. Die Beispiele idealtypischer Begriffsbildung der deutschen historischen Soziologie in der ersten Hälfte des 20.

---

tens mit dem Krimkrieg (1853-1856) wieder zerfiel: Die Konstitution als Rechtssubjekt war ein qualitativer Sprung. Eine neue Instanz trat auf, die international Schule machte und bis ins 20.Jahrhundert hinein z.B. durch die Gründung des Sicherheitsrats der Vereinten Nationen ihre Fortsetzung gefunden hat. Hier in der Tat könnte man im Sinne *N. Luhmanns* von der Gleichzeitigkeit der Schließung und Offenheit eines Systems sprechen: Geschlossen, weil nur die Großmächte unter Ausschluss aller anderen Mächte die Landkarte von Europa neu regelten. Offen, weil durch diesen Präzedenzfall, die Zuständigkeit dieses Gremiums für alle anderen Probleme europäischer Außenpolitik generell festgeschrieben wurde. Allerdings eine reversible Entwicklung, wie sich im Krimkrieg (1853-1856) zeigen sollte. Man muss also beim „Historischen Individuum" Ensemble der Großmächte mit einer Entwicklung vom Feld zum System rechnen sowie mit einer Regression dieser Entwicklung.

289 So z.B. S. Externbrink, 2006, S. 13-15, C.- Opitz-Belakhal, Militärreformen zwischen Bürokratisierung und Adelsreaktion, 1994, S. 17-20.
290 M. Weber, Die Objektivität sozialwissenschaftlicher und sozialpolitischer Erkenntnis 1985, S. 190f.
291 Vgl. dazu die Ausführung von V. Kruse, „Geschichts- und Sozialphilosophie" oder „Wirklichkeitswissenschaft"? 1999, S.189f.
292 U. Barrelmeyer, Geschichtliche Wirklichkeit als Problem,1995, S. 12, 248. Wie U. Barrelmeyer überzeugend dargelegt hat, sind erkenntnistheoretische, methodologische, methodische und gegenstandsbezogene Argumentationsebenen zu unterscheiden. Ich beziehe mich hier auf die methodologische Ebene. Dazu auch V. Kruse 1999, S.260-277, der die am Neukantianismus geschulte Erkenntnistheorie M. Webers von den Typen der genetischen, vergleichenden und idealtypischen Methode abhebt. (S. 276f).
293 M. Weber 1985, S.190f.

Jahrhunderts von *V. Kruse*[294] zeigen, dass lebensweltliche, allgemein politische und gesellschaftsrelevante Begriffe der Zeit übernommen werden und als Idealtypen gelten sollen, die einerseits reine Gedankengebilde sind, andererseits – unrein, mehr oder weniger, diffus, stellenweise gar nicht, vorsichtig angewendet so *M. Weber*[295]– doch Erkenntnis jenseits dieser Gedankengebilde vermitteln sollen. Die vorliegende Studie will darlegen, dass es sich beim Feld der Großmächte nicht um ein Gedankenkonstrukt handelt, sondern dass die Konstitution dieses Feldes empirisch nachweisbar ist, soweit es überhaupt Sinn macht, von empirischer Nachweisbarkeit zu reden. Es geht nicht um das Mehr oder Weniger einer Reihe sich dem Idealtypus annähernder realer Ausprägungen (wie z.B. Absolutismus – absolutistische Staaten), um Fälle mit anderen Worten, sondern um die Existenz des einmaligen Historischen Individuums „Feld der Großmächte im 18. Jahrhundert" ohne jede weitere vergleichbare Ausprägung.

Für die Zwecke dieser Arbeit greife ich auf Vorschläge *N. Luhmanns, P. Bourdieus* und *G.H. Meads* zurück, die auf der methodologischen Ebene als Korrektiv dieses Dilemmas dienen können. Es handelt sich um die Beobachtung der Beobachtung oder Beobachtung zweiter Ordnung, von *N. Luhmann* in die Debatte eingeführt, um die Begriffe Feld und Habitus von *P. Bourdieu* und um die Denkfigur des „Generalisierten Anderen" von *G. H. Mead*.

N. Luhmann hat in seiner Rede von der Beobachtung 2. Ordnung darauf hingewiesen, dass man die Differenz von Beobachtung erster und zweiter Ordnung dazu nutzen kann, die Genese der ersten Perspektive von der Selbstreferenz der Beobachtung zweiter Ordnung zu sondern, und damit die Beobachtung erster Ordnung ebenfalls neu zu qualifizieren. *P. Bourdieu* hat in seiner Unterscheidung von objektivistischer und praxeologischer Erkenntnis den besonderen Charakter sozialer Sachverhalte und des wissenschaftlichen Zugangs zu ihnen betont und einen der praxeologischen Erkenntnis adaequaten Begriff des Habitus herausgearbeitet. Schließlich hat *G.H. Mead* in dem von ihm geprägten Terminus des „Generalisierten Anderen" den Grundmechanismus des Sozialen überhaupt freigelegt, der die Emergenz eines sozialen Faktums als Resultat einer Zurechnung von Bedeutungsgehalten beschreibt. Allen drei Soziologen geht es in der jeweiligen methodischen und theoretischen Erörterung um die

---

294 V. Kruse 1999, das Kapitel IV, Historisch-soziologische „Erklärung", darin S. 126-150.
295 M. Weber, 1985, S. 191.

qualifizierte Perspektive, um den besonderen Charakter sozialer Sachverhalte und um deren Emergenz.

II – 2) Die Beobachtung der Beobachtung nach N. Luhmann

Der erste Teil hatte gezeigt, welche Vorteile die Differenz von Beobachtung erster und zweiter Ordnung birgt. So war die Diskussion des Großmachtstatus letztlich zu der Einsicht gelangt, dass nur diejenige Macht als Großmacht gelten konnte, die auch als Großmacht anerkannt wurde. Basisressourcen wie Größe des Landes, Wirtschafts- und Militärmacht, Bevölkerungszahl als zu quantifizierende Kriterien des Großmachtstatus konnte an der Diskussion der These von *P. Kennedy* erst zurückgewiesen werden, um sie dann über die Erläuterung des kompensatorischen Status des Großmachstatus wiedereinzuführen. Aus der Beobachtung zweiter Ordnung erschien das gegenseitige, unvollständige Wissen der Großmächte über Basisressourcen der anderen als positionsbezogene Kalkulation der Bedrohungsfähigkeit, die aber erst im gewonnenen Krieg gegen eine etablierte Großmacht ihren Beitrag zum Großmachtstatus leistet, da sie dann im Rückblick als Bedingungen in Frage kamen. Der gewonnene Krieg erklärte diese Ressourcen im Nachhinein zu Bedingungen. Er selbst war allerdings der erste Grund für den Großmachtstatus, für die Anerkennung durch die anderen Großmächte.

Im zweiten Teil konnte an der Analyse des Anarchiebegriffs gezeigt werden, wie die Balance of Power, zu der die Anarchie in internationalen Beziehungen führen sollte, nur aus einem ständigen Ineinanderschieben der Perspektive von Beobachtung erster und zweiter Ordnung im Theoriefundament des politischen Realismus resultiert. Was dem Beobachter für einen Augenblick als Balance erscheinen mag, sieht sich aus der Sicht der Beteiligten für den einen als Risikoverminderung und für den anderen als Risikozunahme an. Eine Balance ist für die Beteiligten gerade nicht gegeben – und sie handeln danach. Und auch dies ist beobachtbar, etwa an der preußischen Einschätzung des desolaten Zustands des österreichischen Heeres zu Beginn des Österreichischen Erbfolgekrieges. Der Vorteil, Beobachtung erster und zweiter Ordnung auseinander zu ziehen liegt auf der Hand. Die Differenz ist durch *N. Luhmann* in die soziologische Theoriediskussion eingeführt und wird im Folgenden als Teil des methodischen Zugangs zum Feld diskutiert.

Teil II Entdinglichung und Schließung: Der methodische Zugang zum Feld

Ohne auf die Bedeutung des Theorems von der Beobachtung 2. Ordnung in der Systemtheorie *N. Luhmanns* einzugehen, sei durch ein Zitat dessen Bedeutung für die eben skizzierte Problemstellung skizziert:

> „Die Beobachtung zweiter Ordnung gibt als Rekursivität des Beobachtens noch keine bessere Übersicht, ... Nur die Vorteile der Rekursivität des Beobachtens kommen hinzu. Man kann eine andere Unterscheidung verwenden als der beobachtete Beobachter. Man kann dessen Unterscheidung beobachten. Man kann sich mit ihm aus anderer Perspektive demselben Weltsachverhalt zuwenden. Man kann aber auch quer zu ihm das beobachten, was er, sei es im Moment, sei es aus Gründen strukturell erzwungener Selektivität, nicht beobachten kann. Und man kann vor allem zu einem anderen Zeitpunkt beobachten, sofern dieser Zeitpunkt noch rekonstruierbar ist."[296]

Rekursivität, und in deren Folge die Verwendung einer anderen Unterscheidung im Blick auf denselben Sachverhalt, die Elimination des blinden Flecks der ersten Beobachtung und der andere Zeitpunkt, darauf soll mit Blick auf die hier vorliegende Fragestellung kurz eingegangen werden.

Wichtig zunächst: die Unterscheidung zweier Unterscheidungen, der ersten und der zweiten Beobachtung. Die erste Beobachtung wird auf ihren Operationsmodus hin beobachtet, damit verwandelt sich die Frage: „Was wird beobachtet" in die Frage „Wie wird es beobachtet?"

Für die Zwecke unserer Untersuchung verwandelt sich so die Frage „War Preußen eine Großmacht?" in die Frage „Wer hielt Preußen im 18. Jahrhundert für eine Großmacht und warum? Diese Beobachtung 2. Ordnung trifft sich mit der Forderung von Historikern[297], die mangels eindeutiger Kriterien, ab wann im 18. Jahrhundert ein Staat als Großmacht zu gelten habe, fordern, die Anerkennung als Großmacht durch andere Großmächte zum allein ausschlaggebenden Kriterium des Großmachtstatus zu erheben. Die Debatte, ob z.B. China im 18. Jahrhundert als Großmacht zu gelten habe, würde sich auf diese Weise von selbst erledigen, da China,

---

296 N. Luhmann, Die Wissenschaft der Gesellschaft 1990, S. 110f, siehe auch: ders. Die Kunst der Gesellschaft 1996, S. 92-112. Entsprechend A. Nassehi: "Erst der ereignishafte Anschluss ... macht den sozialen Sinn einer Kommunikation aus – und da nur das beobachtbar ist, kommt der Frage des soziologischen Beobachters eine besondere Bedeutung zu, und zwar als soziologischem Beobachter, nicht als einem durch Teilnahme ethnisierten Teil der beobachteten Praxis". (A. Nassehi 2011, S. 61).

297 J. Black, Great Powers and the Quest for Hegemony, 2008, S. 1, H. Scott, The Emergence of the Eastern Powers, 2001, S. 12f.

wie *H. Duchhardt*[298] detailliert beschreibt, noch nicht soweit in den Gesichtskreis der europäischen Großmächte getreten war, dass eine Anerkennung als Großmacht anstand – und das bei aller ökonomischen und militärischen Potenz. Preußen wiederum, bei geringer Bevölkerungsdichte, Konglomeraten unzusammenhängender Territorien und vergleichsweise geringer Wirtschaftskraft, hätte nach diesen gängigen, heute vertretenen Kriterien keinen Platz im Feld der Großmächte beanspruchen können, galt aber nach dem Siebenjährigen Krieg als Großmacht. Hier steht die Frage nach dem Wie der Anerkennung, nach ihren zeitgebundenen Gründen, im Raum. Die Beobachtung, wie andere Großmächte Preußen eingestuft haben, erlaubt demnach nicht nur Unterschiede der Kriterien zu sichten, sondern auch den Geltungsmodus, nicht nur die Erkenntnis, sondern auch die ihr folgende Anerkennung zu rekonstruieren. So kann im Bewusstsein der Differenz beider Perspektiven, die historische Perspektive bewusst eingenommen werden, ohne die eigene Perspektive und ihre Voraussetzungen dabei zu verdrängen. Rekursivität heißt hier, der historischen Perspektive eine kritische Kontrollfunktion im Blick auf die eigenen Generalisierungsbemühungen einzuräumen.

Die Rekonstruktion der Perspektiven aller anderen vier Großmächte auf Preußen ergibt nun nicht etwa das Bild völliger Diskrepanz von Wahrnehmungsunterschieden, so dass Preußen viermal völlig unterschiedlich „rekonstruiert" würde. Vielmehr wird sich bei aller Diskrepanz von Interessen, Ausgangssituationen, zeitlichen Verschiebungen u.a.m. durchaus ein einheitliches Muster der Reaktion im Anerkennungsprozess zeigen. Preußen wird durch diese Perspektiven nicht diversifiziert, sondern positioniert. Der heterochrone Prozess der Anerkennung Preußens als Großmacht führt zu einer einheitlichen Auffassung Preußens durch die anderen Großmächte, einmal in der Zurechnung des Status als Großmacht, zum anderen in der Individualität dieser Positionierung, d.h. in welcher Weise die Bedrohungsfähigkeit Preußens durch alle anderen gesehen wird – das ist in diesem Fall ein Syndrom der Bewunderung der militärischen Organisation sowie König Friedrichs II. als „roi connétable" (als kriegführender König), seiner Begabung als Schriftsteller (Antimachiavell), seiner Beherrschung des preußischen Adels u.a.m. In dieser Beobachtung der anderen Perspek-

---

298 Vgl. H. Duchhardt, Balance of Power und Pentarchie 1997, S. 227-232, J. Osterhammel, Die Entzauberung Asiens 2010, S. 12f. Zur durchaus vergleichbaren ökoknomischen Potenz vgl. K. Pomeranz, The Great Divergence. China, Europe and the Making of the Modern World Economy 2000, S. 4-10.

tiven zeigen sich also Gemeinsamkeiten, die trotz individueller, interessengebundener Sichtweise einer einzelnen Großmacht ein allgemein gültiges Bild Preußens nicht verhindern. So kann durch die Beobachtung 2. Ordnung erkannt werden, dass in der Beobachtung erster Ordnung zwar Interessengebundenheit existiert aber keine epistemologische Schwelle, die allgemeiner Erkenntnis den Weg verbaut.

Der blinde Fleck der anderen Großmächte (N. Luhmann) oder deren strukturierte Struktur (P. Bourdieu) in der Anerkennung Preußens als Großmacht besteht darin, unbewusst einem Schema zu folgen, das ich in der Arbeit als Prozess der Anerkennung thematisiere. Die Validierung der Erkenntnis ist mithin keine erkenntnistheoretisch gewonnene Einsicht, sondern läuft über die Rekonstruktion der Positionierung im Feld der Großmächte aus der Beobachtung zweiter Ordnung. Positionierung allerdings endet nicht mit Erkenntnis. Diese ist nur eine Etappe auf dem Weg der Anerkennung als Großmacht. Die zweite und dritte Etappe werden nachfolgend als zwei verschiedene Weisen von Imitation durch die anderen Großmächte beschrieben, Imitation als Bewunderung und Imitation als Respekt.

II – 3) Entdinglichung: Die Einheit des Feldes der Großmächte als reflexive Generalisierung (ausgehend vom Begriff des Generalisierten Anderen bei G.H. Mead)

Der Positionierung Preußens im Feld der Großmächte entspricht aus anderer Perspektive, nämlich der des positionierten Preußens, eine Generalisierung.

G.H. Mead hat diese Perspektive in seinem Begriff vom „Generalisierten Anderen" eingeführt. Ihm ging es dabei ursprünglich um die Konstitution des Ich im Rahmen der Persönlichkeitsentwicklung des Kindes. Der konstatierte Sachverhalt lässt sich gleichwohl übertragen:

Ein Kind beobachtet, wie Andere zu einem Objekt oder Umstand die gleiche Haltung einnehmen. Es macht sich diese Haltung dem Objekt gegenüber zu eigen als allgemein angemessene Haltung in diesem Fall. Es generalisiert, so *G.H. Mead*, die Vielzahl empirisch erfahrbarer gleicher Haltungen zur Einheit einer allgemein gültigen Haltung, zu einer Regel,

II – 3) Entdinglichung: Die Einheit des Feldes der Großmächte

der es sich selbst unterwirft und durch die es seine eigene Identität als Teil des so erfahrenen Ganzen erwirbt[299].

In diesem Zusammenhang interessiert nur, wie *G.H. Mead* Generalisierung einführt. „Die Generalisierung ergibt sich einfach daraus, dass die Reaktionen aller jeweils identisch sind" schreibt *G.H. Mead*[300]. Der Schritt von der wahrgenommenen Gleichheit der Reaktionen zur Einheit des „Generalisierten Anderen", die Generalisierung also, besteht darin, die Gleichheit der Reaktion nicht nur als Gemeinsamkeit zu erleben, sondern als Anderer, der einem in der erlebten Vielzahl dieser gleichförmigen Reaktionen gegenübertritt. Er wird eben als Anderer darin erlebt! Generalisierung ist so mehr und noch anderes als Verallgemeinerung. Dieser Andere verbürgt in eins die Einheitlichkeit der werdenden Persönlichkeit des Kindes im Sinne von primärer, ordnender Autorität eines Allgemeinen sowie die damit sich herstellende, für das Kind vorgegebene gültige externe Allgemeinheit von allen anderen als ein und derselbe Andere, dies als authentische Erfahrung von sich und dem Anderen. *G.H. Mead* denkt hier am Beispiel der Entwicklung der Persönlichkeit des Kindes Individuierung und Generalisierung als zwei Seiten desselben Vorgangs zusammen. Der Generalisierte Andere ist deshalb gleichzeitig Garant der Einheit der Person als auch primäre Erfahrung von Sozialität überhaupt.

G.H. Mead setzt dabei stillschweigend die Beobachtung zweiter Ordnung voraus. Er beobachtet, wie z.B. ein Kind im Hinblick auf relevante Andere generalisiert, also beobachtet. Generalisierung kann also auch in der Beobachtung 2. Ordnung beobachtet werden, eine Operation, die etwas als allen gemeinsam von anderem unterscheidet und dadurch als allgemein bezeichnet.

Für unseren Zweck dient diese Figur des „Generalisierten Anderen" dazu, die Zusammengehörigkeit hier der Positionierung Preußens im Ensemble der Großmächte und der empirischen Erfahrung der Einheit des Ensembles der Großmächte als Feld zu denken. Es handelt sich um zwei Seiten desselben Vorgangs. Es ist nicht die einzige Möglichkeit die Einheit des Feldes der Großmächte empirisch zu erfahren. Mittel- und Kleinmächte erfahren sie ebenfalls, aber auf andere Weise – im politisch gehandhabten Ausschluss aus dem Feld, als Vorenthaltung des Status etwa. Aber es ist die ausgezeichnete Weise, wie sie dem Emporkömmling Preußen bei

---

299 G.H. Mead, Eine behavioristische Erklärung des signifikanten Symbols, 1987, S. 295f.
300 G.H. Mead, 1987, S. 296.

Teil II Entdinglichung und Schließung: Der methodische Zugang zum Feld

seinem Eintritt in das Feld der Großmächte im Verbund der anderen vier Großmächte des 18. Jahrhunderts zu Teil wird. Die Operation muss deshalb zweiseitig gedacht werden. In diesem Fall handelt es sich um die Generalisierung des Feldes und um die Positionierung Preußens im Kreis der Großmächte[301].

Geschichtlich geortet sind für Preußen die relevanten Anderen, die anderen Großmächte und deren typisiertes Verhalten als Großmacht. In der Übernahme dieses Verhaltens, konkret im Überfall Schlesiens, d.h. im siegreichen Krieg gegen Österreich und der gewonnenen Schlacht von Mollwitz (siehe dazu Teil III – 1), also symbolisch im Gewinn des Krieges gegen eine Großmacht, der oft mit einer bedeutenden gewonnenen Schlacht assoziiert wurde, hat Preußen die Kriterien der Zurechnung des Großmachtstatus in einem ersten Schritt erfüllt. Eben darin waren für Preußen alle anderen vier Großmächte als Ensemble der „Generalisierte Andere", sprich das gemeinsame Vorbild, für die von ihm angestrebte Position als Großmacht. Preußen hat es so gemacht, wie alle es machen, wenn sie als Großmächte anerkannt werden wollen. Darin liegt eine Generalisierung, die die **Einheit des Feldes** im Sinne eines Generalisierten Anderen voraussetzt. Die Tatsache, dass man daraufhin mit Preußen als

---

301 A. Wendt hat diesen Ansatz für seine eigene Theorie der internationalen Beziehungen weiterentwickelt (A. Wendt, Social Theory of International Politics 1999, S. 227ff. und das Kapitel „Three cultures of anarchy", S. 246-312). Er setzt das Theorem des Generalisierten Anderen als allgemeines und grundlegendes Strukturierungsprinzip des internationalen Systems an, allerdings auf der Grundlage einer ubiquitären anarchischen Grundsituation, die – geschichtlich auf einander folgend – sich in drei Variationen fächert, die drei Kulturen von Anarchie. Diese unterscheiden sich im Generalisierungsmodus, nämlich als Feind („the Hobbesian Culture"), als Rivale („the Lockean Culture") und als Freundschaft (the Kantian culture). Der Generalisierte Andere als internationales System für einen sich darin positionierenden Staat erscheint also in geschichtlicher Abfolge zunächst als Feind, dann als Rivale und schließlich als Freund. A. Wendt beschränkt diese Generalisierung dabei weder auf die Großmächte noch thematisiert er, wie eine solche allgemeine Generalisierung im Gesamt aller Staaten, dem internationalen System gleichzeitig statthaben kann. Zudem soll ausgerechnet für die Epoche des sog. „Westens" (ebd., S. 297), d.h. der demokratischen Staaten („republican states"), die dritte Kultur der Anarchie, nach I. Kant benannt, Freundschaft als Generalisierungsmodus gelten. Die vielen Kriege des 20. Jahrhunderts gerade der westlichen Führungsmacht USA sprechen eine andere Sprache. Darüberhinaus bleibt offen, wie sich die Behauptung einer anarchischen Grundsituation mit einer Generalisierung des gesamten internationalen Systems im Sinne von Freundschaft vertragen kann.

II – 3) Entdinglichung: Die Einheit des Feldes der Großmächte

Großmacht zu rechnen beginnt, es als bedrohungsfähig ernst nimmt, kann man für Preußen als Erfahrung der Einheit des Feldes der Großmächte werten. Dies der erste Schritt der Generalisierung auf dem Weg zur empirisch erfahrbaren Einheit des Feldes der Großmächte. Diese Art von Generalisierung ist damit auch ein erster Schritt zur Positionierung im Feld der Großmächte und kann durch eine Beobachtung zweiter Ordnung, der Bemühungen Preußens um diesen Status, nachvollzogen werden.

Und Preußen hat sich dazu in einer bestimmten **Lage** entschlossen, also in einer Situation, bei der es davon ausgehen konnte, dass irgendeine andere Großmacht ebenfalls versuchen würde, Profit aus der „conjoncture favorable", aus der ungeklärten Erbfolge, zu ziehen. Dies aufgrund der Annahme Preußens, dass alle anderen Großmächte ja ebenfalls annehmen würden, dass alle anderen Großmächte damit rechnen, irgendeine Großmacht würde die Legitimationslücke aus der ungeklärten Erbfolge zum eigenen Vorteil ausnutzen. Es ist diese Reziprozität der Erwartung, dass der Generalisierte Andere allgemein geteilt wird, eine reflexive Generalisierung also, die ich als Lage bezeichne.

Konsequenz für die Repräsentation der Einheit des Feldes

Ein Beobachter kann also beobachten, wie die Gemeinsamkeit einer Reaktion aller anderen Großmächte zur Erfahrung der Einheit des Feldes für Preußen wird, wie also die Allgemeinheit der Reaktion zur Erfahrung des Feldes gerinnt. Der Schritt von der Gemeinsamkeit der Großmächte zur Einheit ihres Feldes wird gerade so durch die Positionierung Preußens vollzogen und die Einheit des Feldes besteht in diesem Vollzug. Und es ist diese Positionierung Preußens, die – vom wissenschaftlichen Beobachter nachvollzogen – zur kritischen Instanz gegenüber der Rekursivität der Beobachtung zweiter Ordnung wird. Kurz: das Feld der Großmächte ist ein geschichtliches Faktum, weil es für Preußen als ein solches existierte. Es ist die Erfahrung selbst, die die Gemeinsamkeit zur Einheit generalisiert. Die Gemeinsamkeit wird durch eine Position als Einheit erfahren, darin liegt die Generalisierung, wie sie durch einen Beobachter 2. Ordnung erfassbar ist. Gerade die Erfahrung der Positionierung im Ensemble der Großmächte führt so zu ihrer Generalisierung als Einheit des Feldes – für eine Position.

Eine folgenreiche Weichenstellung.

Denn damit tritt der unterschiedene Charakter des Sozialen auf den Plan. Soziale Sachverhalte sind weder Dinge noch Personen. Bei diesen fällt die Präsentation ihrer Einheit mit ihrer Außengrenze zusammen: Wir meinen, die Einheit eines Dinges oder einer Person zu kennen, wenn wir ihr Profil oder ihre Schale, ihre Abgrenzung oder Außengrenze gegenüber anderem begreifen. Soziale Sachverhalte dagegen stellen genau so viele Varianten ihrer Einheit her, wie Positionen den sozialen Fakt zur Einheit generalisieren. Der direkte Zugriff auf den sozialen Sachverhalt, eine Beobachtung erster Ordnung thematisiert meist nur dessen Außengrenze, nimmt diese als Präsentation ihrer Einheit, ohne überhaupt zu den unterschiedlichen Präsentationen seiner Einheit zu gelangen, die z.B. das Feld von sich aus oder besser in sich generiert. Diese werden vielmehr dem die Erkenntnis vermeintlich relativierenden Modus der Beobachtung zugeschrieben, ohne zum Reichtum der sozialen Form selbst zu gelangen. So verdinglicht der direkte Zugriff das Soziale und lässt es gleichzeitig als sein eigenes Produkt, als Idealtypus etwa, evaporieren.

Davon unberührt bleibt die Abgrenzung des Feldes gegenüber dem Umfeld, die nicht die Einheit des Feldes repräsentieren kann. Wird das Feld so durch verschiedene Positionierungen zu verschiedenen Bildern seiner Einheit generalisiert, wird es doch nicht pluralisiert, denn der Rückbezug sowohl auf die gemeinsame Außengrenze, auf die gemeinsame Lage und auch auf die Fähigkeit, die Situationsdefinition der anderen Großmächte verändern zu können, deutet auf den erfahrbaren Zusammenhang der Gesamtheit des Feldes voraus, auf seine Konstitution, und diese geht über die bloße Behauptung seiner Einheit hinaus. (Im Teil III, Kapitel 2.2 wird diese Erfahrung der Einheit des Feldes als reflexive Generalisierung am Beispiel der Ausgangslage zu Beginn des Österreichischen Erbfolgekrieges und zu Beginn des Siebenjährigen Krieges erörtert).

II – 4) Schließung: Habitus und Feld nach P. Bourdieu

P. Bourdieu's Soziologie ist eine Soziologie der Macht[302]. Die Analyse gesellschaftlicher Machtkämpfe zieht sich wie ein roter Faden durch seine

---

302 „... stellen sich alle Gesellschaften als soziale Räume dar, das heißt als Strukturen von Unterschieden, die man nur dann wirklich verstehen kann, wenn man das generative Prinzip konstruiert, auf dem diese Unterschiede in der Objektivität beruhen. Ein Prinzip, das nichts anderes ist als die Distributionsstruktur der Machtformen oder Kapitalsorten, die in dem betrachteten sozialen Universum wirksam sind." P. Bourdieu, Praktische Vernunft 1998, S. 49. Oder in P. Bourdieu, Die

II – 4) Schließung: Habitus und Feld nach P. Bourdieu

Veröffentlichungen. Seine grundlegenden Kategorien wie Habitus, Feld, Kapital, Distinction und Kompetenz wurden für die analytische Durchdringung der praktischen Logik gesellschaftlicher Machtkämpfe entwickelt. *P. Bourdieu* interessiert sich dabei vor allem für die Genese gesellschaftlicher Sozialstrukturen und deren Kampf um Abgrenzung („La Distinction" [Die feinen Unterschiede, Hauptwerk P. Bourdieus]:der Begriff enthält immer zugleich das Moment der Auszeichnung und der Abgrenzung). Im Gegensatz zur Theorie *N. Luhmanns* dessen Grundfigur des Komplexitätsgefälles als System-Umwelt-Relation die Abgrenzung schon immer voraussetzt, um die beiden Seiten anschließend aufeinander zu beziehen, interessiert sich P. Bourdieu gerade für den Vorgang der Schließung einer Sozialstruktur[303]. *P. Bourdieu* nennt eine solche sich schließende Struktur **Feld**. Gekämpft wird um die Vorherrschaft darin mit den Guthaben symbolischen Kapitals, das einerseits für die ungleiche Verteilung der Chancen auf Macht innerhalb des Feldes steht und andererseits eine Grenzfunktion wahrnimmt, da der Zugang zu bestimmten Formen des Kapitals qua Bildung und Auslese limitiert und kontrolliert wird. Auf diese Weise erscheinen bestimmte Formen von Kommunikation monopolisiert. Die Form dieses Kapitals tritt dabei grundsätzlich in einer zweischichtigen Denkfigur auf: als strukturierte und strukturierende Struktur[304], als Position und Disposition- besonders in einem Spiel[305], als Gleichzeitigkeit von

---

feinen Unterschiede, S. 748: „Darum geht es in den Auseinandersetzungen um die Definition des Sinns der Sozialwelt: um Macht über die Klassifikations- und Ordnungssysteme, die den Vorstellungen und damit der Mobilisierung wie Demobilisierung von Gruppen zugrunde liegt." Vgl. auch S. 261, 367, 381, 497 (um nur einige explizite Beispiele herauszugreifen).

303 Einige Beispiele: P. Bourdieu, Die feinen Unterschiede 1987, S. 255, 261, 298, 465; Von der königlichen Hausmacht zur Staatsraison 2004, S. 35-37, 39f, 46f; Das politische Feld 2001, S. 42, 44, 47f, 70, 74; Praktische Vernunft 1998, S. 35, 109, 112, 123; Sozialer Sinn, S. 184, und schon gleich in der ersten, grundlegenden Veröffentlichung, "Drei Studien kabylischer Ethnologie", das erste Kapitel: Ehre und Ehrgefühl, S. 11-46, in: P. Bourdieu Entwurf einer Theorie der Praxis ²2009 (Frankreich 1972 veröffentlicht, geschrieben 1960, siehe S. 46).

304 P. Bourdieu, Sozialer Sinn 1993, S. 98; Entwurf einer Theorie der Praxis ²2009, S. 165.

305 P. Bourdieu, Praktische Vernunft 1998, S. 20f; Das politische Feld 2001, S. 44, 46, 49, 78, 88; Das religiöse Feld 2000, S. 77; Die feinen Unterschiede 1987, S. 189, 373, 379, 497, 573 u.a.m; im Spiel: Sozialer Sinn 1993, S. 122; Das politische Feld 2001, S. 44, Die feinen Unterschiede 1987, S. 32f u.a.m.

Interiorisierung der Exteriorität und Exteriorisierung der Interiorität[306], die Umwandlung einer vergangenen Wirkung in eine vorweggenommene Zukunft[307] u.a.m, kurz: als **Habitus**. In diesem Terminus schließt *P. Bourdieu* nämlich zwei Ebenen einer Sozialstruktur in immer wieder neuen Beschreibungen zusammen: Die Ebene der Positionen, die qua Zugehörigkeit zu einem Feld eingenommen werden können, und die Ebene der sich daraus ergebenden Praxisformen, der Strategien und typischen in einem bestimmten Kontingenzrahmen für eine Position möglichen Handlungen[308]. Der Habitus ist deshalb auch Disposition, latente Bereitschaft zu einer der Position gemäßen Praxis. Er enthält andererseits aber auch das Moment der Gleichheit, das alle alle Positionen und Handlungen verbindet und sie als Angehörige eines Feldes ausweist. Dies verbindet ihn mit dem schon erwähnten Terminus symbolisches Kapital. Über die Homologie der Symbolik des Kapitals wie der des Habitus gewinnt P. Bourdieu dann seinen Feldbegriff:

> „Die objektive Homogenisierung der Habitusformen der Gruppe oder Klasse, die sich aus der Homogenität der Existenzbedingungen ergibt, sorgt nämlich dafür, daß die Praktiken ohne jede strategische Berechnung und bewusste Bezugnahme auf eine Norm objektiv aufeinander abgestimmt und ohne jede direkte Interaktion und damit erst recht ohne ausdrückliche Abstimmung einander angepaßt werden können..."[309]

Dies eine von vielen verschiedenen Definitionen des Feldbegriffs durch *P. Bourdieu*. Sie mag zunächst unterbestimmt klingen, ein einigendes Band, eine Norm oder eine andere zusätzliche Form der Abgrenzung scheint zu fehlen. Und doch macht gerade das die Stärke des Feldbegriffs von *P. Bourdieu* aus. Ohne jede Abstimmung: das ist gerade der Clou der Argumentation. Es ist die internalisierte allen Positionen gemeinsame Struktur, die die Positionen eines Feldes für einander abstimmt und anpasst – ein Modus sozialer Entelechie bei kontingent gefasster Freiheit des Praxisrahmens. Wie sie das tut, und warum es nicht nur zu ähnlichen, sondern auch zu komplementären Formen von Wechselseitigkeit, zu Rollen, kommt,

---

306 P. Bourdieu, Entwurf einer Theorie der Praxis ²2009, S. 147, 164.
307 P. Bourdieu, Sozialer Sinn 1993, S. 101f.
308 Als Einführung kurz und gut: A. Nassehi 2011, S. 102-105.
309 P. Bourdieu Sozialer Sinn 1993, S. 109. So schon 1974 in P. Bourdieu, Der Habitus als Vermittlung zwischen Struktur und Praxis 1974, S. 132: „... Dieses Programm hat, um Ausdruck zu finden, es nicht nötig, ausdrücklich und mit Absicht realisiert zu werden, gewinnt es doch Ausdruck und Gestalt, auch ohne einen individuellen und bewussten Wunsch nach Ausdruck auszudrücken ().".

II – 4) Schließung: Habitus und Feld nach P. Bourdieu

kann man in je einzelnen Fallbeschreibungen finden, *P. Bourdieu* hat es aber nicht im Begriff des Feldes selbst verortet.

Und damit ist auch schon eine theoriestrategische Schwäche dieser Konzeption angesprochen. Wie unterscheiden sich die Positionen voneinander, und wie grenzt sich das Feld von seiner Umgebung ab? Handelt es sich bei Positionen wirklich nur um Abstände in Ähnlichkeit des Habitus und um Stufen in der skalierbaren Akkumulation symbolischen Kapitals? *P. Bourdieu* beschreibt Felder, die sich abgrenzen, in dem sie den Zugang zum symbolischen Kapital erschweren oder das Kapital selbst verknappen. Diese immer wieder beschriebenen Vorgänge der Schließung sozialer Machtstrukturen finden aber keinen Eingang in die begriffliche Konzeption, ein typisches Beispiel:

> „Dieser Sinn für das politische Spiel bewirkt, daß man einen Kompromiß auszuhandeln vermag, daß man über eine Sache Schweigen bewahrt, über die man normalerweise reden würde, daß man seine Freunde diskret zu protegieren versteht, daß man weiß, wie man mit Journalisten spricht …
> All dies trägt zur Geschlossenheit des Feldes bei und dazu, daß es die Tendenz hat leerzulaufen. Wenn man es seiner eigenen Logik überließe, würde es letztlich wie ein sehr avanciertes künstlerisches Feld funktionieren, in dem es kein Publikum mehr gibt."[310]

Die Schließung wird anschaulich beschrieben und die Geschlossenheit des Feldes erscheint als imaginärer Fluchtpunkt in einer Linie, in der das Feld letztlich ohne eine auf es selbst bezogene Umgebung auskommen müsste[311]. Wie aber verhalten sich Akkumulation von symbolischem Kapital und die Homologien des Habitus zum Vorgang der Schließung? Darauf bleibt die Soziologie P. Bourdieus eine Antwort schuldig.

Die hier vorgelegte Arbeit knüpft an diese Konzeption *P. Bourdieus* an. Wie in seiner Soziologie geht es um Machtstrukturen, hier um Großmächte im 18. Jahrhundert. Auch in dieser Arbeit geht es um eine nach und nach sich vollziehende Schließung von Machtstrukturen: Nach einigem Auf und Ab im Feld – Schweden, Spanien das Osmanische Reich sind oder werden zu Großmächten und steigen wieder ab – kommt es zur Herausbildung der Pentarchie, die in dieser Positionierung bis zum Ende des

---

310 P. Bourdieu, Das politische Feld 2001, S. 48.
311 Damit unterscheidet sich P. Bourdieus Begriff von Geschlossenheit deutlich vom Luhmannschen Begriffspaar Geschlossenheit/Offenheit, dass nach Luhmann soziale Systeme charakterisiert. Dort wäre die Geschlossenheit geradezu Bedingung für einen Typ von Offenheit, der über Punkt-zu-Punkt Beziehungen hinaus eine Sinn zugängliche Umwelt ermöglicht.

Teil II Entdinglichung und Schließung: Der methodische Zugang zum Feld

1. Weltkriegs bestehen bleibt. Wie im Habitusbegriff *P. Bourdieus* und wie im Politischen Realismus von *K. Waltz* gefordert, geht es auch hier um die beiden Ebenen einer Sozialstruktur, um Positionierung und um strategisches Handeln angesichts einer durch das Ensemble der anderen Positionen des Feldes definierten Situation. Keine Verwendung findet der Begriff des symbolischen Kapitals. Er suggeriert Statuszuweisungen durch Akkumulation von Kapital[312], verengt damit auf eine wirtschaftsspezifische und endogene, positionsinterne Vorstellung von Statuserwerb und verstellt damit die Sicht auf den im Feld stattfindenden Prozess der Anerkennung einer Großmacht als Großmacht[313].

Die Begriffe Habitus und Feld werden von mir übernommen und erweitert. Der in dieser Arbeit verwendete Habitusbegriff stellt die Bourdieu'sche Homologie als Resultat einer Imitation vor, die über die Stufen von Bewunderung und Respekt zu einer im Feld der Großmächte anerkannten Position findet. Darüberhinaus verbindet sich im individuellen Habitus der Großmacht Preußen die positionstypische, preußische Genera-

---

312 Vgl. dazu die kritischen Hinweise in dem Aufsatz von A. Kieserling, Zwischen Wirtschaft und Kultur, in: Selbstbeschreibung und Fremdbeschreibung 2004, S. 128-151: „Diese Festlegung der gesamten Theorie auf die Kontingenzformel der Wirtschaft hat ihre Folgen auch im Bereich der bevorzugten Sozialmodelle. Wo es um die Verteilung und Umverteilung von knappen Beständen geht, die nur exklusiv aneignungsfähig sind, da muss es naheliegen, alles soziale Geschehen als Konflikt zu modellieren." (A. Kieserling 2004, S. 134).

313 Charakteristisch etwa die Äußerung P. Bourdieus zu sozialer Anerkennung: „ ... erfordert die Umwandlung irgendeiner Art Kapital in symbolisches Kapital, also in legitimen Besitz, der im Charakter seines Besitzers begründet ist, immer eine Art Arbeit, einen sichtbaren Aufwand an Zeit, Geld, Energie, eine Rückverteilung, die notwendig ist, um die Anerkennung der Verteilung in Gestalt von Erkenntlichkeit des Empfangenden gegenüber dem zu erreichen, der in der Verteilung besser gestellt ist und daher geben kann, also ein Schuldanerkenntnis, das außerdem Anerkennung des Ranges ist." P.Bourdieu, Sozialer Sinn 1993, S. 237. Wie man sieht, wird der Prozess der Anerkennung hier ganz in die ungleiche Verteilung des akkumulierten Kapitals mithineingenommen. Der Erwerb des Großmachtstatus als Großmacht unter gleichen lässt sich mit diesem in die Gefilde ökonomischer Metaphorik entführenden, vor allem ja durch den Marxismus diabolisierten und mytifizierten Theorem nicht fassen, weil das Bild den Vorgang als reine Akkumulation nahelegt. Ab welchem Grad der Akkumulation symbolischen Kapitals wird sich wohl Anerkennung einstellen? Vielleicht geht P. Bourdieu auch nur einem seit Urzeiten verbreiteten Trugschluss und Wunsch auf den Leim: Dass nämlich sich Anerkennung (auch) über konsumiertes, also wesentlich symbolisches Kapital erwerben ließe.

lisierung aller Großmächte zur Einheit des Feldes. Die Konstruktion der Einheit des Feldes wird hier positionsabhängig gedacht und ist nur aus der Beobachtung zweiter Ordnung zugänglich. So diffundiert der Generalisierte Andere *G. H. Meads* in einen von *P. Bourdieu* konzipierten und hier erweiterten Habitusbegriff.

Der Begriff des Feldes dagegen wird um seine Grenzfunktion geschärft. In Anlehnung an *N. Luhmanns* Konzeption des System-Umwelt Theorems als Komplexitätsgefälle fasse ich den Feldbegriff hier ebenfalls relational, als Machtgefälle. Die Relation Feld-Umfeld zeichnet sich durch eine doppelte Ambivalenz aus, kurz und im Vorgriff angedeutet (siehe Teil III, Kapitel 4.1: Macht als Grenze zwischen Feld und Umfeld) durch eine Verbindung einer einseitigen Relationierung als Funktion (1. Ambivalenz) in Abhängigkeit von der Positionierung der Großmacht im Feld, die sich durch strategisches Handeln immer wieder ändert (2. Ambivalenz).

Wie im dritten Teil zu zeigen sein wird, ist die hier von *P. Bourdieu* übernommene Konzeption und Begrifflichkeit aus den eben genannten Gründen für die historische Konstellationsanalyse in ausgezeichneter Weise brauchbar.

II – 5) Der Zugang zum Feld der Großmächte

Mit diesen Hinweisen wäre das methodische Vorgehen im dritten Teil skizziert:

N. Luhmanns Hinweis auf das methodologische Potential der Beobachtung zweiter Ordnung eröffnet historisch verfahrender Soziologie die Möglichkeit, die Perspektive einer vergangenen oder fremden Zeit zu rekonstruieren, soweit es die Quellen erlauben, und rekursiv die gewonnenen Erkenntnisse auf die eigenen Verfahrensvorgaben anzuwenden.

Der Begriff des „Generalisierten Anderen" von *G. H. Mead* ist nicht nur im Bereich frühkindlicher Sozialisation von Bedeutung. *G.H. Mead* hat darauf hingewiesen, dass es sich dabei um die Genese von Sozialität überhaupt handele. Über die Denkfigur des „Generalisierten Anderen" wird in diesem Fall die Genese der Einheit des Feldes greifbar: Das Allgemeine wird von einer Position als die Einheit des generalisierten und so generierten Anderen erfahren – dies die Denkfigur. Damit ist auch festgestellt, dass das Feld verschiedene Bilder der Einheit von sich präsentiert, da bei ihm im Unterschied zu Dingen und Personen die Präsentation seiner Einheit nicht mit der Außengrenze seiner selbst zusammenfällt. Die je

Teil II Entdinglichung und Schließung: Der methodische Zugang zum Feld

nach Position verschiedenen Präsentationen der Einheit des Feldes beziehen sich vielmehr über die gemeinsame Außengrenze und über positionstypische Situationsdefinitionen und gemeinsame Lagen aufeinander. Angesichts dieser Sachlage ist eine Beobachtung zweiter Ordnung zwingend, um die verschiedenen Präsentationen der Einheit eines Feldes überhaupt aufeinander beziehen zu können. Die von *P. Bourdieu* entwickelte machtsoziologische Perspektive auf die Schließung sozialer Strukturen repräsentiert durch die Begrifflichkeit von Feld und Habitus wird hier für das Feld der Großmächte und für den Großmachthabitus Preußens übernommen, erweitert und dient als Grundlagenkonzeption dieser Arbeit.

Der dritte, nun folgende Teil eröffnet den Zugang zum Feld aus dem eben entwickelten methodischen Fokus. Am Beispiel des Aufstiegs Preußens zur Großmacht soll dessen Großmachthabitus im 18. Jahrhundert, genauer vom Jahr 1740, dem Amtsantritt Friedrichs II., bis zum Jahr 1763, dem Ende des Siebenjährigen Krieges analysiert werden. Es ist diese Zeitspanne, die im Allgemeinen mit dem Prozess des Aufstiegs Preußens zur Großmacht assoziiert wird.

Teil III Preußen als Parvenu: Das Feld der Großmächte im 18. Jahrhundert – erklärt am Aufstieg Preußens zur Großmacht

III – 1) Vorausblick: Der geschichtliche Rahmen und die innere Plausibilität des Prozesses der Anerkennung

Der Großmachthabitus Preußens wird im Folgenden in dreifacher Hinsicht erörtert. Der Generalisierung zur Lage (Teil III – 2.2) entspricht die Positionierung Preußens im Feld (Teil III – 2.3). Daraus resultiert eine bestimmte Form der Praxis (Teil III – 3): Großmächte beeindrucken sich gegenseitig über die von ihnen erzwungene Neudefinition des Rahmens, innerhalb dessen rationales Verhalten für eine Großmacht kontingent vorstellbar wird. Erst die Grenze zwischen Feld und Umfeld verlässt streng genommen den Habitusbegriff. Sie wird zwar im Blick auf die Neudefinition der Situation durch Preußen für alle anderen Großmächte erörtert, allerdings findet sie ihre Aktualisierung nie nur im Blick auf den Großmachthabitus einer Großmacht, sondern immer nur im Blick auf mindestens zwei Großmächte und deren Positionierung im Feld.

Der Sieg in der Schlacht von Mollwitz über das österreichische Heer im Frühjahr 1741 stand für den Beginn der Anerkennung Preußens als Großmacht und Frankreich machte darin den Anfang[314]. Für alle Großmächte ein Anfang wider Willen. War die Aufrüstung der preußischen Armee durch Friedrich Wilhelm I., den Soldatenkönig, bemerkt worden aber noch kein Grund zur Beunruhigung der anderen Großmächte, führte Friedrich II. diese preußische Armee zum Sieg über die Großmacht Österreich, das Eintrittsbillet in den Club der großen Mächte. Der französische Feldmarshall Belle-Isle besuchte auf Weisung des Kardinal Fleury Friedrich den Großen in seinem Feldlager, um Preußen auf der französischen Seite gegen Österreich in Stellung zu bringen. Nur, Friedrich ließ sich nicht vereinnahmen. Er verweigerte zunächst die Zusammenarbeit und unterstrich damit seine Eigenständigkeit. Als es schließlich zur Koalition zwischen

---

314 L. Bely, Les relations internationales en Europe (XVIIe-XVIIIe siècles) 1992, S. 493f.

Preußen und Frankreich kam, geschah dies wesentlich zu den Bedingungen Friedrichs des Großen. Frankreich musste Preußen als eigenständigen Partner auf Augenhöhe akzeptieren. Ebenso erging es der russischen Regierung. Glaubte Großkanzler Bestushev zu Beginn des Österreichischen Erbfolgekrieges noch, Preußen im russischen Interesse lenken zu können, belehrte ihn der Fortgang des Krieges eines Besseren. Georg II., König von England, wutentbrannt über den schlesischen Eroberungszug seines Neffen, wollte Preußen die schlesische Provinz in einer Koalition mit Österreich wieder entreißen, musste sich aber den anders gerichteten Interessen des engl. Parlaments beugen und den schon geplanten Krieg gegen Preußen wieder absagen – zum Bedauern Österreichs, das verzweifelt Verbündete im Kampf gegen Preußen suchte, um es wieder „in die Mittelmäßigkeit zu versetzen, dass es wieder ein Staat vom anderen Range und den übrigen weltlichen Kurfürsten gleich würde"[315]. Immer wieder schlug Friedrich II. Volten, die sowohl Frankreich aber auch Österreich, Russland und England von der eigenständigen Position Preußens überzeugen sollten. U.a. wurde er zweimal vertragsbrüchig und wechselte die Koalition[316]. Die Erfahrungen der anderen Großmächte mit einem Preußen, das sich nicht mehr wie bisher in die eigenen Großmachtambitionen auf der Landkarte Europas einbinden ließ, sondern Koalitionen und Verträge ohne Rücksicht auf die Bedrohungsfähigkeit anderer Mächte schloss und dabei ausschließlich eigenen Interessen folgte, diese Erfahrungen zwangen zu der unbequemen Einsicht, dass hier mit einem Preußen zu rechnen war, dass durch diese Politik seinen eigenen Anspruch auf den Großmachtstatus zu behaupten gedachte. Preußen ließ sich nicht mehr als Mittelmacht instrumentalisieren. Das Machtgefälle war aufgehoben.

Wie reagierten die anderen Großmächte auf diesen Großmachtanspruch?

Der Widerwille der anderen Großmächte, sich hier auf ein neues Gleich-zu-Gleich einzustellen, wich allmählich der **Erkenntnis einer neuen Qualität preußischer Bedrohungsfähigkeit. Es entstand ein Bild Friedrichs des Großen und damit Preußens, das bei allen Unterschieden in Betonung und Sichtweise einzelner Großmächte doch gemein-**

---

315 Staats-Betrachtungen über den gegenwärtigen Preußischen Krieg in Teutschland, ... 1761 Wien, in: J. Kunisch 1978, S. 18, 126.
316 A. Mc. Wilson 1936; S. 334, R. Browning 1993, S. 56f; M.S. Anderson 1995, S. 75.

same Konturen aufwies. Preußen wurde dadurch nicht diversifiziert sondern positioniert. Nach dem Frieden von Dresden und dem Ausscheiden Preußens aus dem Österreichischen Erbfolgekrieg wurde Friedrich II. in der europäischen Öffentlichkeit zu Friedrich dem Großen. In diese Reputation mischten sich Neid, Wut und Verärgerung, vor allem wegen seiner militärischen Erfolge, mit Bewunderung, Faszination und Respekt vor der Leistung des Königs und Feldherrn im Österreichischen Erbfolgekrieg. In der Ambivalenz und strukturellen Gleichförmigkeit dieser Reaktionen zeigte sich die Positionierung Preußens als bedrohungsfähige Großmacht. Die Bedrohungsfähigkeit wurde über ihre Personalisierung in Friedrich dem Großen individualisiert und als Ausdruck des Großmachtstatus in das Feld der Großmächte integriert.

Es blieb aber nicht bei der Erkenntnis der Bedrohungsfähigkeit. Heterochron, zeitlich in unterschiedlichen Abständen, und individuell verschieden reagierten nun alle Großmächte in prinzipiell gleicher Weise auf den Eindringling: **Preußen wurde imitiert.** Die Demonstration militärischer Stärke Preußens auf Großmachtniveau zwang die anderen Großmächte, nach Gründen für die Überlegenheit bzw. Ebenbürtigkeit des preußischen Militärs zu suchen, um je nach Resultat der gewonnenen Einschätzungen die eigene Armee zu reformieren, bzw. für eine Reform der gesamten Heeresverfassung, wie es in Preußen und Österreich hieß, die gesellschaftlichen Voraussetzungen zu schaffen. Was und wann mit welchen Gründen imitiert wurde, war so im Einzelnen abhängig von der Auffassung der Gründe wie der eigenen administrativen Situation. In jedem Fall aber dienten das preußische Militär und die gesellschaftlichen Voraussetzungen seiner Effizienz im Krieg erst als Ideal und dann als Typ, immer also als Vorbild für die Reformanstrengungen der anderen Großmächte, sei es zur Reorganisation der eigenen Armee oder auch den daraus folgenden weitreichenden Reformen staatlicher Administration in Österreich. Als Vorbild dienten sie aber nur deshalb, weil der Impuls durch das preußische Auftreten in der Eroberung Schlesiens vorher gesetzt worden war. Mögen die diversen administrativen Probleme der jeweiligen Großmächte vorher bekannt und Gegenstand von Debatten gewesen sein, der Impuls zur Effizienzsteigerung im Sinne absolutistischen Willens zur Macht wurde erst durch das Auftreten Preußens gesetzt. Als Impuls wirkte das preußische Auftreten, weil sich auf je verschiedene Weise die anderen Großmächte bedroht fühlten und deshalb bereit waren, in diesem (je verschiedenen) Augenblick der Erkenntnis der Bedrohungsfähigkeit Reformen zu beginnen, der Erkenntnis also Taten folgen zu lassen.

Dabei verstärkten sich zwei Momente gegenseitig. Der große und anhaltende Erfolg Preußens – im Österreichischen Erbfolgekrieg gelang es, Schlesien einzuverleiben und dies auch vertraglich abzusichern; im Siebenjährigen Krieg war Preußen nicht niederzuringen und siegte in den Schlachten bei Rosbach und bei Leuthen, die nach aller Wahrscheinlichkeit militärischer Kriegskunst an den Gegner hätten gehen müssen – diese Erfolge führten zu einer **Blendung** der anderen Großmächte, zu einer Blendung von Feind und Freund durch eine stupende militärstrategische Überlegenheit. Preußen schien übermächtig. Der Erfolg Preußens ließ die Größe der anderen verblassen. Da traten strategische Fragen in den Hintergrund, es ging um anderes, das eigene Selbstverständnis war in Frage gestellt:

In dieser Situation schien das einzige Heilmittel, sich dieser neuen Großmacht gegenüber in ein Verhältnis unter Gleichen, unter Großmächten zu setzen, die Nachahmung zu sein. Man wollte sich den Erfolg Preußens per Nachahmung gleichsam einverleiben, um vor sich selbst und Preußen zu bestehen. Eine Identitätskrise, aus der heraus, je nach militärischer und politischer Lage sei es das Rekrutierungssystem, der Stechschritt, die schiefe Schlachtordnung, Teile der Uniform, oder die Finanzierung des Militärs u.a.m. von Preußen abgeschaut und im eigenen Land eingeführt wurde. Es kam zu einer symbolischen Identifikation mit Preußen durch das politische und/oder militärische Establishment der anderen Großmächte.

Verstärkt wurde diese Identitätskrise durch das andere Moment, die **Erfahrung der eigenen Niederlage**, sei es gegen Preußen (Österreich, Frankreich, Russland[317]) sei es gegen andere Gegner (Großbritannien gegen Frankreich). Die Kränkung durch eine große oder mehrere Niederlagen machte das Problem der Abhilfe militärischer Unterlegenheit noch dringender. **Beide Momente, die Blendung durch die neue Großmacht**

---

317 Diese Kränkung ist natürlich verschieden intensiv. Österreich und Frankreich mussten sich trotz einzelner Erfolge als Verlierer des Siebenjährigen Krieges fühlen. Die verlorenen Schlachten von Rosbach (1757) und Leuthen (1757) wurden so zu Symbolen dieser Niederlage. Russland hatte die Schlacht von Zorndorf (1758) verloren aber in Groß-Jägersdorf (1757) und Kunersdorf (1759) gewonnen. Bei Peter III. mag so die Blendung durch den Erfolg Friedrichs des Großen im Vordergrund gestanden haben und die Kränkung durch die Niederlage in den Hintergrund getreten sein. Immerhin hatte auch Russland sein Ziel nicht erreicht, Preußen zu schlagen in der Übermacht einer aus drei Großmächten bestehenden Koalition.

Preußen und die Kränkung durch die eigene Niederlage, führten zu einer Imitation des preußischen Militärs, einer Imitation, die sich mit dem Gegner identifizierte, um seinen Erfolg zu vereinnahmen.

*Der Sinn dieser Imitation Preußens und seines Königs besteht in einer Identifikation ohne Abgrenzung. Diese will den Erfolg des anderen vereinnahmen, verklärt ihn deshalb zum Ideal und bemerkt nicht, welchen Druck diese Identifikation von durch Preußen realisiertem Erfolg mit dem erhofften eigenen Erfolg aufbaut. Sie ist prinzipiell schrankenlos und kommt deshalb im Politischen dem gleich, was S. Freud **Objektbesetzung** genannt hat*[318]. *Das Objekt, das Ideal, Friedrich der Große, wird mit prinzipiell schrankenloser Energie verbunden und besetzt so die staatlich-militärische Symbolik der Identität anderer Großmächte, weil man dort hofft, den realisierten Erfolg des anderen mit dem erhofften Erfolg für sich zur Deckung zu bringen. So sehr der Erfolg des anderen damit vereinnahmt wird, so wenig treten damit die Gründe für die eigene Niederlage zu Tage. Aber auch in der Außenperspektive auf sich selbst, d.h. in der jeweiligen gesellschaftlichen Öffentlichkeit, macht sich eine Diskrepanz bemerkbar. Denn im Erfolg Preußens wird der Erfolgreiche bewundert nicht aber der Bewundernde, der über diese versuchte Vereinnahmung des Erfolgs qua bewundernder Imitation die Bewunderung gern sich selbst zuführen würde, eine Schieflage, die der Bewundernde verschärft und in dieser Form der bloß bewundernden Anerkennung nicht einzuholen in der Lage ist. Im Gegenteil, der Versuch der imitierenden Vereinnahmung des Erfolgs plakatiert die Diskrepanz, da die Hilflosigkeit mangelnder Abgrenzung den Versuch der Vereinnahmung der Insignien des Erfolgs öffentlich konterkariert. So neigt diese Imitation dazu, leicht zu überziehen und ins Maßlose, Verzerrte oder sogar Lächerliche, zumindest aber ins unangemessen Empfundene abzugleiten.*

Die betreffende Literatur konstatiert die Diskussionen in den Staaten der anderen Großmächte[319]: Man fürchtete den Verlust der eigenen Identität, die Beschädigung der „constitution civile" (Frankreich), sorgte sich um eine Unterdrückung des Nationalgefühls (Russland), warnte vor einer Kränkung des eigenen Königs durch überzogenen Heldenverehrung (Großbritannien) und beklagte die Unvereinbarkeit mit der inneren Konstitution der Monarchie aber auch mit Sitten und Gebräuchen des Volkes

---

318 S. Freud, Massenpsychologie und Ich-Analyse ³1997, S. 33.
319 Zitiert in den Abschnitten der jeweiligen Großmächte.

(Österreich). Die Identifikation mit dem Gegner schien einfach keine Grenze zu kennen, dies der gemeinsame Ausgangspunkt der Kritik.

Erst die Anerkennung als Respekt gleicht diese Schieflage aus. Der Sinn von Imitation wandelt sich hier aus ganz unterschiedlichen Gründen, wie etwa aus Finanzmangel und aus ökonomischen Bedenken in Österreich, wegen einer öffentlichen Diskussion in Großbritannien, die die Nachahmung Friedrichs des Großen und des preußischen Militärs als Affront gegen den englischen König wertet, wegen des Putschs gegen den regierenden Zaren Peter III. durch die auf ihn folgende Katharina die Große in Russland, oder eben in Frankreich auf Grund des Disputs um die richtige Auffassung der „constitution civile" ausgetragen im Streit über die Militärreformen der 70er und 80er Jahre. Allen gemeinsam ist die Furcht vor Identitätsverlust. Der darüber gewandelte Sinn von Imitation bezieht sich nicht mehr auf Preußen als nachzuahmendes Ideal, sondern auf Preußen als Typus erfolgreicher Großmacht, den es nachzuahmen gilt, weil man nun selber für sich aus eigenem Recht den Großmachtstatus beansprucht. Die Identifikation gilt nicht mehr Preußen, sondern Preußen als Großmacht, d.h. dem Großmachtstatus Preußens. Damit setzt dann eine neue Abgrenzung, eine De-identifikation ein, die dem als Großmacht positionierten Preußen gilt. Preußen als Ideal mutiert zu Preußen als Typ einer erfolgreichen Großmacht. Damit wird auch die Blendung durch den Erfolg ersetzt durch eine distanziertere Einschätzung der Ursachen für den Erfolg, die dadurch allgemein zugänglich erscheinen, wenn sie nur richtig identifiziert werden können. Die neue Identifikation löst die Diskrepanz auf und verwandelt die Kränkung durch Niederlage in den Versuch der Machtsteigerung zu eigenen Bedingungen. Sie wird aufgelöst zugunsten einer neuen Gemeinsamkeit, der Identifizierung nun nicht mehr mit Preußen, sondern mit dem, was einen mit Preußen als Großmacht verbindet, mit dem Status. Die gleiche Imitation wird jetzt Symbol des Großmachtstatus und damit Bestätigung der Positionierung beider Staaten im Feld der Großmächte. Dieser Schritt der Anerkennung Preußens als Großmacht ist also in eins damit auch ein Schritt gelungener Selbstbehauptung der anderen Großmächte. Man spricht sich und der anderen Großmacht die Gleichheit im Großmachtstatus zu, kurz man respektiert sich.

Diese Schritte der Anerkennung Preußens als Großmacht – Erkenntnis der Bedrohungsfähigkeit, Imitation als Bewunderung und Imitation als Respekt vor der neuen Großmacht – lassen sich bei allen Großmächten des 18. Jahrhunderts, bei Frankreich, Österreich, Großbritannien und Russland in ihrer Reaktion auf den preußischen Großmachtan-

spruch zeigen. Genau deshalb kann dieser Dreischritt auch für die Positionierung Preußens im Feld der Großmächte stehen. Im Sinn der Imitation wird nicht nur das Formale des Zuschreibungsprozesses sichtbar, eine Großmacht sieht eine andere als ..., sprich die Beobachtung erster Ordnung. Sie demonstriert darüber hinaus sowohl die generalisierte Bedrohungsfähigkeit als auch deren individuelle, positionierte Ausformung: Hier ist es Preußen als Großmacht mit allen oben dargestellten Attributen. Imitation als Träger von sozialem Sinn ist hier Indikator von Feldstrukturen, deren Einheitlichkeit im gemeinten Sinn und nicht im Imitat zum Ausdruck kommt[320]. Eine Differenz, in der die Rekursivität der Beobachtung zweiter Ordnung zum Ausdruck kommt, denn für die am Prozess Beteiligten fällt Imitat und Sinn in eins. Dieser Prozess der Anerkennung Preußens durch alle anderen Großmächte vervollständigt den Prozess der Po-

---

[320] E. Durkheim hat in seiner Auseinandersetzung mit G. Tarde (Die Gesetze der Nachahmung 2009) kritisiert, dass Imitation allein niemals das Wesentliche und Charakteristische eines sozialen Phänomens ausdrücken kann (E. Durkheim, Der Selbstmord 1973, das Kapitel „Die Nachahmung", S. 124-150, und ders., Die Regeln der soziologischen Methode 1984, S. 112, Anm. *). Vielmehr käme es auf den sozialen Sinn der Nachahmung an (vgl. E. Durkheim, Der Selbstmord 1973, S. 129ff, 134, 147). E. Durkheim kritisiert diesen Schwachpunkt der Argumentation G. Tardes zu Recht. Zur Polemik E. Durkheims gegen G. Tarde in diesem Kapitel passt allerdings schlecht, dass auch E. Durkheim zugestehen muss, dass Selbstmord durch Nachahmung sich gewissermaßen ansteckend verbreiten kann (ebd. S. 134-137). Die Polemik E. Durkheims vor allem am Schluss des Kapitels unterschlägt deshalb die davor noch zugestandene Bedeutung der Nachahmung für sein eigenes Thema.
An Hand des hier präsentierten Befundes kann man sagen, dass die Imitation sehr wohl das Wesentliche eines sozialen Sachverhalts mitteilen kann, nur dass der Sinn von Imitation und damit der mitzuteilende Gehalt sich zu ändern vermag. Es ist gerade die Imitation, die den sozialen Sinn transportiert, da sie den zugrundeliegenden Zuschreibungsprozess symbolisiert. Nachahmung als soziale Praxis heißt ja eine Art von Übertragung, die eine angestrebte Gleichheit von Imitierendem und Imitiertem in einem Punkt voraussetzt, kurz: Soziale Nachahmung auch unter Absehung von einem spezifischen Sinn setzt darin immer die angestrebte Einheit von Selbst- und Fremdverhältnis voraus, bei Bewunderung als Identität von Selbst- und Fremdverhältnis, bei Respekt als die Einheit der Differenz von Selbst- und Fremdverhältnis. Die Faszination G. Tardes durch das Phänomen erklärt sich meines Erachtens hier. Genau deshalb stellt Nachahmung ja Anschlussfähigkeit verschiedener Gegenwarten her und überrascht dabei sich selbst – wie Tarde immer wieder illustriert und wie im Folgenden zu zeigen sein wird (so A. Nassehi, Gesellschaft der Gegenwarten 2011, S. 23f).

Teil III Preußen als Parvenu

sitionierung Preußens im Großmachthabitus der Epoche des Absolutismus.

Der sich wandelnde Sinn von Imitation, von der Anerkennung aus Bewunderung zur Anerkennung aus Respekt, geht ein Stück weit parallel mit dem, was sich bei *G.W. Hegel* und bei *G.H. Mead* als Bewegung des Anerkennungsprozesses findet.

Ohne hier auf die Bedeutung von Begriff und Prozess der Anerkennung in der Philosophie *G.W. Hegels* einzugehen[321], soll doch kurz auf eine strukturelle Gemeinsamkeit und einige Unterschiede aufmerksam gemacht werden. Zunächst zu den Unterschieden. Für *G.W. Hegel* bedingt der vollständige Prozess der Anerkennung den Durchgang durch einen Konflikt, der für diesen Prozess konstituierend ist[322]. Für den Konflikt, aber auch für den dialektischen Prozess der Selbstauslegung des Geistes in seine ver-

---

321 Dazu grundlegend: Ludwig Siep, Der Kampf um Anerkennung. Zu Hegels Auseinandersetzung mit Hobbes in den Jenaer Schriften 1974, L. Siep, Anerkennung als Prinzip der praktischen Philosophie. Untersuchungen zu Hegels Jenaer Philosophie des Geistes 1979, Axel Honneth, Kampf um Anerkennung. Zur moralischen Grammatik sozialer Konflikte 1994, und Michael Quante, „Der rein Begriff des Anerkennens". Überlegungen zur Grammatik der Anerkennungsrelation in Hegels Phänomenologie des Geistes 2009.

322 In der Diskussion über die Entwürfe G.W. Hegels zum Kampf um Anerkennung, werden Begriffe wie Kampf, Konflikt und Negation teilweise gleichbedeutend gebraucht. Assoziationen zu Themen wie Widerspruch, Defizit, Ungleichheit, Entgegensetzung u.a.m. laufen mit (vgl. z.B. A. Honneth 1994, S. 28, 31f, 35). Für die Zwecke dieser Arbeit, die in Teil I – 2 Konflikt und Feld getrennt hat, unterscheide ich zwischen Konflikten als einer ausschließlich zweiseitigen sozialen Struktur und ihrer durch reziproke negative Identifikation gebildeten zwei Seiten einerseits und Widersprüchen oder Defiziten andererseits auf einer Stufe von Imitation, die sich durch den Wandel von Bewunderung zu Respekt wieder auflösen.
L. Siep hat die erste Präfiguration des Kampfes um Anerkennung schon in einer der Jugendschriften (Der Geist des Christentums) und daran anschliessend in verschiedenen Schriften aus der Jenaer Zeit aufgespürt (vgl. L. Siep, Der Kampf um Anerkennung 1974, S. 162ff.). A. Honneth referiert detailliert die verschiedenen Stadien des Kampfes um Anerkennung in den Schriften G.W. Hegels in dessen Jenaer Zeit (A. Honneth 1994, Kapitel 2 und 3, S. 20-105). Die Abschwächung des Modells „Kampf um Anerkennung" in der Phänomenologie des Geistes führt dazu (vgl. A. Honneth 1994, S. 12, 104), dass M. Quante den „reinen Begriff des Anerkennens" in der Phänomenologie ganz ohne Bezug auf einen Kampf um Anerkennung rekonstruieren kann (M. Quante 2009, S. 93, basierend vor allem auf dem ersten Teil des Kapitels Selbstbewusstsein). Wenn ich von vollständigem Prozess rede, beziehe ich die Passagen über Herr und Knecht (Phänomenologie

schiedenen Gestalten handelt es sich um aufeinanderfolgende, aber immer zweiseitige Relationen. Anerkennung wird als ein intersubjektives Geschehen gefasst, das nur als eine gleichzeitige Anerkennung zweier Selbstbewusstseine geschehen kann, die sich wechselseitig anerkennen[323] – ein doppelsinniges Tun, wie *G.W. Hegel* es nennt[324]. Diese Wechselseitigkeit ist für den Hegel'schen Prozess der Anerkennung konstitutiv. Anerkennung findet nur statt, wenn zwei sich gleichzeitig anerkennen. Es handelt sich um bilaterale (wechselseitige) und gleichsinnige (es handelt sich beide Male um Anerkennung) Reziprozität[325].

Im Unterschied dazu eruiere ich den Prozess der Anerkennung in Absetzung vom Konflikt: Anerkennung ist ein Merkmal des Feldes der Großmächte und nicht eines Konfliktes zwischen Großmächten. Zudem ist der Prozess der Anerkennung hier zwar reziprok, aber weder bilateral noch gleichsinnig. Bei einem Feld von fünf Großmächten kann das Geschehen nicht auf eine zweiseitige Relation beschränkt werden. Preußen wird von den anderen vier Großmächten anerkannt, von Freund und Feind. Es handelt sich mithin um eine Form multilateraler Reziprozität. Weiter ist die Anerkennung einseitig, Preußen wird von den anderen Großmächten anerkannt, antwortet aber nicht mit einer gleichzeitigen Anerkennung der anderen. Diese sind bereits allgemein als Großmächte anerkannt. Es handelt sich insofern nicht um ein wechselseitig gleichsinniges Geschehen. Die Reziprozität liegt hier vielmehr in der Generalisierung der anderen Großmächte zum generalisierten Anderen, zur Einheit des Feldes der Großmächte. An die Stelle einer bilateralen, gleichsinnigen Reziprozität tritt damit eine multilaterale, verschiedensinnige Reziprozität. Der Anerkennung der anderen entspricht die Generalisierung zur Einheit des Feldes[326].

---

des Geistes, S. 146-150) als integralen Bestandteil des Anerkennungsprozesses mit ein.

323 Ausführlich dazu M. Quante 2009, S. 98f.

324 G.W. Hegel, Phänomenologie des Geistes 1952, S. 142.

325 L. Siep hat gezeigt, dass auch in der veränderten Konstellation im zweiten Teil der Phänomenologie des Geistes, wo das Bewusstsein sich verschiedenen Gestalten des Geistes (also eines Wir) gegenübersieht, dies als zweiseitige Relation (Ich-Wir) von G.W. Hegel gefasst wird.

326 Die Hegel'sche Fassung des Anerkennungsbegriffs erklärt Anerkennung als konstitutiv für die Möglichkeit von Intersubjektivität und so auch Kommunikation überhaupt (vgl. A. Honneth 1994, S. 27.30f., M. Quante 2009, S. 93.99, L. Siep 2000, S. 99). In diesem Sinn könnte man versuchen, den Hegel'schen Begriff auch hier zu erweitern oder modifiziert anzuwenden. Ich sehe in diesem Fall, An-

Und damit ist allerdings auch schon zur Parallele übergeleitet. Zunächst kann in dem in dieser Arbeit explizierten Prozess der Anerkennung als Großmacht ganz allgemein eine strukturell parallele Abfolge gesehen werden zum dialektischen Prozess der Tätigkeit eines Bewusstseins, das aus sich herausgeht, sich im anderen findet, dort unter Verwicklung in Defizite, Widersprüche, Entgegensetzungen u.a.m. (gesammelt unter dem Hegelschen Terminus Negation) sich aus der Identifikation wieder lösen muss, um angereichert um diese Erfahrung zu einem neuen Selbstverhältnis zu finden – so der regelmäßig wiederkehrende Schritt von einer Stufe zur nächsten in der Selbstauslegung des Geistes in seine verschiedenen Gestalten in der Phänomenologie. Darüberhinaus aber schildert *G.W. Hegel* in der Phänomenologie des Geistes zunächst einseitig einen Teil des Vorgangs der Anerkennung aus der Perspektive eines (sich herausbildenden) Selbstbewusstseins, um damit die sich entwickelnde, wenn auch noch defizitäre Erkenntnissteigerung des Bewusstseins zu demonstrieren. Dies findet sich im ersten Teil des Kapitels Selbstbewusstsein der Phänomenologie des Geistes und in der Enzyklopädie unter dem Stichwort „Begierde"[327].

Dieser zunächst einseitig geschilderte Vorgang einer Selbsterfahrung des Bewusstseins handelt davon, dass ein Bewusstsein nicht nur die Erfahrung seiner Subjektivität (dies im vorhergehenden Kapitel „Bewusstsein"), sondern jetzt auch seiner Objektivität macht – es wird sich sich selbst zum Objekt. Dies dadurch, dass es sich in einem anderen Objekt (Ding oder Person) selbst erkennt. Es geht um die im Kapitel Selbstbewusstsein erreichte Stufe der Einheit von Selbst- und Fremdverhältnis. In einem ersten Schritt wird das Objekt instrumentalisiert und degradiert zum bloßen Mittel der Selbsterkenntnis, es erscheint als eine Schöpfung, als eine Kon-

---

erkennung als Großmacht, das Anerkennungsgeschehen eher als eine besondere Art von Kommunikation und nicht als deren Basis. Andere Kommunikation zwischen den Großmächten, z.B. die diplomatische Kommunikation, ist nicht auf das Feld der Großmächte beschränkt und kann deshalb auch nicht dafür konstitutiv sein.

327 Für die Zwecke dieser Arbeit muss auf die Differenzen der Darstellung zwischen Phänomenologie des Geistes (Ausgabe Felix Meiner, 6. Aufl. 1952, darin im Teil B „Selbstbewußtsein, IV. Die Wahrheit der Gewissheit seiner selbst, S. 133-140) und der Enzyklopädie (Band III, Theorie Werkausgabe Suhrkamp 1976, darin: Die Begierde § 426-§ 429, S. 215-219) nicht eingegangen werden. In Bezug auf die Darstellung der Begierde und die hier herauszuarbeitende Parallele ergänzt die Darstellung der Enzyklopädie jene der Phänomenologie.

struktion des Bewusstseins. In dem Maße, wie das Bewusstsein dieses Objekts bedarf, um sich seiner selbst zu versichern, wird es von ihm begehrt. Diese Begierde tendiert jedoch dazu, das Eigenleben des Gegenstandes zu verdrängen, es vereinnahmt ihn ja lediglich zur Selbstbestätigung (es negiert ihn in der Sprache *G.W. Hegels*). Und eben diese Vereinnahmung läßt nun seinerseits die Begierde ins Leere laufen, da sie ja zu ihrer Selbstvergewisserung eben nicht nur eines Gegenstandes bedarf, sondern des Fremden, des Entgegengesetzten daran, also Dessen, was gerade nicht nur als das Eigene des zu sich kommenden Selbstbewusstseins verstanden werden kann. Die Reflexion auf die vorgängige Erfahrung kommt so zur Konstitution des Gegenstandes nicht nur als Mittel zur Selbstvergewisserung, sondern als zunächst irgendeinem Allgemeinen Fremden („seine unorganische allgemeine Natur"[328]), das aber als Mittel dazu gebraucht wird. Der Gegenstand wird damit gedoppelt: Er wird als Instrument und als allgemeines Fremdes gebucht[329]. Wenn auch – so Hegel –die Begierde „niemals ihr absolutes Ziel erreicht"[330], so macht sie doch die Erfahrung der Abhängigkeit der Möglichkeit der Instrumentalisierung von der Gegebenheit des Fremden („daß dies Aufheben sei, muß dies Andere sein"[331]). Diese Erfahrung, in der es zwischen den beiden Weisen des Gegenstandes für ein Selbstbewusstsein zu sein, noch keinen Ausgleich schaffen kann, führt u.a. zu einem Rückzug des Selbstbewusstseins in sich selbst, in dem es „sich als ein unterschiedenes Ich sich selber gegenüberstellt, dadurch aber sich über die Selbstsucht der bloß zerstörenden Begierde erhoben."[332]. Die damit erreichte Stufe schildert *G.W. Hegel* wenig später als

---

328 G.W. Hegel, Phänomenologie des Geistes 1952, S. 139.
329 G.W. Hegel, Phänomenologie des Geistes 1952, S. 139 (oben).
330 G.W. Hegel, Enzyklopädie III 1976, S. 218.
331 G.W. Hegel, Phänomenologie des Geistes 1952, S. 139.
332 G.W. Hegel, Enzyklopädie III 1976, S. 219. Ich bin mir bewusst, hier durchaus nicht den gesamten strukturellen Gehalt der eben rezipierten Seiten zu berücksichtigen. Dieser wird kompliziert durch die drei Perspektiven, die in der Phänomenologie kopräsent mitlaufen. Wie die Perspektive des von Stufe zu Stufe sich reicher erfahrenden Selbstbewusstseins, die holistische Perspektive des sich selbst auslegenden Geistes und drittens die des kommentierenden Phänomenologen an dieser Stelle zu einander verhalten, muss hier ausgeblendet werden (dazu W. Marx, Hegels Phänomenologie des Geistes ²1981, darin das Kapitel: Die Dialektik und die Rolle des Phänomenologen, und H.-F. Fulda, G.W. Hegel 2003, S. 87f). Die Einführung eines zweiten Selbstbewusstseins (und nicht nur die Selbständigkeit eines Objekts) ist eng mit dieser Verschränkung der Perspektiven verbunden und wirft eigene Interpretationsprobleme auf, die ich hier ausklammere.

bilaterale, gleichsinnige Reziprozität („Sie anerkennen sich als sich gegenseitig anerkennend"³³³), und so endet die Parallele auch an dieser Stelle.

Nach dem oben Gesagten ist die Analogie unschwer zu erkennen. Die Strukturen von Bewunderung und Begierde laufen parallel in dem Versuch der Vereinnahmung, hier des Erfolgs des Anderen. Und beide verwickeln sich in einen Widerspruch, der aus einer Defiziterfahrung resultiert. Die Form der bloß bewundernden Anerkennung ist hier nicht in der Lage, die mit dem Erfolg einhergehende Bewunderung sich selbst zu zuführen. Aus dem Bewundernden wird durch diese Art der Vereinnahmung noch kein Bewunderter. Diese Diskrepanz, eine Folge mangelnder Abgrenzung, wirkt nach außen als Hilflosigkeit und führt zur Befürchtung eines Identitätsverlusts. Dies kann im Einzelfall in der Tat zu einer Verdoppelung des Bewunderten führen: So war Zar Peter III. von Russland durch die maßlose Bewunderung seines Idols Friedrich des Großen nicht von seinem geplanten Feldzug gegen Dänemark abzubringen. Friedrich der Große selbst riet ihm davon ab – und stieß auf taube Ohren. Der reale Friedrich der Große war gegenüber seinem Ideal relativ machtlos(s.o. das Kapitel „Russland bewundert Preußen")!

Die darauffolgende Verwandlung des Sinnes der Imitation in Respekt und die damit einhergehende Auflösung einer schrankenlosen Identifikation bzw. Begrenzung der Imitation durch Prüfung am Eigeninteresse schlägt einen anderen Weg ein als die Einführung eines zweiten Selbstbewusstseins an dieser Stelle. An die Stelle einer Weiterentwicklung des Selbstbewusstseins tritt die Kritik der je verschieden gestalteten, großmachtinternen Öffentlichkeit. Erhoben über die bloße Bewunderung kann der Respekt die Imitation den Kriterien des Eigeninteresses unterwerfen, die über den bloßen Versuch der Vereinnahmung des Erfolgs hinausgehen. Imitation aus Respekt sieht darin eine Anerkennung als ebenbürtiger Großmacht ineins mit dem Vergehen der Furcht vor eigenem Identitätsverlust, die Würde des Imitierten wie des Imitierenden besteht in der Gemeinsamkeit ihres Status.

(vgl. dazu H.-G. Gadamers elegantes Darüberhinwegschweben, Hegels Dialektik des Selbstbewusstseins 1979, S. 225f: „Der Gegenstand der Begierde ist mithin selber Leben, gerade weil er für das Bewusstsein der Begierde alles andere ist … „.. und etwas später dann: „… der Gegenstand der Begierde … muss in der Eigenheit seiner Absonderung lebendiges Selbstbewusstsein sein.").

333 G.W. Hegel, Phänomenologie des Geistes 1952, S. 143.

In der Konzeption von Anerkennung, wie sie bei *G.H. Mead* zu finden ist[334], rückt der „Generalisierte Andere" in den Mittelpunkt der Betrachtung. *G.H. Mead* geht über *G.W. Hegel* insofern hinaus, als er neben der Reziprozität des Anerkennungsverhältnisses (zwei Subjekte) auch den gemeinschaftlichen Willen der Gesellschaft miteinbezieht[335]. Dadurch wissen beide Subjekte allererst, wie und wann sich die Reziprozität ihrer Erwartungen materialisiert[336]. Dieser gemeinschaftliche Wille ist beiden Subjekten in Form des Generalisierten Anderen zugänglich. Darüberhinaus verläuft der Prozess gesellschaftlicher Entwicklung hin zu größerer Individualität und Freiheit des Einzelnen über einen Konflikt mit den existierenden Moralen und Normen einer Gesellschaft, die zu einer Fort-Bildung des Ich vermittelst eines ideellen, sich entschränkenden Generalisierten Anderen führt. Damit unterstehen diese Einzelnen einem psychosozialen Druck, sich für eine Institutionalisierung dieser Entschränkung von Normen und Moral im Sinne dieses Generalisierten Anderen in der Gesellschaft einzusetzen. „Die gesellschaftliche Praxis, die sich aus der vereinten Anstrengung um eine solche „Bereicherung der Gemeinschaft" ergibt, ist es, was in der Sozialpsychologie Meads „Kampf um Anerkennung" heißen kann"[337].

Soweit zu *G.H. Meads* Konzeption von Anerkennung in der Rekonstruktion von *A. Honneth*. Leicht zu sehen, dass es nicht der Kampf um Anerkennung und auch nicht die Form von Reziprozität ist, die Mead ja mit Hegel teilt, sondern vielmehr der Rekurs auf den Generalisierten Anderen als die Präsenz der Einheit des Sozialen im Anerkennungsprozess,

---

334 Ich beziehe mich bei diesem Rekurs auf G.H. Mead auf die Interpretation A. Honneths 1994, S. 128-136.
335 A. Honneth 1994, S. 129.
336 A. Honneth 1994, S. 128f: „Im Hinblick auf das Anerkennungsverhältnis aber, das Hegel unter dem Oberbegriff des „Rechts" als eine zweite Stufe in sein Entwicklungsmodell eingeführt hat, stellt die Konzeption des „generalisierten Anderen" nicht nur eine theoretische Ergänzung, sondern eine sachliche Vertiefung dar: sich wechselseitig als Rechtsperson anzuerkennen heißt, daß beide Subjekte in ihr eigenes Handeln kontrollierend jenen gemeinschaftlichen Willen einbeziehen, der in den intersubjektiv anerkannten Normen ihrer Gesellschaft verkörpert ist. Mit der Übernahme des „generalisierten Anderen" wissen die Interaktionspartner nämlich reziprok, welche Verpflichtungen sie den jeweils Anderen gegenüber einzuhalten haben, ...".
337 A. Honneth 1994, S. 136.

der hier für die Zwecke dieser Arbeit als hermeneutische Brücke dient. Theoretisch wie empirisch das Scharnier.

Diese Analogien bei *G.W. Hegel* und *G.H. Mead*, die Abfolge bei *G.W. Hegel* und die Bedeutung des Generalisierten Anderen für den Anerkennungsprozess bei *G.H. Mead*, dort und hier das identifikatorische Moment, Imitation als Bewunderung im Rahmen der erkannten/anerkannten Bedrohungsfähigkeit, sowie ihre im Folgenden dargestellte Verifizierung in der Beobachtung von Beobachtung demonstrieren eine innere Plausibilität des Anerkennungsprozesses, die jeweils den Anerkannten wie Anerkennenden in unterschiedene Beziehungen zueinander setzt. Die durch einen Sieg über eine andere Großmacht erwiesene Bedrohungsfähigkeit stellt andere Großmächte vor die Frage der Selbstbehauptung, die durch erst bewundernde dann respektierende Imitation beantwortet wurde. Nun wurde ein Prozess der Anerkennung Preußens als Großmacht im Lager neuzeitlicher Geschichtswissenschaft über einen Zeitraum von 1741 bis zum Ende des Siebenjährigen Krieges 1763 behauptet, aber nicht erklärt, so dass die Schlussfolgerung nahelag, mit einem Prozess zu rechnen, ohne dass dieser vorher benannt werden konnte. Die hier zitierten, sich darauf beziehenden Quellen reichen vom Jahr 1741 bis ins Jahr 1783 (vgl. das Kapitel „Frankreich respektiert Preußen", S. 134), wo im französischen Militär noch immer über die Konsequenzen für eine Heeresreform mit Blick auf den preußischen Sieg im Siebenjährigen Krieg diskutiert wurde. Der zeitliche Rahmen stimmt also in etwa mit dem überein, was zuvor in Kapitel I – 1 über die breitgefächerten Meinungen zu einem Prozess der Anerkennung im Lager neuzeitlicher Geschichtswissenschaft referiert worden ist.

Der Prozess als solcher wird im letzten Kapitel „Das Feld als Prozess von Imitation und Koordination von Heterochronizität" skizziert. Wie aus dem Vorausgegangenen ersichtlich, sind die Stufen des Prozesses dabei unterschiedlich operationalisiert. Konnte bei der Erkenntnis der Bedrohungsfähigkeit noch einfache Gemeinsamkeiten im Bild des bedrohungsfähigen Preußen ausgemacht werden, lief die Imitation als Identifikation und De-identifikation über ganz verschiedene Imitate, deren Sinn aber der gleiche war: Der Anerkennung aus Bewunderung folgt die Anerkennung aus Respekt. Alle diese Imitationen basierten auf der Erkenntnis der Bedrohungsfähigkeit Preußens.

Es handelt sich um einen an Hand des bisher Ausgeführten typisierenden Vorgriff, da für seine vollständige Skizzierung die Anerkennung der anderen Großmächte das Bild komplettieren müsste: Der Prozess ist heterochron, kennt keine notwendige, entelechierende Abfolge, sondern rekurriert auf die Ungleichheit des Großmachtstatus in seiner vorausgesetzten Gleichheit. Immer waren es prekäre oder existentiell bedrohliche Situationen, den Status bedrohende, militärische Niederlagen zumeist, die den Impuls zur Imitation gaben und so den Prozess des Feldes der Großmächte in Gang hielten, um der Ungleichheit in der Gleichheit entgegenzuwirken.

In den folgenden Kapiteln wird der hier resümierte und als Einleitung vorangestellte Prozess für jede Großmacht in eigenen Kapiteln nachvollzogen.

III – 2) Der Großmachthabitus Preußens

Das Feld der Großmächte wird im Folgenden an Hand des preußischen Aufstiegs zur Großmacht dargestellt. Der Großmachthabitus Preußens repräsentiert dabei das Feld der Großmächte aus preußischer Sicht und mit Fokussierung auf Preußen. Zur Erinnerung: Preußen eignete sich deshalb besonders zur Herausarbeitung der Feldstrukturen, weil es in ein schon bestehendes Feld von Großmächten aufstieg und weil es eine untypische Großmacht war. „Eine Großmacht auf tönern Füßen" titelte *H. Duchhardt*, und meinte damit, dass die im allgemeinen für eine Großmacht angesetzten Statusbedingungen, nämlich Basisressourcen wie ausreichend große Bevölkerungszahl, Wirtschaftskraft, militärische Kapazität usw., für Preußen's Aufstieg nur teilweise zutrafen und darüberhinaus (*E. Broicher*) nicht den Grund für den Aufstieg Preußens abgaben. Die Großmacht Preußen als „schwarzer Schwan der Erkenntnis" verleitet, genauer auf die Gründe für den Großmachtaufstieg zu schauen und sich nicht vorschnell mit endogenen Argumentationsmustern wie z.B. ressourcenquantifizierender Komparatistik zu begnügen.

Durch diesen Fokus vorgegeben, handelt es sich deshalb nicht um eine vollständige, sondern um eine für das Ganze des Feldes typische Darstellung. Es geht um die beiden Seiten des Großmachthabitus: Einerseits die Positionierung Preußens im Feld der Großmächte als Prozess der Anerkennung und andererseits, seine Art die Einheit des Feldes darzustellen, also die Generalisierung aller anderen Großmächte zur Einheit des Feldes als des Anderen, zu dem sich Preußen selbst zählt. Eine vollständige Darstellung des Feldes müsste dies für die anderen Großmächte ebenso ausführen; allerdings würde diese Ausweitung der Aufgabenstellung das Fassungsvermögen der Arbeit übersteigen. Der Großmachthabitus bietet den Zugang zum Feld aus der Perspektive einer Großmacht und mit Fokussierung auf sie. Durch ihn werden die für das Feld typischen Zuschreibungsprozesse transparent. Unter der Absehung von französischem, britischem, russischem oder österreichischem Großmachthabitus wird hier der preußische Großmachthabitus dargestellt.

Auf die Darstellung der beiden Seiten des Habitus folgen die Erörterung der Grenze zwischen dem Feld der Großmächte und seinem Umfeld sowie die feldspezifische „Kommunikation" zwischen den Großmächten, wie sie sich durch gegenseitige Änderungen ihrer Situationsdefinition unter Druck setzen, indem sie den Praxisrahmen von rationaler Aktivität immer wieder verschieben oder neu bestimmen. Das letzte Kapitel fasst das zuvor in Einzeldarstellungen Ausgeführte mit Blick auf die Konstitution des Feldes zusammen.

III – 2.1) Ruhmbegierde und Konkurrenzdruck

Der Absolutismus war eine Epoche des Übergangs zu der Form von Staatlichkeit, wie wir sie heute kennen. Vereinheitlichung von Administration der beherrschten Ländereien und Kontrolle über alle gesellschaftlichen Bereiche durch den Herrscher einerseits und andererseits das dynastische Gepräge dieser Form von Herrschaft, das dieses entstehende Ganze noch familiär rahmte, es als eine Art „Familienbesitz" erscheinen ließ. Dem Anspruch nach repräsentierte der Fürst diesen Staat nicht nur, in ihm war der Staat vielmehr sichtbar anwesend. Er verkörperte den Staat, er war sein Symbol. Die monarchiegeschichtlich bedeutsame Anschauung von den zwei Körpern des Königs, des privaten und des öffentlichen Körpers, der über den Tod hinaus Bedeutung für den durch ihn repräsentierten Staat behält, markiert diese Differenz, denn sie verwandelt – trotz der Unterscheidung – alle bekannt werdenden individuellen Äußerungen des Fürsten im Absolutismus in Aktionen des von ihm repräsentierten neuen Staatsgebildes[338]. Mit Blick auf die politologische Diskussion, ob und wieweit Staaten als Akteure, als handelnde Subjekte aus wissenschaftlicher Perspektive konzeptualisiert werden können, kann man sagen, dass diese Konzeptuali-

---

338 Siehe dazu E.H. Kantorowicz, Die zwei Körper des Königs 1998, S. 29-32, und J. Kunisch, Absolutismus 1999, S. 64f.

III – 2) Der Großmachthabitus Preußens

sierung zumindest der Herrschaftsform im Zeitalter des Absolutismus entspricht[339]. Auf diese Weise müssen die von Friedrich dem Großen überlieferten Äußerungen, vor allem in seiner literarischen Hinterlassenschaft, auch als Äußerungen des Staates Preußen gewürdigt werden. Wenn also in der folgenden Darstellung Äußerungen Friedrichs des Großen, Maria Theresias oder anderer Herrscher zitiert werden, dann in eben diesem Sinn.

Am Anfang seiner Herrschaft stand Friedrichs II. Wille zur Macht, zur absoluten Macht, und das hieß im Zeitalter der Absolutismus für den preußischen König: den Staat Preußen im Feld der Großmächte als ebenbürtigen Partner zu etablieren.

„Brechen Sie auf zum Rendez-vous des Ruhms, wohin ich Ihnen ungesäumt folgen werde"[340],

beendete Friedrich II. seine Rede an die umstehenden Offiziere vor dem Aufbruch zur Eroberung Schlesiens am 13. Dezember 1740. Darin manifestierte sich der Machtwille bei Friedrich dem Großen: in seiner großen, außergewöhnlichen Ruhmbegierde, wie sie August Wilhelm Schwicheldt, Gesandter des englischen Königs Georg II. am preußischen Hof, eindrücklich beschreibt:

„Unter den Hauptneigungen, so man an dem Könige wahrnimmt, stehet billig die Ruhmbegierde obenan. … Aus der übermäßigen Ruhmbegierde entspringet des Königs Liebe zum Kriege und Soldatenwesen. Der bei ihm eingewurzelte Wahn, daß die höchste Ehre eines Regenten in Erweiterung der Grenzen seiner Botmäßigkeit bestehe, beweget ihn, wo nicht alles, doch wenigstens sein vornehmstes Dichten und Trachten nur hierauf zu richten."[341]

Auch Friedrich II. sieht sich so:

„Meine Jugend, das Feuer der Leidenschaft, die Ruhmsucht, die Neugierde selbst, um Dir nichts zu verbergen, kurz, ein geheimer Instinkt hat mich der stillen Ruhe entrissen, die ich genoss. Die Genugtuung, meinen Namen in den Zeitungen und einmal in der Geschichte zu finden, hat mich verführt."[342]

---

339 Vgl. A. Wendt, The State as Person in International Theory 2004.
340 Zitiert bei H.-J. Schoeps, Preussen – Geschichte eines Staates 1981, S. 65, im Original: Die Werke Friedrichs des Großen in deutscher Übersetzung, Zweiter Band-Geschichte meiner Zeit (1913), S. 63.
341 August Wilhelm Schwicheldt charakterisiert den König, in: Unser König. Friedrich der Große und seine Zeit – ein Lesebuch, Jens Bisky (Hg.) 2012, S. 164-174, Zitat S. 171f.
342 Friedrich II. selbst an seinen Freund Jordan (3. März 1741), in: Kartoffeln mit Flöte 2011, S. 63, siehe auch Th. Schieder, Friedrich der Grosse 1986, S. 131.

Sowie Staat und Dynastie im Preußen Friedrichs des Großen eine Einheit bildeten[343], so sind auch die Ruhmbegierde und das Verlangen nach Machtvergrößerung nur eine von zwei Seiten der Medaille. Der angestrebte Ruhm als Inbegriff ritterlich-aristokratischer Tugend des europäischen Adels[344] war einerseits Triebfeder, am Spiel der Machtvergrößerung teilzunehmen, und andererseits Resultat des Konkurrenzdrucks, den das Feld der Großmächte auf jede reale oder potentielle Großmacht ausübte[345]. Friedrich II. schildert ihn:

> „Ich muss gestehen, wer in das Getriebe der großen europäischen Politik hineingerissen wird, für den ist es sehr schwer, seinen Charakter lauter und ehrlich zu bewahren. ...Als Grundgesetz der Regierung des kleinsten wie des größten Staates kann man den Drang zur Vergrößerung betrachten. Diese Leidenschaft ist bei jeder weltlichen Macht ebenso tief eingewurzelt wie beim Vatikan der Gedanke der Weltherrschaft. Die Fürsten zügeln ihre Leidenschaft nicht eher, als bis sie ihre Kräfte erschöpft sehen: das sind die feststehenden Gesetze der europäischen Politik, denen jeder Staatsmann sich beugen muss. Wäre ein Fürst weniger auf seinen Vorteil bedacht als seine Nachbarn, so würden sie immer stärker er zwar tugendhafter, aber schwächer werden. ... Solche und viele andere Gedanken haben mich veranlaßt, den Brauch der Fürsten mitzumachen."[346]

Auch wenn Friedrich II. das Problem hier moralisiert und damit individualisiert, er selbst schildert deutlich, welchen Druck er fühlt. Es ist in diesem Fall Frankreich, dem er zuvorkommen will mit seinem Einmarsch in Schlesien[347]. **Der Wille zur absoluten Macht erweist sich darin in eins und ungeschieden als Druck des Feldes der Großmächte und als sein eigenes Ruhmesverlangen, mit *P. Bourdieu*: als strukturierte und strukturierende Struktur, kurz als Aktualisierung des Großmachthabitus.**

---

343 J. Kunisch 1992, S. 2, 5, 26, 40.
344 Vgl. dazu das im ersten Teil Ausgeführte zur Motivlage des Großmachthabitus, S. 32. Auch: Th. Schieder 1986, S. 136f.
345 Th. Schieder 1986, S. 110f,129. Dass Friedrich II. sich damit in bester europäischer Gesellschaft befand, darauf weist Th. Schieder hin, Th. Schieder 1986, S. 141, J. Kunisch 1992, S. 27.
346 Die Werke Friedrichs des Großen in deutscher Übersetzung, Zweiter Band – Geschichte meiner Zeit (1913), S. 2f (Denkwürdigkeiten (1742), Vorwort). Vgl. dazu das im ersten Teil Ausgeführte zum Monopolmechanismus (N. Elias), S. 36-38.
347 Th. Schieder 1986, S. 110, J. Kunisch, Friedrich der Große 2004, S. 189f.

III – 2.2) Generalisierung der Einheit des Feldes: die Lage

Und dieser Druck zeigte sich historisch in der Lage zu Beginn des Österreichischen Erbfolgekrieges und des Siebenjährigen Krieges. Wie im ersten Teil skizziert[348] setzte die günstige Gelegenheit das eigene Ruhmesverlangen und das Wissen um diese Disposition, um die Erwartung von entsprechenden Aktionen aller Großmächte durch alle Großmächte voraus. Sie trat in einer typischen Situation, in der rechtlich offenen und interpretierbaren, dynastischen Sukzessionsfolge, in dieser innen- wie außenpolitisch relevanten Legitimationslücke als Generalisierter Anderer auf, d.h. als Erwartung einer Großmacht, dass irgendeine andere Großmacht diese Situation sicher ausnutzen würde. Das aber verlieh der Konkurrenzsitua36on eine neue Qualität. Sie musste gar nicht in actu gegeben sein, es reichte vielmehr die günstige Gelegenheit. Preußen musste z.B. im Jahr 1740 nicht wissen, ob Frankreich tatsächlich einen Angriff gegen Österreich plante. Preußen ging vielmehr davon aus, dass der allgemeine Wille der Großmächte dazu vorhanden war, sobald sich die Situation einstellte. Und generalisiert heißt das: Wenn nicht Frankreich, dann eine andere Großmacht. So wurde die Situation durch Generalisierung selbst zum Auslöser der Handlung, zur günstigen Gelegenheit: Jede Großmacht erwartete, dass eine andere Großmacht sicher die Initiative ergreift. Preußen musste dann irgendeiner Großmacht zuvorkommen, da es als sicher galt, dass die Situation eine entsprechende Aktion irgendeiner Großmacht auslösen würde. Jede Großmacht erfuhr auf diese Weise das Feld der Großmächte als generalisierten Anderen und nahm dieses Wissen auch von den anderen Großmächten an. **Diese multilaterale Reziprozität, dass jede Großmacht dies von allen anderen Großmächten annahm, auch sie würden angesichts eines vergleichbar generalisierten Anderen genau so handeln, bezeichnet einen allgemeinen und reziproken habituellen Dauerzustand. Traf dieser auf eine bestimmte Situation wie die günstige Gelegenheit einer rechtlich umstrittenen dynastischen Sukzessionsfolge, entstand daraus eine allgemeine Lage: die Annahme jeder Großmacht, dass jede andere Großmacht annahm, irgendeine andere Großmacht würde versuchen, aus dieser Situation den größtmöglichen Profit zu schlagen. Und damit wurde Generalisierung selbst reflexiv, sie wurde als Generalisierung generalisiert.**

---

348 Vgl. Teil I – 1.3.1 Günstige Gelegenheit und habitueller Dauerzustand.

Teil III Preußen als Parvenu

Es ist diese Lage als reflexive Generalisierung, die den Großmachthabitus in actu zeigt, sie ist sozusagen das historisch-soziologische Analogon zur experimentellen Versuchsanordnung: die Lage, in der man mit dem gesuchten Ereignis, der Aktualisierung des Großmachthabitus rechnen kann.

Sie zeigt darin die Einheit des Feldes auf eine andere als objektivierende Weise: In der von Preußen angenommenen, multilateralen Reziprozität der generalisierten Erwartung kommt es nicht mehr darauf an, ob die ein oder andere Großmacht Absichten hat. Die Erwartung, dass der auch selbst verspürte Druck schlechthin irgendeine Großmacht agieren lässt, wirkt als zusätzlicher und verstärkender Impuls, der eben darum nicht nur von einer konkreten Großmacht und deren Plänen ausgehen kann. **In der Erfahrung eines sich verstärkenden Druckes des Irgendeinen präsentiert sich die Einheit des Feldes über alle seine Positionen hinaus.**

III – 2.2.1) Die Pragmatische Sanktion als Beispiel für die Lage als „conjoncture favorable"

Die eben skizzierte Lage und der damit verbundene Druck wurden und werden in der Literatur zur Politik der frühen Neuzeit immer wieder erzählerisch thematisiert, und zwar vor allem an einem Beispiel, dass zur unmittelbaren Vorgeschichte des Einmarschs Friedrichs II. in Schlesien im Jahr 1740 gehört. Es handelt sich um den Versuch Karls VI., die österreichisch-habsburgische Thronfolge für seine Tochter Maria-Theresia und damit für die Dynastie zu sichern, da es keinen männlichen Thronfolger gab. Das war die sog. Pragmatische Sanktion. Dies als Illustration zum eben erst theoretisch Skizzierten im Folgenden.

Die Pragmatische Sanktion sollte nach dem Willen Karls VI., Kaiser des Heiligen Römischen Reichs Deutscher Nation von 1711–1740 und Herrscher erst über Spanien dann über die österreichisch-habsburgischen Erbländer, die Einheit und Integrität der österreichisch-habsburgischen Monarchie garantieren. Der Begriff steht zum einen für die Akklamationen durch die Erbländer des Hauses Österreich. Diese wurden allein durch das Band der gemeinsamen Krone zusammengehalten, etwa so wie heute noch Australien, Neuseeland, Kanada und Großbritannien durch die Krone des Hauses Windsor. In den Erbländern galten insgesamt drei verschiedene Typen von Thronfolgeregelungen, die durch die pragmatische Sukzession vereinheitlicht wurden[349]. Dazu kamen zum anderen eine Reihe von Verträgen mit verschiedenen europäischen Mächten, die darin ihre Zustimmung zu verschiedenen Sukzessionsklauseln gaben, die die weibliche Thronfolge seiner ältesten Tochter, Maria Theresia, in der österreichisch-habsburgischen Monarchie sichern sollte (die Sukzession im Heiligen Römischen Reich Deutscher Nation war nicht Gegenstand der Abmachungen)[350].

Karl VI. berief dazu im Jahr 1713 die sog. „Geheime Konferenz" ein. Bislang war die dynastische Sukzessionsordnung immer geheim gehalten worden. Das Gremium sprach sich nun für eine Festlegung auf die Möglichkeit einer weiblichen Thronfolge aus sowie die Veröffentlichung dieser Änderung in der Sukzessionsfolge, um auch international endgültig alle Zweifel über die Rechtmäßigkeit der Thronfolge zu beseitigen. Als erster Schritt wurde diese Pragmatische Sanktion am 19. April 1713 den Ministern und Geheimen Räten in der Geheimen Ratsstube der Hofburg verlesen[351]. Zwischen 1720 und 1722 wurde die neue Sukzessionsordnung allen Landständen zur Akklamation vorgelegt. Es handelte sich dabei nicht um „eine Anerkennung und Zustimmung in dem Sinn, dass davon die Geltung der Pragmatischen Sanktion abhing, sondern nur um eine Kenntnisnahme und die Versicherung, dass sie mit Gut und Blut für die Aufrechterhaltung der Nachfolgeordnung einstehen werden"[352]. Tirol sah die Aussicht auf einen eigenen Landesfürsten schwinden, die Hochstifte von Brixen und Trient pochten auf die Einhaltung ihrer Landesfreiheiten, alle drei gaben letztlich aber ihre Zustimmung. In Siebenbürgen und Ungarn gelang es erst nach langwierigen Verhandlungen und Zugeständnissen, wie etwa die Bestätigung des ungarischen Königswahlrechts im Fall des Aussterbens der Dynastie Habsburg, die Landstände zur Zustimmung zu bewegen[353]. Befördert wurde die Zustimmung aber vor allem durch die drohende Gefahr eines neuen Waffenganges mit dem Osmanischen Reich[354]. Weder Siebenbürgen noch Ungarn wären ohne Hilfe imstande gewesen sich gegen eine osmanische Streitmacht zu behaupten. Sie waren auf den Zusammenhalt der Monarchie zum Schutz vor äußeren Feinden angewie-

---

349 J. Kunisch 1979, S. 42.
350 O. Redlich 1942, S. 335f.
351 H.L. Mikoletzky 1967, S. 110; J. Kunisch 1979, S. 44f.
352 O. Redlich 1942, S. 330.
353 O. Redlich 1942, S. 332f, J. Kunisch 1982, S. 24f. H.L. Mikoletzky 1967, S. 125.
354 H.L. Mikoletzky 1967, S. 111-115.

sen[355]. Es ging darum, wie das Erzhaus „in künftigen Zeiten vor allen weiteren Wirren und Gefahren bewahrt werden könne" und „gegen jede äußere Gewalt und beliebige innere Unruhe, die besonders während eines Interregnums leicht ausbrechen könnte ... beizeiten ... ein heilsames Mittel und eine sichere Schranke zu setzen sei"[356]; so Karl VI. in seinem Schreiben an die Stände des Erbkönigreichs Ungarn vom 8. Juli 1722. Als allerdings der niederösterreichische Landtag vorschlug, eine Erbverbrüderung aller Erblande einzuführen mit der Folge einer automatischen gegenseitigen Verpflichtung zu militärischer Hilfe bei äußerer Bedrohung, wurde dies von Wien abgelehnt, es hätte die politische Machtbefugnis des Herrscherhauses limitiert[357].

Die Anerkennung der Pragmatischen Sanktion durch andere Herrscherdynastien stellte sich nach und nach ein: Spanien im Jahr 1725, Russland 1726, Preußen 1728, England 1731 und Frankreich im Jahr 1738. In der Regel handelte es sich dabei um Kompensationsgeschäfte: Im Fall Preußens wurde die dynastische Sukzessionsordnung gegenseitig anerkannt. Österreich-Habsburg versprach zudem, die Interessen Preußens beim Eintreten der Erbfolge der Grafschaften Jülich-Berg gegen das Haus Wittelsbach zu vertreten. Die Abmachung mit Großbritannien ging noch darüber hinaus. Nicht nur wurde die gegenseitige Sukzessionsordnung anerkannt – nach der in Großbritannien der Thronfolger protestantischer Herkunft zu sein hatte – der Vertrag wurde auch als sicheres Mittel für das europäische „Aequilibrium" und die allgemeine Ruhe gepriesen[358]. Die Generalstaaten (heute: Niederlande) traten diesem Vertrag ein Jahr später, 1732, bei. Das für Großbritannien und die Generalstaaten wichtigste Zugeständnis jedoch betraf die Ostendesche Handelskompanie, deren Erfolge Großbritannien und den Generalstaaten, man sprach von beiden auch als den Seemächten, ein Dorn im Auge waren[359]. Der Ostasienhandel sollte in der Hand der Seemächte bleiben, und so löste Österreich-Habsburg die Ostendesche Handelskompanie auf. Die Kolonialpolitik der Monarchie war beendet noch bevor sie richtig begonnen hatte. Auch wenn immer wieder von einer

---

355 O. Redlich 1942, S. 334.
356 Zitiert in: J. Kunisch 1982, S. XV.
357 O. Redlich 1942, S. 330.
358 J. Kunisch 1979, S. 52. Dazu auch J. Kunisch 1982, S. 57-62.
359 J. Kunisch 1979, S. 54. Ausführlich dazu H.L. Mikoletzky 1967, das Kapitel Handelskompanien, S. 121-124, und S. 128f.

völkerrechtlichen Anerkennung gesprochen wird[360], ein ausgearbeitetes und deshalb anerkanntes Verfahren dafür gab es nicht[361]. Es war, wie *H.L. Mikoletzky* schildert, ein Ringen um Anerkennung[362]. Und so wurden auch die Eheschließungen der beiden Erzherzoginnen Maria Josepha und Maria Amalia für diese Anerkennung instrumentalisiert: Maria Josepha musste den Kurprinzen Friedrich August von Sachsen heiraten, damit die Ansprüche auf den Thron von sächsischer Seite nicht erhoben wurden. Zum Ehevertrag gehörte die Verzichtsklausel auf die Thronfolge. Das Gleiche galt für die Hochzeit Maria Amalias mit Karl Albert von Bayern. Auch hier galt die Hochzeit dem vorhergeplanten Verzicht auf eventuell vorgetragene Ansprüche[363].

Was in all diesen Maßnahmen sichtbar wird: die sichere Erwartung Karls VI. einer Bedrohungslage durch einen europaweiten Erbfolgestreit um den österreichisch-habsburgischen Thron und die Erwartung einer möglichen Loyalitätsverweigerung der Kronländer bei seinem Ableben, der es durch Verträge vorzubeugen galt[364]. Vorzubeugen durch die Innen- und Außenpolitik eines Jahrzehnts, die er in der Hauptsache diesem Ziel widmete. Als er sicher war, dass ihm kein Sohn auf den Thron folgen werde, verstärkte er kontinuierlich seine Bemühungen um die Anerkennung der Pragmatischen Sanktion[365]. Präventive Diplomatie immer mit Blick auf die zu vermeidende Krise. Gerade aus der Tatsache, dass Karl VI. die Akklamation der Kronländer suchte und dass er mit einer Vielzahl von Mächten Verträge zum Schutz der Pragmatischen Sanktion abgeschlossen wurden, darunter allen Großmächten, zeigt: es handelt sich um eine generalisierte, nach innen wie außen gerichtete Erwartung, sicher in der Tatsache, dass die Gefahr von welcher Macht auch immer drohe.

Mit Blick auf die anderen europäischen Mächte sieht *J. Kunisch* darin einen Teufelskreis: Je ausgearbeiteter die Sukzessionsbestimmungen gerieten und je öfter sie zum Gegenstand internationaler Abmachungen wurden, desto mehr wuchs im Fall einer umstrittenen Erbfolge das Risiko und damit die Erwartung eines Erbfolgekonflikts, in denen die maßgeblichen

---

360 So z. B. H. Mohnhaupt 1982, S. 25ff.
361 J. Kunisch 1979, S. 47.
362 H.L. Mikoletzky 1967, das Kapitel Die Folgen der Pragmatischen Sanktion: Das Ringen um Anerkennung, S. 124-129.
363 H.L. Mikoletzky 1967, S. 124, O. Redlich 1942, S. 325-330.
364 J. Kunisch 1979, S. 46, H.L. Mikoletzky 1967, S. 124.
365 K. Vocelka 2001, S. 86.

Staaten Europas verwickelt wären. Gerade ein Erbfall mit unklarer Rechtslage hob sich dann ja umso schärfer von den vertraglich vereinbarten Bestimmungen ab. Und umso leichter fiel es, dafür einen Konflikt oder gar einen Krieg unter dem Schein des Rechts vom Zaun zu brechen, wenn denn die Gelegenheit dafür günstig war[366]. So wurde gerade durch die immer elaborierteren, völkerrechtlichen Bestimmungen die allgemeine Aussicht auf einen Erbfolgekonflikt gestärkt. Die generalisierte Erwartung, dass es dazu kommen würde, nahm auch und gerade durch die vorbeugend geschlossenen Verträge zu.

Nicht nur Karl VI. hegte diese Erwartung. Aus den Tafelgesprächen Friedrich Wilhelm I. von Preußen aus dem Jahr 1734 sind zu solchen Verträgen freimütige Sätze überliefert:

> „Garantie hin, Garantie her, wird wohl sein Tage eine einzige gehalten? Eine Garantie ist ein Traktat und heute wird kein Traktat mehr erfüllt; indem man einen macht, gedenkt man schon auf Moyens, wie man ihn mit guter Art wieder brechen kann"[367].

Und auch der Sohn Friedrich II. sieht die Sache so in seiner Begründung des Einfalls in Schlesien:

> „Das Haus Österreich, das seit dem Tod seines Hauptes und völligen Verfall seiner Angelegenheiten allen seinen Feinden offen steht, ist im Begriff, unter den Zugriffen derer zusammenbrechen, die öffentlich ihre Ansprüche auf die Nachfolge vorbringen und heimlich den Plan hegen, einen Teil des Erbes an sich zu reißen. Und da ich infolge der geographischen Lage meiner Gebiete das größte Interesse daran habe, die Folgen eines solchen Vorgehens abzuwenden und vor allen Dingen denen zuvorzukommen, die es auf Schlesien, das Bollwerk vor meinen Ländern, abgesehen haben, habe ich mich gezwungen gesehen, meine Truppen in das Herzogtum zu entsenden. Ich will damit nur verhindern dass andere sich seiner bemächtigen, was meinen Interessen Abbruch tun und höchst nachteilig für die gerechten Ansprüche sein könnte, die mein Haus schon immer auf den größten Teil des Landes gehabt hat"[368].

J. Kunisch kommentiert diese Begründung Friedrichs II. für die Eroberung Schlesiens: „Die Prämisse dieser Deduktionen freilich war von Anfang an, dass der Tod des Kaisers einen Krieg auslösen werde"[369]. Auch Friedrich II. übt sich in Prävention, er sieht nachgerade einen Zwang dazu, da er mit Sicherheit einen Zugriff auf das österreichische Territorium von irgendei-

---

366 J. Kunisch 1979, S. 50.
367 Zitiert in O. Redlich 1942, S. 336.
368 Zitiert in J. Kunisch 1979, S. 71; Vgl. auch J. Kunisch 2004, S. 165f.
369 J. Kunisch 1979, S. 71.

ner Seite erwartet, auch wenn diese Sicherheit nicht aus besonderen Informationen stammt, sondern aus einer davon unabhängigen, generalisierten Erwartung herrührt.

Ebenso äußert sich Friedrich II. im Jahr 1776 gegenüber seinem Bruder Prinz Heinrich über die eigene Thronnachfolge:

> „Die Österreicher scheinen zu glauben, „daß ich mich meinem Ende nähere, und sie verstärken ihre Truppen in Böhmen, um sich Sachsens sofort bemächtigen und in unser Land einfallen zu können. Das wird mit Sicherheit geschehen, wenn ich sterben sollte, ..."[370].

Wie man sieht: Karl VI., Friedrich Wilhelm I. und Friedrich II. waren sich in ihrer Beurteilung der Lage völlig einig: Die Erbfolge würde einen Konflikt auslösen; durch wen und aus welchem Anlass, kann dabei offen bleiben. Die generalisierte Erwartung war also allgemein und reziprok. Diese Lage und die sich darin äußernde Sicherheit führte den einen zu präventiver Diplomatie, den anderen hingegen, den Konflikt dann selbst auszulösen. Es handelte sich um die gleiche, feldtypische Lage, auch wenn in ihr je nach Position unterschiedliche Interessen verfolgt wurden. Aus ihr wird der Druck plausibel, der die Fürsten zum Handeln brachte. Er äußerte sich in einem Fall als innerstaatliche wie internationale Präventivdiplomatie, im anderen Fall als Präventivschlag, der den Österreichischen Erbfolgekrieg auslöste. *Diese Bedrohungslage zeigt sich so als der generalisierte Teil des Großmachthabitus. Sie wurde zur Basis des eigenen Praxisrahmens, zur Grundlage der eigenen Entscheidungsfindung.*

III – 2.2.2) Die Lage Preußens vor dem Beginn des Österreichischen Erbfolgekrieges

Für den Beginn des **Schlesienkrieges** war wichtig, dass Friedrich dank seiner Bedrohungsfähigkeit, d.h. einer schlagkräftigen Armee und einer gefüllten Staatskasse – mithin teilweise vorhandenen Basisressourcen, die bis dato noch keinen Großmachtstatus Preußens begründet hatten – von der günstigen Gelegenheit profitieren konnte, die der Tod Karls VI. am 26. Oktober 1740 schuf. Karl VI. hatte versucht, die Erbfolge durch eine

---

370 J. Kunisch 2008, Friedrich der Große, Friedrich Wilhelm II. und das Problem der dynastischen Kontinuität im Haus Hohenzollern, S. 167.

Vielzahl von innen- und außenpolitischen Verträgen, bekannt unter dem Sammelbegriff der Pragmatischen Sanktion (s.o.), zu sichern. Das hielt andere Staaten nicht davon ab, in diesem Augenblick mehr oder weniger berechtigte Ansprüche zu stellen. So war auch für Friedrich diese „conjoncture favorable" Anlass für den Beginn seiner Eroberung Schlesiens. Friedrich berichtet darüber in seiner „Histoire de mon temps" und über sich selbst in der dritten Person:

> „ ... und schließlich wegen der Politik des Versailler Hofes, der diese Gelegenheit natürlich ergreifen musste, um aus den Wirren, deren Ausbruch nach dem Toden Kaiser Karl's VI. unausbleiblich waren, seinen Vorteil zu ziehen. Dieses Ereignis ließ nicht lange auf sich warten. Kaiser Karl VI. beschloß sein Leben auf seinem Lustschloß Favorita am 26. Oktober 1740. ... Unverzüglich entschloß er (Friedrich II., der Autor) sich, die schlesischen Fürstentümer, auf die sein Haus unbestreitbare Ansprüche hatte, zurückzufordern, und zugleich rüstete er sich, um seine Ansprüche, wenn es sein musste, mit Waffengewalt durchzusetzen. Dieser Plan erfüllte ihn ganz und gar. Das war der Weg, sich Ruhm zu erwerben, die Macht des Staates zu vergrößern und die strittige Erbfolge im Herzogtum Berg zu erledigen"[371].

Der Tod Kaiser Karls VI. und die Erbfolgekrise des habsburgischen Imperiums waren trotz aller Verträge im Rahmen der Pragmatischen Sanktion die Gelegenheit, der Anlass für den Krieg um Schlesien, der Weg zu Ruhm und Macht Friedrichs des Großen.

Dass diese günstige Gelegenheit auf der durch den Großmachthabitus bedingten Bedrohungslage fußte, nämlich auf der Erwartung Friedrichs II., dass alle anderen Mächte in dieser Situation ebenso die günstige Gelegenheit sähen, sich einen Teil des Erbes zu sichern, wird an einem Zitat aus Friedrichs II. Schreiben an seinen Geschäftsträger in Wien von Borcke, vom 5. November 1740, also noch vor dem Einmarsch in Schlesien, deutlich:

> „Der Kaiser ist tot, das Reich wie das Haus Österreich ist ohne Oberhaupt, die Finanzen Österreichs sind zerrüttet, die Armeen heruntergekommen, seine Provinzen durch den Krieg, Seuchen und Hungersnot wie durch die furchtbare Steuerlast, die sie bis zum heutigen Tage tragen musste, ausgesogen. Dazu treten die sattsam bekannten Prätentionen Bayerns und Sachsens, die zur Zeit zwar noch unter der Asche glimmen, aber jeden Augenblick aufflammen können, und die geheimen Anschläge Frankreichs, Spaniens und Savoyens, die gar bald zu Tage treten werden. Wie ist es da nur möglich, daß man in Wien

---

371 Friedrich der Große, Geschichte meiner Zeit (deutsche Übersetzung), Zweiter Band 1913 (Nachdruck, Braunschweig 2006), S. 59.

solcher Sorglosigkeit sich hingibt und gar nicht der Gefahren achtet, die sich in so fürchterlicher Anzahl wider jenes unglückliche Haus auftürmen werden ...?³⁷²

Friedrich II. schlüsselt hier recht detailliert die günstige Gelegenheit auf: Bayern und Sachsen, Frankreich, Spanien und Savoyen waren Kandidaten, um in dieser Situation der Erbfolgekrise ihre Ansprüche geltend zu machen, die eigentlich durch die Pragmatische Sanktion als geklärt gelten dürften. Die Wendungen „unter der Asche glimmen" und „gar bald zu Tage treten werden" zeigen deutlich, dass es sich nicht um eine Reaktion Friedrichs des Großen auf bereits geltend gemachte Ansprüche handelt. Vielmehr war es die Situation als solche, die Anlass zu dieser generalisierten Erwartung gab. Diese Erwartung bestand dabei nicht nur darin, dass Ansprüche von anderer Seite gestellt wurden. Das traf auch für Mittelmächte wie Bayern, Sachsen und Savoyen zu. Sie bestand darin, dass Großmächte auch zu handeln bereit waren, um ihre Ansprüche im Zweifelsfall auch mit kriegerischen Mitteln durchzusetzen, weil sie über die entsprechende Bedrohungsfähigkeit verfügten. Eben deshalb der Druck, ihnen zuvorzukommen. Im vorigen und im nächsten Zitat konstatierte Friedrich der Große den Zwang, unter dem die Beteiligten dabei standen: Frankreich musste diese Gelegenheit ergreifen. Nach Friedrichs des Großen Meinung stand Frankreich ganz unter dem gleichen Druck wie Preußen. Auch Frankreich kannte die günstige Gelegenheit, wusste, dass alle relevanten Anderen, welche immer dies für Frankreich sein mochten, in dieser Situation Ansprüche anmelden konnten. *J. Kunisch* zitiert aus einer Denkschrift:

„Auch in der Öffentlichkeit setzte sich die Überzeugung durch, dass aus so „schönen Konjunkturen", wie sie sich im Gefolge des Thronwechsels im Haus Österreich ergeben hatten, profitiert werden müsse. Es sei die brillanteste Epoche für das Glück und die Vorteil Frankreich: es kann nichts mehr wünschen, als die Aufteilung dieser rivalisierenden Macht, und nun ist der Tag dazu gekommen"³⁷³

Und *H. Mikoletzky* detailliert die französischen Pläne:

„Das Haus Bourbon sollte zum Schiedsrichter Europas werden und das Erbe Karls VI. wie ein Bärenfell verteilen: Die österreichischen Niederlande und Luxemburg müßten an Frankreich fallen, Böhmen mit der Kaiserkrone an

---
372 Aus der Politischen Correspondenz Friedrichs des Großen 1(1879) 88, Nr. 136, übersetzt bei H. Mikoletzky 1967, S. 181; und zitiert bei J. Kunisch 1979, S. 65f.
373 J. Kunisch, Staatsverfassung und Mächtepolitik 1979, S. 67.

Bayern, Schlesien an Preußen und die Toskana, Parma sowie die Lombardei waren für Spanien und Savoyen-Piemont bestimmt."[374]

Es war die Großmacht Frankreich, die den „Kuchen" aufteilen sollte und den Mittelmächten zuspricht. Preußen allerdings wartete nicht wie die anderen Mittelmächte auf die französische Initiative. Es kam Frankreich zuvor mit seiner Eroberung Schlesiens.

In dieser „conjoncture favorable" zeigte sich also die gegebene Bedrohungslage. Unterstellt wird in diesem Zitat, formuliert aus der Beobachtung zweiter Ordnung, die multilaterale Reziprozität der generalisierten Erwartung als günstiger Lage: Preußen unterstellte, dass jede andere Großmacht ebenfalls von dieser generalisierten Erwartung ausging, dass also eine andere Großmacht die österreichische Erbfolge zu ihrem Vorteil ausnutzen kann. Diese multilaterale Reziprozität generalisierter Erwartungen schuf allererst die Gunst der Stunde und damit den Druck von ihr zu profitieren. Sie setzte alle Beteiligten unter einen Druck, zeitig, womöglich den anderen zuvorkommend zu handeln, weil in dieser Lage der eigene Vorteil realisiert werden konnte, ohne darum Sanktionen aller anderen Feldteilnehmer fürchten zu müssen. Preußen und Frankreich haben Krieg geführt, um ihre Ansprüche zu verwirklichen; sie haben dafür auch ein Bündnis gegen Österreich geschlossen. Man sieht hier, wie die „conjoncture favorable" dem Großmachthabitus zu politischer Aktualisierung verhalf. Preußen holte zu einem Präventivschlag aus, der ihm den Großmachthabitus einbrachte, und Frankreich verhandelte mit anderen begehrlichen Mittelmächten wie Bayern, Spanien und Savoyen über die Aufteilung der erwarteten Gebietsgewinne[375]. Die Initiativen lagen bei der etablierten Großmacht Frankreich und der werdenden Großmacht Preußen.

---

374 H. Mikoletzky, Österreich. Das Grosse 18. Jahrhundert 1967, S. 184.
375 H. Mikoletzky 1967, S. 184; M.S. Anderson, The war of the Austrian Succession 1740-1748, 1995, S. 63, 74f; R. Browning, The war of the Austrian Succession, 1993, S. 44-48; A. Mc. Wilson, French Foreign Policy during the Administration of Cardinal Fleury 1726-1743, 1936, S. 329ff bes. S. 331. Vgl. auch die Kommentierung des Briefwechsels zwischen Kardinal Fleury – Friedrich II. durch M. Sautai: „Les inquitètudes du cardinal Fleuy ne se calmèrent que quelques jours plus tard quand il acquit la certitude que les forces prussiennes se concentraient, non sur le Rhin, mais sur l'Oder" M. Sautai 1907, S. 179. Auch Kardinal Fleury verfolgte demnach am Vorabend des Einmarsches die preußische Politik mit Sorge.

Wie diese Lagebeurteilung als „conjoncture favorable" zum handlungsauslösenden Moment wurde, hat Friedrich II. einleuchtend dargelegt. Deshalb noch einmal der oben zitierte Ausschnitt in anderer Hinsicht:

> „Das Haus Österreich, das seit dem Tod seines Hauptes und völligem Verfall seiner Angelegenheiten allein seinen Feinden offen steht, ist im Begriff, unter den Zugriffen derer zusammenzubrechen, die öffentlich ihre Ansprüche auf die Nachfolge vorbringen und heimlich den Plan hegen, einen Teil des Erbes an sich zu reißen. Und da ich infolge der geographischen Lage meiner Gebiete das größte Interesse daran habe, die Folgen eines solchen Vorgehens abzuwenden und vor allen Dingen denen zuvorzukommen, die es auf Schlesien, das Bollwerk vor meinen Ländern, abgesehen haben, habe ich mich gezwungen gesehen, meine Truppen in das Herzogtum zu entsenden..."[376]

Friedrich der Große schildert zunächst die sich bietende, günstige Gelegenheit. Diese setzt dann den Rahmen für die Artikulation seiner eigenen Interessen in dieser Situation. Friedrich II. betreibt also nicht einfach Interessenpolitik, er sieht die Einbettung und Begrenzung seines eigenen Aktionsradius durch die vorgegebene „conjoncture favorable", m.a.W. er realisiert seine Eingebundenheit in die Strukturbedingungen des Feldes der Großmächte. Und dadurch sieht er sich zum Präventivschlag gezwungen. Präventiv heißt hier, den Mächten zuvorkommend, die auf Grund ihrer Bedrohungsfähigkeit in der Lage wären, Österreich ebenfalls Schlesien zu entreißen.

Man kann *J. Kunisch* also nur zustimmen in seiner Aufforderung, die eben zitierte Auskunft Friedrichs des Großen ernst zu nehmen und nicht als Vorwand abzutun[377]. **Es war der Druck des Feldes der Großmächte, der sich hier in der „conjoncture favorable" bemerkbar machte. Die günstige Gelegenheit zeigte dabei ihre Ambivalenz: Sie eröffnete Chancen auf Machtvergrößerung und Befriedigung der eigenen Ruhmbegierde, setzte die Großmächte aber auch unter den Druck, diese Chancen zu nutzen und sie nicht den Rivalen zu überlassen.**

---

376 J. Kunisch 1979, S. 71.
377 J. Kunisch 1979, S. 71.

III – 2.2.3) Die Lage Preußens vor dem Beginn des Siebenjährigen Krieges

Nun waren zwar die meisten europäischen, aber nicht schlechthin alle Kriege des Absolutismus Erbfolgekriege. Deshalb lag am Beginn eines Krieges im 18. Jahrhundert zwar in vielen Fällen, aber auch nicht in jedem Fall die günstige Gelegenheit einer offenen Erbfolge vor. Die Kolonialkriege in Amerika, Afrika und Asien fallen nicht darunter, und auch der bedeutendste Krieg des 18. Jahrhunderts, der Siebenjährige Krieg, war kein Erbfolgekrieg. Kolonialkriege waren oft Seekriege, zunächst für die Freiheit der Seefahrt auf den Meeren gegen die spanischen weltweiten Seeherrschaftsansprüche gerichtet[378], später dann Handelskriege um Seewege und Rohstoffe.

Da der zweite große Krieg, der für den Aufstieg Preußens bedeutsam sein sollte, der Siebenjährige Krieg, kein Erbfolgekrieg war, soll hier auf die gleichwohl vergleichbare Ausgangssituation eingegangen werden. **Auch hier lag eine allgemeine Lage, eine Bedrohungslage vor**, die einen europäischen Krieg für die Großmächte Preußen, Österreich und Russland erwartbar machte.

Der Siebenjährige Krieg, auch als ein Weltkrieg im 18. Jahrhundert bezeichnet[379], bündelte mehrere Konflikte, hatte aber nur einen Ausgangspunkt. Das war der sich langsam, aber stetig verschärfende französisch-britische Kolonialkonflikt in Nordamerika (s.u.), der in einen Krieg zwischen Frankreich und Großbritannien mündete[380]. Für den mitteleuropäischen, zukünftigen Kriegsschauplatz bestand die Absicht Österreichs, dem preußischen Widersacher wieder die schlesische Provinz zu entreißen. Österreich war aber noch nicht auf einen Kriegsbeginn gegen Preußen vorbereitet und versuchte diesen bei seinen Koalitionspartnern Russland und Frankreich (erfolgreich) hinauszuzögern. Österreich und Preußen fürchteten beide, in den französisch-britischen Krieg mit hineingezogen zu werden (s.u.). Russland betrieb Kriegsvorbereitungen gegen Preußen, um es zurück auf den Status einer Mittelmacht zu drängen[381], wollte aber oh-

---

378 Wilhelm G. Greve, Epochen der Völkerrechtsgeschichte 1988, S. 304.
379 M. Füssel, Der Siebenjährige Krieg. Ein Weltkrieg im 18. Jahrhundert 2010.
380 H.M. Scott 2006, S. 86.
381 M. Füssel 2010, S. 7-9, und Herbert H. Kaplan 1968, S. 4 (zu Russland). Zum Streit über die politischen Schuldzuweisungen in der deutschen Geschichtswissenschaft des 19. Jahrhunderts, wer für den Beginn des Krieges die Verantwor-

ne Koalitionspartner nicht alleine gegen Preußen vorgehen und schwankte dabei lange zwischen Großbritannien und Frankreich. Es war schließlich die Bündnispolitik Großbritanniens, die durch ihre nordamerikanische Strategie den Stein ins Rollen brachte. Allerdings kamen die Resultate dieser Bündnispolitik für alle Beteiligten einschließlich Großbritannien völlig überraschend.

Der Siebenjährige Krieg gewann für den preußischen Großmachtanspruch symbolische Bedeutung. Erst danach hatte man sich im Feld der Großmächte mit dem Großmachtanspruch Preußens abgefunden, fand der Prozess der Anerkennung Preußens als Großmacht ein Ende.

Worin bestand in diesem Krieg die zur günstigen Gelegenheit einer offenen Erbfolge vergleichbare Lage?

Die Situation einer offenen oder bestrittenen Erbfolge galt, wie eben dargestellt, ja selbst schon als handlungsauslösend, als Kriegsursache, weil es sich um die Reziprozität einer generalisierten Erwartung handelte, alle anderen Großmächte würden dann ebenso verfahren, hätten also die gleiche Form der generalisierten Erwartung, so in diesem hier besprochenen Fall die Erwartung des preußischen Königs. Genau das aber gilt ebenso für die Situation zu Beginn des Siebenjährigen Krieges, nur dass es sich hier nicht um einen Erbfolgekonflikt, sondern um den beginnenden Krieg zwischen Frankreich und Großbritannien in Nordamerika handelte[382].

J. Lacoursière beschreibt die Entwicklung des französisch-britischen Konflikts in Nordamerika:

„La guerre de Succession d'Autriche n'avait en somme réglé aucun des problèmes opposant la France et l'Angleterre. Les années qui suivent voient

---

tung trage, Preußen oder Österreich, siehe J. Kunisch, Der Historikerstreit über den Ausbruch des Siebenjährigen Krieges (1756), 2008, S. 41-105.
382 Siehe dazu den guten, kurzen Überblick bei O. Groehler 1990, S. 64-69 (Der Siebenjährige Krieg, Ursachen und Vorgeschichte). Etwas ausführlicher zusammenfassend: H.M. Scott, The Birth of a Great Power System 1740-1815 2006, S. 74-95. Für den Konflikt in Nordamerika siehe die detaillierte Darstellung bei J. Lacoursière, Canada – Québec. 1534-2000, 2001, S. 129f (Conflit sur l'Ohio,) und S. 134-137 (L'affrontement final (1756-1760). Der Konflikt um das Ohiotal wird meist als Startpunkt für die sich daran anschließenden kriegerischen Auseinandersetzungen bzw. dann den Krieg zwischen Frankreich und Großbritannien in Nordamerika gesehen. Die Kriegserklärung Großbritanniens an Frankreich erging am 17. Mai 1756 als Antwort auf die Besetzung Menorcas, Frankreich erklärte seinerseits am 16. Juni 1756 Großbritannien den Krieg.

> se multiplier les occasions de conflit. La rivalité entre Français et Anglais dans les colonies d'Amérique du Nord ne fait qu'augmenter. Les colonies anglaises, qui ont une population plus de 20 fois supérieure à celle des colonies françaises, sont à l'étroit entre la mer et les Appalaches. Les Français disposent d'un territoire immense qu'ils sont incapables de peupler
> …
> Un irréductible conflit d'intérêts oppose à la fois les deux métropoles en Europe et les deux systems coloniaux en Amérique. À plus d'une reprise, par exemple en 1629, 1690, 1713, ils se sont affrontés. Cette fois, les deux colonisations se croisent; les Anglais, établis sur côte, veulent pénétrer à l'intérieur et briser enfin cet arc fantôme que décrit la Nouvelle France depuis Montréal jusqu'à la Louisiane"[383].

Diese sich zuspitzende Lage zwischen den beiden Großmächten in Nordamerika wurde von Preußen, Österreich und Russland genau beobachtet. Alle drei rechneten damit, in diesen Konflikt hineingezogen zu werden. Zunächst die Auskunft Friedrichs des Großen:

> „Als der Krieg in Amerika zwischen Frankreich und England ausbrach, sah ich voraus, daß ich Schritt für Schritt hineingezogen werden könnte, und beschloß alles zu tun, was in meinen Kräften stand, um nicht in diesen Streit verwickelt zu werden"[384].

Friedrich sah, dass der Konflikt zwischen Großbritannien und Frankreich ihn in einen Krieg verwickeln könnte. Er ging dabei von einer Sogkraft des Konflikts aus, die ihn, auf welcher Seite auch immer, hineinziehen konnte:

> „Jedermann weiß, daß die Wirren, die Europa aufwühlen, ihren Anfang in Amerika genommen haben, daß der zwischen Engländern und Franzosen ausgebrochene Streit um den Stockfischfang und um einige unbebaute Gebiete in Kanada den Anstoß zu dem blutigen Kriege gegeben hat, der unseren Erdteil in Trauer versetzt. Jener Krieg war von den Besitzungen der deutschen Fürsten soweit entfernt, daß sich schwer einsehen läßt, wie der Brand von einem Weltteile zu einem anderen übergreifen konnte, der scheinbar gar keine Verbindungen mit ihm hat. Dank der Staatskunst unseres Jahrhunderts gibt es aber gegenwärtig keinen Streit in der Welt, so klein er auch sei, der nicht in kurzer Frist die gesamte Christenheit zu ergreifen und zu entzweien vermöchte"[385].

---

383 J. Lacoursière, Canada – Québec. 1534-2000, Québec2001, S. 134. (Reihenfolge der Zitate umgestellt).
384 Friedrich der Große, Rechtfertigung meines politischen Verhaltens Juli 1757, S. 209-215, Zitat S. 210. Das Zitat findet sich auch bei M. Füssel 2010, S. 25.
385 Friedrich der Große, Rechtfertigung meines politischen Verhaltens Juli 1757, S. 209-215, Zitat S. 210.

Maria Theresia ging in der Einleitung zu ihrer Denkschrift an Feldmarshall Daun ebenfalls von dem Konflikt Frankreich – Großbritannien aus und äußerte, aus der Rückschau über die Beweggründe zum Siebenjährigen Krieg referierend, die gleiche Besorgnis wie Friedrich der Große:

> „Da Ich nun vor dem Ausbruch des gegenwärtigen Krieges von Meinen Feinden alles zu beförchten, und von meinen Freunden nichts zu hoffen hatte, so ist ohnschwer zu ermessen, wie sehr mir zu Herzen gedrungen, als Engeland Mir sein Absicht, den Krieg in America anzufangen, zu erkennen gegeben, und zugleich die Nachricht angekündiget, daß Frankreich den ersten Canonenschuß zur See als das Signal zum allgemeinen Krieg ansehen würde. Dennoch fanden Meine eifrigsten Vorstellungen wegen Beybehaltung des Friedens und wegen der bevorstehenden großen Gefahr kein Gehör; Im gegentheil wurde von Engeland darauf bestanden, daß Ich ohnverzüglich 30 000 Mann nach den Niederlanden absenden sollte."[386]

Maria Theresia beschrieb hier ganz parallel zur den oben referierten Äußerungen Friedrichs des Großen, wenn auch aus der Rückschau referiert, die Sorge, in den Krieg der beiden Großmächte mit hineingezogen zu werden. Durch Bündnisverpflichtungen mit Großbritannien wäre sie sogar direkt in den beginnenden Krieg verwickelt worden.

Russland hatte andere Interessen. Noch mehr als der österreichische Hof war es darauf aus, Preußen wieder auf den Status einer Mittelmacht zu reduzieren und ihr Schlesien zu entreißen[387]. Es waren keine Friedens-, sondern vielmehr Kriegsinteressen, aus denen heraus der sich anbahnende Krieg zwischen Frankreich und Großbritannien betrachtet wurde:

> „Guy Dickens (der britische Gesandte am russischen Hof, der Autor) was told by some of the most important members of the Russian court that, if the struggle between France and Great Britain were to develop into a war in Europe, "they hoped they should not be idle spectators; that their troops were in compleat order, provided with everything, and ready to march at the shortest warning""[388].

Auch hier die gleiche Erwartung. Der Krieg zwischen Frankreich und Großbritannien in Nordamerika würde sich schnell auf den Kontinent

---

386 Denkschrift der Kaiserin Maria Theresia an Feldmarshall Daun, in: J. Kunisch Das Mirakel des Hauses Brandenburg 1978, S. 96.
387 H. Kaplan 1968, S. 4.
388 H. Kaplan 1968, S. 8f. H. Kaplan nennt seine Quelle: Dickens to Holdernesse, June 3, 1755, The Correspondance of Sir Charles Hanbury Williams (owned by Sheldon Wilmarth Lewis) (Bibliography p.154) 20-184/ 208-209.

übertragen können. Russland wollte in diesem Fall die sich daraus ergebenden Vorteile nutzen.

Die noch nicht involvierten Großmächte Preußen, Österreich und Russland erwarteten also, bei Beginn des Krieges zwischen Frankreich und Großbritannien mit in diesen hineingezogen zu werden. Für Preußen und Österreich eine eher bedrohliche Kulisse, für Russland dagegen eine willkommene Gelegenheit. Preußen war zu dieser Zeit mit Frankreich vertraglich verbunden, Großbritannien mit Österreich und Russland ebenfalls mit Österreich. Die konkreten Befürchtungen oder Hoffnungen verteilten sich dementsprechend auf die daraus folgenden Konstellationen: Frankreich mit Preußen gegen Großbritannien mit Österreich und Russland. Wie man nachträglich weiß, lagen damit alle falsch. Die berühmte Umkehr der Allianzen durch eine Kettenreaktion veränderter Situationsdefinitionen im Feld der Großmächte veränderte die politische Situation jeder Großmacht grundlegend. Am Ende stand eine Koalition aus Frankreich, Österreich und Russland gegen Preußen und Großbritannien. Dabei veränderten sich allerdings weder die Positionierung einer Großmacht noch die beiden hineinspielenden Konflikte: Der Konflikt zwischen Frankreich und Großbritannien und der Konflikt zwischen Preußen und Österreich blieben von diesem „Renversement des Alliances" selbst unangetastet.

Bei den Großmächten Preußen, Österreich und Russland lag damit eine generalisierte Erwartung vor, dass der zwischen Frankreich und Großbritannien beginnende Krieg auf Europa übergreifen würde, und das hieß, dass sie selbst mit hineingezogen würden[389]. Man kann im Nachhinein wissen, wie realistisch diese Einschätzung war, und gleichzeitig sehen, wie unmöglich es allen Beteiligten gewesen ist, ihre konkrete politische Situation daraus abzuleiten. Die Erwartung war deshalb generalisiert, weil sie sich nicht auf die eine oder andere Großmacht konkret bezog, sondern auf ein Stadium des Konflikts zwischen zwei Großmächten, den beginnenden Krieg in Nordamerika. Jede der drei Großmächte rechnete damit, durch die ein oder andere Großmacht in eine Lage versetzt zu werden, in der eine Kriegsbeteiligung nicht mehr zu vermeiden war. Das Feld der Großmächte befand sich damit in einer *Anarchie-ähnlichen* Situa-

---

389 K.W. Schweizer schreibt genereller: „ … showed how in 1755-56, once war between Britain and France over colonial issues appeared unavoidable, there was great anxiety lest this conflict spread to the continent and merge into a wider network of hostilities embracing both Europe and the New World". K.W. Schweizer, England, Prussia and the Seven Years War 1989, S. 37.

tion. Nicht der Kampf jeder Großmacht gegen jede (so die Grundannahme des politischen Realismus im Begriff der Anarchie), sondern ein Konflikt zwischen zwei Großmächten würde eine Zwei-Seiten-Formation heraufbeschwören, ohne dass man wissen konnte, auf welcher Seite man zu stehen kam.

Diese Beobachtung muss hier zunächst für sich stehen. Es ist im Rahmen dieser Arbeit nicht möglich zusehen, ob es sich bei dieser Lageeinschätzung um eine typischerweise wiederkehrende Situation handelt, sowie wie sie von *J. Kunisch* für die „conjoncture favorable" als Konsequenz eines dynastischen Erbfolgefalles herausgearbeitet worden ist[390]. **Gleichwohl handelt es sich hier um eine generalisierte kriegsdrohende Lage, darin besteht die Analogie. Alle drei Großmächte erwarteten, dass der Krieg auf Europa übergreift.**

Die **Reziprozität dieser generalisierten Erwartung,** diese Lage wurde aus preußischer Sicht vorausgesetzt. Friedrich der Große nahm an, dass auch alle anderen Großmächte die Bedrohungslage prinzipiell gleich beurteilen.

Dies geht daraus hervor, wie er seine Gründe für den Präventivschlag zu Beginn des Siebenjährigen Krieges erläuterte. Es waren ja die Verträge zwischen Österreich, Russland und Frankreich sowie die damit in Gang gesetzten Aufrüstungen Russlands und Österreichs, die Friedrichs Besorgnis zur Befürchtung werden ließen, dass eine Koalition gegen Preußen geschmiedet würde und ein Krieg gegen Preußen bevorstünde. Unterrichtet von den Rüstungsanstrengungen Österreichs und Russlands ließ er in Wien dreimal anfragen, ob ein Angriff auf Preußen beabsichtigt wäre. Die ausweichenden Antworten waren für ihn ein ausreichender Kriegsgrund:

„Die Wiener Antwort besagt, sie hätten durch den Abschluß einer Offensivallianz mit Rußland nichts gegen mich Feindliches getan. Die Antwort ist un-

---

390 Für die Behauptung einer typischen Situation wäre ein Blick auf die politische Lage vor dem 1. Weltkrieg von Interesse. Auch zwischen 1905 und 1914 schien der Kriegsbeginn über Europa zu schweben und das wechselseitige Misstrauen alle Seiten zu befeuern. Vgl. W.J. Mommsen, Die Kontinuität des Irrtums. Das Deutsche Reich an der Schwelle zum totalen Krieg 2004, S. 79, M. Howard, Kurze Geschichte des Ersten Weltkriegs 2005, S. 29, K.E. Born, Von der Reichsgründung bis zum Ersten Weltkrieg 1985, S. 259. Und neuerdings H. Münkler, Der Grosse Krieg 4.Aufl. 2014, darin die Kapitel „Zwischen Entspannung und Mißtrauen" (S. 54-62) und „Der vermeintliche Zwang zum Präventivkrieg" (S. 82-106). Ch. Clark streift das Thema lediglich im Schlusskapitel von „Die Schlafwandler" 12. Aufl. 2014, S. 710 und 712.

Teil III Preußen als Parvenu

verschämt, hochmütig und verächtlich, kein Wort darin von der Zusicherung, die ich verlange, so daß allein das Schwert diesen gordischen Knoten durchhauen kann.
Ich bin unschuldig an diesem Kriege. Ich habe alles getan, um ihn zu vermeiden. Wie groß auch die Friedensliebe sein mag, Ehre und Sicherheit dürfen ihr nicht geopfert werden. Ich glaube, Sie werden bei Ihren mir bekannten Gesinnungen ebenfalls meiner Ansicht sein... "[391]

So Friedrich der Große an seinen Bruder, den Prinzen von Preußen am 26. August 1756, als er die Antwort aus Wien erhielt[392].

Die Wiener Antwort als Kriegsgrund zu werten, erscheint nur sinnvoll, wenn man sie vor dem Hintergrund der eben geschilderten Lage begreift. Man könnte ohne diesen Hintergrund durchaus fragen, ob nicht noch Zeit für Diplomatie gewesen wäre, hatten doch Russland und Österreich ihren geplanten Angriff auf Preußen um ein Jahr verschoben. Nur wenn man die allgemeine Bereitschaft zum Krieg auf Grundlage des französisch-britischen Konflikts aus preußischer Sicht berücksichtigt, kann die ausweichende Antwort Maria Theresias als eine Bestätigung der ohnehin schon angenommenen Lage aufgefasst werden, denn sie änderte eben nichts daran. Gerade weil keine Antwort kam, die den Druck der Lage abgemildert hätte, erschien diese ausweichende Antwort als Bestätigung der Befürchtungen, die sich aus der angespannten Lage ohnehin ergaben. Es war darum nicht etwa „sein Unvermögen, abzuwarten und den Dingen eine Zeitlang ihren Lauf zu lassen"[393] (*J. Kunisch*), sondern der Druck des Feldes der Großmächte, die Lage, die hier zum Präventivschlag drängte:

„Il ne me reste plus que praevenire quam praeveniri"[394].

So Friedrich der Große an den britischen Vertreter in Berlin, A. Mitchell, am 24. Juli 1756:

Es blieb ihm nur zuvorzukommen, um nicht durch einen anderen Zuvorkommenden überrascht zu werden[395]. Das ist die Beschreibung der Lage als handlungsauslösendes Moment aus der Sicht Friedrichs des Gro-

---

391 Friedrich der Große und Maria Theresia in Augenzeugenberichten 1972, S. 262.
392 Vgl. dazu O. Groehler 1990, S. 71, Ch. Clark 2008, S. 238, Th. Mann 1990, S. 61.
393 J. Kunisch 2004, S. 351. Ähnlich psychologisierend H. Scott 2006, S. 94: "Frederick himself was probably psychologically incapable of riding out the crisis patiently and preferred to act.".
394 Das Zitat in Th. Schieder 1986, S. 179.
395 Dabei spielt es hier keine Rolle, dass Russland und Österreich reelle Kriegsvorbereitungen schon getroffen hatten. Friedrich war in der Situation, nicht sicher zu

ßen[396]. Aus der Beobachtung zweiter Ordnung formuliert: Friedrich konstatiert damit die Aktualisierung des Feldes der Großmächte aus Sicht des preußischen Großmachthabitus im Akt einer reflexiven Generalisierung.

In der hier erörterten Generalisierung erscheint die eine Seite des Großmachthabitus: Die Einheit des Feldes als Lage, in der sich Friedrich der Große/Preußen selbst positioniert weiß. Die andere Seite des Großmachthabitus, die Positionierung im Feld soll im Folgenden in Betracht gezogen werden.

III – 2.3) Preußen wird positioniert: Die Erkenntnis seiner Bedrohungsfähigkeit als erster Schritt zur Anerkennung Preußens im Feld der Großmächte

Sowie der Großmachthabitus das Ensemble der Großmächte zur Einheit des Feldes generalisiert, so positioniert er Preußen im Feld der Großmächte in seinen Großmachtstatus.

Noch einmal muss auf den Sieg in der Schlacht von Mollwitz über das österreichische Heer im Frühjahr 1741 verwiesen werden[397]. Er stand für den Beginn der Anerkennung Preußens. Die verschiedenen Volten die Friedrich II. immer wieder schlug, um seine Unabhängigkeit sowohl von der Großmacht Österreich als auch der Großmacht Frankreich unter Beweis zu stellen sollten alle anderen Großmächte von der eigenständigen Position Preußens im Feld der Großmächte überzeugen. Er wurde u.a. zweimal vertragsbrüchig und wechselte immer wieder die Koalition[398]. Preußen ließ sich nicht mehr als Mittelmacht instrumentalisieren. Das Machtgefälle war aufgehoben. Wie reagierten die anderen Großmächte darauf?

Zunächst mit der Erkenntnis der Bedrohungsfähigkeit. Diese schlug sich in einem Bild von Friedrich II. nieder, das bei allen Unterschieden in

---

wissen, ob und wieweit diese Vorbereitungen ihm galten und ob sie ihm jetzt galten. Der Handlungsdruck baute sich durch die geschilderte Lage auf.
396 Die Frage, ob Friedrich als Kriegsbeginner die Schuld am Siebenjährigen Krieg auf europäischem Boden trägt ist damit weder gestellt noch gelöst, allerdings um eine Volte komplexer (vgl. J. Kunisch, der Historikerstreit über den Ausbruch des Siebenjährigen Krieges 2008, S. 48-105).
397 Siehe S. 8f. (Zum historischen Kontext) und S. 93 (Vorausblick).
398 A. Mc. Wilson 1936, S. 334; R. Browning 1993, S. 56f; M.S. Anderson 1995, S. 75.

der Betonung und im Detail übereinstimmende Konturen aufweist. Preußen wurde durch die Bilder, die sich die anderen Großmächte von ihm machten, nicht diversifiziert, sondern positioniert. Die Reputation Friedrichs II., nach dem Frieden von Dresden und dem Ausscheiden Preußens aus dem Österreichischen Erbfolgekrieg auch Friedrich der Große genannt (1745), überstrahlte den Ruf aller anderen zeitgleichen Herrscher[399]. In diesen bewundernden, aber auch neidvollen und wegen seiner militärischen Erfolge verärgerten und wütenden Reaktionen zeigt sich die Positionierung Friedrichs und damit Preußens als Großmacht. Die ihm zugeschriebenen Eigenschaften hielten die Bedrohungsfähigkeit fest und sehen Preußen darin als Großmacht, während sie gleichzeitig diese Bedrohungsfähigkeit individualisieren und an der Person Friedrichs II. profilieren. Damit wird er aus der Perspektive der anderen Großmächte positioniert, d.h. er wird in das Feld der Großmächte integriert. Es bleibt aber nicht bei der Erkenntnis der Bedrohungsfähigkeit. Dieser folgen vielmehr zwei weitere Schritte im Anerkennungsprozess: Zuerst eine Identifikation aller anderen Großmächte mit Preußen durch Imitation wesentlicher organisatorischer Züge seiner für die damaligen Zeit allen anderen Armeen Europas überlegenen Militärmacht[400].

Im Zuge dieser Imitation, die von Großmacht zu Großmacht unterschiedlich ausfällt, kam es dann überall zu Gegenreaktionen. Man fürchtete den Verlust der eigenen Identität, die Beschädigung der „constitution civile" (Frankreich), eine Unterdrückung des Nationalgefühls (Russland), eine Kränkung des eigenen Königs durch überzogenen Heldenverehrung (Großbritannien) und beklagte die Unvereinbarkeit mit der inneren Konstitution der Monarchie, aber auch mit Sitten und Gebräuchen des Volkes (Österreich), da die Identifikation mit dem Gegner keine Grenze zu kennen schien. Dabei wurde die Imitation beibehalten, die Identifikation aber aufgelöst und der Imitation ein anderer Sinn unterlegt.

---

399 M. Füssel, Friedrich der Große und die militärische Größe 2011, S. 52.
400 Die Rede von der preußischen Armee als Träger des innereuropäischen und transkontinentalen Kulturtransfers verfehlt die Dimension des Sozialen, da sie darauf verzichtet den Sinn der Übernahme militärischer Charakteristika zu eruieren. Vgl. Marcus von Salisch, Von Preußen lernen …? 2012, S. 72. Ebenso der Aufsatzband „Das eine Europa und die Vielfalt der Kulturen. Kulturtransfer in Europa 1500-1850", Berlin 2033. Hier wird Kulturtransfer gar zum sozialwissenschaftlichen Leitbegriff erhoben. Das Entscheidende, ein Sinnwechsel der Imitation bei gleichbleibendem Imitat wäre damit nicht auszumachen.

Zunächst aber zur Erkenntnis der Bedrohungsfähigkeit Friedrichs II. und damit Preußens im Feld der Großmächte.

III – 2.3.1) Das Bild Friedrichs des Großen aus der Sicht der Großmächte

Um die übereinstimmenden Konturen im Bild Preußens aus der Sicht der anderen Großmächte herauszuarbeiten, sollen sie hier kurz vorab aufgeführt werden. Ich versehe die einzelnen Eigenschaften mit Zahlen. So kann man im daran anschließenden Teil, der das Bild Preußens in den Augen der anderen Großmächte darstellt, den Bezug zu dem, worauf vorab hingewiesen wurde, leichter herstellen.

Die militärische Bedrohungsfähigkeit ging als anerkanntes Faktum allem anderen voraus und stand gewissermaßen als Generaltitel über allen bewunderten und verhassten Eigenschaften, mit denen Friedrich II. diese Bedrohungsfähigkeit verkörperte. Seit dem Gewinn der Schlacht von Mollwitz gegen Österreich (März 1741) galt Preußen Österreich gegenüber als ebenbürtig, und damit stand der Anspruch Preußens auf den Großmachtstatus im Raum. Die Persönlichkeit Friedrichs II. gab dabei der Bedrohungsfähigkeit der neuen Großmacht ein unverwechselbares und individuelles Gesicht.

Mit Wut und Entsetzen wurde allgemein die **maximale Ausnutzung des eigenen Vorteils (1)** konstatiert – ohne Ansehen geschlossener Verträge, Allianzen und vor allem ohne Berufung auf die zur damaligen Zeit gängigen Legitimationsrituale, den eigenen Raubzug mit Erb- und Familienansprüchen zu bemänteln. Daraus folgte eine **moralische Verachtung (2)**, die in den meisten Reaktionen spürbar ist. Im engen Zusammenhang damit steht seine immer wieder beklagte **Unzuverlässigkeit (3)** als Alliierter, was eine strategische Einschätzung der Lage durch die anderen Großmächte erschwerte.

Damit einher ging die Klage über die **Unberechenbarkeit (4)** des Königs, der seine Entscheidung in aller Regel ohne Konsultationen fällte. Es nützte akkreditierten gesandten Diplomaten wenig, zum Umfeld Friedrichs II. Kontakt zu halten, da das Umfeld über anstehende Entscheidungen in aller Regel keine nützlichen Auskünfte geben konnte.

Diese eher negativen Seiten waren allerdings nicht nur konsequenter Interessenpolitik geschuldet, sie waren auch das Spiegelbild einer bewussten Strategie Friedrichs II., durch Demonstration seiner politischen Eigenstän-

Teil III Preußen als Parvenu

digkeit den Anspruch auf den Großmachtstatus zu untermauern und sich in keiner Weise instrumentalisieren zu lassen.

Thomas Mann hat diese Seite der öffentlichen Wirkung Friedrichs II. an einem Zitat herausgestellt:

> „An seine Neutralität, seine Enthaltsamkeit, seine guten Absichten glaubte niemand, und er wusste das. Er (Friedrich II., der Autor) sagte: ‚Man hält mich in Wien für einen unversöhnlichen Feind des Hauses Österreich, in London für unruhiger und ehrgeiziger und reicher als ich bin. Bestushev (der russische Staatskanzler) glaubt, dass ich auf Unheil sinne, in Versailles glaubt man, dass ich über meinen Interessen einschlafe. Sie täuschen sich alle. Aber was mir dabei Sorge macht, ist, dass diese Irrtümer üble Folge veranlassen können. Diesen Folgen gilt es zuvorzukommen (zuvorzukommen?) und Europa von seiner Voreingenommenheit zu heilen.
> Voreingenommenheit? Nein, das war Nacheingenommenheit! Eine Eingenommenheit nach den beiden Schlesischen Kriegen. Übrigens meinte er es vielleicht redlich – und täuschte sich nur über seine eigene Gefährlichkeit? Der allen ein Geheimnis war, vielleicht war er sich selber eins?" [401].

Thomas Mann arbeitet hier an einem von ihm leider nicht belegten Zitat, eingebettet in seinen eigenen Kommentar, anschaulich diese Seite der Positionierung Preußens im Feld der Großmächte heraus: Die anerkannte Großmacht als Gefahr für die anderen europäischen Großmächte, außer für Frankreich, das sich im Bündnis mit Preußen ihm gegenüber sicher wähnte, wenn es auch nicht verkannte, dass Friedrich II. nur seinen eigenen Interessen folgte. Darüberhinaus ein Beleg dafür, dass Friedrich II. sich dieser Positionierung bewusst war.

Andererseits stieg die **Bewunderung für Friedrich II**. Mit diversen gewonnenen Schlachten während der Eroberung Schlesiens und dann noch einmal während des Siebenjährigen Krieges, in dem er Preußen gegen eine übermächtige Koalition erfolgreich verteidigte, wurde sein Ruf als Feldherr legendär. Friedrich II. war **„roi connetable"** (5), d.h. er führte sein Heer als König persönlich in den Krieg und ließ sich nicht wie sonst üblich durch Generäle vertreten. Die militärische Überlegenheit Preußens wurde darum auch auf die Übertragung seines militärisch genialen Geistes auf die preußischen Truppen zurückgeführt.

Die **Bewunderung galt ebenfalls dem König als Verteidiger der Aufklärung und gebildeten Humanisten (6)**. In England trat dazu nach der Umkehr der Allianzen (1756) das Bild von Friedrich II. als Verteidiger der

---

401 Thomas Mann, Friedrich und die Große Koalition 1990, S. 20.

aufgeklärten politischen Freiheit gegen die Mächte der absolutistischen Finsternis.

Immer wieder wurde auch das konfessionelle Argument ins Feld geführt. **Friedrich II. als Kämpfer für die Sache des Protestantismus (7)**. Es ist nicht in allen Reaktionen auszumachen. Deswegen spielt es für unseren Zweck eine eher untergeordnete Rolle. In der Koalition mit England (1756) und beim Einfall in Schlesien, auch als Befreiung der evangelischen Einwohner Breslaus von katholischer Herrschaft dargestellt, war es äußerst publikumswirksam.

Der große, in den Quellen oft als „übergroß" bezeichnete **Ehrgeiz Friedrichs II. (8)** wurde konstatiert. Da Ehre und Ruhm Antrieb aller adeligen Herrscherhäuser waren, ist dies nicht als negative Bewertung zu verstehen. Es handelte sich eher um ein Erstaunen, wieweit dieser Ehrgeiz Friedrich II. trug: bis zum Aufstieg Preußens zur Großmacht. Neben das Misstrauen und die Verachtung für die machiavellistische Attitude Friedrichs II. gesellten sich also Bewunderung und Neid für den König und seine Armee. *M. Anderson* charakterisiert das Ansehen Preußens am Ende des Österreichischen Erbfolgekrieges 1748 wie folgt:

> „Prussia's quantum leap to a new level of international importance was all the more impressive to contemporaries because it had been so rapid and because nothing to population or wealth and everything to organisation and leadership. Its young ruler seemed to have raised it, through his own daring and vision, to a status for which nothing in its history or natural resources had prepared the world. Admiration, sometimes envious and reluctant, for Prussia's army, the engine of its new-found importance, as well as for its ruler, was now becoming widespread. »[402]

Bis auf Österreich nur feindfixierte Sicht waren sich die anderen Großmächte in dieser ambivalenten Beurteilung Friedrichs II. einig. Sie soll im Folgenden aus der jeweiligen Sicht einer Großmacht dargestellt werden. So sind die übereinstimmenden Konturen des Preußenbildes der anderen Großmächte nachzuvollziehen. Zunächst zum Hauptbetroffenen des Einmarsches Friedrichs II. in Schlesien, zu Österreich.

---

402 M. Anderson 1995, S. 211.

III – 2.3.2) Das Bild Österreichs

Mit der Eroberung Schlesiens (1740) war Preußen unter Friedrich II. für Maria Theresia der neue Hauptfeind geworden und hatte damit Frankreich als Hauptgegner abgelöst[403]. Sie war entschlossen, Schlesien um jeden Preis wiederzugewinnen[404]. Dies nicht nur, weil Schlesien die ökonomisch bedeutendste Provinz Österreichs war, sondern auch, weil es um einen Präzedenzfall ging. Friedrich II. war ja mit seinem Einfall in Schlesien lediglich anderen Großmachtsinteressen zuvorgekommen[405], den Eintritt der österreichischen Erbfolge zur eigenen Machtvergrößerung und Ruhmsteigerung zu nutzen. Darüber hinaus stellten Mittelmächte wie Bayern und Spanien eigene Forderungen auf, in der Hoffnung an der Verteilung des erwarteten territorialen „Kuchens" beteiligt zu werden[406]. Für Maria Theresia ging es deshalb ebenfalls darum, keinen Präzedenzfall zuzulassen, der bei Anderen Hoffnung auf territoriale Erweiterungen zu Lasten Österreichs wecken konnte.

Die direkten Äußerungen zur Person Friedrichs II. und damit zur Positionierung Preußens sind dünn gesät. Trotzdem ergeben die wenigen Äußerungen verstreut über einen Zeitraum von zwei Jahrzehnten ein eindeutiges Bild.

In einem Reskript Maria Theresias an den österreichischen Botschafter in St. Petersburg, Esterhazy, vom 23.12.1757 nahm die Regentin rückblickend Bezug auf den Österreichischen Erbfolgekrieg:

> „Alle europäischen Mächte suchten in Friedenszeiten für sich und ihre Untertanen der Ruhe zu genießen, die Wunden des Krieges zu heilen und ihre Nachbarn außer Sorge zu setzen. Der König von Preußen jedoch tue das Gegenteil. Er habe alles in solcher Weise auf militärischen Fuß eingerichtet, dass er sich jeder vorteilhaften Gelegenheit bedienen könne, seinen Nachbarn, noch ehe sie sich im Verteidigungszustand befänden, einen tödlichen Streich zu versetzen. Alle anderen Mächte werden durch den Krieg und öftere Schlachten von Volk entblößt; der König allein hat das Mittel erfunden, durch den Krieg seine Truppen zu ergänzen. Sollte es aber einem solchen Störer der allgemeinen Ruhe endlich gelingen, die größten Gewalttaten straflos ausgeübt zu haben (…), so wäre das nicht nur für die verbündeten, ansehnlichen europä-

---

[403] M. Anderson 1995, S. 79, und ebenfalls E. Broicher, Der Aufstieg der preussischen Macht von 1713-1756 in seiner Auswirkung auf das europäische Staatensystem 1947, S. 99, 103.
[404] M. Anderson 1995, S. 72. 81; R. Browning 1993, S. 43.
[405] M. Anderson 1995, S. 63.
[406] M. Anderson 1995, S. 76.

ischen Mächte ein unauslöschliche Schande und den beleidigten Teilen ein Verlust der ihnen gebührenden Genugtuung, sondern der König von Preußen würde sowohl für uns als auch für die russische Monarchie ein desto gefährlicherer Feind verbleiben, je mehr er durch die Erfahrung gelernt hat"[407].

Die eben zitierten Sätze sind aus der Rückschau zu Beginn des Siebenjährigen Krieges geschrieben. In diesem Krieg ging es u.a. darum, Preußen den Großmachtstatus wieder zu nehmen. Gleichwohl erkannte Maria Theresia sehr wohl an, dass es sich damals, zu Beginn der Österreichischen Erbfolgekrieges, um eine „conjoncture favorable" gehandelt hat, auch wenn sie verschwieg, dass sich das mittlerweile mit Österreich verbündete Frankreich damals mit Preußen aus ureigensten Interessen gegen Österreich verbündet hatte, England und Russland nicht, wie vertraglich vereinbart, zu Hilfe kamen. Die Schande des von Österreich verlorenen Krieges wurde hier verallgemeinert und als Schande und Verlust an Genugtuung aller Großmächte hingestellt, die den Parvenu und Störenfried Preußen haben schalten und walten lassen. Die Bedrohungsfähigkeit des „gefährlichen Feindes" schilderte sie mit drastischen Worten. Aus dem Text spricht klar die moralische Verachtung für Friedrich II. (2), die maximale Ausnutzung des eigenen Vorteils wird an dem Beispiel, „der König allein hat das Mittel erfunden, durch den Krieg seine Truppen zu ergänzen" illustriert (1), die Unberechenbarkeit klingt in der Beschwörung seiner Gefährlichkeit an, „bei jeder sich bietenden Gelegenheit, einen tödlichen Streich versetzen zu können" (4).

Der Text schwankt zwischen der Empörung, dass der Aufsteiger Preußen den Großmächten „die gebührende Genugtuung verweigere", sprich ihnen von gleich zu gleich mit Großmachtanspruch gegenübertrete, und der Warnung vor der zunehmenden Bedrohungsfähigkeit des Königs von Preußen, der durch jede Erfahrung nur gefährlicher werde.

Ein Jahr später folgte ein Brief Maria Theresias an ihre Schwester Maria Antonia von Sachsen anlässlich des Brands von Dresden und der Plünderung durch preußische Truppen, die auch vor den Frauen der königlich-sächsischen Familie nicht halt gemacht hatten[408]:

---

407 Zitiert bei J. Kunisch, Das Mirakel des Hauses Brandenburg 1978, S. 21. J. Kunisch gibt als Quelle an: A.v. Arneth, Geschichte Maria Theresias Bd.5, S. 279-281.
408 Friedrich der Große hatte Teile Dresdens in Brand stecken lassen (M. Füssel 2010, S. 53). Er suchte und fand schließlich im Schlafzimmer der Kurfürstin von Sachsen und Königin von Polen Dokumente, die belegen sollten, dass Österreich

Teil III Preußen als Parvenu

> „Vous pouvez conter que je suis entragée contre ce monstre et que j'employerai le verd et le sec et le dernier home, pour vous tirer de cet esclavage. J'espère qu'on prendra des measures tels que cela ne manquera plus, mais il faut que tous y concourent. On débite ici des indignitez qu'on comet, le bon Dieu aura à la fin pitié de nous et écrasera ce monstre"[409].

Aus diesem Brief spricht der blanke Hass, eine Regung, die sich bei Maria Theresia in ihren öffentlichen Äußerungen sonst kaum fand. Er zeigt aber anschaulich die Erbitterung über Friedrich II. angesichts seines als unschicklich empfundenen Eindringens in die Privatgemächer der sächsischen Königin, dies ein wenn auch ungewöhnliches Zeugnis seiner Bedrohungsfähigkeit. Ein weiterer Beleg für seine Unberechenbarkeit (4) und ihre moralische Verachtung (2) Friedrichs des Großen, vor allem aber für die Entschlossenheit Maria Theresias, ihm Widerstand zu leisten. Es waren auch solche Gefühle, die zur Festigung gerade der negativen Seite von Friedrichs II. Bild beitrugen.

Ein anderes Zitat mag das Bild Friedrichs II. aus österreichischer Sicht vervollständigen. Der österreichische Staats- und Konferenzminister Johann Josef Khevenhüller-Metsch charakterisierte Friedrich II. in seiner Instruktion für Puebla vom 6. August 1749 wie folgt:

> « De ce qu'on vient de dire, il résulte qu'il (Friedrich) doit être envisagé comme l'ennemi le plus dangereux, le plus redoutable et le plus irréconciliable de la maison d'Autriche, toujours prêt à éclater contre elle lorsque l'occasion lui emblera aussi favorable qu'en 1744 .... »[410].

Auch J.J. Khevenhüller, einer der Einflussreichsten österreichischen Politiker zur Zeit Maria Theresias in verschiedenen Stellungen am Hof (1728–1775) und geschichtswissenschaftlich bedeutsam durch sein über diese Zeit geführtes Tagebuch, aus dem dieses Zitat stammt, vergisst nicht, die günstige Gelegenheit zu erwähnen, die Friedrich dem Großen erst seine Eroberung ermöglicht hat. Seine Bedrohungsfähigkeit wird konstatiert und

---

einen Angriff auf Preußen geplant hatte, die seinen eigenen Präventivschlag als Reaktion auf die Österreichische Kriegsplanung erscheinen ließ. Vgl. dazu Kartoffeln mit Flöte 2011, S. 81f (die Anekdote erzählt von Th. B. Macaulay). Den geschichtlichen Hintergrund referiert J. Rees, Krieg und Querelle 2011, S. 232f.

409 Zitiert bei J. Kunisch 1978, S. 43. J. Kunisch nennt als Quelle: W. Lippert (Hg.), Kaiserin Maria Theresia und Kurfürstin Maria Antonia von Sachsen, Briefwechsel 1747-1772, S. 34f; vgl. auch S. 29.
410 E. Broicher 1947, S. 108f. Anm. 3. E. Broicher nennt hier als Quelle: Hans Schlitter (Hg.) 1907, Tagebuch des Fürsten Johann Josef Khevenhüller-Metsch 1742-1776, Wien Leipzig.

detailliert: Aus dem Adjektiv „redoutable" (respektgebietend) spricht die Anerkennung des Feldherrn Friedrich der Große (5), das zweite „irréconciliable" (unversöhnlich) bezieht sich eher auf die unbeirrte Ausnutzung des eigenen Vorteils (1), den selbst eingegangene Vertragsversprechen nicht binden.

Aber auch das Verhalten Preußens im Österreichischen Erbfolgekrieg hinterließ Spuren in der Positionierung Preußens durch Österreich und die anderen Großmächten. Zweimal brach Preußen Absprachen. Es scherte aus gerade geschlossenen Bündnissen aus um des eigenen Vorteils willen (1) ohne Rücksicht auf die bis dahin Verbündeten und unterstreicht damit seine Unabhängigkeit als Großmacht:

Im Oktober 1741 unterzeichnete Friedrich II. ein Geheimabkommen mit dem österreichischen Hof, die Konvention von Klein-Schnellendorf. Damit scherte er aus der von ihm selbst geschmiedeten Allianz von Frankreich, Bayern, Sachsen und Spanien gegen Österreich aus (3), ermöglichte es Maria Theresia ihre Armeen aus Schlesien abzuziehen und gegen die bayerisch-sächsisch-französischen Truppen zu schicken, die mittlerweile vor Prag standen. Der Fall von Prag und damit Böhmens konnte dennoch nicht mehr abgewendet werden. Über die Motivation Friedrichs II. herrscht Klarheit in den einschlägigen Veröffentlichungen: Er wollte einen zu großen Machtzuwachs seiner bis dahin Verbündeten und hier vor allem einen Machtzuwachs des geographisch benachbarten Sachsens verhindern, was ihm gelang[411]. Dieses Klein-Schnellendorfer Abkommen war von Friedrichs II. Seite aber zu keinem Augenblick auf Dauer gemeint. Nur zwei Monate später unterzeichnete er mit Sachsen und Bayern ein Abkommen über die Aufteilung des österreichischen Territoriums (4). Als das Geheimabkommen von Klein-Schnellendorf später bekannt wurde, wuchsen folglich auch die Schwierigkeiten mit den Verbündeten der Allianz, vor allem mit Frankreich, sich wieder zu einem gemeinsamen Vorgehen gegen Österreich zu verabreden[412]. Gleichwohl marschierte Friedrich II. gegen Wien und nahm die Stadt lediglich aus dem Grund nicht ein, weil der von Sachsen versprochene Nachschub ausblieb. Österreichische Erfolge wie die Einnahme Bayerns und die Zurückdrängung der französischen Armee sowie finanzielle Engpässe[413] brachten ihn dazu, sich ein

---

411 M. Anderson 1995, S. 88-90.
412 M. Anderson 1995, S. 101.
413 M. Anderson 1995, S. 102f.

zweites Mal mit dem österreichischen Hof auf einen Friedensvertrag zu einigen, auf den Vertrag von Breslau vom 11. Juni 1742 (4).

Mit diesem Vertrag hatte Friedrich II. ein zweites Mal die Verbündeten seiner Allianz hintergangen. *M. Anderson* beschreibt die Situation so:

> „Frederick knew very well that this second desertion of his allies was bound to reinforce the reputation for duplicity and unreliability which he had now acquired. As soon as peace terms had been agreed, therefore, he sent a stream of self-justifying letters to Fleury, Belleisle and Charles VII. ... These protestations did little or nothing to lessen the anger which his conduct had aroused in France. Belleisle described him in a letter of 23 June as the faithless prince who has just betrayed his allies'"[414].

Seine hier zitierte, notorische Unzuverlässigkeit gegenüber Freund und Feind wurde zum bestimmenden Mosaikstein im Bild Friedrich des Großen. Nur der Eigennutz war ausschlaggebend für das gerade erforderliche militärische und außenpolitische Vorgehen und bestätigte zugleich den Anspruch Friedrichs des Großen, mit den Großmächten seiner Zeit auf Augenhöhe zu verhandeln.

Dass es bei alledem um den Großmachtstatus Preußens und damit um die Bedrohungsfähigkeit Preußens ging, macht folgende Bemerkung in den österreichischen Staats-Betrachtungen von 1761 deutlich:

> „Nach dem allgemeinen Europäischen wahren Interesse sollte Preußen in die Mittelmäßigkeit gesetzt werden, dass es wieder ein Staat vom anderen Range und den übrigen weltlichen Kurfürsten gleich würde. Sonst müssen die Staaten in Europa vom ersten Range in beständiger Besorgnis schweben, in von Preußen zu erregende Kriege verwickelt zu werden."[415]

Eine offizielle Veröffentlichung des Österreichischen Kabinetts aus dem Jahr 1761, kurz vor Ende des Siebenjährigen Krieges also, zeigt worum seit dem Österreichischen Erbfolgekrieg es für Österreich ging: Preußen den Großmachtstatus wieder zu nehmen, den es sich zuvor angeeignet hat.

Entsprechend ließ sich der Thronfolger Joseph II. im gleichen Jahr in einer Denkschrift vom 3. April 1761 verlauten:

> „Autrefois, on était si persuadé de la superiorité des monarchies aujourd'hui alliées, nommément de la France, de la Russie, de la Suède, de l'Empire et de nous, que sans tenter la voie des armes, elles n'avaient qu'à menacer pour se faire rendre justice de leurs voisins. Mais à présent que le Roi de Prusse vient

---

414 M. Anderson 1995, S. 105.
415 Staats-Betrachtungen über den gegenwärtigen Preußischen Krieg in Teutschland, ... 1761 Wien, in: J. Kunisch 1978, S. 18, 126.

de démontrer à toute l'Europe ce qu'il n'a pas cru lui-même, qu'il est seul en état, non seulement de s'opposer à leurs forces réunies, mais même de les contraindre à rechercher une paix désavantageuse, il n'est plus à espérer que le pouvoir de ces mêmes monarchies soit dorénavant respecté.[416]"

Joseph II. konstatierte, dass die Bedrohungsfähigkeit der anderen Großmächte Preußen nicht davon abgehalten hat, in den Kreis der Großmächte aufzusteigen. Die Monarchien würden durch Preußen nicht entsprechend ihrer Rangabstufung gewürdigt (s.o.). Preußen zwinge sie überdies zu einem unvorteilhaften Frieden. Damit wird wie schon im obigen Zitat der Großmachtanspruch Preußens verdammt und anerkannt.

Die wenigen Funde, zeitlich (1749, 1757, 1761) und thematisch weit verstreut, betonen aus der Sicht Österreichs verständlicherweise die negativen Seiten Friedrichs II. Immerhin wird selbst in diesen wenigen Zitaten die Unberechenbarkeit und die maximale Ausnutzung des eigenen Vorteils schon dreimal erwähnt, moralische Verachtung zweimal, einmal seine Unzuverlässigkeit, und einziges Mal wird indirekt auf den König als Feldherrn hingewiesen (redoutable). Die günstige Gelegenheit vermerken dabei selbst seine österreichischen Gegner. Man wusste auch in Österreich, was Friedrich II. einen Anlass zum Einmarsch in Schlesien geboten hat, es war die umstrittene Erbfolge trotz aller vermeintlichen Absicherung durch das Vertragswerk der Pragmatischen Sanktion. Dass Österreich mit dieser Einschätzung nicht allein dastand, zeigt der Blick auf die Einschätzung der Person Friedrichs II. durch die anderen Großmächte.

III – 2.3.3) Das Bild Großbritanniens

Die englische Regierung wurde durch ihren Gesandten in Berlin, Guy Dickens, schon vor dem Einfall in Schlesien von der Entschlossenheit Friedrichs II. dazu unterrichtet[417]. Dies führte zu einer völligen Änderung des bis dahin in England vorherrschenden Bilds von Friedrich als dem preußischen Thronfolger in spe. Dieses sah den kultivierten „dem Reich der Kunst und Musik, der Wissenschaft und der gelehrten Konversation zuge-

---

416 Denkschrift Josephs II vom 3. April 1761, in: A.v. Arneth (Hg.), Maria Theresia und Joseph II. Band 1, 3. Das Ganze findet sich als Zitat abgedruckt in: J. Kunisch 1978, S. 34f.
417 Zum Folgenden: Manfred Schlenke, England und das friderizianische Preußen. 1740 – 1763, Freiburg – München 1963.

Teil III Preußen als Parvenu

wandten"[418] jungen Friedrich vor allem im Gegensatz zu seinem Vater dem Soldatenkönig (6) und schrieb ihm diese Qualitäten als Erbschaft seiner mit dem englischem Königshaus verwandten, aus Hannover stammenden Mutter zu[419]. Dickens sollte sich im Auftrag der englischen Regierung Klarheit verschaffen über die Pläne Friedrichs II. nach dem Tod Karls des V., der die Frage nach der österreichischen Erbfolge aufwarf. So schrieb er an den Staatssekretär Harrington von Berlin aus:

„One could almost think it was impossible for a Prince, who had the least Regard to Honour, Truth, and Justice, to act the Part he is going to do; but it is plain his only view was to deceive Us, and to conceal, for a while, his ambitious and mischievous Designs."[420]

Das vormalige Bild Friedrichs II. als Humanist und Aufklärer (6) wurde zur Folie, vor der das enttäuschende neue Bild Friedrichs gekennzeichnet durch Unzuverlässigkeit (3) und Ehrgeiz (8) entstand. *M. Schlenke* fasst das Bild Friedrichs II., wie Dickens es in seinen verschiedenen Botschaften nach England vermittelt, so zusammen:

„Die lichten Farben sind geschwunden! Übrig geblieben ist die Gestalt eines Herrschers ohne Treu und Glauben (3,4), der nicht mit kleinen Zugeständnissen beschwichtigt werden kann, dem man entschlossen entgegentreten muss, um seinen maßlosen Ehrgeiz (8) in Schranken zu halten. Ihn binden keine Verträge, das Machtinresse allein (1) bestimmt sein Handeln. Heute richten sich seine Pläne auf Schlesien, morgen vielleicht auf Mecklenburg, keiner seiner Nachbarn darf sich vor ihm sicher fühlen, sie alle sind in ihrer Existenz durch Preußens gewaltige Armee bedroht"[421].

Auch wenn dieser Sichtwechsel auf Friedrich II. einige Zeit brauchte, bevor er sich in Regierung, Parlament und beim König durchsetzte[422], einig war man sich angesichts des Einmarsches in Schlesien bei allem Streit darüber, welche außenpolitischen Konsequenzen zu ziehen seien. Daran änderte sich nichts Wesentliches bis zum Renversement des Alliances im Jahr 1756, wie das folgende Zitat belegt, das *M. Schlenke* auf Anfang der 50er Jahre des 18. Jahrhunderts datiert. Georg II., König von Großbritannien und Hannover, äußerte sich gegenüber dem französischen Botschafter in London:

---

418 M. Schlenke 1963, S. 93.
419 M. Schlenke 1963, S. 93, siehe auch Th. Schieder 1986, S. 31.
420 M. Schlenke 1963, S. 105. Zitat vom 3.12.1740.
421 M. Schlenke 1963, S. 107f.
422 M. Schlenke 1963, S. 108–122.

„The King of Prussia is a mischievous rascal, a bad Friend, a bad ally, a bad relation, and a bad neighbour, in fact the most dangerous and evil-disposed prince in Europe"[423].

Es ist klar, Georg II., fühlte sich von Friedrich II., seinem Cousin, bedroht. Er verachtete ihn und sah klar, dass Friedrich sich nicht einfach wie eine Mittelmacht in eine Koalition einbinden lässt (bad ally) (2,3). Hingegen bewunderte Großbritannien die erfolgreiche und starke Armee Friedrichs II. Ab 1748 berichteten englische Monatsschriften über die ausgezeichnete Verfassung des preußischen Militärs: „In Ausbildung und Disziplinierung seiner Truppen gilt Preußen im Urteil der englischen Zeitgenossen als schlechthin vorbildlich[424] (5). Bereits 1754 wurde das preußische Reglement für die Infanterie in englischer Übersetzung publiziert[425]. Das preußische Exerzierreglement wurde in der englischen Armee eingeführt. Sogar private Vereinigungen bildeten sich zu dem Zweck, dieses Reglement zu erlernen[426]. Die englischen Dragoner übernahmen die preußischen Ledergamaschen[427], um nur ein paar Beispiele *M. Schlenkes* hier aufzunehmen.

Erst mit dem Westminster-Vertrag vom 16. Januar 1756, der die Koalition zwischen Preußen und England besiegelte und den Auftakt zum sog. Renversement des Alliances bildete, änderte sich an diesem Bild Preußens in Großbritannien Wesentliches. Großbritannien ging es darum, Verbündete im Kampf gegen seinen Hauptfeind Frankreich zu gewinnen. Österreich galt nach dem Ausgang des österreichischen Erbfolgekrieges als absteigende, Preußen dagegen als aufsteigende Macht[428]. Über dies war die Achse der Seemächte zerbrochen. Von den Niederlanden als Verbündete gegen Frankreich war kaum noch ein militärischer Beitrag zu erwarten[429]. Lange Zeit war es schwierig, einen solchen Tausch der Verbündeten in der englischen Regierung durchzusetzen[430]. Als es schließlich gelang, änderten sich die Positionierungen im Feld der Großmächte grundlegend:

---

423 M. Schlenke 1963, S. 177.
424 M. Schlenke 1963, S. 276.
425 M. Schlenke 1963, S. 278.
426 M. Schlenke 1963, S. 279.
427 M. Schlenke 1963, S. 280.
428 M. Schlenke 1963, S. 201.
429 M. Schlenke 1963, S. 213.
430 M. Schlenke 1963, S. 198-225. Dort das Kapitel „Auf dem Weg zum „neuen System": Die Kritik der englischen Preußen-Politik (bis 1755).

"Innerhalb des europäischen Staatensystems übernahm nun Preußen jene Funktion, die einst Österreich innegehabt hatte: Das Gegengewicht gegen Frankreichs Hegemonialbestrebungen auf dem europäischen Kontinent zu bilden. Die Aufgabe war freilich gewachsen: Im Bunde mit Frankreich standen neben der Mehrzahl der Reichsfürsten Österreich, Schweden und Russland."[431].

Aus englischer Perspektive änderte sich das Bild Friedrichs II. dementsprechend. Aus dem unzuverlässigen und kriegslüsternen sich an keinen Vertrag haltenden König wurde nach den Siegen bei Rossbach vom 5.11.1757 und Leuthen vom 5.12.1757 der preußische Held[432]: Gedichte und Lobpreisungen wurden über ihn verfasst[433] (1,5):

> "You came, saw, you overcome;
> Caesar, 'twas bravely done.
> But Frederick twice has done the same,
> And double laurels won

"Die englischen Buchhändler konnten die Nachfrage nach immer neuen Portraits des „preußischen Helden" kaum befriedigen. Fast in jedem Haus hing sein Bildnis."[434]

Dazu kam das konfessionelle Argument (7). Mit Preußen als protestantischem Staat sah man sich in der konfessionell einheitlichen Liga gegen das katholische Lager von Frankreich und Österreich[435]. Auch wenn mit Schweden, Russland und einigen protestantischen Reichsfürsten auf der „katholischen" Seite diese Sicht etwas bemüht scheint, beherrschte das konfessionelle Argument in den ersten Jahren des Siebenjährigen Krieges Großbritannien. Friedrich II. kam so auch als Verteidiger des Protestantismus zu stehen.

Ein dritter Aspekt muss erwähnt werden. Nicht nur als Verteidiger der Religion auch als Verteidiger der Freiheit galt Friedrich II. in England. Der Konflikt zwischen Großbritannien und Frankreich war ja nicht nur von dem Gegensatz Katholizismus – Protestantismus, dem Gegensatz zweier Auffassungen von Wirtschaft (Merkantilismus – Freier Warenverkehr) und der Konkurrenz in Übersee geprägt. Es standen sich auch der klassisch absolutistische Staat (Frankreich und Österreich) und England seit der „Glo-

---

431 M. Schlenke 1963, S. 226.
432 M. Schlenke 1963, S. 234.
433 M. Schlenke 1963, S. 238.
434 M. Schlenke 1963, S. 242.
435 M. Schlenke 1963, S. 230-232.

III – 2) Der Großmachthabitus Preußens

rious Revolution" von 1688 als parlamentarisches System gegenüber. Preußen mit seinem zwar aufgeklärten, aber nach wie vor andauernden Absolutismus wurde für die Verteidigung der politischen Freiheit im Sinne Großbritanniens vereinnahmt (6).

Bei aller englischen Begeisterung für Friedrich II. darf nicht aus dem Auge verloren werden, dass diese sich auf Preußen als den effektivsten Verbündeten Großbritanniens im Kampf gegen Frankreich bezog. Darin hat die Begeisterung für den Preußenkönig seine ultima ratio für die englische Öffentlichkeit. Deswegen hat sich durch die bezweifelte Effektivität dieses Bündnisses auch die innerenglische Kritik an dieser Begeisterung entzündet[436].

Nachzutragen wäre noch die britische Aufmerksamkeit auf die Wirtschaftskraft Preußens. Eine Ursache für den Aufstieg Preußens sah man im Aufschwung seiner Wollmanufakturen. Deren Konkurrenz fürchtete man, da die Tuchmanufaktur eine der Grundlagen englischer Wirtschaftskraft war[437]. So mischt sich gerade in das bewundernde Bild Friedrichs II. in Großbritannien die Furcht vor unliebsamer ökonomischer Konkurrenz. Hier könnte ein Motiv liegen, warum Großbritannien gerade politisch erwünschten Verbündeten mit entsprechender Wirtschaftsstärke zugleich misstraute: Politisch starke Verbündete konnten leicht auch zu wirtschaftlichen Konkurrenten mutieren[438]. Daher die Vorsicht, sie bei aller Stärke nicht zu stark werden zu lassen (8).

M. Schlenke fasst das Bild Friedrichs II. aus englischer Sicht für die Zeit von 1756–1760 so zusammen:

> „Friedrich von Preußen als überragender Feldherr, als Verteidiger der Freiheit, als Bollwerk des Protestantismus auf dem Kontinent, als Schrecken Frankreichs und des mit ihm verbündeten Papismus, als Vorkämpfer für Wahrheit und Gerechtigkeit, als Hüter der europäischen Ordnung, und nicht zuletzt auch als Schutzwehr der Söhne Albions. Ein unerschöpfliches Thema exaltierter Lobpreisungen, die in immer neuen Variationen vorgetragen und vorgesungen wurden und die bis in die Spätzeit des Siebenjährigen Krieges ein lebhaftes Echo im Lande fanden"[439].

Schutzwehr der Söhne Albions und Schrecken Frankreichs, darin kommt zuerst das gewandelte, außenpolitische Interesse Großbritanniens zum

---

436 M. Schlenke 1963, S. 250-265.
437 M. Schlenke 1963, S. 297.
438 M. Schlenke 1963, S. 303.
439 M. Schlenke 1963, S. 247.

Ausdruck. Der König als Feldherr, als Verteidiger der Freiheit und Vorkämpfer für Wahrheit und Gerechtigkeit (das Aufklärungsmotiv) sowie Verteidiger des Protestantismus, diese Elogen auf die neue Großmacht Preußen reihen sich durchaus ein in nun positiv gewandelte Folgen der zunächst negativen Epitheta der Großmacht Preußen, wie der Vorwurf der maximalen Ausnutzung des eigenen Vorteils, der moralischen Verachtung, der Unberechenbarkeit und Unzuverlässigkeit.

Auch wenn sich also das Bild von Friedrich II. in Großbritannien zwischen 1740 und 1760 stark gewandelt hat, sprechen die Charakterisierungen Friedrichs II. eine deutliche Sprache. Sei es warnend vor dem gefährlichen Nachbarn, sei es jubelnd über den Sieger der Schlachten von Rossbach und Leuthen, England sieht in Friedrich II., sieht in Preußen die neue Großmacht auf dem europäischen Kontinent. Das ist die Konstante im Wandel des englischen Bildes von Friedrich II. zwischen 1740 und 1760.

III – 2.3.4) Das Bild Russlands

Ich betrachte für den Zweck dieser Arbeit Russland als Großmacht seit dem Ende des Nordischen Krieges, auch wenn der Prozess der Anerkennung Russlands als Großmacht bald zwei Drittel des 18. Jahrhunderts dauerte (1709 – Sieg über Schweden in der Schlacht bei Poltava – bis 1775 – Russische Expansion auf Kosten des Osmanischen Reiches und auf Kosten Polens -[440]). Frankreich, England, Österreich und die damalige Mittelmacht Preußen[441] behandelten Russland nach und nach als Großmacht. Die Verweigerung der Teilnahme an Kongressen z. B. durch Österreich weist dabei lediglich auf die Dauer des Prozesses. *J. Black* schildert die Rolle Russlands im Feld der Großmächte seit dem Jahr 1710 so:

> „Austria's new role was matched by that of Russia. Her defeat of Swedish and Polish aspirations, her territorial gains from both and the domestic weakness of both powers helped to destroy their role as buffers between Russia and the other European states. The new Russian diplomatic and military range was amply demonstrated in the 1710s and it ensured that resistance to her pretensions and power would have to involve other states"[442].

---

440 H.M. Scott, The Emergence of the Eastern Powers 1756-1775, 2001, S. 249.
441 M. Anderson 1995, S. 3.
442 J. Black, The Rise of European Powers, 1990, S. 68. siehe auch S. 199. Der Sieg gegen Schweden in der Schlacht von Poltava 1709 gilt allgemein als das Symbol

III – 2) Der Großmachthabitus Preußens

Der Einfall Preußens in Schlesien und seine damit verbundenen Ansprüche auf einen Großmachtstatus änderte Russlands Einschätzung seiner eigenen Situation im Feld der Großmächte nicht sofort aber ab dem Jahr 1745 grundlegend[443].

In Russland regierte seit 1740 Zarin Elisabeth, die ihrem Großkanzler Bestushev in Fragen der Außenpolitik weitgehend freie Hand ließ. *W. Mediger* schildert, wie sich für diesen die Lage nach der Okkupation Schlesiens durch Friedrich II. darstellte:

„Bestushev wurde durch diesen überraschenden Aufstieg eines Nachbarstaates, mit dem die russische Politik seit jeher besonders hatte rechnen müssen, nicht beunruhigt, solange er sich darauf verließ, ihn im Interesse Russlands lenken zu können. Nach und nach wurde ihm aber klar, dass Preußen unter seinem jetzigen tatkräftigen, unternehmungslustigen und, wie er sich ausdrückte, „unbeständigen" Herrscher sich nicht in dem Zustand der Abhängigkeit halten ließ als den er sich sein bisheriges Verhältnis zu Russland infolge seines Anlehnungsbedürfnisses (das Anlehnungsbedürfnis Friedrich Wilhelm I., der Autor) vorstellte, sondern dass es sich ganz und gar auf eigene Füße stellte und durchaus eine selbständige Politik trieb, die ihre Spitze eines Tages auch einmal gegen Russland richten konnte" [444].

W. Mediger beschreibt hier den Übergang von der Mittel- zur Großmacht Preußen in den Augen Russlands (4). Die preußische Gefahr wurde deshalb zum Dreh- und Angelpunkt der Politik des Großkanzlers[445]. Zarin Elisabeth dagegen sah vor allem in England und Österreich ihre Hauptgegner, während sie für Frankreich und Preußen lange gehegte Sympathien empfand[446]. Erst als es Bestushev gelang, die Zarin von der preußischen Gefahr zu überzeugen, schwenkte die russische Außenpolitik auf die von Bestushev verfolgte Linie gegen Preußen ein[447]. Dies geschah im Sommer 1745[448]. Durch verschiedene Winkelzüge gelang es Bestushev, Zarin Elisabeth vor die Wahl zustellen, „entweder durch Ihren Beitrag zur

---

     des Aufstiegs Russlands und gleichzeitig als Symbol für den Abstieg Schwedens aus dem Kreis der Großmächte.
443 Zum Folgenden siehe Walter Mediger, Moskaus Weg nach Europa. Der Aufstieg Russlands zum europäischen Machtstaat im Zeitalter Friedrichs des Grossen, 1952, darin das Kapitel: Russland am Scheidewege (1741–1752), S. 181–329.
444 W. Mediger 1952, S. 224.
445 W. Mediger 1952, S. 225.
446 W. Mediger 1952, S. 226.
447 W. Mediger 1952, vgl. dazu den Abschnitt „Die Wendung der russischen Politik gegen Preußen", S. 247–295.
448 W. Mediger 1952, S. 269–284.

Bekämpfung Preußens im Rahmen einer starken Koalition die Verbündeten bei sich festzuhalten oder plötzlich der gefürchteten Militärmacht allein gegenüberzustehen"[449]. Ohne auf die komplizierten Strategieüberlegungen beider Seiten und auf die Kriegswirren des Österreichischen Erbfolgekrieges im Detail einzugehen, kann man sagen, dass jetzt auch für die Zarin Elisabeth und damit für Russlands Außenpolitik Friedrich II. zum Gegner wurde. Friedrich II. geriet in Ihren und damit in Russlands Augen zum „skrupellosen Friedensbrecher ohne jede Achtung vor völkerrechtlichen Bindungen"[450] (1,2). Sie nannte ihn „den ‚preußischen Schach Nadir' und stellte ihn damit auf die gleich Stufe mit jenem einstigen Räuberhauptmann Thamas Kuli Chan, der während des letzten russisch-türkischen Krieges den persischen Thron usurpiert und in den folgenden Jahren ein Großreich zusammenerobert hatte"[451](8). Bestushev selbst hatte bereits 1744 der Zarin ein entsprechendes Bild von Friedrich II. in einem Vortrag unterbreitet:

> „Es ist wahr, dass die Gefahr für uns umso größer sein wird, je mehr die Macht des König von Preußens zunimmt. Und wir können nicht voraussehen, was von einem so starken, leichtfertigen und unbeständigen Nachbarn einem so ausgedehnten Reich zustoßen kann. Wenn dieser Fürst dem hiesigen Reiche übel will, wie dies leicht geschehen kann – obwohl ihm nicht der geringste Anlass dazu gegeben wird – und wie es stark den Anschein hat, dann wird es für ihn umso günstiger sein, gegen dieses Reich von drei Seiten das Kriegsfeuer zu entzünden., …"[452].

Und entsprechend der Vizekanzler Woronzov (22. September 1744):

> „Wer kann bei einer solchen Erstarkung des Königs von Preußen, wo er doch einen hinterlistigen, versteckten, eroberungssüchtigen Charakter hat, dafür bürgen, dass er nichts gegen Russland unternehmen wird?"[453].

Die russische Regierung sah in Preußen Mitte der 40er Jahre des 18. Jahrhunderts eine Bedrohung. Dies wird an den Zitaten deutlich, die die Unberechenbarkeit (4) und Unzuverlässigkeit (3), die unbeirrbare Verfolgung ausschließlich des eigenen Vorteils (1) gepaart mit moralischer Verachtung (2) und Eroberungssucht (8) in den Mittelpunkt der Kritik am preußischen König stellen. Russland, das nach dem Sieg über Schweden im Nordi-

---

449 W. Mediger 1952, S. 284.
450 W. Mediger 1952, S. 279.
451 W. Mediger 1952, S. 284.
452 W. Mediger 1952, S. 258.
453 W. Mediger 1952, S. 267.

schen Krieg mit dem Anspruch einer östlichen Großmacht auftrat, sah durch Friedrichs Erfolge in Schlesien den weiteren Ausbau seiner eigenen Vormachtstellung in den westlichen Ostseeraum hinein gefährdet[454]. Die ersten Denkschriften Bestushevs schildern Friedrich II. als gemeingefährlichen, strafbaren Verbrecher, der zum Schutz der öffentlichen Sicherheit unschädlich gemacht werden muss[455].

Der Plan Bestushevs und der Zarin Elisabeth gegen Preußen nahm sich deshalb so aus:

„Vors erst werde ganz deutlich gewahr, dass die Kaiserin (Zarin Elisabeth, der Autor) zum Plan habe, dass der König von Preußen Schlesien und Glatz verlieren solle, und dass sie glaube, dass, wenn man ihm diese neue Acquisitiones wieder abnehme und Ew. Königliche Majestät (Maria Theresia, der Autor) in Dero Erblanden in ungekränktem Zustande blieben, es ein mehrers nicht brauche, um selbigen, zumal nachdem er seine Armee so ruiniert und seine Kassen erschöpft habe, in gebührenden Schranken zu halten"[456].

Auch hier wird die Reduktion Preußens auf die Position einer Mittelmacht als Ziel ausgesprochen, mithin indirekt zugegeben, dass Preußen sich den Status einer Großmacht durch seine militärischen Erfolge und seinen latent bedrohlichen Charakter verdient habe.

Aus dem Angeführten wird deutlich, dass Preußen für die werdende Großmacht Russland seit Mitte der 40er Jahre des 18. Jahrhunderts eine Bedrohung darstellte, eine Bedrohung, die aufbauend auf der militärischen Stärke Preußens vor allem die Unberechenbarkeit, seine moralische Skrupellosigkeit und das ausschließliche Verfolgen des eigenen Vorteils gekennzeichnet war.

III – 2.3.5) Das Bild Frankreichs

Frankreich unter Louis XV. (1715–1774) hat bis zum Sieg der preußischen Armee bei Mollwitz im Frühjahr 1741 den Einfall Preußens in Schlesien nicht wirklich als Änderung der eigenen strategischen Lage gesehen. Louis XV. selbst war wie sein Premierminister, Kardinal Fleury, nicht an einem neuerlichen Waffengang gegen das österreichische Habsburg interessiert. Fleury bereitete vielmehr den Krieg gegen England vor und wollte

---

454 Vgl. dazu E. Broicher 1947, S. 143.
455 W. Mediger 1952, S. 611.
456 W. Mediger 1952, S. 289.

gerade deshalb auf dem Kontinent keine zusätzliche Front eröffnen. Getragen von der öffentlichen Meinung Frankreichs konnte sich allerdings der Gesandte Fleurys in Deutschland, Herzog Belle-Isle, gegen seinen eigenen Premierminister durchsetzen und mit Friedrich II. die Allianz gegen Österreich zustande bringen. Frankreich zog nun gegen Österreich und nicht wie von Fleury geplant gegen Großbritannien in den Krieg[457].

Trotz dieser Unterschiede in der politischen Strategie war die Meinung über Friedrich II. bei den eben Genannten weitgehend ungeteilt. Das zeigt sich an den „Notes" aus dem Anfang des Österreichischen Erbfolgekrieges, die dem französischen Hof zugingen.

Graf Belle-Isle, Gesandter des Kardinal Fleury am preußischen Hof nach dem Sieg von Mollwitz, hat in seinen Erinnerungen ein Portrait von Friedrich II. gegeben. Ebenso der Marquis de Beauvau, Gesandter des französischen Hofes in Preußen im Jahr 1740. Beide beschäftigt vor allem der Gegensatz zwischen dem Bild des Kronprinzen Friedrich und dem Bild des Königs Friedrich II. Galt durch die Vermittlung Voltaires und der Veröffentlichung des Antimachiavell der Kronprinz Friedrich vor allem als „homme de lettre", als Philosoph und öffentlich wirksamer Aufklärer, so war das Erstaunen umso größer, den zum König gewordenen Prinzen als Machiavellisten zu erleben, der vieles bisher Dagewesene an Kaltblütigkeit und Konsequenz der Ausführung in den Schatten stellte.

Belle-Isle erklärt diesen Gegensatz so:

> „Il est aisé de se rendre raison de cette contradiction: dans la disgrace où ce prince avait vécu jusqu'à la mort du roi son père, il fallait muntrer des vertus pour s'attirer des Partisans.... Le masque tomba, des qu'il montan sur le trône"[458].

Eben so schreibt der Marquis Beauvau mit einem Seitenblick auf die Veröffentlichung des Antimachiavell:

> „Quoi qu'il en soit, le contraste de la dureté de son père ne contribua pas peu à lui donner ce vernis de vertu et d'humanité avec lequel il est monté sur le trône. ... Enfin il a écrit pour la bonne foi contre la politique: il vient d'agir pour la politique contre la bonne foi. ... Telle est, Monseigneur, la grande

---

457 Dazu A. Mc Wilson 1936, Kapitel XII, S. 327-347. Ebenso R. Browning, 1993, S. 56; und L. Bely 1992, S. 490-492 (La France et la succession).
458 Mémoires du Marèchal Belle-Isle: Jugement sur le roi de Prusse, in: Le Duc de Broglie, Frédéric II. et Marie-Thérèse, Paris 1883, Appendix A, S. 364-366. Zitat S. 366.

différence qui se trouve entre l'idée qu'on avait du Prince royal et l'opinion qu'on doit avoir du Roi" [459].

Der Widerspruch zwischen der Selbstdarstellung als Antimachiavellist, vor allem über Voltaires Veröffentlichung des Antimachiavell in Frankreich verbreitet[460], und seinem Fremdbild aus der Konsequenz außenpolitischen Handelns (der Beginn des Österreichischen Erbfolgekrieges) wird temporalisiert und den verschiedenen Rollen, Kronprinz und König zugerechnet, auch wenn der Antimachiavell nur einige Monate vor dem Einfall in Schlesien veröffentlich wurde.

Dass dieses Bild nur einen Teil der Wahrheit traf, kann man sich daran deutlich machen, dass Friedrich II. auch als König der Aufklärer blieb, als der er vorher galt. Kurz nach seinem Amtsantritt wurde die Folter abgeschafft, er selbst wurde Mitglied einer Freimaurerloge, die Berliner Akademie der Wissenschaften wurde wieder eröffnet, die Pressezensur aufgegeben, u.a.m. Der König blieb Aufklärer bei aller Machtprätention[461].

Die Bewunderung für den Aufklärer verblasste jedenfalls. Sie wurde zugunsten anderer Eigenschaften in den Hintergrund gedrängt. Noch einmal aus den Erinnerungen des Marquis de Beauvau:

> „Le roi de Prusse est dévoré de la plus prodigieuse ambition, ... Voisin dangereux, allié suspect et incommode, il voudra commander ses armes et Celles des autres et donner, lui seul, le ton des toutes les affaires. Plein de prétentions à toutes sortes de supériorités, il se croit dès à présent aussi habile ministre que grand général.
> L'obligation où il a été de se contraindre pendant la vie du feu Roi lui a fait contracter une grande habitude du secret qui lui sera très utile dans les affaires. Son naturel y joint la dissimulation ... pour tromper toutes les fois que son interêt l'exigera.
> Glorieux à l'excès, ...
> Vif et impétueux, il se décidera toujours sur-le-champ et par lui-même. Ses généraux d'armée ne seront que des aides de camp, ...

---

459 Un Portrait de Frédéric II, in: M. Sautai, Les Préliminaires de la guerre de la succession d'Autriche, Paris 1907, Appendix 3 du Chapitre IV, S. 498-501. Zitat S. 499.
460 St. Skalweit, Frankreich und Friedrich der Grosse. Der Aufstieg Preußens in der öffentlichen Meinung des "ancien régime" 1952, S. 52.
461 Siehe dazu D.B. Horn, Frederick the Great and the Rise of Prussia, London 1964, S. 36f.

> Tous ces défauts, Monseigneur, seraient moins dangereux s'ils n'étaient pas accompagnés d'un esprit de premier ordre. Il a les grandes idées, et il entre dans les détails, ..., en un mot, il fait les projets et il les exécute"[462].

Hier werden in einem Zitat viele der schon genannten Eigenschaften angesprochen:

Überbordender Ehrgeiz (8), Unzuverlässigkeit (3) und Unberechenbarkeit (4)[463], die Bewunderung für den Feldherrn (5) und seine Fähigkeit als königlicher Feldherr (5). Es fehlt die moralische Verachtung und die Klage über die ausschließliche Orientierung am Eigennutz. Seine Bedrohungsfähigkeit („voisin dangereux") wird konstatiert.

Im Portrait des Marshall Belle-Isle wird die Bemerkung des Eigennutzes (1) nachgetragen:

> „... uniquement occupé de ses intérêts, qu'il connaît à fond. ... Le roi de Prusse, naturellement machiavéliste, ... "[464].

Kardinal Fleury teilte diese Einschätzung Friedrichs II. Er selbst äußert sich gegenüber dem bayerischen Kurfürsten am 17. Dezember 1740:

> „The character of the king of Prussia appears to me so extraordinary and so indecipherable that I cannot divine either what he wishes to do or what he thinks. He marches into Silesia and one can no longer doubt it. Whether he has in view seizing it or whether he does it in concert with the Archduchess is an impenetrable enigma for us and I can only inform you of my conjectures on that point"[465].

Und weiter:

> „I confess that the king of Prussia, ..., disquiets me more than any other. He has no order in his disposition: he listens to no counsel and takes his resolutions thoughtlessly, even in his caresses. I even doubt whether he is sure in his alliances, because he has for guiding principle only his own interest. He will wish to govern and to have his own way without any concert with us, and he is detested throughout Europe"[466].

Der Widerhall der Einschätzungen Friedrichs II. durch seine Gesandten in den Äußerungen des Kardinals ist deutlich (3, 4, 1, 2). Die moralische Verurteilung wird konstatiert ohne selbst dazu Stellung zu beziehen.

---

462 M. Sautai 1907, S. 499f.
463 Zu überbordendem Ehrgeiz und Unberechenbarkeit vgl. auch S. Externbrink 2006, S. 155, 158f, 167, 169.
464 Le Duc de Broglie 1885, Bd. I, Appendix A, S. 364.
465 A. McC. Wilson, 1936, S. 332.
466 A. McC. Wilson 1936, S. 335.

Diese Zurückhaltung wird verständlich aus der strategischen Situation Frankreichs:
Der Einfall Friedrichs II. in Schlesien löste in Frankreich ambivalente Reaktionen aus. Man schwankte zwischen „Besorgnis über die militärische Schlagkraft Preußens und einer gewissen Befriedigung angesichts der alle Erwartungen übertreffenden Stärke des neuen, furchtbaren Gegners des Hauses Habsburg" zeigt *St. Skalweit*[467] an einem Beispiel aus dem Tagebuch des Marquis d'Argenson[468]. Die Anerkennung eines militärischen Bedrohungspotentials kontrastierte dabei mit der für Frankreich günstigen Veränderung der strategischen Lage durch den preußischen Einfall. Zudem ist nach der siegreichen Schlacht von Mollwitz die Bewunderung für den preußischen König als „roi connétable" verbreitet[469]. Der Marschall Belle-Isle galt als Mann der Stunde. Er arbeitete auf ein Bündnis mit Preußen hin und konnte sich der Unterstützung der Öffentlichkeit sicher sein, die im Eintritt der österreichischen Erbfolge und dem Einfall Preußens in Schlesien die günstige Gelegenheit sah, den habsburgischen Erzfeind zu schlagen und die eigene Macht zu vergrößern[470]. Die Reaktion auf die im Herbst erfolgende, einseitige Aufkündigung des Bündnisses mit Frankreich durch Friedrich II. bestand in Fassungslosigkeit, Empörung und Wut, die sich vor allem auf Marshall Belle-Isle richtete als den Vorkämpfer des Bündnisses mit Preußen[471]. Der spätere Wiedereintritt Friedrichs II. in den Krieg wurde danach „mit größter Kühle" aufgenommen[472]. Der zweite Bündnisbruch, das abermalige Verlassen der Koalition 1745 schlug danach keine Wogen mehr (3). Belle-Isle fasste das so zusammen, als er über Friedrich II. aus Anlass der Konvention von Klein-Schnellendorf sagte:

„the faithless prince who has just betrayed his allies"[473].

---

467 St. Skalweit 1952, S. 22.
468 Journal et Mémoires du Marquis d'Argenson, p.p. Rathéry, 9Bde. 1859-64. Die Tagebücher umfassen den Zeitraum 1722-1757, zitiert in: St. Skalweit 1952, S. 13. D'Argenson war 1744-1747 frz. Außenminister. Das gibt seinen Aufzeichnungen den besonderen Wert der Selbstreflexion des politisch an verantwortlicher Stelle Handelnden.
469 St. Skalweit 1952, S. 30.
470 St. Skalweit 1952, S. 30f.
471 M. Anderson 1995, S. 90 (das Klein-Schnellendorfer Bündnis mit Österreich).
472 St. Skalweit 1952, S. 33.
473 M. Anderson 1995, S. 105.

Wie man sieht, führt die Veränderung der eigenen strategischen Situation dann auch zur moralischen Verurteilung (2).

St. Skalweit fasst die Reaktion der öffentlichen Meinung Frankreichs auf Friedrichs Einmarsch in Schlesien so zusammen:

„Die kühle Gelassenheit, mit der das schlesische Unternehmen im allgemeinen von der französischen Öffentlichkeit aufgenommen wurde, wirkt fast befremdlich angesichts der übersteigerten Bedeutung, die dieses Ereignis im Geschichtsbild späterer Geschlechter angenommen hat"[474].

„Die Schlacht von Mollwitz ist es vor allem, die einen wichtigen Einschnitt in ihrer Berichterstattung darstellt. Man kann sich die Wirkung diese ersten großen Erfolges der preußischen Waffen auf die erstaunten Zeitgenossen kaum groß genug vorstellen. Diese Kraftprobe der jungen Macht hat nicht nur der Kriegspartei in Versailles neuen Auftrieb gegeben und damit die amtliche französische Politik auf die Bahn des preußischen Bündnisses gedrängt, sondern auch den Grund für jene ans Abergläubische grenzende Bewunderung von Friedrichs Feldherrntum gelegt, die für sein Bild in der französischen öffentlichen Meinung des 18. Jahrhunderts bestimmend geworden ist"[475].

Diese Einschätzungen aus der Zeit des Beginns des Österreichischen Erbfolgekrieges (1740–1745) ergänzen das aus den Blickwinkeln anderer Großmächte bereits bekannte Bild. Aus allen Zitaten spricht die Bedrohungsfähigkeit Preußens. Der Verteidiger der Aufklärung und Humanist tritt dabei in Hintergrund vor der Klage über die Unberechenbarkeit und über die Unzuverlässigkeit des Königs. Sein Ehrgeiz und die ausschließliche Orientierung am Eigennutz charakterisieren auch hier die neue Position der Großmacht Preußen im Feld der Großmächte. Einzig die Anerkennung als „roi connétable" gewinnt der Gestalt Friedrichs II. als Repräsentant der neuen Großmacht eine positive Seite ab. Dabei treten je nach politischer Lage verschiedene Epitheta in den Vordergrund. Sind es zu Beginn vor allem seine Unberechenbarkeit und Unzuverlässigkeit, ja Gefährlichkeit, gilt nach dem Sieg von Mollwitz vor allem der seine Soldaten selbst in den Krieg führende heroische „roi connétable" als geeigneter Verbündeter, um selbst auf den Erzrivalen Habsburg loszugehen. Diese Verschiebungen im politischen Bild Friedrichs II. ändern nichts daran, dass es sich immer um die Positionierung Preußens im Feld der Großmächte handelt.

---

474 St. Skalweit 1952, S. 28.
475 St. Skalweit 1952, S. 29.

III – 2.3.6) Friedrich der Große im Gesichtskreis der Pentarchie

Der Überblick zeigt: Die Charakterisierungen des Königs positionierten Preußen darin als bedrohungsfähige Großmacht und individualisierten zugleich die neue Position Preußens im Feld der Großmächte durch die einzelnen Charakterzüge, die Friedrich II. zugeschrieben werden. Kurz: sie positionierten Preußen als neue Großmacht im Feld der Großmächte.

Was die Quellen angeht, so haftet Ihnen eine gewisse Zufälligkeit an. Zum einen durch die Vorauswahl der Historiker, deren Zitate ich hier, soweit geeignet, übernommen habe. Zum anderen aber auch durch die verschiedenen Zeiträume der Veröffentlichungen dieser Quellen. Manche diplomatische Noten, Tagebücher und Briefe stammen aus dem gleichen Jahr wie das Ereignis selbst, andere schauen zurück aus einem Abstand von 10-15 Jahren, vor allem die mir zugänglichen österreichischen Quellen. So sind für Frankreich und Großbritannien Äußerungen aus den Jahren 1740–1741 belegt. Für Österreich konnte ich Zitate ab 1749 finden, die zitierten Äußerungen Maria Theresias stammen aus den Jahren 1756/57, Joseph der Zweite äußert sich 1761. Der Abstand zwischen Quelle und Ereignis schwankt also beträchtlich. Dazu kommt im Fall Russlands, dass die Einschätzung Preußens als neuer Großmacht erst ab dem Jahr 1745 auszumachen ist, als Großkanzler Bestushev die Zarin Elisabeth von der Gefährlichkeit Preußens überzeugen konnte. Hier erklärt eine veränderte Lageeinschätzung der russischen Außenpolitik die zeitliche Differenz. Alle diese Faktoren weisen daraufhin, dass es sich bei der Positionierung Preußens im Feld der Großmächte nicht um einen synchron verlaufenden Prozess handelt, sondern um individuelle Reaktionen jeder Großmacht, die erst im Laufe internationaler Kommunikation solcher Einschätzungen Preußens sich zu der gefestigten Position Preußens verdichten. Es handelt sich also nicht um einen synchronen, sondern um einen heterochronen Prozess, der erst nachträglich koordiniert wird, z.B. durch die Kriegsvorbereitungen Österreichs, Russlands und Frankreichs gegen Preußen zu Beginn des Siebenjährigen Krieges, um dem Emporkömmling Preußen den Großmachtstatus wieder zunehmen. Spätestens jetzt wusste jeder dieser drei Großmächte, dass auch die anderen beiden Großmächte Preußen selbst für eine Großmacht hielten, die es aus diesem Kreis wieder zu entfernen galt.

Umso erstaunlicher bei solchen zu beobachtenden Disparatheiten der Quellenverfügbarkeit scheint mir die Tatsache, dass das Bild Preußens nicht einfach durch viele individuelle Großmachteinschätzungen pluralisiert wird. Es könnte sich ja um die Konstruktion je verschiedener großmachtinteressengebundener Bilder handeln. Preußen wird aber positioniert. In allen Bildern der Großmacht halten sich wiederkehrende Topoi durch (1-8) in ihrem Zusammenhang von Generalisierung und Individualisierung. Die Gemeinsamkeiten in der Positionierung Preußens blieben bei einer rein konstruktiven Leistung solcher Einschätzung ja unverständlich. So liegt die Annahme nahe, dass es sich dabei weniger um eine Konstruktion handelt als vielmehr um eine Form praktischer Erkenntnis gespeist aus der dadurch veränderten Situationsdefinition jeder Großmacht: Die Erkenntnis, dass Preußen als Folge seiner Siege und seines auf politische Unabhängigkeit bedachten Verhaltens im Österreichischen Erbfolgekrieg sich als Großmacht im Feld der Großmächte etabliert hat. Das aus dieser Erkenntnis gewonnene Bild Preußens war der erste Schritt der Anerkennung Preußens als Großmacht.

Auch Friedrich der Große hat es so gesehen:

> „Ich hoffe, dass wir uns mit Würde auf der Höhe des Machtzuwachses behaupten werden, in dem wir uns Europa vorgestellt haben", so Friedrich II. nach Abschluss des Separatfriedens von Breslau am 11. Juni 1742 mit Österreich[476]. Jetzt gehe es darum „ die Kabinette Europas daran zu gewöhnen, uns in der Stellung zu sehen, die uns dieser Krieg verschafft hat, und ich glaube, dass viel Mäßigung und viel Gleichmut gegenüber allen Nachbarn uns dahin führen wird", schreibt er in einem Brief an Podewils, seinen „Wirklichen Geheimen Kriegs-, Etats- und Kabinett-Minister" [477].

Friedrich der Große war über seine Lage und seine Stellung im Bilde. Lange vor dem Ende des Österreichischen Erbfolgekrieges blickte er auf die erste Etappe zurück und konstatierte den Gewinn des Großmachtstatus. Der Blick nach vorn blieb ebenso realistisch: Die Schwierigkeit, Regierungen anderer Großmächte an den eigenen Großmachtstatus zu gewöhnen wurde vorausgeahnt, auch wenn an die Schrecken des Siebenjährigen Krieges noch nicht zu denken war.

---

476 J. Kunisch 2004, S. 203.
477 J. Kunisch 2004, S. 203.

III – 2.4) Preußen wird positioniert: Die Imitation Preußens als zweiter und dritter Schritt seiner Anerkennung im Feld der Großmächte

III – 2.4.1) Die Imitation Preußens durch Österreich

Österreich war unmittelbar und am eindrücklichsten vom neuen Großmachtanspruch Preußens betroffen. Die preußische Eroberung Schlesiens entriss der Habsburger Monarchie die Wohlhabendste aller Ländereien und brachte den Feind nicht weit von der Hauptstadt Wien in Stellung. Die Wiedereroberung Schlesiens und die Verdrängung Preußens aus seinem Großmachtstatus war deshalb lange das Ziel aller außenpolitischen Bestrebungen des Wiener Hofes:

„Nach dem allgemeinen Europäischen wahren Interesse sollte Preußen ... in die Mittelmäßigkeit gesetzt werden, daß es wieder ein Staat vom anderen Range und den übrigen weltlichen Kürfürsten gleich würde. Sonst müssen die Staaten in Europa vom ersten Range in beständiger Besorgnis schweben, in von Preußen zu erregende Kriege verwickelt zu werden"[478].

So aus der Rückschau auf den Österreichischen Erbfolgekrieg und auf den Siebenjährigen Krieg von österreichischer Seite formuliert. Es ging um den Status Preußens als Großmacht, der rückgängig gemacht werden sollte. Für dieses Ziel war das wichtigste Mittel: die Schlagkraft der Armee zu erhöhen. Diesem Ziel wiederum dienten alle theresianischen und josephinischen Reformen des Militärs und der staatlichen Administration[479] in den Jahren seit Beginn des Österreichischen Erbfolgekrieges 1740.

III – 2.4.1.1) Österreich bewundert Preußen

Im Folgenden werden die Grundzüge der Reformen in Österreich zwar gerafft, aber auch das ganze Ausmaß illustrierend dargestellt, um zu zeigen, welche tiefgreifenden Impulse die Niederlage Österreichs und die ihre fol-

---

478 Staats-Betrachtungen über gegenwärtigen Preußischen Krieg in Teutschland (Wien 1761), in: J. Kunisch, Das Mirakel des Hauses Brandenburg 1978, S. 126.
479 H.L. Mikoletzky 1967, S. 205; zum Folgenden siehe: Michael Kotulla, Deutsche Verfassungsgeschichte, 2008, S. 252-260; Christoph Link, Deutsche Verwaltungsgeschichte Band 1, 1983, S. 468-552; H.L. Mikoletzky, Österreich, das Grosse 18. Jahrhundert, 1967, S. 202-237; F.A. Szabo, Kaunitz and enlightened absolutism 1753-1780, 1994, S. 74-83.

gende Imitation Preußens auslösten. An diesem Fall kann man ablesen, wie die Genese der österreichischen Gesellschaftsordnung aus dem Prozess der Anerkennung Preußens hervorging und mit ihm verwoben war.

Zunächst ging es um eine effizientere Organisation des österreichischen Heeres und seine personelle Aufstockung. Den Ständen musste die Mitverantwortung für die Rekrutierung entwunden werden[480]. Dafür musste das benötigte Kapital beschafft und der einmal gewonnene Kapitalfluss auf Dauer gestellt werden. Die größten Hindernisse dafür lagen zum einen in der territorial-administrativen Zersplitterung der Habsburgischen Ländereien wie Böhmen, Ungarn, Tirol, Österreich usw., alles voneinander unabhängige, politische Einheiten, und zum anderen in dem administrativen Monopol der dort herrschenden Stände, die ihrerseits der Königin von Böhmen, der Königin von Ungarn, der gefürsteten Gräfin zu Tirol, der Erzherzogin von Österreich, usw. huldigten. Die Dynastie war das einigende und bislang einzige Band. Aus dem Rückblick hat sich dafür euphemistisch überzogen der Begriff Ständestaat eingebürgert. Staatliche Strukturen aber galt es erst zu schaffen: Um z.B. eine einheitliche und permanente Steuererhebung in allen Ländereien zu gewährleisten, musste das administrative, je nach Provinz verschieden gelagerte Monopol der Stände gebrochen und eine einheitliche, d.h. über die bisherigen Grenzen einer weiterbestehenden politischen Einheit hinweg funktionierende Administration geschaffen werden. Dieser Bruch des administrativen Monopols der Stände war der politische Kern der sog. Haugwitzschen Reformen, benannt nach Friedrich Wilhelm Graf von Haugwitz, dem späteren Präsidenten des „Directoriums in publicis et cameralibus", des von ihm geschaffenen zentralen Regierungsrates[481].

---

480 M. Hochedlinger 2003, S. 111, 268. Vgl. auch das Schaubild S. 100 („The Emperor").

481 Einen instruktiven, zusammenfassenden Überblick über die Haugwitzschen Reformen bietet M. Hochedlinger 2003, das Kapitel "The Haugwitz revolution", S. 267-270.
M. Hochedlinger kommentiert: "The Maria-Theresian state reform, with the „centralization" of provincial administration, taxation and army recruitment, was primarily to pave the way for a war of revenge against Prussia and the recovery fo Silesia. It is thus not surprising that Prussia's strongly centralized and obviously effective system of administration was to serve as the principal model for a radical overhaul of Austria's own administrative structure", S. 269.
In der Tat, darum ging es. Nur wurde dabei der Staat in unserem heutigen Verständnis erst geschaffen aus einem qua Personalunion der Familie Habsburg zu-

F.W. von Haugwitz war schlesischer Herkunft und wurde im Jahr 1742 Chef der Provinzialverwaltung der bei Österreich verbliebenen Reste Schlesiens[482]. Als solcher musste er erleben, wie Friedrich II. nach der Eroberung des größten Teils Schlesiens im Jahr 1741 mit leichter Hand eine Einnahmesteigerung bei Steuern von über 50 % durchsetzte. Dabei waren einzelne Steuersätze zwar erhöht, die Gesamtabgabenlast aber gesenkt worden[483]. Während Friedrich II. seine in Schlesien operierende Armee ein Jahr lang von den dort eingenommenen Geldern unterhalten konnte, hatte es davor bei den von den Ständen an den Wiener Hof weitergeleiteten Summen nicht einmal für zwei Kavallerieregimenter gereicht[484]. Finanzielles Missmanagement und Korruption der schlesischen Stände wurden von F.W. von Haugwitz dafür verantwortlich gemacht. Er empfahl deshalb bei einer Wiedereroberung Schlesiens die von Friedrich II. eingeführte Steuererhebung unverändert fortzuführen. Zu diesem Zweck sollte die Finanzverwaltung direkt von Wien aus gesteuert und nach preußischem Vorbild mit politischer Entscheidungsbefugnis versehen werden, deshalb ein Direktorium nicht nur „in cameralibus" (Finanzen), sondern auch „in publicis" (Entscheidung in den inneren Angelegenheiten). Entmachtung der Stände und die Schaffung einer neuen Administration gingen Hand in Hand. Den Ständen wurde das Steuerrecht genommen und lediglich die Gerichtsbarkeit überlassen. In den Ländern wurden Steuerbehörden geschaffen, die direkt dem neuen Direktorium unterstanden. Abgabenprivilegien für Klerus und Adel wurden gestrichen[485]. Zunächst wurden die alten, politisch vornehmlich den Ständen verpflichteten Hofkanzleien von Österreich und Böhmen abgeschafft. An ihre Stelle trat die oberste Hofstelle, das Direktorium in publicis et cameralibus[486]. Dazu kam eine ebenfalls neu geschaffene Oberste Justizstelle, die die verbliebenen Justizfunktionen der ehemaligen Hofkanzleien für das jeweilige Land übernahm. Den Ständen blieb so vom ehemaligen Monopol auf das öffent-

---

sammengehaltenen Konglomerat von ständisch geführten Ländereien. Während aus der Beobachtung erster Ordnung in der Tat eine Reform vorliegt (so erschien sie den Zeitgenossen), kann die Beobachtung zweiter Ordnung hier die Schaffung eines Staatswesens nach modernem Verständnis konstatieren (so z. B. J. Kunisch s.o.).
482 Zum Folgenden siehe F.A. Szabo 1994, S. 74-77.
483 H.L. Mikoletzky 1967, S. 207.
484 F. Szabo 1997, S. 76.
485 M. Kotulla 2008, S. 253.
486 Ch. Link 1983, S. 254.

liche Recht ein reines Privatrecht als Inhaber von Besitzungen innerhalb der ehemals von ihnen regierten Länder[487]. F.W. von Haugwitz gelang es, sein Konzept in einer dramatischen Konferenz des Kronrates am 29. Januar 1748 gegen den Widerstand der führenden Staatsmänner Österreichs durchzusetzen und Maria Theresia zu überzeugen. Noch während der Konferenz erteilte sie ihm den Auftrag, die in Restschlesien erprobte Reform auf die gesamte Monarchie zu übertragen[488]. Damit vollendete sich in Österreich der Übergang von der dynastischen Union zum Staat des Absolutismus[489]. Aus verschiedenen, nur dynastisch verbundenen Ländereien wurde der Staat Österreich. Nach und nach wurden die Reformen in den meisten Ländern der habsburgischen Krone eingeführt. Nur Ungarn und Tirol weigerten sich erfolgreich. In den belgischen und italienischen Territorien dagegen wurde der Versuch dann gar nicht erst unternommen. Dieser vielfache, von Land zu Land unterschiedliche Vorgang von Entmachtung der Stände und administrativer Neuordnung durch die Einsetzung von Behörden[490] verlangte eine Vereinheitlichung des gesamten administrativen Regelwerks um eine vergleichbare Umsetzung der Reformen zu gewährleisten. Eine Kodifikation der zunächst adhoc erlassenen Verwaltungsvorschriften war deshalb unumgänglich. Um der Durchsetzung der Reformen willen zog F.W. von Haugwitz als Präsident des Direktoriums im Lauf der Zeit einen Großteil der administrativen Entscheidungsbereiche im Direktorium zusammen. Nur das Kriegs-, das Justiz- und das Außenministerium konnten einigermaßen selbständig agieren[491]. Diese Zentralisierung vieler administrativer Bereiche führte zu Problemen der Entscheidungsfindung. Die Kompetenz im Detail war nicht ohne weiteres gegeben und der Vorteil zentralisierter Machtentfaltung verkehrte sich in die Unfähigkeit zu sachgerechter und zeitnaher Entscheidungsfindung[492]. Damit stellte sich die Frage, wie einheitliche Machtentfaltung und sachgerechte Entscheidungsfindung zugleich gewährleistet werden konnten. Die für Österreich entscheidende Antwort gab Staatskanzler Kaunitz im Jahr 1761. Er setzte sich bei Hofe gegen F. W. von Haugwitz durch, löste das

---

487 F. Szabo 1994, S. 76, 78.
488 Ch. Link 1983, S. 521.
489 M. Kotulla 2008, S. 253, W. Demel 1993, S. 128.
490 Siehe dazu die ausführliche Beschreibung von Ch. Link 1983, S. 520-526.
491 F. Szabo 1994, S. 79.
492 Siehe die ausführliche Beschreibung bei F. Szabo 1994, S. 79, aber auch Ch. Link 1983, S. 525.

Directorium in cameralibus et in publicis auf und ersetzte es durch eine Anzahl Hofstellen, spezialisiert auf verschiedene fiskalische Teilbereiche (Wiener Stadtbank, Generalkasse, Hofrechenkammer u.a.m) und die neue „k.k. vereinigte böhmische und österreichische Hofkanzlei", der jetzt die politische Verwaltung unterstand. Über diesen und allen anderen Ministerien wurde der ständige Staatsrat eingerichtet als zentrales Beratungsorgan der Krone. Der Differenzierung des Direktoriums in verschiedene Hofstellen zur Effizienzsteigerung der Entscheidungsfindung entsprach also eine Zweiteilung der Machtebene Staatsrat – Ministerium um die politische Einheit der Machtentfaltung zu garantieren[493].

All dies – im Vorgriff gesprochen: die Grundlegung der Strukturen einer modernen Gesellschaft – nur zu einem Zweck: Der Aufstellung einer Armee, die der neuen Großmacht Preußen gewachsen ist.

Die Armee wurde endgültig als stehendes Heer unter der Herrschaft der Krone konzipiert und den Ländern unter Habsburg die dazu nötigen Kompetenzen abgehandelt. Es sollte auf den neuen Höchststand von 108000 Mann gebracht werden[494]. Die dazu nötigen Ausgaben konnte F. W. von Haugwitz dem Reichshofrat abringen. An die Stelle der von Mal zu Mal bewilligten Einsätze verschiedener Truppen, die die Stände der Länder dann zu stellen und im Kriegsfall für den 1. Monat zu finanzieren hatten[495], trat ein stehendes Heer, das auf eine ganz neue, dauerhafte finanzielle Grundlage zu stellen war und dessen Organisation völlig neu geregelt werden musste. F.W. von Haugwitz konnte den Ständen sowohl die personelle Aufstockung wie eine dauerhafte Finanzierung für die nächsten 10 Jahr abhandeln. Erst die so modernisierte Armee wurde dann im zweiten Schritt nach preußischem Vorbild geformt. Österreich übernahm z.B. zur Rekrutierung seiner Soldaten das preußische Kantonsystem, das das gesamte Land in Rekrutierungsbezirke aufteilte, um so schon die Knaben dieses Bezirks in die jeweiligen Regimentslisten einzutragen[496]. Für das Militär wurden einheitliche Übungen eingeführt. Die finanzielle Abhängigkeit und die persönliche Treue der Soldaten zum Hauptmann in ständischen Diensten wurden ersetzt durch regulären Sold und einen Drill, der stattdessen den persönlichen Gehorsam des Soldaten an das Amt des

---

493 F. Szabo 1994, S. 89-91; Ch. Link 1983, S. 526f; M. Kotulla 2008, S. 254f.
494 Zum Folgenden: F. Szabo 1994, S. 77; M. Kotulla 2008, S. 253; Ch. Link 1983, S. 523; K. Vocelka, Österreichische Geschichte 2001, S. 50.
495 Ch. Link 1983, S. 489.
496 W. Demel 2000, S. 185; dazu und zum Folgenden H. Mikoletzky 1967, S. 227.

nächsten Übergeordneten im hierarchischen Gefüge der Armee band, in Preußen bereits unter Friedrich Wilhelm I. eingeführt. Es gab sogar Überlegungen, preußische Offiziere zur Ausbildung einzustellen, die allerdings nicht verwirklicht wurden. Der preußische Gesandte Podewils berichtete über die Reformen an Friedrich II. „im ganzen hat man sich nach dem Manöver der Truppen Eurer Majestät gerichtet"[497].

Warum ließen sich die mächtigen Stände der verschiedenen Länder so weitgehend und dauerhaft entmachten?

Weil sie das kleinere von zwei Übeln wählten. Die Niederlage Österreichs gegen Preußen im Österreichischen Erbfolgekrieg und der Verlust Schlesiens hatte deutlich gezeigt, welche Gefahr drohte. Zeitweise waren der Großteil Österreichs und ganz Böhmen vor allem die Städte Prag und Linz besetzt. Maria Theresia hatte es klar gesehen:

> „Dann gleich wie ohne Miracul nach Jedermanns Erkanntnis diese Monarchie bey vormahliger Zerrüttung, Confusion und Missbräuchen sich nicht conserviret hätte, folglich selbte ihren Untergang stäts vor Augen gesehen: Also werden meine Nachfolger auch von selbsten begreifen, welchergestalten die von mir dermahlen festgestellte Maass-Regeln und getroffene Einrichtung der eintzige Mittel-Weg seye, sothane Monarchie in aufrechten Stande zu erhalten und auf meine Nachkommenschaft fortzupflanzen"[498].

Nicht nur der Treueschwur band die Stände an die Monarchin, auch das Eigeninteresse des Erhalts der eigenen Besitzungen und Pfründe angesichts der Gefahr, von Preußen und / oder Frankreich eingenommen zu werden. Gerade die Finanz-und Verwaltungsreform von F.W. von Haugwitz wurde mit dem Argument eingeführt:

> „..., without an adequate force to protect the crown, it is impossible to protect and defend the aristocratic privileges that are dependent on it"[499].

Die Stände Österreichs hatten also gute Gründe, sich in die Reformen Maria Theresias einbinden zu lassen. Sie wählten die ihre Macht begrenzende Herrschaft Maria Theresias, um nicht durch die Gefahr preußischer Herrschaft noch weiter entmachtet zu werden. Auch hier musste Maria Theresia wie ihr Widersacher Friedrich der Große die äußere mit der inneren Bedrohung so miteinander verbinden, dass sie die innere Bedrohung ihrer

---

497 Zitat bei H. Mikoletzky 1967, S. 227.
498 Zitat bei H. Mikoletzky 1967, S. 206.
499 F. Szabo 1994, S. 77.

Macht durch zahlungsunwillige und administrativ entmachtete Stände gegen die äußere Bedrohung durch Preußen wendete.

Die Gründe für den zu organisierenden Widerstand gegen den siegreichen preußischen Gegner speisten sich so aus mehreren Quellen. Zum einen die Sorge um den Selbsterhalt, damit den Erhalt des Staates. Dazu schmerzte der Verlust Schlesiens, das man wiedergewinnen wollte, die widerfahrene Kränkung sollte aus der Welt geschafft werden. Und Preußen sollte in einem künftigen Krieg so geschlagen werden, dass es keine Gefahr mehr für Österreich darstellen konnte, es sollte also seinen Status als Großmacht verlieren.

Selbstachtung und Selbstbehauptung waren die Quellen dieses Widerstands gegen Preußen.

Die Schilderung illustriert, wie die Genese des modernen, absolutistischen Österreich aus der Imitation Preußens hervorgeht und im militärischen Erfolg Preußens ihre Rechtfertigung findet.

Gerade der siegreiche Gegner wird zum Vorbild der eigenen Reformbemühungen. Sein Erfolg verbürgt eine Überlegenheit, die man sich selbst durch Nachahmung des Erfolgreichen verschaffen will. In der Übernahme administrativer und militärischer Techniken steckt das Eingeständnis, mindestens mitverantwortlich zu sein am eigenen Versagen. In dem Maße, wie dieses Eingeständnis durch Nachahmung praktisch wird, erscheint der Sieg des Gegners im Zwielicht einer nur widerwillig zugestandenen Rechtfertigung. Gerechtfertigt nicht durch Werte oder Gesetze, sondern einzig und allein durch seinen Erfolg. Die realisierte Überlegenheit des preußischen Gegners wird identifiziert mit der eigenen, erst angestrebten Überlegenheit. Die Reformen sollen Österreich dahin führen, wo Preußen im Augenblick steht: zum Nimbus der erfolgreichen Großmacht, der gegenüber Preußen siegreichen Großmacht, die Preußen den Großmachtstatus wieder abzuerkennen in der Lage ist. Die Nachahmung identifiziert den angestrebten Erfolg mit dem realisierten und baut dadurch eine Spannung auf, einen Druck, der die angestrebten Reformen auf den Weg bringt. Diese Imitation kommt als Identifikation mit dem Gegner daher, eine Identifikation mit katalytischer Wirkung gespeist aus der Faszination und der Bewunderung für seinen Erfolg.

Daher geht sie auch über das bloße Kopieren hinaus, weil sie die eingeführten Neuerungen den eigenen innergesellschaftlichen Strukturen einpassen muss und weil diese Konsequenzen im Kampf mit innergesellschaftlichen Widerständen unvorhersehbare Folgen nach sich ziehen. Die Genese der modernen österreichischen Gesellschaft erscheint hier als Ne-

benfolge eines Prozesses der Selbstbehauptung im Feld der Großmächte. Der Grundzug dieser Form der Anerkennung ist die Bewunderung und Faszination durch den Gegner Preußen.

Von der Niederlage bei Mollwitz im Österreichischen Erbfolgekrieg (1741) bis in den Siebenjährigen Krieg hinein handelt es sich um eine Imitation Preußens als Identifikation mit dem Gegner, die sich seinen Siegesnimbus einverleiben soll. Die existentielle Krise der österreichischen Monarchie 1740–1745 führt über die Blendung durch den Erfolg des Gegners zu einer Identifikation mit Preußen als dem alternativlosen Vorbild.

Am Beispiel des Mitregenten und späteren Herrschers Joseph II. wird deutlich, wie distanzlos die Identifikation mit Preußen daherkommen konnte. Joseph II. war bekannt dafür, dass er Friedrich II. nachahmte. Er erschien zu vielen Anlässen des öffentlichen Lebens in Uniform, so wie es in Preußen üblich war[500] und war daher sogar bestrebt, den Eindruck einer zu großen Identifizierung mit dem Vorbild Friedrichs II. zu zerstreuen:

> „Les ministres me font trop d'honneur en me disant que j'ai pris le Roi de Prusse pour mon modèle; Il est inimitable pour un honnête homme, caractère que je crois ne pas quitter pour tous les beaux modèles, s'ils y sont incompatibles"[501].

Dennoch werden immer wieder die Parallelen zwischen beiden hervorgehoben. Die Begeisterung für alles Militärische vor allem[502] und der Hang zur Vernachlässigung der Kleidung. Letzteres wurde wiederum von Teilen der österreichischen Bevölkerung nachgeahmt.

> „Alles formte sich nach Josephs Vorbild, sogar Charaktere und Gesichter. Kaiserblaue Augen, geflickte Mäntel, abgeschabte Wagen vervielfältigten sich"[503].

Hier kommt das Überzogene, das ins Groteske Reichende der Imitation heraus. Von geflickten Mänteln und ausgebesserten Ellenbogen wird berichtet[504]. Und gerade das findet Nachahmer in der Bevölkerung, breitet sich aus, eine Imitation ohne Abgrenzung.

---

500 F. Szabo 1994, S. 283; T.C.W. Blanning, Joseph II. 1994, S. 128, M. Hochedlinger 2003, S. 296.
501 Das Zitat aus H. Mikoletzky 1967, S. 296f.
502 H. Mikoletzky 1967, S. 293; F.Fejtö 1987, S. 126, 132, 135, B. Vacha 1993, S. 319.
503 F. Fejtö, Joseph II. 1987, S. 234.
504 F. Fejtö, Joseph II. 1987, S. 234.

Erst am Ende des Siebenjährigen Krieges wird dann eine Distanz deutlich, die zwar Imitation zulässt, aber die vorherige Identifikation aufgibt. Diese De-identifikation wird artikuliert in Auseinandersetzung mit der vorbehaltlosen Bewunderung Preußens und ist dokumentiert in dem Streit zwischen dem Thronfolger Joseph II. einerseits und dem österreichischen Staatskanzler W.A. Kaunitz andererseits. Es geht, aus dem hier interessierenden Blickwinkel gesprochen, um die beiden Weisen der Imitation um Anerkennung als Bewunderung und Anerkennung als Respekt.

III – 2.4.1.2) Österreich respektiert Preußen

Österreich hatte im Siebenjährigen Krieg gegen Preußen seine Ziele nicht erreicht und Preußen ging als politischer Sieger aus dem Krieg hervor. Dennoch war das Kriegsglück, waren die gewonnenen Schlachten recht gleichmäßig verteilt. Auch die österreichische Armee konnte auf eine Reihe gewonnener Schlachten zurückblicken dank der Reformen in der Armee und im militärischen Establishment. So ging Österreich mit einem gestärkten militärischen Selbstbewusstsein aus diesem Krieg hervor. Staatskanzler *Kaunitz* entwarf 1761 die neuen außenpolitischen Richtlinien für die Zeit nach dem Siebenjährigen Krieg. Als oberste Regel sollte gelten:

„the fundamental rule of maintenance of general peace and good understanding with all other powers, including even the king of Prussia"[505].

Keine Rede mehr davon, Preußen zu vernichten, es auf seinen Status als Mittelmacht zurückzuwerfen oder gar Schlesien zurückzuerobern. Die Ergebnisse des Siebenjährigen Krieges waren nicht danach, und W.A. Kaunitz als österreichischer Staatskanzler musste sich in die neuen außenpolitischen Realitäten einfinden. Der Widerstand gegen den preußischen Großmachtstatus wurde durch Österreich aufgegeben. Und so bekam auch die Imitation preußischer Militärstrukturen einen neuen Sinn. Das wird an der Kontroverse zwischen Staatskanzler Kaunitz und dem jungen Thronanwärter Joseph II. deutlich. Es ging dabei zunächst um die Übernahme des preußischen Rekrutierungsverfahrens für neue Soldaten, das sog. Kantonsystem. Hinter dieser Kontroverse steht allerdings, wie *F. Szabo* pointiert herausarbeitet, ein völlig unterschiedliches Verständnis der innenpolitischen Bedingungen der Position Österreichs im Feld der Großmächte.

---

505 F. Szabo 1994, S. 350.

W.A. Kaunitz fundamentale, durch den Ausgang des Siebenjährigen Krieges gewonnene Einsicht galt der Grenze einer für Österreich zuträglichen Imitation Preußens. War der Krieg auch politisch verloren und die Kriegsziele nicht erreicht, hatte doch die Armee sich behauptet[506]. Die an Preußen orientierte Reform der Armee hatte sich insofern als ein Erfolg erwiesen. Andererseits war der für Österreich unerfreuliche Ausgang des Krieges auch seiner finanziellen und ökonomischen Ausblutung geschuldet. Man konnte sich eine Fortsetzung des Krieges finanziell schlechterdings nicht leisten. Deshalb war 1761 kurz vor Ende des Krieges eine Reduzierung der Personalstärke der Armee um 12% unvermeidbar, auch wenn aus militärischer Sicht gerade das Gegenteil geboten schien, nämlich eine Aufstockung der Heeresstärke[507]. In dieser Situation schien ein zwar nicht wirklich befriedender, aber doch tragbarer Frieden als der einzige Ausweg.

Schon vor dem Ende des Siebenjährigen Krieges begann in Österreich die Debatte um die Ursachen des Misserfolgs. Thronfolger Joseph II. sah einen Hauptgrund in der mangelnden Personalstärke der Armee. Die Einführung des preußischen Rekrutierungsverfahrens, des sog. Kantonsystems, sollte seiner Meinung nach über eine effizientere Aushebung mehr Soldaten in die Armee zwingen[508]. W.A. Kaunitz allerdings, die Gründe für die Beendigung des Siebenjährigen Krieges durch Österreich deutlich vor Augen, warnte:

> „military expenditures had to be seen in the context of the whole fiscal and credit picture of the Monarchy and could not be allowed to undermine its economic foundations"[509].

Eine zu große Steuerlast würde die dringend benötigte wirtschaftliche Erholung geradezu verhindern und das Problem der Finanzierbarkeit der Armee noch verschärfen. Allerdings ging es Kaunitz um mehr als nur um eine Balance zwischen Ökonomie und Militär. Er fürchtete bei einer solchen Entwicklung eine generelle Überbetonung des Militärischen im gesamten gesellschaftlichen Leben[510]. Österreich würde nicht nur dem preußischen Militärstaat immer ähnlicher, es würde auch zum Verlust der eige-

---

506 F. Szabo 1994, S. 263.
507 F. Szabo 1994, S. 277.
508 Zum Folgenden siehe das Kapitel: The conscription crisis, S. 278-295, in: F. Szabo 1994.
509 F. Szabo 1994, S. 280, aber auch S. 287, 289.
510 F. Szabo 1994, S. 270.

nen Kultur und dem Selbstverständnis der österreichischen Monarchie führen:

> „I had hoped to have demonstrated at that time that the introduction of this Prussian institution (das kantonale Rekrutierungsverfahren, der Autor) in its entirety is not compatible with the internal constitution of our Monarchy, with the customs and culture of our people, with the provincial administrative system exiting since 1748, with royal commitments made to all Estates, with the basic policy premises in place, especially since the creation of the Council of State, and with the fulfillment of the agricultural, industrial and commercial goals that have been set,"[511]

so Kaunitz in seinem großen Memorandum vom 2. Mai 1769. Kaunitz fürchtete den Verlust der österreichischen Eigenart bei einer zu weitgehenden Imitation Preußens[512]. Würde die Armee ohne Rücksicht auf ökonomische Grenzen ausgebaut und vergrößert, wäre nicht nur die ökonomische Entwicklung Österreichs gefährdet, Österreich liefe auch in Gefahr, durch steuerliche Ausbeutung und übermäßige Rekrutierung unter der Landbevölkerung einen militaristischen Geist zu wecken und zu verbreiten, wie Kaunitz ihn in Preußen beobachtete[513]:

> „The introduction of the Prussian conscription system could only create the kind of slavish mentality"[514].

Die Furcht vor ökonomischer Regression und vor Identitätsverlust sind in dieser Apologie der Eigenart Österreichs eng verbunden, bleiben aber als eigene Argumente erkennbar.

Joseph II. dagegen wollte das preußische Kantonsystem, zum einen wegen der effizienteren Rekrutierungspraxis, aber auch, weil sie Militär und Gesellschaft nach preußischem Muster viel enger miteinander verwob, als dies in Österreich bisher der Fall war. Beide, Joseph II. und W.A. Kaunitz, gehen also von der gleichen Beobachtung der Bedeutung des Militärs in Preußen aus, werten sie aber entgegengesetzt. Während Kaunitz fürchtete, dass militaristischer Geist, dass Sklavenmentalität in Österreich Einzug halten würde, stellt sich für Joseph II. das Projekt folgendermaßen dar:

> „Increases (an Soldaten und in Finanzen, der Autor) were therefore imperative, and the creation of a Prussian-style canton system was ‚the only true, efficacious and inexpensive way' to secure them. Such a system, Joseph noted,

---

511 F. Szabo 1994, S. 291.
512 siehe auch F. Szabo 1994, S. 268.
513 F. Szabo 1994, S. 279, 286f, 291.
514 F. Szabo 1994, S. 288.

would make every citizen a soldier and every soldier a citizen, which, in turn, would lead to a more efficient society and the 'assurance that all orders will be carried out militarily, that is to say to the letter'"[515].

Was W.A. Kaunitz fürchtete, war für Joseph II. ein gesellschaftliches Ideal, eine militarisierte und deshalb unter Machtgesichtspunkten effiziente Gesellschaft. Auch Joseph II. sah – in Übereinstimmung mit W.A. Kaunitz – voraus, zu welchen Konsequenzen die Einführung des preußischen Rekrutierungsverfahrens führen könnte und strebte es gerade deshalb an.

Das Kantonsystem wurde in den Jahren 1769–1772 eingeführt, nicht ohne allerdings die Einwände W.A. Kaunitz' zu berücksichtigen[516]. Joseph II. hatte einige, vor allem ökonomisch-militärische Argumente auf seiner Seite: Ein wirtschaftlich reiches Land würde eher als andere den Neid seiner Nachbarn wecken, siehe Schlesien, so dass ohne zureichenden militärischen Schutz sich die Gefahr eines Angriffs erhöhen würde. Da Maria Theresia als Oberhaupt der habsburgischen Länder die Entscheidungsbefugnis hatte und sie lange die Vorbehalte des Staatskanzlers teilte, musste sie schließlich überzeugt werden. Dies gelang. Der Wendepunkt kam durch die Darstellung Lacy's, dass die Einführung des preußischen Kantonsystems nur einen geringen Einfluss auf die österreichische Wirtschaft haben würde[517]. Auch Joseph II. und seine Gefolgsleute gestanden im Übrigen zu, dass eine größere und schlagkräftigere Armee auch eine stärkere ökonomische Basis benötigte[518]. W.A. Kaunitz konnte die Einführung noch um einige Monate verzögern, verhindern konnte er sie nicht mehr[519]. Unter Berücksichtigung einiger Einwände Kaunitz' vermied man das Wort „Kanton" und ersetzte es durch „Rekrutierungsverordnung"[520]. Die Einführung dieses vergleichsweise rigiden Rekrutierungsverfahrens stieß überall auf Widerstand und war einer der unpopulärsten Maßnahmen der Monarchie[521]. Auch wenn W.A. Kaunitz sich gegen den österreichi-

---

515 F. Szabo 1994, S. 285f, F. Szabo zitiert teilweise direkt aus einem Vortrag Josephs II. (HHStA, Staatskanzlei: Vorträge, Karton 98, Joseph Denkschrift 28, Dezember 1766).
516 Vgl. die ausführliche Schilderung bei F. Szabo 1994, S. 286-295.
517 F. Szabo 1994, S. 290.
518 F. Szabo 1994, S. 295.
519 F. Szabo 1994, S. 292.
520 F. Szabo: „recruiting regulation", Übersetzung aus dem Deutschen mit Quellenangabe: HHStA, Kabinettsarchiv: Staatsratprotokolle, Vol. 32, Nr. 2346, imperial resolution, 30 June 1769.
521 F. Szabo 1994, S. 293.

III – 2) Der Großmachthabitus Preußens

schen Thronfolger nicht durchsetzen konnte, erreichte er doch, dass Lacy die Übernahme des preußischen Kantonsystems damit rechtfertigen konnte, dass sie weder zu ökonomischen noch zu mentalen Verwerfungen in Österreich führe, wie von der Gegenseite, von W.A. Kaunitz, behauptet. Das politisch-praktische Räsonnement von W.A. Kaunitz musste also von seinen politischen Gegnern berücksichtigt werden, um vor der Regentin Maria Theresia die Übernahme des preußischen Kantonsystems zu erreichen[522].

In den Versuchen Josephs II., das preußische Kantonsystem möglichst detailgetreu und vollständig zu kopieren, eine weitgehende Militarisierung der Gesellschaft dabei in Kauf zu nehmen, sowie in seiner an die Gewohnheit Friedrichs des Großen angepassten Erscheinungsform, zu jeder Gelegenheit in Uniform aufzutreten, zeigt sich, wie schon oben bei der Militär- und Staatsreform, dass der Sinn dieser Imitation in einer Identifikation mit Preußen und seinem König besteht, einer Identifikation ohne Abgrenzung[523], die den Erfolg des anderen vereinnahmen will, ihn deshalb zum Ideal verklärt und nicht bemerkt, welchen Druck diese Identifikation von durch Preußen realisiertem Erfolg und erhofftem Erfolg auf Seiten Österreichs aufbaut. Sie ist prinzipiell schrankenlos und kommt deshalb einer Freud'schen Objektbesetzung gleich. Das Objekt, das Ideal, Friedrich der Große, wird in der Imitation mit prinzipiell schrankenloser Energie verbunden und besetzt die staatliche Symbolik österreichischer Identität, weil man dort hofft, so den realisierten Erfolg des anderen mit dem erhofften Erfolg für sich zur Deckung zu bringen.

Wenn nämlich solche Nachahmung die angestrebte Überlegenheit mit der realisierten identifiziert, wird die eigene Niederlage, hier nun die im Siebenjährigen Krieg, vor allem durch den Erfolg des Gegners begründet, ohne sich kritisch sowohl mit dem Erfolg des Gegners als auch mit der eigenen Niederlage auseinanderzusetzen. Blendung durch den Sieg des Gegners, Selbsterneuerung durch Selbstvergessenheit und Identifikation mit dem Erfolgreichen finden sich zu einer haltlosen Form von Identität, einer politischen Objektbesetzung, da sie sich selbst und den anderen nicht mehr unterscheiden kann. Sie erscheint bei Joseph II. als der treibende Grund von Imitation. Mit den Worten des Fürsten Khevenhüller ge-

---

522 F. Szabo 1994, S. 290f.
523 F. Szabo 1994, S. 286.

riet Preußen zum „Exempel, „so ohnehin pro norma dieser ganzen neuen Einrichtung dienen musste"[524].

Wird dagegen, wie von W.A. Kaunitz, Einsicht in die Grenze möglicher Imitation angemahnt, verschiebt sich die Perspektive der Beurteilung von Reformen: Nicht mehr die Identifikation mit dem Erfolg erscheint als Maßstab von Politik, sondern die Nützlichkeit der geplanten Maßnahmen im Blick auf die konkrete und zu behauptende Verfassung des eigenen Staates. Und dabei kommt es dann auch zu einer Ursachendiskussion über die eigene Niederlage[525]. *Schadet die Regierung dem eigenen Land eher als ihm zu nützen bei der Einführung der geplanten und beim Gegner erfolgreichen Maßnahmen? Wird es also z.B. zu ökonomischen Verwerfungen kommen oder zur militaristischen Einfärbung der österreichischen Mentalität? Wie kann man das, was nachahmenswert erscheint, inkorporieren ohne Identitätsverlust? Besteht Imitation diesen Test, hat sie einen anderen Grund: Es kommt zu einer De-identifikation von Preußen, der sich auch Joseph II. anschließen muss, da er zur Einführung des preußischen Kantonsystems das Kaunitzsche Raisonnement zu übernehmen gezwungen ist. Die desolate finanzielle Lage bringt Österreich dazu, seine Heeresstärke in den letzten Jahren des Siebenjährigen Krieges abzubauen anstatt sie der preußischen anzugleichen. Strukturreformen à la Preußen müssen ebenfalls verschoben werden. Das Land sieht sich nicht nur gezwungen, Preußen als Großmacht anzuerkennen, sondern auch die eigene Großmachtstellung zu eigenen Bedingungen aufrechtzuerhalten, also Bedingungen, die sich nicht nur der Nachahmung Preußens verdanken. Damit werden die Grenzen der Imitation sichtbar, sie wird einer Selbstkontrolle unterworfen. Der gleiche Gegenstand der Imitation, das preußische Kantonsystem, verwandelt sich so unter der Hand von der bloßen Identifikation mit dem Gegner zum Versuch der Bewahrung bzw. Stärkung der eigenen Identität unter Inkorporierung vieler Strukturelemente, die zum Erfolg des Gegners in diesem Krieg beigetragen haben. Es wandelt sich kurz gesagt vom Ideal zu einem Typ erfolgreicher Rekrutierungspolitik. Nach W.A. Kaunitz kann Preußen nicht mehr „pro norma der ganzen Einrichtung" als Vorbild dienen, wie Joseph II. mit seinem Auftreten in Uniform und seiner Vision vom effizienten Staat es noch versinnbildlichte. Preußen hat nach W.A. Kaunitz vielmehr Beispiele gesellschaftlicher Effizienz zu*

---

524 Zitation des Fürsten Khevenhüller nach H. Mikoletzky 1967, S. 205.
525 F. Szabo 1994, S. 278f.

III – 2) Der Großmachthabitus Preußens

bieten, d.h. Strukturen, deren Einführung im eigenen Land von Vorteil wären. Die Einsicht in die Grenze der Imitation wirft Österreich auf sich selbst zurück, und eröffnet so die Chance, sich seiner selbst kritisch zu vergewissern. Von jetzt an müssen Gründe für Nachahmung gefunden werden, die nicht mehr nur im Erfolg des Gegners liegen, sondern dem angestrebten Selbstbild entsprechen. Auch Joseph II. muss jetzt ökonomisch und kulturell begründet die Einführung des preußischen Kantonsystems befürworten. In dem Maße, wie sich dieses Selbstbild herausschält, ist Preußen nicht mehr das Ideal, sondern ein erfolgreicher Typus von Großmacht. Damit wird die realisierte Überlegenheit des Gegners als Kriterium eingeklammert und noch einmal an der Selbstverträglichkeit gemessen. Die Beurteilungsbasis wandelt sich: Nicht mehr mit Erfolg, sondern mit Angemessenheit muss von nun an argumentiert werden. Aus Anerkennung durch Bewunderung wird Anerkennung durch Respekt.

Diese Kontroverse veranschaulicht die beiden Begründungen von Imitation, die hier unterschieden werden. Ungeachtet der innenpolitischen Eigendynamik, die dadurch ausgelöst wurden, erscheinen die Reformen und die Haltung Josephs II. als eine Anerkennung durch bloße Bewunderung, auf der Handlungsebene: als Imitation durch Identifikation. Das Ideal Preußen besetzt Österreich qua Militärreformen, gefolgt von einer Entmachtung der Stände sowie der Einführung einer dem habsburgischen Hof unterstellten Administration, die allererst so etwas wie einen gesamtstaatlichen Zusammenhang schafft, der über die bloße Personalunion in der gemeinsamen habsburgischen Krone aller Ländereien hinausgeht. Sie besetzt den Thronfolger, der sich in seinem öffentlichen Auftritt als Kopie des preußischen Königs gibt – und sich darin bis auf den heutigen Tag im Film „Amadeus" gekennzeichnet findet – und wird erst durch eine Diskussion um die richtigen Lehren aus der Niederlage im Siebenjährigen Krieg aufgebrochen. Die von W. A Kaunitz in die Diskussion gebrachten Grenzen der Imitation zwingen auch die Befürworter der Einführung des Kantonsystems sich argumentativ darauf einzulassen und damit die Ebene einer bloßen bewundernden Identifikation zu verlassen. Das Kriterium von Imitation besteht von da an in der Nützlichkeit für Österreich und nicht mehr nur im Erfolg des Gegners. Die damit einhergehende De-identifikation und Entthronung des preußischen Ideals läßt die Anerkennung aus Bewunderung umschlagen in Anerkennung aus Respekt vor der Leistung des Gegners zu dessen eigenen Bedingungen. Aus dem Ideal Preußen wird die individuelle Gestalt Preußen als eine Verkörperung des Großmachttypus im 18. Jahrhundert, von der man lernen kann.

Wieso liegt in dieser Begrenzung der Imitation des Gegners ein weiterer Schritt zu seiner Anerkennung?

Die Einsicht in die Grenze der Imitation lässt die Blendung durch den Erfolg des Gegners verblassen. Sein Erfolg wird nicht nur als Erfolg, sondern als sein ganz eigener Erfolg erkennbar, dessen Imitation im eigenen Interesse Grenzen gesetzt sind. Er gerät als Handelnder aus eigenen Bedingungen in den Blick und wandelt sich so vom Ideal zum Typus, vom Held zu einer möglichen Realisierung des Großmachtstatus unter mehreren. Das politische Räsonnement W.A. Kaunitz' sieht beide, Preußen und Österreich, Sieger und Verlierer im Siebenjährigen Krieg, als Handelnde zu eigenen Bedingungen und betrachtet sie darin formal als gleich. Der weitere Schritt der Anerkennung besteht demnach in der Praxis einer Imitation, die das eigene Handeln und das des Gegners als Handeln aus je eigenem Recht voraussetzt. Formale Gleichheit des Großmachtstatus heißt deshalb hier die Voraussetzung dieses Typs von Raisonnement für die Praxis von Imitation. Die in dieser Imitation enthaltene Identifikation begrenzt sich jetzt auf die Gemeinsamkeit des Großmachtstatus und auf die geeigneten Mittel dazu. Darin egalisiert sich Fremd- und Selbstanerkennung als letzter Schritt der Anerkennung Preußens durch Österreich. Preußen wird das zugestanden, was Österreich in Lösung aus der unhinterfragten Identifikation mit Preußen auch sich selbst wieder zugesteht: Großmacht zu sein aus eigenem Recht. Dafür steht die am habsburgischen Hof kritisch diskutierte Einführung des preußischen Kantonsystems in Österreich – das Symbol für den letzten Schritt der Anerkennung Preußens als Großmacht im Feld der europäischen Großmächte des 18. Jahrhunderts, einer Anerkennung aus Respekt vor der anderen Großmacht Preußen.

Die hier umrissene **Zeitspanne** der Positionierung im Feld der Großmächte umfasst den Zeitraum von Beginn des österreichischen Erbfolgekrieges über das Ende des Siebenjährigen Krieges hinaus, etwa dreißig Jahre (1740–1772).

Der Anerkennungsprozess durch Österreich ist nach den Belegstellen über den Zeitraum von 1740 bis ca. 1760 anzusetzen. Die beiden Imitationen folgen zeitlich und logisch aufeinander. F.W. von Haugwitz beginnt die Reformen 1744. Im Jahr 1748 kann er sie für alle habsburgischen Ländereien am Hof durchsetzen. Die Diskussion um die Einführung des Kantonsystems ging ca. 10 Jahre (1762–1773)[526]. Diese Zeitspannen zeigen, dass nicht so sehr ein bestimmter zeitlicher Rhythmus, irgendein synchroner Prozess, sondern Sachzwänge zu dann allerdings logisch aufeinanderfolgenden Schritten von Imitation führen. Beiderlei Imitationen setzen aber die Erkenntnis der Bedrohungsfähigkeit voraus. Wie gezeigt, kann das Kantonsystem für beiderlei Sinn von Imitation stehen. Lediglich die Tatsache, dass die Grenze zuträglicher Imitation durch die Niederlage im Siebenjährigen Krieg mittlerweile in den Blick geraten ist, führt dazu, dass nun an Hand dieses Themas eine andere, kritische Form der Imitation sich durchzusetzen beginnt. Es ist dieser Kontext, der der Einführung des preußischen Kantonsystems seine verschiedene Bedeutung verleiht, ohne dass dieser Kontext sich nach Jahreszahlen oder Monaten periodisieren ließe. Gleichzeitig umfasst dieser zeitliche Rahmen in etwa jene Spanne, die ich aus den vielen unterschiedlichen Stimmen innerhalb der Geschichtswissenschaft herausdestillieren konnte.

III – 2.4.2) Die Imitation Preußens durch Großbritannien

Die englische Armee hat im 18. Jahrhundert keine Schlacht gegen die preußische Armee geschlagen. Eine traumatische Niederlage gegen Preußen wie die der Franzosen bei Roßbach oder die der Österreicher nahe Mollwitz blieb ihr erspart. Gleichwohl lässt sich auch im Fall Großbritanniens ein analoger Prozess der Imitation beobachten. Die Blendung durch den Erfolg Preußens ging auch hier mit der Kränkung durch eine Reihe militärischer Niederlagen einher, Niederlagen allerdings nicht gegen Preußen, sondern gegen den Erzfeind Frankreich: Auf dem indischen Subkontinent wollte sich der Erfolg gegen das französische Militär nicht einstellen. Frankreich hatte im Jahr 1746 Madras von Großbritannien erobert, Großbritannien konnte trotz mehrerer Versuche im Jahr 1748 den französischen Stützpunkt Pondichery nicht einnehmen. Im Mittelmeer hatte Frankreich das britische Menorca am 18. April 1756 erobert[527]. Die Anfänge des sog. Franzosen- und Indianerkrieges in Nordamerika im Jahr 1755 (Niederlage in der Schlacht von Monongahela am 9. Juli 1755, Verlusts der Forts Ontario, George, Oswego und William Henry in den Jahren 1756

---

526 F. Szabo 1994, S. 279 Anm. 85 und S. 293.
527 J. Black, The Rise of the European Powers 1679-1793, 1990, S. 113f.

und 1757, der gescheiterte Plan zur Eroberung Louisbourgs im Jahr 1757)[528] waren für Großbritannien verlustreich, und im Jahr 1756 fürchtete man in Großbritannien eine französische Invasion[529].

Ursache für die kränkenden Niederlagen und Gegenstand der Imitation treten hier also auseinander. Während Österreich und Frankreich gegen Preußen unterlegen waren und ihn deshalb imitierten, imitiert Großbritannien das alliierte Preußen im Kampf gegen Frankreich. Der Widerstand gegen den erfolgreichen Feind (Frankreich) wollte sich des Erfolgs eines Verbündeten (Preußen) eben gegen diesen Feind versichern. Großbritannien befand sich also nicht im Konflikt mit Preußen wie die Großmächte Österreich, Frankreich und Russland.

III – 2.4.2.1) Großbritannien bewundert Preußen

Dabei ist es nicht so, dass hier die preußisch-englischen Beziehungen oder gar die Beschäftigung der englischen Öffentlichkeit mit Friedrich II. begonnen hätten. Seit seiner Krönung im Jahr 1740 war er Gegenstand der Beobachtung und Diskussion[530]. Die anfängliche Euphorie anlässlich der Thronbesteigung des „Philosophenkönigs" wich der Ernüchterung nach dem Einmarsch in Schlesien. Der englische König Georg II. reagierte mit Wut und Hass auf die Großmachtsambitionen seines Neffen. Darüberhinaus war der Konkurrenzneid auf die wirtschaftlichen Erfolge Preußens ein mächtiger Faktor in der Einschätzung Preußens durch die britische Öffentlichkeit. Der Ausbau der Wollmanufakturen, planmäßige Landgewinnung und eine tolerante Immigrationspolitik wurden als Säulen der wirtschaftlichen Erfolge Friedrichs und als Grund für die effektive und moderne preußische Heeresverfassung gesehen[531]. Der Plan Friedrichs, in Emden eine Handelskompanie, also eine preußische Flotte aufzubauen, löste im Jahr 1747 geradezu Hysterie in Großbritannien aus[532]. Man sah darin den Versuch, die Überlegenheit Großbritanniens zur See streitig machen zu wollen. Nicht die Kränkung durch eine Niederlage aber Neid und Angst vor Konkurrenz gehören durchaus mit in das Bild, das sich die britische Öf-

---

528 J. Black 1990, S. 105.
529 J. Black 1990, S. 114f.
530 M. Schlenke 1963, S. 296.
531 M. Schlenke 1963, S. 301.
532 M. Schlenke 1963, S. 304f.

fentlichkeit und Georg II. von Preußen und seinem aufstrebenden König machten.

Aber auch sie verstärkten die Woge der Preußenbegeisterung, die ganz England nach dem Sieg Friedrichs II. bei Roßbach (5. November 1757) erfasste, weil sie nun als Beitrag zu Preußens Sieg gewertet werden konnten:

„Alle Gesellschaftsschichten – von den führenden Politikern und Staatsmännern des Landes bis hinab zum „Mann auf der Straße" – wurden von dieser Welle der Begeisterung für den siegreichen Feldherrn, für den „Verteidiger des Protestantismus" und der „Freiheit Europas" mitgerissen. Preußens König, den man häufig nur beim Vornamen nannte, gewann eine Popularität, wie sie kaum ein anderer Staatsmann und Feldherr im England des 18. Jahrhunderts je besessen hat"[533].

„Sein Sieg über die Franzosen habe die „matten Geister" aller belebt, die bisher dem „protestantischen Interesse" und der „gemeinsamen Sache" lediglich Erfolg gewünscht, aber nicht entsprechend gehandelt hätten"[534].

Der hier zitierte *M. Schlenke* nennt auch die Gründe:

„Dankbarkeit gegenüber dem Retter aus höchster Not, in einem Augenblick, als die eigenen Streitkräfte in Übersee Niederlage auf Niederlage hatten einstecken müssen. Bewunderung für den ebenso entschlossenen wie mutigen Feldherrn, der einer Übermacht von Feinden erfolgreich die Stirn bot; Anerkennung für den Staatsmann, der in rastloser Arbeit die wirtschaftlichen und militärischen Kräfte seines Landes geweckt und mobilisiert hatte und den „Erbfeind" der Nation, das „papistische" Frankreich, mit seinen Armeen in die Schranken wies. All dies schwang im Taumel der Begeisterung mit"[535].

Es kam zu einem regelrechten öffentlichen Freudentaumel[536]. Der Erfolg des verbündeten Preußen gegen den Erzfeind Frankreich verführte in allen englischen Schichten zu einer bis dato unbekannten Identifikation mit Friedrich II. als erfolgreichem Idol. In fast jedem Haus hing sein Bild. Keramik- und Porzellanmanufakturen produzierten Geschirr, Medaillons, Schnupftabakdosen und Blumenvasen mit dem Konterfei des preußischen Königs[537]. Gedichte wurden verfasst, die Friedrich II. aus dem politischen und militärischen Bereich in religiöse und mythische Sphären hoben[538]

---

533 M. Schlenke 1963, S. 237.
534 M. Schlenke 1963, S. 236.
535 M. Schlenke 1963, S. 248f.
536 M. Schlenke 1963, S. 235-237.
537 M. Schlenke 1963, S. 243; Friederisiko, Katalog zur Ausstellung 2012 im Neuen Palais/Potsdam, S. 155.
538 M. Schlenke 1963, S. 238-241, 242.

und ihn zum Ideal des eigenen erhofften Erfolgs verklärten. Ein von M. Schlenke zitiertes Beispiel:

> „Let Prussia's sons each English breast inflame;
> O be our spirit, as our cause, the same!
> And our hearts with one religion glow,
> Let us with all their ardors drive the foe
> As Heav'n had rais'd our arm,
> As heav'n had giv'n the blow!"[539]

Dieser Erfolg Friedrichs II. machten preußische Disziplin und das preußische Exerzierreglement in ganz England populär:

> „Die meisten Generäle, so heißt es in einer Flugschrift des Jahres 1759, versuchen heutzutage das preußische Exerzierreglement und die preußische Disziplin nachzuahmen, da diese die besten in ganz Europa sind"[540].

Die Imitation ging dabei weit über das englische Militär hinaus. Private Vereinigungen wurde gegründet, etwa unter dem Namen „The Loyal Prussians", um das preußische Exerzierreglement zu lernen. Man traf sich in öffentlichen Parks, um exerzieren zu üben, es wurde daraus eine Art nationales Freizeitvergnügen[541].

Diese Stimmungslage demonstriert, wie die Imitation von Disziplin, Exerzierreglement, die Übernahme der Ledergamaschen u.a. Details in die englische Armee sich der Blendung durch den Erfolg Friedrichs II. verdankt. Sie ist Ausdruck einer Identifikation mit dem Verbündeten und seinem Erfolg, der Großbritannien selbst in seinem Krieg gegen Frankreich zur damaligen Zeit nicht gegeben war. Anerkennung als Bewunderung bringt diese Identifikation zum Ausdruck. Auch hier kann man von politischer Objektbesetzung sprechen. Die Idealisierung Friedrichs II. ist schrankenlos. Sie kann, das wird in der Kritik deutlich, sich nicht mehr vom Objekt der Verehrung unterscheiden und lässt sich von ihm „besetzen", so dass die schrankenlose Imitation sogar wie in Österreich ins Überzogene, Groteske umschlagen kann. Da es durch Öffentlichkeit möglich wird, dass eine Gesellschaft auf sich selbst eine Außenperspektive entwickelt, gerät die Schieflage in dieser idealisierenden Identifikation in der englischen Öffentlichkeit ins Gespräch und unter Druck. Die Diskrepanz

---

539 M. Schlenke 1963, S. 244, zitiert hier: The Gamesters, altered from Shirley, London 1757, Prolog abgedruckt in: LM 27, Januar 1758.
540 M. Schlenke 1963, S. 277.
541 M. Schlenke 1963, S. 279f, 288.

zwischen dem Ruf des Ideals und der schrankenlosen Imitation wird als Identitätsverlust kritisiert und ist Ansatzpunkt für einen Sinnwandel der Imitation. Dazu im Folgenden.

III – 2.4.2.2) Großbritannien respektiert Preußen

Die unkritische Imitation gerät nun in die Kritik. *M. Schlenke* zitiert aus einer Flugschrift aus dem Jahr 1760 eine „bedenkliche Neigung der führenden englischen Schichten zum Militarismus". Der Verfasser, ein Dr. Douglas, späterer Bischof von Salisbury, wende sich damit keineswegs gegen den Dienst in der Armee überhaupt, er wende sich auch nicht grundsätzlich gegen militärische Disziplin und Unterordnung. Sie hätten ganz gewiss ihre Berechtigung in Zeiten der Not und Gefahr, würden aber selbst zu einer Gefahr für die Freiheit des Landes, wenn sie auch in Friedenszeiten das Leben der Nation bestimmten. Seine Argumentation richtet sich damit gegen eine Militarisierung der britischen Öffentlichkeit[542]. Auch hier das gleiche, schon beobachtete Muster: Die Imitation von Disziplin und Exerzierreglement wird nicht einfach verworfen, nur der kritische Blick auf die Folgen verändert die öffentliche Diskussion. Führt die Imitation eventuell nicht nur zu einer Vereinnahmung des Erfolgs, sondern auch zu einem Identitätsverlust? Ist der Preis zu hoch? Wie kann die Imitation preußischen Militärreglements mit dem englischen Nationalbewusstsein vereinbart werden?

M. Schlenke zeigt, wie sich durch diesen kritischen Blick die Diskussion und damit die Stimmungslage allmählich veränderten. Es war nun nicht mehr möglich, in der britischen Öffentlichkeit für die Übernahme preußischen Militärreglements einzutreten, ohne auf diese Frage zu antworten.

Die Kritik begann 1756, im Jahr des Bündniswechsels von Österreich zu Preußen, und erreichte 1760 ihren Höhepunkt[543]. Sie entzündete sich an der Heldenverehrung Friedrichs des Großen:

„Es möge „zwar unpopulär" sein, meint der Verfasser, in diesem Augenblick die „exaltierten Lobpreisungen" auf den Preußenkönig zu kritisieren, aber er fühle sich einfach „angeekelt", tagaus tagein sehen und hören zu müssen, wie seine Landsleute einen Sterblichen, der nur „Gegenstand der Nachahmung"

---

542 M. Schlenke 1963, S. 281f.
543 M. Schlenke 1963, S. 249.

(object of imitation) sein solle, zu einem „Subjekt der Anbetung" (subject of adoration) machten"[544].

Der anonyme Verfasser des Artikels trifft damit genau die oben angekündigte Unterscheidung. Er fordert bloße Nachahmung ohne die damit verbundene Heldenverehrung. Warum?

„We forget that we have a King at home, whom we affront by these our extravagant demonstrations of zeal"[545].

Das eine Beispiel mag für die weiteren stehen, mit denen *M. Schlenke* die Stoßrichtung der Kritik illustriert[546]. Der anonyme Verfasser des Artikels und andere Autoren von Streitschriften und Flugblättern aller Art appellieren an den Patriotismus ihrer Landsleute und warnen vor Selbstvergessenheit und einem Verlust an Würde aus überschwenglicher Begeisterung für den neuen Helden. Die Idealisierung Friedrichs II. bedrohe den freien englischen Geist und das Nationalbewusstsein. Der von *M. Schlenke* aufgezeigte Grund für den Friedrich-Kult, Kränkung durch die Niederlagen gegen den Erzfeind Frankreich, spielt in der kritischen Diskussion keine Rolle, soweit das dem Buch *M. Schlenkes* zu entnehmen ist. Doch lässt sich die nun anhebende Kritik weder blenden noch verführen. Bei aller berechtigten Nachahmung geht sie damit auf eine innere Distanz zum erfolgreichen, verbündeten Preußen. Sie pocht auf De-identifikation von dem Erfolgreichen unter Beibehaltung nützlicher zu imitierender Standards. Sie will den eigenen Unterschied zum verbündeten Preußen in der Identifikation mit dessen Erfolg gewahrt wissen.

M. Schlenke weist am Beispiel einer der bedeutendsten kritischen Broschüren der damaligen Zeit, den „Considerations on the Present German War" von *Israel Maudit* (1760) nach, wie die Kritik England „aus dem Taumel der Preußenbegeisterung aufgeschreckt und zu nüchterner Betrachtung der politischen Situation in Europa und Übersee angeregt hat"[547]. Anhänger Friedrichs des Großen und der Allianz mit Preußen mussten sich verteidigen, hielten sich im publizistischen Getümmel mit Kritikern und Gegnern in etwa die Waage und wurden so gezwungen, sich

---

544 M. Schlenke 1963, S. 252, auszugsweise zitiert aus: einem Artikel des Grand Magazine, 1758, Abdruck in: SM 20 (Februar 1758, S. 70ff), der Verfasser bleibt anonym.
545 M. Schlenke 1963, S. 252, ebenfalls aus dem Artikel des Grand Magazine.
546 M. Schlenke 1963, S. 254-264, S. 289-294.
547 M. Schlenke 1963, S. 264. Zum Folgenden ebd.

argumentativ auf die innere Distanz zu Preußen einzulassen, die ein solcher Diskurs über Großbritanniens Eigeninteresse voraussetzt. Die Fronten versteiften sich und verwandelten sich wieder in der Diskussion. Das Niveau der Auseinandersetzung schwankte erheblich. Oft wurde auf die gegnerischen Vorwürfe nicht wirklich eingegangen. Und doch musste, wie *M. Schlenke* zeigt, die eigene Position der Preußenanhänger so begründet werden, dass sich die Begeisterung für Preußen als emphatisches, aber kalkuliertes Eintreten für den aus Großbritanniens Sicht bestmöglichen Verbündeten darstellte:

> „She (= Preußen, der Autor) is in the North, what France ever aimed to be in the South, a power of which all other powers are afraid, consequently she is, for English interest, the best ally that can be chosen. She is otherwise the natural ally of England by religion, an object of no small consequence, if we consider how powerful it operates upon certain minds"[548].

Dieses Zitat aus dem Jahr 1763, aber auch der Zusammenhang der Diskussion wie ihn *M. Schlenke* darstellt[549] zeigt die erreichte Grundlage der Auseinandersetzung. Sie basiert auf der Erkenntnis der Bedrohungsfähigkeit Preußens und dem ersten Schritt hin zur Anerkennung seines Großmachtstatus, zur Imitation als Identifikation, der Preußen zum bestmöglichen Alliierten für England prädestiniert. Die verführerische Macht des Erfolgs („how powerful it operates upon certain minds") bleibt präsent und ist doch durch die Betonung des englischen Eigeninteresses eingeschränkt („for English interest"). Der Anerkennung durch Bewunderung folgt die Anerkennung durch Respekt.

Erkenntnis der Bedrohungsfähigkeit Preußens, Blendung und Verführung durch den Erfolg des Verbündeten sowie die eigene Unterscheidung vom Verbündeten in der Identifikation mit seinem Erfolg sind in diesem Zitat als die drei aufeinander folgenden Schritte der Anerkennung Preußens als Großmacht durch England belegt.

So gilt auch im Fall Großbritanniens: Zunächst blendet der Erfolg des verbündeten Preußen. Das Versprechen, die im Krieg gegen Frankreich widerfahrene Kränkung zu heilen, wie es in der Imitation aufscheint, verdeckt seinen suggestiven Charakter, weil es sich über die Großbritannien spezifischen Bedingungen ausschweigt, zu denen dieser Erfolg womöglich

---

548 M. Schlenke 1963, S. 265. zitiert aus: A Review of Lord Bute's Administration, London 1763, S. 17.
549 M. Schlenke 1963, S. 264f.

nur zu haben ist. Die Blendung verführt und macht blind. Sie verleitet zu Effizienzsteigerungen in Disziplin und Exerzierreglement, ohne den Blick dabei auf sich selbst zu richten, ohne zu fragen, ob die Mittel nicht nur dem preußischen Zweck dienlich wären, sondern auch für Großbritannien die geeigneten Mittel darstellen, diesen Zweck zu erreichen. Ihre Suggestion, Heilung der Kränkung durch Identifikation mit dem Erfolg und seinem Träger, verwischt den Unterschied zwischen dem Erfolg des einen und der Hoffnung des anderen, es ihm gleichzutun, indem es den Erfolg vereinnahmt: Überschwang, ein fanatischer Zug, Paranoia der Verehrung, es kippt ins Lächerliche, all das Züge der Friedrichbegeisterung in Großbritannien, weisen auf das Zwielicht dieser politischen Objektbesetzung hin: Der Held des Erfolgs zum Ideal verklärt taugt als probates Mittel, die eigene Schwäche zu verdrängen und den Erfolg des anderen als den eigenen zu feiern. Imitation, die Heilung suggeriert.

Die Imitation von Disziplin und Exerzierreglement auch in privaten Kreisen („The Loyal Prussians"), also die Ausweitung der Imitation über den militärischen und damit funktional gegebenen Anwendungsbereich hinaus, weist wie bei der Uniformversessenheit und vernachlässigten Kleiderordnung Josephs II. von Österreich auf die gesellschaftliche Identifikationsfunktion dieser Imitation hin. Sie steht für die versuchte Einverleibung des Erfolgs, die gesellschaftliche Objektbesetzung, und dafür, die Kränkungen durch Niederlagen gegen Frankreich vergessen zu machen.

Dementsprechend harsch fällt die Kritik aus. Die Grenzüberschreitung des militärischen Bereichs wird als Identifikationsverlust gesehen und kritisiert. Die Heldenverehrung Friedrichs des Großen wird als Affront gegen den eigenen König gebrandmarkt. Auch wenn der überaus starke Eindruck Preußens auf dem internationalen Parkett zugestanden ja sogar dem Frankreichs gleichgestellt wird, appellieren die Kritiker daran, sich auf das englische Interesse zu konzentrieren: Preußen sei sicher der beste Alliierte, aber Friedrich der Große nicht der Held Großbritanniens.

Im Unterschied zu Österreich, aber auch zu Frankreich und zunächst Russland, befindet sich Großbritannien nicht in einem Konflikt mit Preußen. An der Tatsache, dass die Kränkung durch die Niederlage (Frankreich) daher nicht durch das Objekt der Imitation (Preußen) verursacht sein muss, bestätigt sich, was im ersten Teil, in der Auseinandersetzung mit dem politischen Realismus, herausgearbeitet wurde: Die Strukturen von Konflikt und Feld sind zu trennen, der Prozess der Anerkennung, wie er hier skizziert wird, ist Ausdruck des Feldes der Großmächte, aber kein Teil des Konflikts zwischen Großmächten.

Dennoch ist die Parallele zur Imitation in Österreich deutlich. Sie betrifft nicht gleich den gesamten Staatsaufbau oder den Kampf mit den Ständen, dies waren aber auch lediglich Konsequenzen aus dem Versuch das eigene Militär gegenüber dem preußischen ebenbürtig zu stellen. Sie betrifft aber durchaus das Militär und damit den Kern der Kriegs- und Verteidigungspolitik. Dennoch zeigen sich beide, Großbritannien wie Österreich, geblendet durch den Erfolg Preußens und gekränkt durch die eigene Niederlage. Die Kritik daran ordnet die Imitation Preußens Kriterien des Eigeninteresses und der Selbstfindung unter. Die innere Folgerichtigkeit von Erkenntnis der Bedrohungsfähigkeit, Anerkennung als Bewunderung und Anerkennung als Respekt kommt in Österreich wie in Großbritannien im Wandel der Imitation von Preußen als Ideal zu Preußen als Typus der erfolgreichen Großmacht zum Ausdruck. Er ist Ausdruck der Positionierung Preußens im Feld der Großmächte durch die Großmacht Großbritannien.

III – 2.4.3) Die Imitation Preußens durch Frankreich

Auch im Fall Frankeich begegnen die drei Stufen der Anerkennung: Erkenntnis der Bedrohungsfähigkeit, Imitation qua Blendung durch den Erfolg des Gegners und infolge der Kränkung durch die eigene Niederlage sowie die selektive Imitation auf der Ebene formaler Gleichheit. Allerdings sind sie nicht so breit dokumentiert wie im Fall Österreichs oder Großbritanniens. Vereinzelte Hinweise auf militärtechnische Nachahmungen finden sich bereits für die Zeit während des Österreichischen Erbfolgekrieges und bis zum Beginn des Siebenjährigen Krieges. Wie schon in Großbritannien und in Österreich entzündet erst der Siebenjährige Krieg und darin vor allem die gegen Preußen verlorene Schlacht bei Roßbach eine Auseinandersetzung im französischen Militär über Effizienz und Grenzen der Imitation des preußischen Heeres. Wie in Österreich und Großbritannien schwankt die Diskussion zwischen Blendung durch den Erfolg des Gegners und der Einsicht in die Grenzen der Imitation. Auch hier steht das Selbstverständnis des Ancien Régime in Frankreich, die hier sog. „constitution civile", im Zentrum der Auseinandersetzung. St. Skalweit hat auf die Prussomanie, auf die französische Preußenbegeisterung, verwiesen, die gerade durch die französische Niederlage bei Roßbach auf ihren Höhepunkt geriet[550]. Sie galt vor allem dem Feldherrn, Friedrich dem Großen, und fand im französischen Heer ihre Anhänger.

III – 2.4.3.1) Frankreich bewundert Preußen

Es sind die Siege Friedrichs des Großen im Österreichischen Erbfolgekrieg, die dafür die Grundlage bildeten:

„Das gewaltige Prestige der in zwei Feldzügen unbesiegten preußischen Heere spiegelt sich in zahlreichen amtlichen und privaten Berichten wider, insbesondere auch der französischen Diplomaten am Berliner Hof, ... Dieses Interesse blieb jedoch nicht nur theoretisch, sondern bildet die Grundlage für das zwischen den Kriegen deutlich erkennbare Bestreben, durch entsprechende Reformen die eigene Armee dem preußischen Vorbild anzupassen. Es ist nun überaus bezeichnend für die mechanistische Denkweise des Jahrhunderts, dass man sich im Wesentlichen darauf beschränkte, die Äußerlichkeiten des preußischen Exerzierreglements zu übernehmen. Damit glaubte man den Schlüssel zu dem Geheimnis der vielgerühmten preußischen „discipline" zu besitzen, auf die man – fast in dem gleichen Maße wie auf das „génie" ihres Führers – die Erfolge der preußischen Truppen zurückführte"[551].

Die Schlacht bei Rossbach, in der Friedrich der Große der französischen Armee eine vernichtende Niederlage beibrachte, gilt sowohl als Grund für den Höhepunkt der Prussomanie, der französischen Preußenbegeisterung, wie als Symbol des nationalen Niedergangs Frankreichs[552]. Die Blendung durch den Erfolg des Gegners und die Kränkung durch die eigene Niederlage, waren der Hintergrund, vor dem sich nun die Auseinandersetzung um die Reform des französischen Militärs entzündete; unter anderem darüber, was von der preußischen Armee für den künftigen eigenen Erfolg übernommen werden konnte. Darum erschien hier, gerade wie in der Auseinandersetzung zwischen Joseph II. und dem österreichischen Staatskanzler Kaunitz, sowohl die Imitation, die die sog. Prussomanie begleitete, als auch die, die zu ihr auf kritische Distanz ging. Beide waren auch schon vor dem Siebenjährigen Krieg dokumentiert. Die Auseinandersetzung darum enthält aber durch Roßbach erst die Schärfe, die ein Beispiel aus

---

550 St. Skalweit, Frankreich und Friedrich der Grosse 1952, S. 96.
551 St. Skalweit 1952, S. 97-S. 234.
552 St. Skalweit 1952, S. 96, 100; und B. Kroener, Die materiellen Grundlagen österreichischer und preußischer Kriegsanstrengungen 1756-1763, 1989, S. 234.

III – 2) Der Großmachthabitus Preußens

der Zeit danach für den illustrativen Zweck dieser Passage als repräsentativen Fall brauchbar macht.

Zunächst ein erstes Beispiel für die Verführung zur Imitation durch den Erfolg des preußischen Königs aus dem Jahr 1750, also noch 6 Jahre vor Beginn des Siebenjährigen Krieges aus den Erinnerungen des *Marquis d'Argenson*, französischer Außenminister, 1744 – 1747[553].

> „Hier on a fait devant le roi, à l'orangerie de Versailles, l'épreuve de l'exercice militaire que l'on veut changer en France, séduit qu'on est par les grands success de la discipline prussienne, mais on ne voit pas que cela vient des soins perpétuels que s'y donne le roi de Prusse par lui-même, n'ayant pas de jour qu'il ne fasse faire la parade devant lui."

D'Argenson distanziert sich allerdings im gleichen Satz von der konstatierten Begeisterung, wenn er den Erfolg des Exerzierens nach preußischem Muster anzweifelt, da die Rahmenbedingungen in Frankreich sich erheblich von denen in Preußen unterschieden.

C. Opitz Belakhal verweist auf frühere Fälle aus den Jahren 1740–1744[554]. So führte Comte d'Argenson, Kriegsminister 1740– 1757 und Bruder des eben zitierten, u.a. den preußischen „pas cadencé" ein, den preußischen Gleichschritt und eine damit verbundene „Mechanisierung der Truppen". C. Reboul berichtet darüber anschaulich:

> „Le Comte d'Argenson a mené ce travail à bien, secondé par Noailles et Maurice de Saxe; pendant toute l'année 1744 ce dernier, au camp de Courtrai et dans les quartiers, avant et après la champagne va se consacrer à l'instruction de la future armée de Fontenoy: un peu à l'allemande sans doute, car il exige des mouvements rigides et fait adopter des uniforms et des equipments étriqués, peu en harmonie avec nos aptitudes et nos gouts, mais avec un success appreciable en matière d'évolutions et de manoeuvres. Il rétablit par quelques exemples les dehors de la discipline"[555].

Der beachtliche Erfolg des Comte d'Argenson stellt zu dieser Zeit noch das stärkere Argument dar gegenüber der schlechten Vereinbarkeit mit Sitten und Geschmack des französischen Heeres. Die Effizienz der Imitation

---

553 zitiert bei St. Skalweit 1952, S. 97, aus: Journal et Mémoires du Marquis d'Argenson, 9 Bde, 1859-64, vom 17. April 1750.
554 C. Opitz Belakhal, Militärreformen zwischen Bürokratisierung und Adelsreaktion. Das französische Kriegsministerium und seine Reformen um Offizierskorps von 1760-1790, 1994, S. 32f.
555 C. Reboul, Histoire de la Nation francaise Bd. VII, ohne Angabe des Jahrgangs, S. 491f.

galt ungeachtet ihrer schon geahnten Grenzen. Das sollte sich nach Roßbach ändern.

III – 2.4.3.2) Frankreich respektiert Preußen

Die Schlacht bei Roßbach fand am 5. November 1757 im zweiten Jahr des Siebenjährigen Krieges statt. Sie wurde zu einem frühen Wendepunkt dieses Krieges. Der preußische Sieg über die an Zahl der Soldaten überlegene französische Armee versetzte den Erfolgsaussichten der Alliierten (die Großmächte Österreich, Frankreich, Russland u.a.) einen Stoß, der den als sicher angesehenen Erfolg der zahlenmäßig weit überlegenen Allianz in der europäischen Öffentlichkeit in Frage stellte[556]. Für Frankreich wurde die Niederlage bei Roßbach zum Symbol des nationalen Niedergangs[557]. Nicht nur Frankreichs militärisches Prestige hatte Schaden erlitten[558].

> „Was sich in der Begegnung der französischen und preußischen Heere auf dem deutschen Kriegsschauplatz enthüllte, war ja nicht nur der gewaltige Abstand zwischen unzulänglichen Generälen und dem stärksten strategischen Talent des Jahrhunderts, sondern auch die geistige und materielle Wesensverschiedenheit zweier militärischer Organisationsformen"[559],

erläutert *St. Skalweit*. Bald nach der verlorenen Schlacht, im Dezember 1757, begann nach *B. Kroener* die Diskussion über die Schwächen der französischen Heeresverfassung im Bewusstsein, dass sie durch

> „eine einfache Kopie der Methoden des Siegers nicht zu überwinden wären. „... Roßbach offenbarte indes, dass die Heeresverfassung untrennbar mit der jeweiligen Staatsverfassung verbinden blieb, dass technische Innovationen allein nicht genügten, die Effizienz des militärischen Instruments zu steigern"[560].

Beides, dass eine einfache Kopie nicht ausreichen würde, und, dass mit den notwendigen Reformen die constitution civile der französischen Gesellschaft zur Debatte stand, bestimmte jetzt Ton und Inhalt der Debatte um die Grenzen der Imitation der erfolgreichen preußischen Armee.

---

556 J. Kunisch 2004, S. 377f.
557 St. Skalweit 1952, S. 100.
558 B. Kroener 1989, S. 94.
559 St. Skalweit 1952, S. 98.
560 B. Kroener 1989, S. 101.

Als Folge des verlorenen Siebenjährigen Krieges, symbolisiert durch die verlorene Schlacht von Roßbach, entzündeten sich daran die großen innerfranzösischen Auseinandersetzungen der 60er und 70er Jahre des 18. Jahrhunderts um die Militärreformen der Kriegsminister Choiseul und Saint Germain. Sie symbolisieren deshalb über das im Vordergrund stehende Thema der Militärreform hinaus das Ringen um ein angemessenes Selbstverständnis Frankreichs und weisen damit auf einen weiteren Schritt der Anerkennung Preußens als europäischer Großmacht durch Frankreich hin. Die Schlacht bei Roßbach gerät so zu einem wichtigen Markstein der Anerkennung Preußens durch die bislang stärkste Großmacht des Kontinents, Frankreich[561].

Nach Roßbach geriet die bloße, sich auf verbesserte Effizienz konzentrierende Imitation von Details preußischer Heeresorganisation zum beliebten Vorwurf, um den Gegner in der Auseinandersetzung zu disqualifizieren:

> „Toutes ces choses réunies ont sans doute un grand profit, mais elles ne peuvent avoir lieu qu'en Allemagne et personne n'ignore que l'imitation à cet égard est impossible en France",

so ein Gutachter der Reformen von St. Germain 1776[562]. Damit ist der von nun an herrschende Grundton der Auseinandersetzung mit Preußen als Vorbild eigener Heeresmodernisierung getroffen. Diese Haltung durchzog die gesamte Debatte um die französischen Heeresreformen nach dem verlorenen Siebenjährigen Krieg. Die Effizienz einzelner Maßnahmen wird zugestanden und gleichzeitig als einziges Kriterium der Reformen zurückgewiesen. Das Gegenargument dieser Debatte findet sich ebenfalls bei *C. Opitz-Belakhal*[563]:

> „Les avantages des troupes disciplinés prouvés par le succès des armées du Roy de Prusse, par celles de russes, et par nos pertes en Allemagne, ont détruit chez quelques militaires françois le préjugé contraire, mais le plus grand nombre y tient encore fortement, et se persuade qu'ayant remporté des avantages sur les autrichiens et les anglois, [...] l'ont peut les battre avec les

---

561 Ich folge darin der Darstellung von Claudia Opitz-Belakhal 1994 als einziger mir zugänglicher Dokumentation dieser Auseinandersetzung (siehe Anm. 554).
562 Zitat abgedruckt bei C. Opitz-Belakhal 1994, S. 165 Anm. 75.
563 Zitat aus dem Traité sur l'Infanterie (ungedruckt, ca. Ende der 60er Jahre des 18. Jahrhunderts) des Grenadierleutnants d'Assier vom Schweizer Regiment Sonnenberg, bei: C. Opitz-Belakhal 1994, S. 113.

mêmes moyens, sans en chercher de nouveaux chez ses peuples vainceurs …".

Hier wird der Vorwurf erhoben, die Gegenseite habe den Ernst der Lage nicht erkannt. Man glaube, die Mittel, mit denen Österreicher und Engländer besiegt wurden – wahrscheinlich eine Anspielung auf den Österreichischen Erbfolgekrieg – würden auch gegen Sieger wie Preußen und Russen ausreichen, und das gegen alle Erfahrung im Siebenjährigen Krieg. Dieser Vorwurf ignoriert dabei natürlich das Zugeständnis der möglichen Effizienz einzelner Nachahmungen. *C. Opitz-Belakhal* kommentiert die beiden Seiten so[564]:

> „Während die eine Seite zum Wohl der Armee und ihrer Leistungsfähigkeit eine Uniformierung und Vereinheitlichung von Zugangs- und Aufstiegsbedingungen im Offizierskorps realisieren wollte, ohne Rücksicht auf Herkommen und Einfluss, leitete die andere Seite aus der ‚Preußen'-kritik die Forderung ab, eine totale Gleichmacherei im Offizierskorps, wie sie –angeblich- das preußische System mit sich brächte, sei aus Gründen der innenpolitischen Opportunität unter allen Umständen zu vermeiden".

Beide Seiten teilen dabei ein Grundverständnis der französischen constitution civile, eine damals gebräuchliche Formel, in der sich Nationalgefühl und StandesBewusstsein trafen[565]. Diese constitution civile wurde selbst von Befürwortern von Militärreformen nach preußischem Muster im Gegensatz zum preußischen Staat gesehen[566]. *C. Opitz-Belakhal* zitiert einen ungenannten Truppeninspekteur (Verfasser der ungedruckten Réflexions sur l'armée Prussienne et l'armée Française) und glühenden Bewunderer Preußens aus dem Jahr 1783 wieder einmal über den „pas cadencé"[567]:

> „Pourquoi ne pas adopter ce pas? me dira-t-on. Cela est bientôt dit, mais suivant moi, pour ainsi dire, impossible d'établir dans l'armée française, à moins que la constitution de ce service change entièrement; ce qui n'est pas probable."

Die Änderung dieser „constitution militaire" wurde, wie *C. Opitz-Belakhal* darstellt, nur durch eine Änderung der „constitution civile" für möglich gehalten. Dabei wurde durchaus an und in nationale(n) Stereotypen gedacht:

---

564 C. Opitz-Belakhal 1994, S. 356.
565 C. Opitz-Belakhal 1994, S. 357.
566 Vgl. dazu das Kapitel bei C. Opitz-Belakhal 1994, Preußen als Vor- und Gegenbild, S. 354-358).
567 C. Opitz-Belakhal 1994, S. 357.

„ L'Allemand né sert; le sistème qu'on a voulu introduire dans le militaire de France lui convient, mais il ne peut convenir au Français qui naît libre et dont le caractère distinctif est l'amour de la gloire de sa patrie et de l'ambition"[568].

Im Gegensatz zu Österreich setzte sich in Frankreich der Hochadel durch, dem es gelang, Reformen entweder zurückzudrehen oder sie gleich ganz zu vereiteln. Während Österreich in Folge des verlorenen Siebenjährigen Krieges seine Armee und in Voraussetzung dafür das gesamte im werden begriffene Staatsgefüge in absolutistischem Sinn zu reformieren vermochte, scheiterte in Frankreich die Modernisierung der Armee an dem insgesamt nicht modernisierungsbereiten Hochadel, der diesen Kampf für sich entscheiden konnte.

Im Hinblick auf die Anerkennung Preußens als Großmacht wurden aber beide Male, in Frankreich wie Österreich, an je verschieden gezogenen Grenzen der Imitation die Ebene der formalen Gleichheit erreicht. Das zeigt die Auseinandersetzung um die beiden Weisen der Imitation des preußischen Militärs, die beide Male Kriterien der „constitution civile" ins Spiel bringt, also Kriterien, die unter Rückbesinnung auf das eigene Selbstverständnis ein reines, an militärischer Effizienz ausgerichtetes Denken in seine Grenzen weisen will.

So zeigt sich auch hier eine plausible, innere Abfolge in beiden geschilderten Fällen, die zeitlich und logisch zu begreifen ist: Die erfolgreich demonstrierte Bedrohungsfähigkeit Preußens schweißt die so unterschiedlichen Gefühlsregungen der Blendung durch den Erfolg des Gegners mit der Kränkung durch die eigene Niederlage zusammen. Der aus dem Widerstand gegen Preußen geborene Wunsch nach Imitation stellt sich gegen es und identifiziert sich mit ihm zugleich. Auch hier wird durch die Einsicht in die Grenzen der Imitation die Identifikation aufgehoben und durch Betonung der eigenen bleibenden Differenz die Imitation auf eine andere Grundlage gestellt. Die anerkannte Verschiedenheit, wie sie in der Reflexion auf die „constitution civile" zum Ausdruck kommt, erkennt den Gegner an als einen, der imitiert werden kann, ohne dass die Nachahmung zu einer Identifikation führen muss, die vor lauter Effizienzsteigerung sich selbstvergessen dem Gegner subsumiert. Nicht gefunden habe ich Beispiele für die Obsession der Nachahmung, auch wenn St. Skalweit immerhin von Prussomanie spricht. Für die Adaption preußischer Uniformen etwa über das Effiziente hinaus, Maßlosigkeit im Kopieren jenseits der Grenze

---

568 C. Opitz Belakhal 1994, S. 355.

des Lächerlichen oder des als angemessen Empfundenen, also Beispiele für die politische Objektbesetzung (die Verbindung mit schrankenloser Energie in der Imitation ohne Rückbindung an eigene Kriterien, die eine Grenze der Imitation aufscheinen lassen könnte) waren mir keine Dokumente zugänglich. Durch die Kritik an reiner Nachahmung, die die eigene Identität als Argument ins Feld führt, kann man aber darauf schließen, dass hier wie im Fall der anderen Großmächte sich ein Druck aufgebaut hatte, der Druck in Folge einer Identifikation von realisiertem Erfolg Preußens und erhofftem eigenen Erfolg, der den drohenden Identitätsverlust erst sichtbar werden ließ. Anhand der hier beigebrachten Texte lässt sich immerhin verfolgen, wie eine Anerkennung aus Bewunderung sich in eine Anerkennung aus Respekt wandelt.

Die darin immer wieder enthaltene Reflexion auf Grenzen der Imitation des preußischen Modells verweist auf eine Anerkennung Preußens als Großmacht, die als Zuerkennung des Großmachtstatus gefasst werden kann, weil sie den Erfolg anerkennt, aber auch die je unaufhebbare Unterschiedenheit als Kriterium für Imitation einführt und sich selbst noch einmal als im Verhältnis zu Preußen anderer in das Verhältnis stellt. Insofern ist die Anerkennung formal, da sie auf formaler Gleichheit beruht. Sie zuerkennt Preußen den Status, den man selbst beansprucht: Frankreich anerkennt sich selbst und Preußen in eins als Großmächte je eigenen Rechts. Dafür stehen auch hier die beiden Weisen der Imitation aus Bewunderung und aus Respekt.

III – 2.4.4) Die Imitation Preußens durch Russland

III – 2.4.4.1) Übersicht

In Russland setzte sich die Erkenntnis der Bedrohungsfähigkeit Preußens während der Regentschaft der Zarin Elisabeth (1741 – 1761) erst allmählich durch[569] und mündete durch die Außenpolitik des russischen Großkanzlers Bestushev seit 1745 in praktische Politik[570]. Imitation als Identifikation des Zaren Peters III. mit Preußen sowie die veränderte Art der Imitation unter Katharina der Großen läßt sich erst gegen Ende des Sie-

---

569 W. Mediger 1952, S. 224-226.
570 W. Mediger 1952, das Kapitel "Die Wendung der russischen Politik gegen Preußen (1744-1746), S. 247-295.

benjährigen Krieges beobachten (1761–1763). Das hängt zunächst damit zusammen, dass die Vorgängerin Peters III., Elisabeth im Jahr 1761 starb, so dass der bereits ausersehene Thronfolger zu diesem Zeitpunkt an die Macht kam. Seine seit langem bekannte „Prussomanie", seine Vergötterung Friedrichs des Großen, konnte jetzt politisch wirksam werden. Nachdem Katharina die Große diesen ihren Gatten wenige Monate nach seinem Amtsantritt gestürzt hatte, und er umgebracht wurde, behielt sie einige Neuerungen ihres Gatten bei, ging dabei auf Distanz zu seinem unkritischen Nachahmen des preußischen Militärs und ließ ihren General Rumjantsev gewähren, der mit einem kritischen Blick auf das preußische Militär immerhin Anleihen bei preußischer Militärstrategie und bei Exerziervorschriften machte. Allerdings war die Regentschaft Peters III. nicht der Anfang russischer Imitation des preußischen Militärs. Spätestens seit den 30er Jahren des 18. Jahrhunderts sind nicht nur Übernahmen belegt, sondern überhaupt eine enge und vielfältige Verbindung zwischen russischer Militärführung und deutschem, meist preußischem Militär.

Auf Katharina die Große folgte ihr Sohn Paul I., der wieder zu einer unkritischen Identifikation mit dem preußischen Modell und einem Kult um Friedrich den Großen zurückkehrte, gespeist u.a. aus dem Ressentiment des Sohnes gegen seine Mutter, die den von ihm verehrten Vater hatte töten lassen. Soweit eine kurze Skizze zur Übersicht des nun Folgenden.

III – 2.4.4.2) Imitationen der Mittelmacht Preußen

Am Beispiel Russlands läßt sich zeigen, dass nicht jede Imitation im militärischen Bereich als Anerkennung eines Großmachtstatus zu buchen ist. Preußen wurde von Russland auch als Mittelmacht imitiert. Deren Sinn baut noch nicht auf der erwiesenen Bedrohungsfähigkeit Preußens gegenüber anderen Großmächten auf.

Peter der Große (1696 – 1725) öffnete Russland westeuropäischen Einflüssen. Für die Modernisierung des russischen Militärs und der russischen Gesellschaft wurde französische Mode hoffähig, Brockatwesten und Perücken im Stile Ludwig XIV. von Frankreich wurden eingeführt. Unter der Zarin Anna (1730 – 1740) kam es dann zur sog. Germanisierung des russischen Militärs[571]. Wie in der Hauptstadt Preußens wurde, angeregt durch den Botschafter der Zarin, ein russisches Kadettenkorps ins Leben gerufen[572]. Feldmarschall Münnich, selbst deutscher Herkunft, ordnete an, dass die langen Haare der russischen Soldaten zu kürzen seien, dazu gescheitelt und gepudert wie in Preußen[573]. Russischen Uniformen sah man ihr preußisches Vorbild an[574]. Es blieb nicht bei Äußerlichkeiten. Im Jahr 1731 wurden preußische Militärberater ins Land geholt, die die russische Infanterie nach dem neuen preußischen Reglement von 1726 ausbilden sollten[575]. Führende russische Militärs und Außenpolitiker dieser Zeit kamen aus Preußen, aus dem Heiligen Römischen Reich Deutscher Nation oder aus dem Baltikum. Sie gestalteten die russische Außenpolitik bis in die 60er Jahre des 18. Jahrhunderts maßgeblich, z.B. Graf Ostermann aus Westfalen als führender Außenpolitiker, Feldmarschall Münnich aus Oldenburg als Chef des russischen Militärs, Prinz Ludwig von Hessen-Homburg wurde General der Artillerie[576]. Laut *Ch. Duffy*[577] stammte ein Drittel der russischen Offiziere aus Deutschland oder dem Baltikum. Zarin Elisabeth (1741–1761), Nachfolgerin der Zarin Anna, versuchte diese Germanisierung entweder zu begrenzen oder sogar rückgängig zu machen. Reglement und Ausbildung wie zu Zeiten Peters des Großen sollten wieder gelten, auch wenn darunter die Effizienz von militärischer Administration und Ausbildung litt[578]. Trotzdem wurden im Jahr 1755 unter der Regentschaft Elisabeths der preußische Gleichschritt[579] und das preußische Infanteriestatut eingeführt[580]. Die Imitation beschränkte sich zudem keineswegs nur auf Preußen. Die österreichische Armee gab im Jahr 1734 das Vorbild ab für den neu eingeführten Gewehrtyp als Standardausrüstung der russischen Armee[581]. Wie oben erwähnt, war Frankreich zur Zeit Peters des Großen Vorbild an Militärmode und Strategie. Den Gebrüdern Schuwa-

---

571 A. Konstam, Russian Army of the Seven Years War (I) 1996, S. 8f; Ch. Duffy, Russia's Military Way to the West 1981, S. 143, 145.
572 Ch. Duffy 1981, S. 143.
573 A. Konstam, 1996, S. 9.
574 A. Konstam, 1996, S. 9, 21.
575 A. Konstam, 1996, S. 36.
576 A. Konstam, 1996, S. 8.
577 Ch. Duffy 1981, S. 146.
578 A. Konstam, 1996, S. 11.
579 A. Konstam, 1996, S. 36.
580 W. Fuller, Strategy and Power in Russia 1600-1914, 1992, S. 158.
581 A. Konstam 1996, S. 9.

low, enge Vertraute Katharinas II., wurde eine närrische Frankomanie nachgesagt, ebenso übertrieben wie Peters III. Leidenschaft für alles Preußische. Der französische Gesandte Marquis de l'Hôpital berichtete an den französischen Hof: „Der Großfürst ist ein ebenso eingefleischter Preuße, wie die Großfürstin eine unverbesserliche Engländerin ist[582].

Die Beispiele zeigen, dass Imitation unter Militärs nicht immer mit der Anerkennung eines Großmachtstatus verbunden sein musste, da Russlands Großmachtstatus vor 1741 noch umstritten war und Preußen vor 1741 nicht als Großmacht galt. Andererseits beschränkte sich die Imitation auch nicht nur auf Preußen. Auch das österreichische und das französische Militär wurden imitiert. Sinn und Absicht solcher Imitation ist aus den versprengten Bemerkungen in der historischen Literatur oft nicht zu entnehmen. Es scheint auch hier zu engen Anlehnungen an das preußische Vorbild, z.B. während der sog. Germanisierung unter der Zarin Anna, und anschließenden Distanzierungen gekommen zu sein, z.B. das Zurückdrängen des Einflusses von Militärs deutscher Herkunft und der bewusst dagegen gesetzte Rückgriff auf die Militärmode und Organisationsstruktur des russischen Heeres zur Zeit Peters des Großen unter der Nachfolgerin Annas, Zarin Elisabeth.

Imitation als Identifikation mit der erfolgreichen neuen Großmacht sowie der daran anschließende Prozess der Änderung des Sinnes der Imitation, das lässt sich erst in der historischen Literatur zu Peter III. und Katharina der Großen in den Jahren ab 1761 nachweisen. Zunächst musste die Bedrohungsfähigkeit Preußens als Faktum der russischen Außenpolitik durch Bestuzhev bei der Zarin Elisabeth durchgesetzt werden (1745–1748 s.o.). Erst danach, in dieser Situation, auf Grund der unter Beweis gestellten Bedrohungsfähigkeit gewinnt die Imitation den Sinn der Identifikation mit dem erfolgreichen Gegner, mit der neuen Großmacht als weiterer Schritt der Anerkennung des neuen preußischen Großmachtstatus.

Imitation in diesem Sinn ist überliefert für die Spätphase des Siebenjährigen Krieges und steht als Indiz für die zwei weiteren Stufen der Anerkennung, die über die Erkenntnis der Bedrohungsfähigkeit hinausgehen. Es geht hier also nicht um Imitation schlechthin, sondern um eine Imitation, die auf der Erkenntnis der Bedrohungsfähigkeit Preußens aufbaut, deren Sinn in einer Identifikation mit dem erfolgreichen und faszinierenden Vorbild liegt, und dann um deren Ablösung durch eine Imitation, deren se-

---

582 G. Kaus, Katharina die Große 1977, S. 167f.

lektive Übernahme von Mitteln zur Erlangung oder Wahrung der Großmachtstatus die formale Gleichheit beider Positionen beinhaltet.

III – 2.4.4.3) Russland bewundert Preußen

Herzog Karl Peter Ulrich von Holstein, geb. 1728 in Kiel, wurde im Jahr 1742 von der damaligen Zarin Elisabeth zu ihrem Thronerben ernannt und aus dem heimatlichen Kiel nach Petersburg gerufen. Als Sohn der ältesten Tochter Peters des Großen, Anna von Holstein Gottorp, sollte er in Russland die Linie der Romanows fortführen[583]. Im Alter von 16 Jahren, 1744, wurde er mit der deutschen Prinzessin Sophie von Zerbst verheiratet, der späteren Katharina der Großen. Schon in diesen Jahren war Friedrich der Große in den Lebensweg beider künftiger Zaren involviert. Er beglückwünschte Herzog Karl Peter Ulrich in einem eigenhändigen Schreiben zu seiner Ernennung zum russischen Thronerben, beriet die Zarin Elisabeth bei der Suche nach einer Braut für den späteren Zaren und empfahl Sophie von Zerbst als zukünftige Gattin, die dann auch ausersehen und mit ihrer Mutter und an den russischen Hof gerufen wurde[584]. Beide Ehegatten hatten demnach einige Gemeinsamkeiten. Sie kamen beide aus Deutschland, der Altersunterschied betrug gerade mal ein Jahr, und genossen die Fürsprache Friedrichs II. von Preußen.

Die ersten Anfänge der Preußenbegeisterung des Großfürsten Peter, wie sich Herzog Karl Peter Ulrich von Holstein nach der Heirat nannte, lassen sich bis auf die Zeit während der Grosskanzlerschaft von Bestushev zurückführen. *J. Dassow* berichtet, dass der Grossfürst den preußenfeindlichen Politikschwenk des Grosskanzlers nicht guthieß, aber zu schwach war, um bei Hof einen entsprechenden Einfluss auf die russische Außenpolitik auszuüben[585]. Friedrich der Große war über die Schwärmerei des Großfürsten für seine Person informiert. *G. Kaus* überliefert das Zitat von Friedrich II. über den Großfürsten Peter:

---

583 C.S. Leonard, Reform and Regicide 1993, S. 5; J. Dassow, Friedrich II. Von Preußen und Peter III. von Russland 1908, S. 7; I. de Madariaga, Katharina die Große 1997, S. 11f.
584 J. Dassow 1908, S. 7-9.
585 J. Dassow 1908, S. 9.

III – 2) Der Großmachthabitus Preußens

„Ich bin seine Dulcinea. Er hat mich nie gesehen und hat sich in mich verliebt, wie Don Quichotte"[586].

Die abschätzige Art Friedrichs II., über Peter zu urteilen, spiegelt sein anderweitig veröffentlichtes Urteil über ihn:

„Der Grossfürst ist ausserordentlich unvorsichtig in seinen Reden, lebt meistenteils im Streite mit der Kaiserin, ist wenig geachtet oder vielmehr verachtet von seinem Volke und gibt sich zuviel mit Holstein ab"[587].

Auch in Österreich war die Neigung des Großfürsten für Friedrich den Großen bekannt. Der österreichische Staatskanzler Kaunitz versuchte deshalb im Jahr 1757, kurz vor Beginn des Siebenjährigen Krieges, die 900 Mann starken holsteinischen Truppen des Großfürsten für 40000 Rubel in österreichische Dienste zu nehmen, um den Großfürsten auf die österreichische Seite zu ziehen – ohne Erfolg. Großfürst Peter III. seinerseits unternahm alle Anstrengungen, Russland von einer Teilnahme am Krieg (dem Siebenjährigen Krieg) gegen Preußen abzuhalten – ebenfalls vergeblich[588]. Während des Siebenjährigen Krieges steigerte sich die Neigung des Großfürsten Peter III. schließlich zur Begeisterung für Friedrich II., fasst J. Dassow die weitere Entwicklung zusammen. Um ein Beispiel zu nennen: Großfürst Peter III. ließ seine aus Holstein mitgebrachten Trupen in Oranienbaum, seinem Stammquartier, auf preußische Art exerzieren[589].

Am 5. Januar 1762 erbte Großfürst Peter III. die russische Zarenkrone von Elisabeth. Ihr Tod brachte Peter III. auf den Thron und damit das Ende des Siebenjährigen Krieges auf dem europäischen Kontinent[590]. Seine Regierungszeit währte gerade 6 Monate, als er von seiner Frau Katharina II. am 28. Juni 1762 gestürzt und ermordet wurde[591].

Mit der Zarenkrone für Peter III. im Jahr 1762 wurde seine Identifikation mit Friedrich dem Großen zu einem maßgeblichen Faktum der russischen Außenpolitik.

Peter erste Amtshandlung als Zar war der Friedensschluss mit Preußen. Noch in der Nacht von Elisabeths Tod schickte er seinen Flügeladjutanten Gudewitsch zu Friedrich, ritten Kuriere zu den im Feld stehenden Armee-

---

586 G. Kaus 1977, S. 147. Bei Dulcinea handelt es sich um die imaginäre Geliebte des Don Quichotte, der Autor.
587 Zitat datiert auf das Jahr 1752 aus J. Dassow 1908, S. 10.
588 J. Dassow 1908, S. 12-15; I. de Madariaga 1997, S. 13; G. Kaus 1977, S. 175.
589 J. Dassow 1908, S. 12-15.
590 J. Dassow 1908, S. 21; Chr. Duffy 1981, S. 122-124.
591 Dazu C. Leonard 1999, S. 1f.

korps mit dem Befehl, die Waffen nicht mehr zu erheben[592]. Damit wurde über Nacht aus dem Gegner Preußen ein Verbündeter. Er ließ den seit 1759 in russischer Gefangenschaft befindlichen preußischen Oberst Grafen von Hordt frei und machte ihn zu seinem Tischgenossen. Nach dessen Überlieferung konzentrierte sich der Hauptbestandteil der Unterhaltung auf das Militär und die einzelnen Schlachten Friedrichs II. Peter III. soll die Feldzüge Friedrichs II. bis ins Detail gekannt haben. Über die aktuellen preußischen Uniformen und die Stärke der Regimenter war er bestens unterrichtet. Da von Hordt den preußischen König auf dem Laufenden hielt, konnte Friedrich II. seinerseits Peter III. in seiner Haltung bestärken und entließ z.B. sämtliche russischen Truppen aus preußischer Kriegsgefangenschaft, worauf Peter III. die preußischen Kriegsgefangenen in die Freiheit entließ[593]. Zudem schickte Friedrich II. seinen persönlichen Adjutanten, Baron Bernhard Wilhelm von Goltz, nach Petersburg, um mit dem neuen Zaren ein Schutzbündnis auszuhandeln[594]. Dieser berichtete aus Petersburg:

„il n'y a pas de régiment dans l'armée de Votre Majesté don't l'Empéreur ne sache les trois ou quatre dernières successions"[595].

K. von Schlözer fasst die Berichte von von Goltz so zusammen:

„Jedes Wort, jeder Äußerung des Monarchen athmete Freundschaft und Verehrung für Preußen und dessen König, und bald verging kein Tag, an welchem Goltz nicht neue Gelegenheit fand, sich von der Aufrichtigkeit dieser Gesinnungen mehr und mehr zu überzeugen. ... Das Portrait Friedrichs führte sein kaiserlicher Verehrer stets in einem Siegelringe mit sich. ... Kurze Zeit nach dem Tode Elisabeths hatte Peter dem Könige durch Keith (dem englischen Gesandten, der Autor) den Wunsch zu erkennen gegeben, den schwarzen Adlerorden zu erhalten; als ihm die Insignien desselben am 22. März durch Goltz überreicht wurden, ließ er zur Verherrlichung des Tages bei der Palastwache die Parole austheilen: Vivat Korona Prusskaja! ... Die Erhebung zum preußischen General-Lieutenant erfüllte das Herz des Zaren mir freudiger Rührung, und nicht ohne inneren Groll schreibt der sächsische Gesandte Graf Brühl um jene Zeit seinem Hofe: „Der König von Preußen ist der Kaiser von Russland"[596].

---

592 G. Kaus 1977, S. 215.
593 J. Dassow 1908, S. 25; K. von Schlözer, Friedrich der Große und Katharina die Zweite 1859, S. 93f.
594 K. von Schlözer 1859, S. 94.
595 K. von Schlözer 1859, S. 95.
596 K. von Schlözer 1859, S. 94f. Dazu auch J. Dassow 1908, S. 30f.

III – 2) Der Großmachthabitus Preußens

Und genauso gab sich der junge Zar auch in der Öffentlichkeit: Peter III. trug wie sein Vorbild einen Dreispitz, redete von Friedrich II. als dem „König, mein Herr"[597] und ahmte den Tagesablauf Friedrichs II. nach[598].

Der Gesandte Friedrichs II., von Goltz, wusste die Verehrung des Zaren für die Zwecke des auszuhandelnden Friedensvertrages zu nutzen. 6 Wochen nach Verhandlungsbeginn, am 5. Mai 1762 wurde der Friedenvertrag unterzeichnet und am 20. Mai Friedrich dem Großen in Breslau zugestellt. Russland verzichtete darin auf alle seine Eroberungen in Preußen und gab sie innerhalb von 2 Monaten an Preußen zurück. Zudem stellte Peter dem preußischen König 18.000 Mann an Hilfstruppen für seinen Krieg gegen Österreich zur Verfügung. Dazu wurde der Abschluss eines gegenseitigen Schutzbündnisses avisiert, das man am 19. Juni unterzeichnete. Gerade noch rechtzeitig: Am 28. Juni wurde Peter III. von seiner Frau Katharina gestürzt, die sich als Katharina II. zur Zarin ausrufen und ihn wenig später ermorden ließ.

Die Berichte zeigen, wie Zar Peter III. nicht nur aus biographisch verständlicher Anhänglichkeit und Heimatgefühl sich für Friedrich II. begeisterte, sondern wie das Prestige Friedrichs II., gewonnen vor allem durch seine überragende, strategische Kriegsführung im Siebenjährigen Krieg, Grund für die andauernde Identifikation mit Friedrich II. bot[599]. *Deutlich wird, wieweit die Identifikation Peters III. mit Friedrich dem Großen ging: Der Zar empfängt den Orden einer Macht, mit der er zu diesem Zeitpunkt noch nicht einmal ein Friedensvertrag abgeschlossen hat und lässt sich innerhalb des bis dahin noch formal als feindlich einzustufenden preußischen Militärs den Rang eines General-Leutnant zuteilen. In Anlehnung an S. Freud kann man hier von politischer Objektbesetzung, einer Interjektion des Objekts ins Ich, reden: Der Erfolg der preußischen Großmacht verführt eine andere, den Erfolgreichen zuerst zu idealisieren, um sich so mit diesem Ideal zu identifizieren*[600]. *Objektbesetzung deshalb, weil die Verehrung Friedrichs II. durch Peter III. nicht halt machen kann vor den strategischen und nationalen Interessen Russlands. Peter III. findet keinen*

---

597 Chr. Duffy 1981, S. 122; F. von Stein, Geschichte des russischen Heeres 1885, S. 137.
598 G. Kaus 1977, S. 217.
599 J. Dassow 1908, S. 17.
600 S. Freud, Massenpsychologie und Ich-Analyse ³1997, S. 66-72, der Begriff S. 67 und S. 69.

Standpunkt, von dem aus Kriterien der Grenzen von Imitation in den Blick kämen:

„Pendant toute la guerre contre Frédéric, il s'était affligé des victoires russes et s'était réjoui de leurs revers, ses sympathies pour la Prusse allaient jusqu'à la trahison",

beschreibt S. Andolenko das Verhalten Peters III[601]. *Peter III. treibt die Identifikation soweit, dass der sächsische Gesandte von Goltz von Friedrich dem Großen als dem Kaiser von Russland reden kann: Das idealisierte Objekt der Verehrung, Friedrich der Große, besetzt das Ich Peters III. und damit die Identität des absolutistischen, russischen Staates so, dass dieser in den Augen vieler russischen Untertanen, aber auch in den Augen anderer Höfe Europas als der „Affe Friedrichs" verachtet wird*[602]. *Dies ist, wie schon S. Freud anmerkte, nicht nur eine psychologische Tatsache*[603]*, sondern auch eine soziopsychologische, das heißt in diesem Fall eine außenpolitische und in diesem Rahmen: eine zweite Stufe der Anerkennung Preußens als Großmacht durch Russland.*

Peter III. fühlte sich seinem Vorbild ebenbürtig und beabsichtigte ebenfalls als „roi connétable", als kriegführender Herrscher, seine Truppen persönlich ins Feld gegen Dänemark zu führen. Selbst Warnungen von Seiten Friedrichs des Großen konnten ihn nicht davon abhalten. Das Ideal Friedrich der Große siegt hier über den preußischen König. Der Krieg galt als erklärt und der Aufmarsch wurde begonnen, lediglich der Putsch gegen Peter III. kam den unmittelbar bevorstehenden Kampfhandlungen zuvor[604].

Man sieht an diesem Beispiel deutlich, wie die Identifikation als Imitation handlungswirksam wird. Nicht nur im persönlichen Stil Peters III., sondern auch in seinen Kriegsplänen und Reformen des russischen Militärs. Und damit geht aus der Identifikation die Übernahme dessen hervor, was als Garant des jüngsten preußischen Erfolgs ausgemacht wird: Die Imitation derjenigen Züge des preußischen Militärs, von deren Übernahme man sich selbst eine Bestätigung, Wahrung oder auch allererst: den Erwerb des eigenen Status als Großmacht verspricht. Wie auch immer dies im Fall

---

601 Vgl. S. Andolenko, Histoire de l'Armée Russe 1967, S. 81.
602 G. Kaus 1977, S. 155; Chr. Duffy 1981, S. 123.
603 S. Freud ³1997, S. 33.
604 J. Dassow 1908, S. 38-40; Timo Kahnert, Der drohende Krieg gegen Russland 1761/62, 2010, S. 427-429.

Russlands interpretiert werden mag – Russland war zum Ende des Siebenjährigen Krieges noch nicht allgemein als Großmacht anerkannt – die so erworbene, in der Übernahme geschaffene Gemeinsamkeit in Bezug auf ein äußerliches Merkmal militärischer Organisation und Logistik wird zum Symptom der Anerkennung eines wirksamen Mittels zum Zweck des Großmachtstatus. Hier heiligt das Mittel den Status. Es symbolisiert ihn geradezu durch die Übernahme, denn es ist das Mittel eben genau zu diesem Zweck. Was darin das Vorbild Preußen angeht, liegt in der Übernahme die Gemeinsamkeit, und in der Gemeinsamkeit die Gleichheit, und in der Gleichheit dann ein Zugeständnis, die identifizierende Deckungsstelle verrät es: Um als dieses Ideal zu taugen, wird in der Übernahme nicht nur genommen, d.i. die Institutionalisierung des idealisierten Objekts in die Identität des eigenen Landes, sondern auch etwas gegeben: die Anerkennung als öffentliche, also durch Imitation bekundete Idealtauglichkeit des anderen im eigenen Fall. Secundum non datur: Wer sich nicht mehr abgrenzen kann, konfusioniert das idealisierte Objekt mit der eigenen Identität- und genau deshalb treibt diese konfuse Form der Anerkennung über sich selbst hinaus. Dazu später.

Wie sahen also die militärischen Reformen aus, in denen Peter III. Preußen und seinen König imitierte?

Zunächst zu den Äußerlichkeiten: Die Uniformen wurden nach preußischem Schnitt geändert[605]. Zum Beispiel wurden die Ärmel enger und die Aufschläge offener und kleiner. Die Farben des Kragens, der nach preußischem Vorbild eingeführten Rabatten (Brustumschläge an der Uniform), der Aufschläge und der Knöpfe sollten wie in Preußen von der Vorliebe des Chefs abhängen. Die Offiziere trugen von da an goldene oder silberne Achselschnüre und Schleifen. Statt der Gewehre hatten sie Spontons (Hellebarden), welche denen der preußischen Offiziere sehr ähnlich waren[606]. Der Anpassung der Uniformen an preußische Vorbilder folgten die organisatorischen Umstellungen von Kompagnien, Regimenter und Bataillonen nach preußischem Muster: Die Grenadierregimenter lösten sich entweder in Grenadierbataillone oder Infanterieregimenter auf. Die Grenadiere zu Pferde wurden in Kürassiere umgewandelt. Peter III. setzte den Etat aller Regimenter herab. Er schaffte die Leibcompagnie ab. Die verschiedenen

---

605 J. Dassow 1908, S. 27.
606 Dazu F. von Stein 1885, S. 137-139.

Kadettencorps verschmolzen zu einem, und alle Feldregimenter sollten den Namen des Chefs oder des Kommandeurs führen, um einige Beispiele zu nennen[607].

Angesichts der kurzen Regierungszeit von Peter III. sollte man allerdings den Hinweis von *J. Keep* berücksichtigen:

> „Peter III. was a fervent admirer of the great Frederick, but he fell from power before the harmful effects of his Prussian-style changes could make themselves felt"[608].

Auch wenn also viele seiner Reformen über Anfänge nicht hinauskamen und/oder von Katharina II. wieder zurückgenommen wurden, berührt das nicht die Tatsache, dass in dieser persönlichen Nachahmung und in den Reformen des russischen Militärs nach preußischem Vorbild eine bestimmte Form der Anerkennung zum Ausdruck kommt, eben die persönlich präsentierte und in militärische Reformen umgesetzte Idealtauglichkeit im eigenen Fall, eine bewundernde Form der Anerkennung.

Friedrich hat diese Anerkennung für sich zu nutzen gewusst. Der Orden für Peter III., die Sendung seines persönlichen Adjutanten, Baron Bernhard Wilhelm von Goltz, der für das Ende des Siebenjährigen Krieges wegweisende Friedensschluss mit Russland, die Wiedergewinnung der verlorenen Teile Preußens u.a.m. zeigen, wie der preußische König die für ihn entstehende neue Situation sofort instrumentalisiert.

Für Russland – wie für alle anderen Großmächte – birgt diese Form der Anerkennung ein Identitätsproblem in sich. Das idealisierte Objekt, Friedrich II. besetzt über die eben geschilderten Formen der Imitation die öffentlichen Darstellungsweisen der Identität Russlands, und das sind vor allem die des Herrschers und die des Militärs, in einem Maß, das für eine Abgrenzung keinen Raum mehr lässt.

Daran entzündet sich der Unmut vieler Militärs, aber auch der Hass Katharinas. Vor allem der letzte speist sich nicht nur aus persönlichem Streit mit Peter III., sondern auch aus einer als Demütigung für Russland erlebten äußerlichen Nachahmung des preußischen Militärs und seines Königs. *G. Kaus* schildert die Situation plastisch:

> „Die preußischen Röcke verletzen das russische Nationalgefühl, das preußische Exerzieren läuft dem russischen Temperament schnurgerade zuwider. Mit knirschenden Zähnen versehen die Soldaten ihren Dienst. Die Unzufrie-

---

607 Diese und weitere Einzelheiten bei F. von Stein 1885, S. 137f.
608 John Keep, Soldiers of the Tsar 1985, S. 164.

denheit reicht bis zu den obersten Vorgesetzten, die ohne Rücksicht auf ihr Alter und ihre Rang bei Wind und Wetter täglich an der Spitze ihre Regimenter die Übungen persönlich leiten müssen. Würdige, erfahrene Strategen mieten heimlich irgendeinen jungen deutschen Offizier, um bei ihm das preußische Exerzieren zu erlernen, ... „"[609].

Chr. Duffy fasst die Stimmung in weiten Teilen des russischen Militärs folgendermaßen zusammen:

> „Such proceedings (die zuvor von Duffy geschilderten Reformen, der Autor) outraged many thinking military men. The Guards knew that Peter spoke of them as „Janissaries" and they feared for their place in the new order, while many of the active officers could not live with the idea of ranging themselves alongside the Prussians. The resentment was channeled and directed by that most unlikely of patriots, Peter's German wife Catherine"[610].

Die Abgrenzung zu Preußen wiederherzustellen, die symbolische Besetzung der kollektiven Identität aufzuheben, und so die Empörung in Teilen des russischen Adels und des russischen Militärs zu besänftigen, ohne dabei in blinde Ablehnung alles Preußischen zu verfallen, das war die innenpolitische Aufgabe, zugleich ein Gebot außenpolitischer Klugheit und vor allem ein weiterer Schritt einer in sich differenzierten Anerkennung Preußens als Großmacht.

III – 2.4.4.4) Russland respektiert Preußen

Katharina stürzte ihren Ehegatten, Zar Peter III., am 28. Juni 1762 und rief sich selbst zur neuen Herrscherin Russlands aus. Sie hat die Stimmung der Empörung gegen die Preußenverehrung ihres Gatten für ihren Staatsstreich zu nutzen gewußt[611]. Eine ihrer ersten Amtshandlungen als neue Zarin bestand darin, in einem Thronmanifest sich öffentlich von der preußenfreundlichen Außenpolitik Peters III. zu distanzieren. Es ist die Rede davon, dass „der mit so vielem Blute erkaufte Ruhm Russlands durch einen mit dem Todfeinde dieses Reiches abgeschlossenen Frieden verdunkelt und zu Boden geworfen sei"[612]. Diese Brandmarkung Preußens als Todfeind Russlands hatte, wie auch die Preußenverehrung Peter III.,

---

609 G. Kaus 1977, S. 220.
610 Chr. Duffy 1981, S. 123.
611 G. Kaus 1977, S. 153, 232-237; Ch. Duffy 1981, S. 123.
612 K. von Schlözer 1859, S. 196f.

eine familiäre Seite und Vorgeschichte. Katharina hatte sich schon in der sich seit Jahren anbahnenden Entfremdung von ihrem Mann öffentlich von dessen Preußenbegeisterung abgesetzt[613]. Katharina ging also schon vor ihrer Thronbesteigung auf deutliche Distanz zur Identifikation ihres Mannes mit dem Preußenkönig. Auch wenn sich diese politische Haltung zur Zeit der Herrschaft der Zarin Elisabeth noch als Auswuchs einer Fehde zwischen Eheleuten verstehen ließ, im Augenblick der Thronbesteigung Katharinas wurde auch daraus ein Faktum russischer Außenpolitik.

Andererseits hatte Katharina den preußischen König in ihrer Jugend sowohl in Preußen als auch von Russland aus selbst als die faszinierendste Figur im Feld der europäischen Großmächte erlebt. Katharina konnte sich Friedrich also durchaus zum Vorbild nehmen – sie las Werke von ihm, pflegte wie Friedrich II. Kontakt mit Voltaire, ließ sich von ihm in Heiratspolitik beraten u.a.m[614]. *C. Scharf* charakterisiert die Haltung Katharinas wie folgt:

> „Eine an Friedrichs Maximen sich ausrichtende Politik präjudizierte außerdem nicht unbedingt ein Bündnis Rußlands mit Preußen. Entschieden setzte sich Katharina gerade im Siebenjährigen Krieg von der unerschütterlichen Prussophilie ihres Gemahls ab: „ Der Großfürst ist preußisch zum Sterben, und das allein aus militärischem Geschmack", teilte sie ihrem Vertrauten, dem englischen Gesandten Charles Hanbury Williams, mit. Sie selbst aber werde nie etwas anderes raten, als was ihrer Meinung nach „zum Ruhme und im Interesse Rußlands sei"[615].

Die Identifikation ihres Gatten und Vorgängers auf dem russischen Zarenthron, Peters III, mit Friedrich II. beantwortete Katharina mit einer deutlichen De-identifikation. Die Fremdbesetzung kollektiver Identität sollte aufgelöst werden, auch das ein Grund für den Erfolg des Staatsstreiches, den Katharina gegen Ihren Gatten führte. Diese Distanzierung von der Preußenpolitik ihres Gatten mündete in den Versuch, das Verhältnis zu Preußen und seinem König auf eine neue Grundlage zu stellen. So schlug sie in einem Brief an Friedrich den Großen bald nach ihrem Amtsantritt versöhnliche Töne an:

> „Mon intention est de conserver la paix et de vivre en amitié et bonne harmonie avec Votre Majesté, persuadée comme je suis des mêmes sentiments de Sa part. Elle sera déjà informée des ordres que j'ai envoyés de réparer les mésen-

---

613 G. Kaus 1977, S. 153, 158, 226; C. Scharf 1995, S. 419.
614 C. Scharf 1995, S. 418.
615 C. Scharf 1995, S. 419.

tendus en Prusse, survenus par un exces de zèle. Je prie Votre Majesté d'être persuadé des sentiments d'estime et de considération avec lesquels je suis, Monsieur mon Frère de Votre Majesté la bonne soeur Caterine"[616].

„Mißverständnisse, die in Preußen durch Übereifer hervorgerufen wurden": Das ging gegen die Politik ihres Gatten, Peters III., versprach aber zugleich diese Politik nicht einfach umzukehren, sondern in ein anderes Fahrwasser zu lenken. Wie das sich im russischen Militär auswirkte, beschreibt *F. von Stein*:

> „Das Erste, was Katharina that, war, dass sie die meisten Veränderungen, welche ihr Vorgänger getroffen, rückgängig machte, so dass die Armee in dieselbe Verfassung versetzt wurde, in welcher sie sich beim Tode der Kaiserin Elisabeth befunden hatte.
> ...
> Dann wurde, wie es auch unter den früheren Regierungen geschehen war, am 5. November desselben Jahres eine mit sehr ausgedehnten Vollmachten ausgestattete Militär-Commission eingesetzt, welche alle zur Vervollkommnung der Armee erforderlichen Massregeln treffen sollte. Dies wurde jetzt grade umso nötiger, als Friedrich der Grosse das ganze Kriegswesen in allen seinen Theilen umgestaltet hatte, und es nun für die anderen Armeen sehr darauf ankam, sich das Bessere anzueignen"[617].

Von Stein geht also zunächst auf die Auswirkungen der De-identifikation Katharinas ein: Die meisten Veränderung Peters III. beim Militär gingen ja auf die Identifikation Peters III. mit dem Ideal Friedrichs II. zurück. Deren Rücknahme ist also ein Zeichen der De-identifikation mit diesem Ideal. Zugleich fällt Katharina nicht von einem Extrem ins andere. Aus dem Ideal wird nun nicht etwa ein Feindbild. Vielmehr kommt es darauf an, sich das Bessere anzueignen, sich also in ein Verhältnis kalkulierter Nützlichkeit zu setzen, was Übernahmen aus dem preußischen ins russische Militär angeht. Damit ändert die Imitation der preußischen Großmacht durch Russland ihren Charakter. Sie ist nicht länger Ausdruck einer Identifikation, sondern Ausdruck einer prinzipiellen Gleichheit zweier Großmächte – aus der Sicht einer, hier der russischen Großmacht.

J. Keep berichtet Einzelheiten:

> „Catherine II's military advisers, who again were predominantly Russians with considerable professional experience, confined themselves to changes of detail. It was they who, in 1765, standardized drill movements throughout the army for the first time. Rumyantsev, and later Suvorov, were noted for their

---

616 C. von Schlözer 1859, S. 111.
617 F. von Stein 1885, S. 139f.

stress on realistic battle training (...) but this did not lead them to forego the parade-ground. ..., and that 'smart' tight-fitting uniforms could harm a soldier's health, nevertheless their reforms in regard to dress an equipment did not make a whole world of difference, ..."[618].

Standartisierter Drill und realistisches Schlachtfeldtraining, das konnte P. Rumjantsev aus Preußen übernehmen; er hatte es dort kennengelernt[619]. Das Paradieren dagegen wurde nicht übernommen und die schwere Kavallerie nach preußischem Stil wieder abgeschafft[620]. Katharina II. hatte die von Peter III bei seinen Holsteinischen Regimentern eingeführte „preußische Sitte" wieder fallen gelassen. Die russischen Uniformen, von Peter III. den preußischen fast zum Verwechseln angeglichen, wurden moderat geändert, ohne alle Übernahmen vom preußischen Militär rückgängig zu machen[621].

Katharina II. kümmerte sich nicht in gleicher Weise wie Peter III. um die Details militärischer Strategie und Logistik. Dies überließ sie vor allem der Generalität, allen zuvor General Petr Alexandrovic Rumjantsev, dem bedeutendsten Modernisierer der russischen Armee des 18. Jahrhunderts. P. Rumjantsev galt als treuer Gefolgsmann Katharinas II, der ihre Entscheidungen militärisch-strategisch umsetzte und mit geopolitischer Weitsicht verband. Viele Reformen, die bis heute mit dem Namen General Potemkins verbunden sind, stammen von P. Rumjantsev[622]. Auch P. Rumjantsev war fasziniert von der preußischen Armee. Er hatte Gelegenheit während des Siebenjährigen Krieges persönliche Bekanntschaft mit Friedrich dem Großen zu schließen und dieser sandte ihm ein Glückwunschschreiben zur gewonnenen Schlacht von Kagul[623]. Gleichwohl hob sich das Verhältnis dieses Generals von der grenzenlosen Bewunderung Peters III. deutlich ab. Zwei Zitate aus *Ch. Duffy* und aus *G. Andolenko* charakterisieren seine Prinzipien der Imitation im Bereich des Militärs folgendermaßen:

---

618 J. Keep 1985, S. 164f.
619 Ch. Duffy 1981, S. 168f.
620 Ch. Duffy 1981, S. 172.
621 F.v. Stein 1885, S. 146f.
622 Ch. Duffy 1981, S. 168, 173, 176; G. Andolenko 1967, S. 85-87.
623 Ch. Duffy 1981, S. 169, 175f; W. Fuller 1992, S. 162.

III – 2) Der Großmachthabitus Preußens

"Voici les idées essentielles de Roumiantzov:
L'organisation des forces armées doit correspondre aux particularités historiques et géographiques de la Russie. Il serait parfaitement absurde de copier aveuglement les institutions européennes"[624].

"It has also adopted those very principles which rendered Rome the mistress of the world: the first was to borrow from its neighbours every useful institution; and the second, to embrace every opportunity whether fair or otherwise, of adding to its territory and its power"[625].

P. Rumjantsev setzte sich klar von blinder Imitation und damit von der Praxis Peters III. ab. Er verwarf nicht die Übernahme von nützlichen Neuerungen in Europa, solange sie zur Arrondierung des russischen Territoriums und damit zur Vergrößerung seiner Macht dienen können. Mit Blick auf Preußen hieß das:

"While Rumyantsev was a great admirer of the Prussian army ... this admiration was always free of the prejudices which weigh down lesser spirits (S. Vorontsov, 'Zapiski' 1802, AKV, 1870–95, X, 482-3). In particular, Rumyantsev was an implacable opponent of the Prussian-style heavy cavalry which had been such a notable feature of the period immediately after the Seven Years War"[626].

P. Rumjantsev identifizierte sich nicht mit dem preußischen Ideal, er wählte aus nach Maßgabe des strategisch und logistisch Plausiblen im Rahmen der politischen Vorgaben der Zarin. Dies kommt noch in vielen anderen Details zum Ausdruck: In Anlehnung an das preußische Militär schuf P. Rumjantsev Jägerkorps, die vor dem Aufmarsch der eigenen Truppen den Feind aufspüren und soweit möglich auskundschaften und schädigen sollten[627]. Andererseits führte P. Rumjantsev Nachtmärsche für die benötigten Truppen ein, um schneller vor Ort zu sein. Ebenso militärische Operationen während der Dunkelheit. Er musste keine Desertion von russischen Soldaten fürchten – ganz im Gegensatz zu seinen europäischen Kollegen, die deshalb darauf verzichteten[628].

---

624 G. Andolenko 1967, S. 86.
625 Ch. Duffy 1981, S. 177. Mit „Es" (it) ist hier das Russische Reich unter Katharina II. gemeint. Zitiert wird eine anonyme Quelle, die die Kriege kommentiert, die P. Rumjantsev gegen das Osmanische Reich zu führen hatte (die Jahre 1770-1790).
626 Ch. Duffy 1981, S. 172.
627 W. Fuller 1992, S. 163.
628 W. Fuller 1992, S. 163.

Was die Ausbildung anging, wurde Wert auf militärischen Drill gelegt und die Disziplin sollte in Anlehnung an das preußische Vorbild gestärkt werden[629].

P. Rumjantsev übernahm von Friedrich dem Großen schließlich das Prinzip des militärischen Erst- und Überraschungsschlages. Für die Zeit der Kriegsführung im Ancien Regime war das absolut ungewöhnlich, denn es galt als oberstes Prinzip eine Gelegenheit abzuwarten, wo mit maximalen Erfolgschancen und möglichst geringen Verlusten an Soldatenleben eine Schlacht zu gewinnen gewesen wäre. Dies war vor allem eine ökonomische Frage, denn Neurekrutierung und soldatische Ausbildung verschlangen jedes Mal ansehnliche Summen. Das Umeinander-herum-Taktieren von Armeen, die sich gegenseitig daraufhin belauerten, war die gewöhnliche Folge dieser Haltung. Dass Friedrich der Große damit brach und Überraschungsangriffe führte, die bei einer bedeutenden Minderzahl an Streitkräften dennoch den Gegner in die Flucht schlug oder ihm sogar hohe Verluste beibrachte, trug wesentlich zu seinem Ruhm als genialer Feldherr und König, als „roi connétable" bei[630]. P. Rumjantsev übernahm diese Taktik vor allem im Krieg gegen das Osmanische Reich[631].

In der am 24. April 1763 verfügten neuen Bekleidungsordnung „ging man im Allgemeinen gleichfalls auf die in Betreff der Farben und des Schnittes vor Peter III. übliche Form zurück, wenngleich auch manche Neuerungen dieses Monarchen, wie z.B. die Rabatten (Umschläge an Ärmeln oder Kragen der Uniform, der Autor), beibehalten wurden"[632]. So erhielten z.B. die russischen Grenadiere Mützen, die in der Form den unter Peter dem Großen eingeführten spitzen Tuchmützen glichen. Allerdings bekamen sie oben einen reich verzierten Messingschild. Dieser würde, so bemerkte *F. V. Stein* im Jahr 1885, noch „heute" von dem Pawlowschen Leib-Garde-Regiment und dem preußischen 1.Garde-Regiment zu Fuß bei Paraden in Potsdam getragen[633]. Ebenso wurde die Muskete (schweres,

---

629 J. Keep 1985, S. 164f; Ch. Duffy 1981, S. 176f; G. Andolenko 1967, S. 87f.
630 So J. Kunisch in: Das Mirakel des Hauses Brandenburg 1978, Kapitel IV, Die Kriegskunst des 18. Jahrhunderts, S. 55-75.
631 G. Andolenko 1967, S. 86; Ch. Duffy 1981, S. 169; W. Fuller 1992, S. 163; F.v. Stein 1885, S. 160f.
632 F.v. Stein 1885, S. 146f.
633 F.v. Stein 1885, S. 147; siehe die Abbildung bei A. Konstam 1996, S. 13.

langes Vorderladegewehr) auf preußische Weise von der Handfläche am Kolben gehalten und gerade nach oben getragen[634].

Diese Beispiele vermitteln einen Eindruck von dem anderen Sinn, den Imitation hier gewinnt.

Preußen bleibt Vorbild – in seinem Großmachtstreben. Deshalb kann General P. Rumjantsev aus dem Arsenal preußischer Militärstrategie und –logistik das auswählen, was dem eigenen russischen Großmachtstreben dienlich sein könnte; und das heißt zunächst, was die Schlagkraft und Effizienz der russischen Armee befördert. Wenn so Teile der preußischen Uniformen, das Schultern des Gewehrs, aber auch erfolgreiche Militärstrategie nachgeahmt werden, stehen diese nicht mehr für eine Identifikation mit Preußen als Großmacht, sondern als Symbol für den Großmachtstatus an sich. Diese „Mittel zum Zweck" der Erlangung des Großmachtstatus symbolisieren ihn, unterscheiden ihn aber auch von seiner preußischen Konkretion. Das Ideal Friedrich II. wird abgelöst durch den Typus Friedrich II. als Repräsentanten einer neuen Großmacht und damit des Großmachtstatus. Die Mittel zu seiner Erlangung oder Beibehaltung können ebenso einem preußischen wie einem russischen Großmachtstatus zu gute kommen. Die oben demonstrierte De-identifikation diente genau dieser neuen Unterscheidung. Die Besetzung kollektiver Identität wird aufgelöst, der dadurch begehrte Großmachtstatus aber soll erhalten bleiben bzw. wird weiterhin angestrebt. Das Ideal ist zum Typus geworden, der verschiedene Konkretionen vorstellbar macht.

Wieso ist damit ein weiterer Schritt der Anerkennung Preußens als Großmacht verbunden?

Die Identifikation mit dem preußischen Ideal (Peter III.) war geprägt von der Faszination durch das Vorbild Friedrichs II. In dieser Faszination lagen ungeschieden das Verlangen, sich diese Größe, diesen Status einzuverleiben neben der unkritischen Bewunderung seiner historischen Erscheinung. Dieser Mangel an Abgrenzung führte aber beim russischen Militär, beim Adel und eben auch bei Katharina zum Gefühl einer symbolischen Fremdbesetzung der kollektiven Identität Russlands, geortet als Obsession des Zaren Peters III. durch sein Vorbild Friedrich II. Deshalb war dieses Gefühl Auslöser einer Revolte gegen Peter III., die sich erst als Murren und Empörung äußerte, schließlich aber sich bis zum Staats-

---

634 Vgl. A. Konstam 1996, S. 34f.

streich Katharinas zuspitzte, den diese ohne entsprechend disponierte Militärs ja nie hätte durchführen können.

Sowie Imitation als Identifikation sich über die Symbole der Großmacht den Status einzuverleiben trachtet, so gibt sie auch etwas: Sie lässt dem Ideal Raum zur Okkupation dessen, was als öffentlich wirksames Symbol dem einzelnen seine Zugehörigkeit zu Staat und Gesellschaft verbürgt. Insoweit ist sie ein Akt der Unterwerfung. Als Identifikation mit dem Okkupanten aber will sie diesen Akt zugleich vergessen machen, da sie sich auf Seiten des symbolischen Besatzers, des Ideals wähnt. Diese Form der Anerkennung verschmilzt den Realismus der Erkenntnis der Großmacht im Akt der Unterwerfung mit der Illusion, selbst auf der Seite des Okkupanten, des bewunderten Ideals zu stehen, gleichsam eine pathologische Form der Anerkennung. Sie bewundert das Ideal, versagt ihm aber gerade dadurch den Respekt, da dieser einen nicht vorhandenen Abstand zwischen beiden voraussetzt.

Die Revolte richtet sich nun gegen diese Unterwerfung und will sie beenden, räumt aber zugleich mit der Illusion auf, eins mit dem bewunderten Ideal zu sein. Dies ist der Schritt von der Anerkennung als Bewunderung zur Anerkennung als Respekt.

Die Desillusionierung ist in der De-identifikation unübersehbar präsent. Sie beginnt mit der Suche nach Gründen für den Erfolg, wenn nicht Überlegenheit des anderen. Es ging darum, den Exzess an Übereifer für die preußische Sache zu beenden, so der Brief Katharina II. an Friedrich II. Die Identifikation mit Friedrich II. ging nicht mehr soweit wie bei Peter III., der Friedrich II. als „König mein Herr" anredete, so dass der Spruch aufkam, der König von Preußen sei der Kaiser von Russland (s.o.). Vielmehr ging es um Gefühle der Wertschätzung und Hochachtung, wie Katharina II. in ihrem Brief an Friedrich II. nach dem Sturz ihres Gatten schrieb (s.o.). Und es ging darum, konkret von der Preußischen Armee das zu lernen, was sie vor der russischen Armee auszeichnete und also der russischen Armee fehlte, z.B. das Prinzip des militärischen Erstschlages. Peter III. dagegen war gerade gegen solches Lernen immun. Militärstrategische Ratschläge, den Krieg gegen Dänemark mindestens zum damaligen Zeitpunkt nicht zu beginnen, schlug er in den Wind, er fühlte sich seinem Vorbild ebenbürtig[635]. Keine Uniformen mehr nach preußischem Vorbild, keine Paraden vor dem Schloss, und auch den Tagesablauf schaute Katha-

---

635 T. Kahnert, Der drohende Krieg gegen Russland 1761/62, 2010, S. 427-429.

rina sich nicht mehr vom Vorbild Friedrich II. ab. Es war die Rückbesinnung auf die eigenen militärischen Traditionen seit Peter dem Großen, die den notwendigen Abstand herstellten, auch wenn sie aus heutiger Sicht manchmal Rückschritte an militärischer Effizienz mit sich brachten.

An die Stelle der Bewunderung für das Ideal tritt das Kalkül auf eigene Rechnung. Das Imitat ist nicht mehr Ausdruck der Identifikation, sondern Mittel für den eigenen Großmachtstatus. Es wandelt sich vom Symbol, das das Großmachtideal gleichsam in sich zu tragen scheint, zum Typus, dessen Zeichencharakter den Erwerb des Großmachtstatus möglich macht oder sichern hilft. Als solches löst es sich einerseits vom Ideal, bzw. seiner historischen Erscheinung ab, es ist nicht mehr nur Symbol des bewunderten Ideals, mit dem man sich identifiziert, es zielt auf etwas Allgemeineres, das darin enthalten ist: Auf den Status dessen, der bewundert wird. Es ist das „Bewundert werden", die Außenperspektive auf das Ideal, die in der Identifikation mit ihm zwar einseitig vorhanden ist – Peter III. bewundert Friedrich II. – aber gleichzeitig unterbunden wird. Wer aber bewundert Peter III., der sich doch immerhin mit Friedrich II. identifiziert? Es ist diese aus der Perspektive historischer Rückschau als Übertragung der Außenperspektive zu kennzeichnende Bewegung, im historisch konkreten Fall als erfolgreiche Revolte von Teilen des russischen Militärs und Katharina II., das Bewundertwerden, der Glanz und der Ruhm einer Großmacht, das „briller parmi les meilleurs", nach innen gewandt der Nationalstolz, der nun eingefordert wird. Es ist der Schritt vom Ideal zum Typus – und die Verwandlung der Bewunderung in Respekt.

Und so schreibt Katharina die Große an Friedrich den Großen:

> „Je prie Votre Majesté d'être persuadé des sentiments d'estime et de considération avec lesquels je suis, Monsieur mon Frère de Votre Majesté la bonne soeur Caterine"[636].

Katharina II. stellt sich auf die gleiche Stufe (frère – soeur), Friedrich ist nicht mehr Peters III. „Herr und König". Hochachtung und Wertschätzung: Das sind höfische Umschreibungen für den Respekt, den Katharina II. ihrem preußischen Kollegen zollt – und den sie für sich selbst reklamiert.

Im Typus Großmacht werden aus Symbolen wie Uniformen, Waffen, gewonnene Schlachten, militärische Strategien usw., die das faszinierende Ideal in sich tragen, Zeichen, die man sich selbst aneignen kann, um An-

---

636 C. von Schlözer 1859, S. 111.

lass zum eigenen „Bewundertwerden" zu geben. So verrät bei allem Ende der symbolischen Okkupation und aller Desillusionierung der Respekt vor der anderen Großmacht immer auch ein gutes Stück Narzissmus.

Es handelte sich dabei nicht um eine irreversible Entwicklung. Das zeigt die Politik ihres Sohnes Paul I. (1796–1801). Er sah sich weniger in der Nachfolge Katharinas II als vielmehr in der Nachfolge seines Vaters, Peter III.[637]. Wahrscheinlich trug dazu vor allem sein Besuch bei Friedrich II. im Jahr 1776 bei. Jedenfalls wird berichtet, wie beeindruckt er vom „alten Fritz" und seiner Armee gewesen war und wie unzufrieden mit dem Zustand der russischen Armee unter Katharina II.[638]. Seine Mutter gestattete ihm, das „Gatchina corps", eine kleine Privatarmee aufzubauen, die er mit preußischem Drill, den dort abgeschauten Mannschaftsgraden sowie der in der preußischen Armee üblichen Marsch-und Schlachtaufstellung trainierte, ganz so wie sein Vater sich zu diesem Zweck das Holsteincorps gehalten hatte. Wie sein Vater ahmte er überdies den Tagesablauf Friedrich II. nach, ließ Paraden vor seinem Palast abhalten – die bis auf den heutigen Tag zu beobachtende russische Paradomanie wird auf ihn zurückgeführt – und übernahm den typisch preußischen Usus von der „Parole", Stichworte für Befehle, die so schnell weitergegeben werden konnten. Er führte, wie Joseph II. von Österreich, das preußische Rekrutierungsverfahren, die Kantonsrekrutierung, ein[639]. Die Gatchinacorps wurden in dieselben Uniformen gesteckt, wie sie die preußische Armee im Siebenjährigen Krieg trug. Das neue Infanteriereglement war einfach eine französische Übersetzung des preußischen Infanteriereglements. Größtes Lob war für ihn der Ausspruch: Ganz wie der alte Fritz! Er imitierte Kleidung, Gang und andere Äußerlichkeiten des alten Friedrich II. so sehr, dass er in Russland als Karrikatur Friedrichs II. galt.

Insgesamt also die gleiche Art der Identifikation wie die seines Vaters. Das preußische Militär okkupiert die öffentliche Selbstdarstellung des russischen Herrschers und seines Militärs, ein Rückschritt in Selbstwahrnehmung und Selbstdarstellung. Der Respekt schrumpfte wieder zur Bewunderung.

---

637 Die Einzelheiten der Militärpolitik Paul I. berichtet F.- von Stein 1885, S. 204-229.
638 Zum Folgenden siehe Ch. Duffy 1981, S. 200-208.
639 J. Keep 1985, S. 160.

III – 3) Die Praxisform des Großmachthabitus: Wie das strategische
Verhalten sich durch die Neudefinition der Situation im Feld
ändert

III – 3.1) Der Praxisrahmen

Mit der Situationsdefinition der einzelnen Großmächte wird abermals ein Beziehungsgeflecht zwischen ihnen thematisiert. Dieses Beziehungsgeflecht baut auf der Positionierung der einzelnen Großmächte im Feld auf. Es geht dabei um die feldtypische Interaktion zwischen den verschiedenen Positionen eines Feldes, also wie sich der Praxisrahmen einer Großmacht durch einen Wechsel der Bedrohungslage verändert. Während die Positionierung einer Großmacht im Feld den eher langfristigen Status einer Großmacht repräsentiert, bezieht sich die Situationsdefinition auf den kurzfristigen und schwankenden Praxisrahmen einer Großmacht, der im Feld der Großmächte dauernder Veränderung unterworfen ist. Auf theoretischer Ebene hat bereits *K. Waltz* diese doppelte Relationierung und ihre Unterscheidung als Grundbedingung einer Struktur definiert:

> „The question is answered by considering the double meaning of the term „relation". ... „Relation" is used to mean both the interaction of the units and the positions they occupy vis-à-vis each other.[640]"

Ebenso kennzeichnet diese doppelte Strukturebene den Habitusbegriff *P. Bourdieus*. Der Habitus ist strukturierte Struktur ebenso wie strukturierende Struktur. Auf den Routinen des Habitus ruht das auf, was *P. Bourdieu* Praxisformen nennt:

> „Da der Habitus eine unbegrenzte Fähigkeit ist, in völliger (kontrollierter) Freiheit Hervorbringungen – Gedanken, Wahrnehmungen, Äußerungen, Handlungen – zu erzeugen, die stets in den historischen und sozialen Grenzen seiner eigenen Erzeugung liegen, steht die konditionierte und konditionierende Freiheit, die er bietet, der unvorhergesehenen Neuschöpfung ebenso fern wie

---

640 K. Waltz, Theory of International Politics 1979, S. 80. Für K. Waltz gehört natürlich lediglich die Relationierung der Positionen zur Struktur, da die wechselnde Interaktion lediglich die positionierten Einheiten betrifft. Gleichwohl ist diese Unterscheidung Grundbedingung für K. Waltz' Verständnis von Struktur. Mit Blick auf die feldtypische Interaktion der Großmächte sollte man hier meiner Meinung nach zumindest die Art der Interaktion als ebenfalls strukturbedingt auffassen. Der reziproke Druck, dem sich einander bedrohungsfähige Großmächte aussetzen, manifestiert sich ja in der permanenten Veränderung der Situationsdefinition untereinander und kennzeichnet das Feld.

der simplen mechanischen Reproduktion ursprünglicher Konditionierungen"[641].

Dieser Vorzug des Habitusbegriff *P. Bourdieus*, die doppelte Strukturebene sozialer Sachverhalte zu thematisieren, erlaubt es die Ebenen von Positionierung und Praxisrahmen in einem Begriff zu fassen.

Die Situationsdefinition konzentriert sich dabei auf die Bedingungen für das außenpolitische Tagesgeschäft einer Großmacht, die immer neu auszutarierende Verfolgung des Eigeninteresses angesichts der außenpolitischen Großwetterlage. Damit ist sie nahe an dem, was die Geschichtsschreibung der Internationalen Beziehungen in der Regel als Pläne und Strategien einer Regierung referiert. Allerdings kommen gerade die Grenzen einer Situation in Betracht, also das, was eben noch als sinnvolle Handlung innerhalb einer gegebenen Situation galt, und nun, angesichts einer durch andere Großmächte veränderten Situation, sinnvoll nicht mehr in Frage kommt, da der Erfolg unwahrscheinlich geworden ist. Darin liegt ein anderer Typ von Druck, den die Großmächte als untereinander bedrohungsfähige Positionen aufeinander ausüben.

Die Situationsdefinition einer Großmacht im Feld der Großmächte ist daher gekennzeichnet durch einen Rahmen, in dem Handlungen, die so oder anders möglich sind, als sinnvoll angesehen werden. Außerhalb dieses Rahmens liegende Handlungen gelten dagegen als nicht rational angesichts der Interessen aller anderen Großmächte[642].

Seit dem Sieg Preußens über Österreich in der Schlacht von Mollwitz zogen die Groß- und Mittelmächte Konsequenzen. Die Bedrohungsfähigkeit Preußens war zu einem Faktor geworden, der in die Situationsdefinition der benachbarten Mittelmächte und aller Großmächte einbezogen wurde. *Jeremy Black* beschreibt es so[643]:

---

641 P. Bourdieu, Sozialer Sinn 1993, S. 103. Ich übersetze hier den französischen Begriff „conditionelle" abweichend von der Suhrkamp-Ausgabe mit konditionierend statt „bedingt". Der Sinnzusammenhang im Original legt dies nahe, vgl. P. Bourdieu, le sens pratique 1980, S. 92.
642 Eine gute Einführung in die sozialwissenschaftliche Karriere des Theorems bietet R.S. Perinbanayagam, The Definition of the Situation: an Analysis of the Ethnomethodological and Dramaturigcal View 1974. Ich verwende den Terminus hier im Sinne der im Aufsatz allen besprochenen Ansätzen gemeinsamen Grundintention: Die Situationsdefinition steckt den Rahmen für Interaktionen aller Art ab. Er grundiert die Grenzen kontingenter Präferenzen.
643 J. Black, The Rise of European Powers 1990, S. 101.

„The Prussian invasion of Silesia dramatically altered the situation by substituting action for negotiation and by forcing other European powers to define their position."

So war in der direkten Betroffenheit durch die Bedrohungsfähigkeit Preußens noch kein Unterschied für Groß- und Mittelmächte auszumachen, er zeigte sich erst in der indirekten Betroffenheit von Groß- und Mittelmächten. Der Sieg Preußens z.B. und die darauf folgende faktische Anerkennung als Großmacht veränderte die geostrategische Stellung Sachsens, direkt durch die preußische Bedrohung, indirekt durch strategische Umorientierungen Österreichs, Frankreich, Russlands und Großbritanniens. Für Frankreich ist eine direkte Wirkung in seinem Bündnis mit Preußen greifbar, eine indirekte Wirkung durch die schwierige Situation, in die Österreich durch die Niederlage hineingeraten ist. Sachsen oder Bayern dagegen konnten die Situation der anderen Großmächte nicht ändern. Was auch immer Sachsen unternahm, um sich gegen die preußische Bedrohung zu wehren, es hatte auf die Situationsdefinition Preußens keinen Einfluss. Da diese Mittelmächte sich über ihre Lage im Klaren waren, versuchten sie, sich der Position einer anderen Großmacht anzuschließen (Sachsen an Österreich, dann an Frankreich und schließlich an Russland; Bayern an Frankreich und dann an Österreich). Sie verzichteten damit von sich aus auf eine eigenständige Politik und schlossen sich den Möglichkeiten und Grenzen der Position einer Großmacht im Feld an.

Damit wird eine Geschlossenheit des Feldes auch greifbar über die gegenseitige BeEinflussbarkeit der Situationsdefinition der Großmächte untereinander. Der kontingente Rahmen von rational sinnvollen Handlungsmöglichkeiten wird für eine Großmacht direkt und indirekt durch das Feld der Großmächte abgesteckt. Eine Großmacht wird so von einem Ereignis mehrfach betroffen: In der direkten Wirkung des preußischen Einmarsches und in den Wirkungen, die andere Großmächte in der Reaktion darauf, als Veränderung ihrer Handlungsmöglichkeiten, an den Rest des Feldes weiterreichten. Die Veränderungen der außenpolitischen Stellung von Mittelmächten hingegen haben keine Konsequenzen für den kontingenten Praxisrahmen einer Großmacht, und damit für das Feld der Großmächte. Die Wellen eines Ereignisses können so unter Umständen die strategische Struktur des Feldes der Großmächte grundlegend ändern, wie dann auch im „Renversement des Alliances" (1755/56) geschehen. Allerdings nur darum, weil sie in ihrer indirekten und so multiplen Konsequenzfähigkeit sich auf das Feld der Großmächte beschränken. In dieser Beschränkung können sich Wirkungen gleichsam zuspitzen. Wie Wellenkämme sind sie

Teil III Preußen als Parvenu

in der Lage, sich zu überraschenden Höhen aufzubauen. Die Veränderungen können bei manchen Ereignissen minimal sein oder aber sich akkumulieren wie im Falle Preußens. Aus einer anderen Perspektive gesprochen: Jede Großmacht beobachtet, wie eine andere Großmacht auf dieses Ereignis reagiert und dadurch seine Handlungsoptionen im Feld verändert. Diese Veränderung setzt die beobachtende Großmacht selbst unter Zugzwang, denn der Rahmen für die eigenen Handlungsmöglichkeiten ändert sich auf diese Weise. Diese multiple Betroffenheit durch ein Ereignis kann also eine Veränderung der Situationsdefinition einer Großmacht mit sich bringen wie im Falle Preußens gleich zu demonstrieren. Die kontingenten Bedingungen für strategisches Verhalten, für Interessenpolitik im Feld werden so neu justiert.

Wie dieser Druck, dieses Billard auf dem Tisch der europäischen Großmachtsbeziehungen des 18. Jahrhunderts hin und her, quer und oft unvorhersehbar lief, dazu im Folgenden am Beispiel des preußischen Einmarsches in Schlesien. Um den Umbruch der politischen Situation im Feld der Großmächte verständlich zu machen, muss die politische Lage davor und danach kurz skizziert werden. Nur so wird verständlich, dass und wie sich der Praxisrahmen einer, einiger oder aller Großmächte verändert hat.

III – 3.2) Die Konsequenz für den Praxisrahmen Frankreichs

Frankreich war 1740 die tonangebende Großmacht auf dem europäischen Kontinent. Seit den Tagen von Louis XIII. und Louis XIV., von Richelieu und von Mazzarin, war der französische Hof Vorbild für die anderen Höfe Europas. In der Mode, in der Architektur, in Literatur und Musik u.a. wirkte die französische Geschmackskultur stilbildend[644]. Französisch galt als die Gesellschaftssprache schlechthin, d.h. als die Sprache des Adels und der Gebildeten. Darüberhinaus entwickelte sie sich zur Sprache der Diplomatie in Europa. Durch seine geographische Lage war einzig und allein Frankreich imstande, sowohl an eine territoriale Expansion in Mitteleuropa als auch in Übersee zu denken. Militärisch, diplomatisch und politisch den anderen Großmächten überlegen, sah die französische Politik darin ihr Ziel: die Vormachtstellung Frankreichs in Europa und in Übersee

---

644 H. Keller, Die Kunst des 18. Jahrhunderts, darin das Kapitel "Die Verbreitung der französischen Geschmackskultur", S. 65ff.

zu bewahren und auszubauen[645]. Herrscher über die französische Außenpolitik zu dieser Zeit war einmal mehr ein Mann der katholischen Kirche, Kardinal Fleury. Als Lehrer des sechzehnjährigen Louis XV. berief dieser ihn 1726 zum leitenden Minister des Kabinetts. So wurde der Kardinal Herr der französischen Außenpolitik bis zu seinem Tod im Jahr 1743[646].

Für Kardinal Fleury wie für seine Vorgänger und Nachfolger stand die Koordination von überseeischer Kolonial- und europäischer Kontinentalpolitik im Mittelpunkt aller Bemühungen. Darin stimmte sie generell gesprochen mit der englischen Außenpolitik überein. In Osteuropa unterstützte Fleury seine Schützlinge Schweden und die Türkei, um Russland „in Schach" zu halten. Deutschland und Italien sollten im Zustand der Uneinigkeit verbleiben, um so nicht einem Staat einseitig Vorteile zu verschaffen, die auf einen für Frankreich unliebsamen Machtzuwachs hinausgelaufen wären[647]. Diese Strategie einer balancierenden, verschiedene Interessen bewusst gegeneinander stellenden Politik sollte Frankreich auf dem Kontinent den Rücken freihalten für einen Krieg mit Großbritannien um die Besitzungen in Übersee[648]. Der Tod Karls VI., Herrscher von Österreich und Kaiser des Heiligen Römischen Reiches deutscher Nation, am 20.10.1740 änderte die Rahmenbedingungen für die Politik Fleurys. Auf einmal ging es um die Erbfolge Karls VI., um eine „conjoncture favorable", die eigene Macht auszudehnen. Zwar hatte Frankreich wie fast alle anderen Staaten Europas vertraglich die Nachfolge seiner Tochter Maria Theresia garantiert (Pragmatische Sanktion) und mit dieser weiblichen Thronfolge ein europäisches Novum geschaffen, allerdings erstreckte sich diese Garantie Frankreichs nicht auf die Thronfolge im Heiligen Römischen Reich Deutscher Nation. Diese stand nur männlichen Erben offen. Um seinen Einfluss im Reich auszudehnen, plante Kardinal Fleury deshalb, seinen Schützling, den Wittelsbacher und bayerischen König Karl Albert, zum nächsten Deutschen Kaiser wählen zu lassen und so den Habsburgern die seit Jahrhunderten gehütete Kaisersukzession zu entreißen. Das ganze Heilige Römische Reich Deutscher Nation sollte so in den Einflussbereich französischer Außenpolitik eingegliedert werden. Der Krieg mit Großbritannien war deshalb aufzuschieben, und die schon aus-

---

645 R. Browning, The War of the Austrian Succession 1993, S. 16.
646 Dazu A. Wilson, French Foreign Policy during the Administration of Cardinal Fleury 1936, S. 21, 25-27, 40-42.
647 A. Wilson 1936, S. 325f.
648 A. Wilson 1936, S. 327.

gelaufenen Schiffsstaffeln von Brest und Toulon wurden wieder zurückgerufen[649]. Kardinal Fleury widerstand dabei zunächst den spanischen Wünschen, gemeinsam sich in Italien einen Teil der österreichisch-habsburgischen Besitzungen durch Krieg anzueignen. Die von Bayern vorgetragenen Ansprüche auf den österreichischen Thron Maria Theresias (nicht zu verwechseln mit der Thronfolge im Reich) erwiesen sich schnell als unbegründet und wurden von Kardinal Fleury nicht weiter unterstützt. Er wollte seinen Einfluss ohne Krieg und ohne Bevorteilung Bayerns oder Spaniens vergrößern[650].

Der Einmarsch Friedrichs des Großen in Schlesien änderte den eben beschriebenen Praxisrahmen für Kardinal Fleury nach dem Tod Karls des VI. ein weiteres Mal. Dies auf zweierlei Weise. Im Gegensatz zu allen anderen handelte Friedrich II. zuerst und verhandelte danach. Damit war ein Krieg vom Zaun gebrochen, es war mit englischer Unterstützung für Österreich zu rechnen, und der Präzedenzfall der Nichtanerkennung der Pragmatischen Sanktion regte zur Nachahmung an. Und zur Nachahmung nun gerade in Frankreich. Die in der Literatur sogenannte Kriegspartei, die Anhänger des Grafen Belle-Isle, forderte laut, dem Beispiel Friedrichs des Großen zu folgen und mit Preußen zusammen gegen den Erbfeind Österreich vorzugehen. Die oben beschriebene „conjoncture favorable" und ihr erfolgreiches Ausnutzen durch Friedrich den Großen brachte Kardinal Fleury in die schwierige Situation, seine Politik der umsichtigen Balancierung von Interessen (Kontinental- versus Kolonialpolitik) verteidigen zu müssen, zum einen gegen den Kriegsenthusiasmus der Anhänger des Grafen, zum anderen aber auch gegen die Öffentlichkeit des französischen Hofes und seiner Umgebung, die Friedrich für seinen Sieg von Mollwitz bewunderte[651], Kardinal Fleury konnte seine Politik letztlich nicht durchsetzen und wurde durch Belle-Isles Einfluss bei Hof und im Kabinett in den Krieg gegen Österreich gedrängt. **Mit „Mollwitz" veränderte sich so die Situationsdefinition für Frankreich, also der Rahmen in dem kontingente Handlungsmöglichkeiten rational entschieden werden konnten. Es erschien jetzt rational gegen Österreich in den Krieg zu ziehen und nicht mehr gegen Großbritannien.**

Hatte Kardinal Fleury zwischen der Möglichkeit der weiblichen Thronfolge in Österreich und deren Garantie in den Verträgen der Pragmatischen

---

649 A. Wilson 1936, S. 327.
650 A. Wilson 1936, S. 327-330.
651 siehe St. Skalweit, Frankreich und Friedrich der Große 1952, S. 29.

III – 3) Die Praxisform des Großmachthabitus

Sanktion einerseits und der Kaiserlichen Thronfolge im Heiligen Römischen Reich Deutscher Nation andererseits unterschieden, damit also gleichzeitig positive und negative Druckmittel aufgebaut, so wurde durch das Drängen des Grafen Belle-Isle auf den Krieg gegen Österreich beide Thronfolgen in einen Zusammenhang gebracht. Die Absicht, dem österreichischen Habsburg die Thronfolge im Reich zu entreißen, war dann nur ein erster Schritt im Krieg gegen Österreich. Belle-Isle folgte damit dem Beispiel Friedrichs des Großen[652]. Belle-Isle's Kritik an Kardinal Fleury ist typisch für die von *J. Kunisch* herausgearbeitete bellizistische Disposition bei einer günstigen Gelegenheit:

> „Kingdoms are not conquered and an empire is not obtained without fighting battles, and to think and to act on other principles is to wish to risk all and even to lose all"[653].

Der Vorwurf an Fleury lautete deshalb:

> „He did not know what part to take, and saw no other means of extricating himself from the affair than to remain quiet while waiting for what resources time and events might furnish him..."[654].

Belle-Isle irrte sich, wenn er meinte, Kardinal Fleury verfolge keine klare Politik, ein Irrtum der für Frankreich verhängnisvoll werden sollte. Der Kardinal widersetzte sich lediglich der Politik des Krieges mit Österreich. Er wollte Österreich als Verbündeten Großbritanniens schwächen, verfolgte aber weiter den Krieg gegen Großbritannien als Hauptziel. Belle-Isle dachte anders. Sollte Frankreich eine so günstige Gelegenheit verstreichen lassen, dem Erzfeind beizukommen, zumal Friedrich der Große gezeigt hatte, dass und wie es möglich war? Die Partei Belle-Isles, die damalige Öffentlichkeit um den französischen Hof und auch Louis XV. waren entschlossen, die Situation in diesem Sinne zu nutzen. Belle-Isle verhandelte den Vertrag Frankreichs mit Preußen, er wurde wenig später abgeschlossen, und Frankreich zog in einer Front mit Bayern und Preußen gegen Österreich. Als Preußen wenig später die Allianz verließ, da es die Beute Schlesien in Sicherheit wähnte und Frankreich nicht über sein eigenes Interesse hinaus stärken wollte, wendete sich das Kriegsglück gegen Frank-

---

652 A. Wilson 1936, S. 331.
653 A. Wilson 1936, S. 333. Dort als Quelle angegeben: M. Sautai, Les préliminaires de la guerre de la succession d'Autriche 1907, S. 516, 518.
654 M.Sautai 1907, S. 196-197.

reich⁶⁵⁵. Die Stadt Prag, Oberösterreich und das ganze Bayern mussten von der bayerisch-französischen Armee vor der österreichischen Übermacht geräumt werden. Friedrich der Große hatte so gezeigt, wer in Mitteleuropa das Zünglein an der Waage war, wer als Großmacht Politik auf eigene Rechnung zu planen verstand und andere durch einen kaltblütigen Machiavellismus für sich einspannen konnte. Belle-Isle dagegen war mit seiner Politik der Nachahmung Friedrichs des Großen grandios gescheitert.

Auch wenn es Kardinal Fleury jetzt noch gelang, Karl Albert von Bayern als Kaiser des Reichs durchzusetzen, galt dies nunmehr als Teil des französischen Krieges gegen Österreich. Als am 24. Januar 1742 Karl Albert von Bayern zum Kaiser gewählt wurde, fiel Linz, die Hauptstadt Oberösterreichs, am selben Tag wieder an österreichische Truppen, die damit die Wende im Krieg zugunsten Österreichs einleiteten. Ein Jahr später mussten die französischen Truppen unter österreichischem Druck Bayern verlassen. Der bayerische Kaiser von französischen Gnaden war zum Herrscher ohne Land und ohne Truppen herabgesunken. Als Karl Albert am 18. Januar 1745 starb, gelang es Maria Theresia, ihren Mann, Franz von Lothringen zum Kaiser krönen zu lassen und so die Kaiserwürde wieder in habsburgische Hände zu dirigieren. Frankreichs Vorstoß in das Heilige Römisch Reich Deutscher Nation und gegen Österreich war gescheitert. **Frankreich hatte nicht gegen Großbritannien um die Weltvorherrschaft gekämpft, wie Kardinal Fleury es wollte, sondern noch einmal den alten Feind Österreich bekriegt, und das ohne jeden Gewinn. All dies Konsequenzen aus einer veränderten Situationsdefinition für Frankreich durch die neue Großmacht Preußen.**

Auch Spanien war von dem preußischen Einmarsch in Schlesien betroffen. Es eröffnete im Herbst 1741 den **zweiten Kriegsschauplatz** in Italien, konnte dies aber nur mit französischer Hilfe⁶⁵⁶. Maria Theresia hatte Truppen aus den österreichischen Besitzungen in Italien abgezogen, da sie nördlich der Alpen Hilfe gegen die preußischen Truppen brauchte. Großbritannien, mit einer Flotte von 10 Schiffen im Mittelmeer vertreten, agierte vorsichtig, um dort nicht eine Allianz von Spanien und Frankreich her-

---

655 Eine ausführliche Schilderung bei Red Browning 1993, in den drei Kapiteln „France's Diplomatic Noose. April-September 1741", „The Abasement of Austria, September1741-January 1742" und „The Turn of the Tide, January-June 1742". Die Kapitel 4-6 des Buches, S. 37-106.
656 M. Anderson, The War of the Austrian Succession 1995, S. 96f.

III – 3) Die Praxisform des Großmachthabitus

beizuführen, die die englische Flotte hätte bedrohen können[657]. Kardinal Fleury verweigerte zunächst den spanischen Truppen den Durchmarsch durch französisches Territorium, um ihn später als die ersten spanischen Kontingente per Schiff die italienischen Ufer erreicht hatten, zu gestatten[658]. Auch Spanien wollte so von der günstigen Gelegenheit profitieren, die es in Norditalien durch den Abzug der österreichischen Truppen witterte[659]. Österreich musste schließlich im Vertrag von Worms (September 1742) einige seiner Besitzungen an Piemont Sardinien abtreten. Das Hauptziel Österreichs in Italien, die Einverleibung des Königreichs von Neapel, wurde nicht erreicht[660]. So standen sich in Italien die beiden gleichen Allianzen gegenüber. Die Großmacht Österreich hatte hier Piemont Sardinien unter Karl Emanuel III. zum Verbündeten, während Frankreich die spanischen Ambitionen auf Territorialgewinne der Königinmutter Elisabeth Farese für ihre beiden Söhne in Norditalien unterstützte. Auch hier musste Kardinal Fleury notgedrungen dem Einfluss der Partei Belle-Isles weichen und erklärte am 13. Dezember 1740, dass die italienischen Besitzungen Österreichs nicht durch die pragmatische Sanktion abgedeckt seien, da sie nicht zum österreichischen Erbbesitz zählten[661]. Im Januar 1741 anerkannte er die Ansprüche Spaniens auf die Grafschaften von Parma und Piacenza im Gegenzug zur spanischen Unterstützung der Wahl des Bayern Karl Albert zum Kaiser der Reichs. Man sieht, wie Spanien sofort nach dem Tod Karl VI. die Zeit der Erbfolge nutzt, um eigene Ansprüche anzumelden, und damit der bellizistischen Disposition entsprechend handelt. Gleichzeitig ist es als Mittelmacht zu schwach, aus eigener Kraft d.h. ohne französische Unterstützung, einen Krieg gegen Österreich in Italien zu beginnen. Die Nachgiebigkeit des Kardinals ist zum einen direkt auf den wachsenden Einfluss Belle-Isles und seine am Vorbild Friedrichs II. orientierte Politik zurückzuführen, zum anderen auf den Rückzug österreichischer Truppen aus Italien, die in Schlesien dringender gebraucht wurden. **Dass Spanien mit Hilfe Frankreichs den zweiten Kriegsschauplatz in Italien eröffnen konnte, war also der grundlegend veränderten strategischen Situation Frankreichs geschuldet, einer Verände-**

---

657 R. Browning 1993, S. 79.
658 R. Browning 1993, S. 80.
659 Eine ausführliche Schilderung wieder bei R. Browning, 1993, „Spain widens the war", S. 79-82.
660 Siehe dazu M.S. Anderson 1995, S. 122-127, 136f.
661 Dazu und zum Folgenden M. Anderson 1995, S. 96f.

rung, die sich direkt und indirekt auf den Einmarsch Friedrichs II. in Schlesien zurückführen lässt. Direkt, weil der Einmarsch Preußens in Schlesien als Startschuss für den Österreichischen Erbfolgekrieg gelten kann, indirekt, weil durch die veränderte politische Lage Frankreichs im Feld der Großmächte Spanien allererst mit der Unterstützung Frankreichs seines Anspruchs auf die Grafschaften von Parma und Piacenza durchsetzen konnte.

Der **dritte Kriegsschauplatz** des österreichischen Erbfolgekrieges am Rhein und in den Niederlanden wurde erst 1745 eröffnet. Deshalb kann er bei der Änderung der Situationsdefinition Frankreichs durch den Einmarsch Friedrichs des Großen in Schlesien nicht mitberücksichtigt werden.

Die Änderung der Situationsdefinition vollzieht sich im Falle Frankreichs nicht zwangsläufig oder hinter dem Rücken der Beteiligten, sondern in einem internen Machtkampf der maßgebenden französischen Außenpolitiker, der an beiden Kriegsschauplätzen (Böhmen – Mähren – Schlesien und Italien) im Sinne der im Teil I beschriebenen bellizistischen Disposition[662] entschieden wird. Indem Maße wie der Kampf um beide Thronfolgen (in den Österreichischen Erblanden und im Heiligen Römischen Reich Deutscher Nation) als Symbol für den Kampf gegen Österreich anlässlich des Erbfolgefalls galt, hatte sich der Maßstab für den Erfolg der französischen Außenpolitik im Ganzen geändert. Frankreich's Politik wurde jetzt am militärischen Erfolg gegen Österreich gemessen, also an dem Erfolg, den Friedrich der Große als Lohn seiner Politik schon eingefahren hatte. Indirekt wurde damit der Erfolg Friedrichs des Großen zum Maßstab der Beurteilung des Erfolgs der französischen Außenpolitik. Der Krieg gegen Großbritannien war für diesen Augenblick in den Hintergrund gedrängt und galt deshalb auch nicht als Maßstab für den Erfolg der französischen Außenpolitik. Dies änderte sich allerdings im Verlauf des Krieges. Mit der Eröffnung des dritten Kriegsschauplatzes am Rhein und in den Niederlanden im Jahr 1744 und der endlich auch formell vorgenommenen Kriegserklärung Frankreichs gegen Österreich und Großbritannien avancierte Großbritannien zunächst zum Mitgegner und durch die geographische (im Vergleich zu Österreich) Nähe sowie die Verbundenheit mit den Niederlanden praktisch zum Hauptgegner in diesem Krieg[663].

---

662 Siehe Anm. 63
663 D. McKay and H.M. Scott The Rise of Great Powers 1983, S. 168f, R. Browning 1993, S. 149-152 („France redefines its goals").

Man sieht, wie das preußische fait accompli erst den Handlungsspielraum Frankreichs verschiebt, weg von einer Kolonial- und Kontinentalinteressen Frankreichs balancierenden Politik hin zur Auseinandersetzung mit dem alten Hauptgegner Österreich. Damit eröffnen sich dann Strategieoptionen, an die vorher nicht zu denken war (die Koalition gegen Österreich), während andere sich verschließen, die eben noch unbestritten galten (Druck auf Österreich als Hauptverbündetem Großbritanniens mit diplomatischen Mitteln und Kriegsvorbereitung gegen Großbritannien).

Spanien, unter französischem Patronat stehend, kann seine Interessen gegen die Großmacht Österreich nur im Anschluss an die Position Frankreichs im Feld der Großmächte durchsetzen; d.h. nur wegen des Gegensatzes Frankeich-Österreich ist es für die Mittelmacht Spanien sinnvoll, sich der Position Frankreichs im Feld der Großmächte anzuschließen (und nicht etwa an Frankreich an sich). Das Machtgefälle als Grenze zwischen dem Feld der Großmächte und dem Umfeld der Mittelmächte sowie die nur einseitig durchlässige Situationsdefinition wird hier deutlich. Für Spanien ändert sich die eigene politische Situation direkt und indirekt. Eigene Wirksamkeit geht von Spanien aber nur als Vasall Frankreichs aus.

III – 3.3) Die Konsequenz für den Praxisrahmen Österreichs

Österreich war von dem Einmarsch Friedrichs des Großen in Schlesien zuerst und direkt betroffen. Der Einmarsch traf ein innen- wie außenpolitisch destabilisiertes Königshaus. Nach dem Tod von Karl VI. am 20.10.1740 wurde Maria Theresia Nachfolgerin. Sie erbte ein Konglomerat diverser politischer Entitäten, die nur über die Personalunion der Dynastie zusammengehalten wurden. Die Liste ihrer Titel veranschaulicht das:

„Maria Theresia war Königin zu Ungarn, Böhmen, Dalmatien, Kroatien, Slavonien – später auch Galizien und Lodomerien – Erzherzogin zu Österreich, Herzogin zu Burgund, zu Steyer (= Steiermark), zu Kärnten und Krain, Großfürstin zu Siebenbürgen, Markgräfin zu Mähren, Herzogin zu Brabant, zu Limburg, zu Luxemburg und zu Geldern, zu Württemberg, zu Ober- und Niederschlesien, zu Mailand, zu Mantua, zu Parma, zu Piacenza, zu Guastalla, zu Auschwitz und Zator, Fürstin zu Schwaben, gefürstete Gräfin zu Habsburg, zu Flandern, zu Tirol, zu Hennegau, zu Kiburg, zu Görz und zu Gradiska, Markgräfin des Heiligen Römischen Reiches zu Burgau, zu Ober- und Niederlausitz, Gräfin zu Namur, Frau auf der Windischen Mark und zu Mecheln"[664].

Von einem Reich, in dem politische und territoriale Grenzen übereinstimmen, konnte also nicht die Rede sein, mehr noch: Ihr Reich umfasste völlig unterschiedliche politische Gebilde, nur über die Klammer der familiären Herrschaft des Hauses Habsburg in Erbfolge zusammengehalten. Deshalb stand die territoriale Arrondierung und die Vereinheitlichung der politischen Administration an vorderster Stelle aller Ziele. Zum Vergleich: Frankreich war geographisch begünstigt und im Bereich politischer Administration längst darüber hinaus. Großbritannien gelang es durch seine Insellage, die Arrondierung weiter voranzutreiben, auch wenn die Schwierigkeiten bei der Vereinheitlichung der politischen Administration andauerten (Schottland, Irland, Wales und zur damaligen Zeit: Hannover). Es ist deshalb auch nicht erstaunlich, dass Maria Theresia einige ihrer Ländereien immer wieder als Verhandlungsmasse für ihre politischen Ziele sah. Je nach Bedeutung für sie und das Königshaus erlangten diese Länder und Grafschaften ein sehr unterschiedliches Gewicht. Sie konnten in territorialen Tauschgeschäften als Pfand oder zur Kompensation anderer Forderungen dienen[665].

Maria Theresia, von Ihrem Vater in keiner Weise auf die Regierungsgeschäfte vorbereitet, klagte im Rückblick auf diese Zeit:

„„... als meinem Herrn Vattern niemals gefällig ware, mich zur Erledigung weder der auswärtigen- noch inneren Geschäfte beyzuziehen, noch zu informieren; So sahe mich auf einmahl zusammen von Geld, Trouppen und Rath entblösset"[666].

Ihre Unerfahrenheit, aber auch der eklatante Geldmangel, die Desorganisation des Heeres infolge des letzten Krieges gegen die Türken (1737–1739) und dazu ihre Verlegenheit, auf wessen Rat sie hören sollte, brachten gerade sie im nun eingetretenen Erbfolgefall in eine prekäre Lage. Am Hof redete man sich ein, durch die geschlossenen Verträge zur Absicherung der pragmatischen Sanktion sei die Lage unter Kontrolle. Den einzigen Gegner, der diese offiziell nicht anerkannt hatte, Karl Albert von Bayern, glaubte man in Schach halten zu können. Außerhalb Österreichs sah man, wie oben schon für Spanien, Frankreich und Bayern ausgeführt,

---

664 B. Vacha, Die Habsburger. Eine Europäische Familiengeschichte 1992, S .286.
665 R. Browning 1993, S. 17f.
666 H.L. Mikoletzky, Österreich. Das Große 18. Jahrhundert 1967, S. 177.

die Lage ganz anders. Friedrich der Große z.B. erklärt gegenüber seinem Gesandten am Wiener Hof am 5. November 1740, also ein Monat vor Beginn seiner Offensive in Schlesien:

> „Der Kaiser ist tot, das Reich (das Heilige Römische Reich Deutscher Nation, Hinzufügung des Autors) wie das Haus Österreich ist ohne Oberhaupt, die Finanzen Österreichs sind zerrüttet. Die Armeen heruntergekommen, seine Provinzen durch den Krieg, Seuchen und Hungersnot wie durch die furchtbare Steuerlast, die sie bis zum heutigen Tag tragen mussten, ausgesogen.... Wie ist es da nur möglich, dass man sich in Wien solcher Sorglosigkeit hingibt und gar nicht der Gefahren achtet, die sich in so fürchterlicher Anzahl wider jenes unglückliche Haus auftürmen werden,...?"[667]

Selbsteinschätzung und Fremdeinschätzung klafften im Falle Österreichs also diametral auseinander. Friedrich der Große begleitete die militärische Offensive in Schlesien durch eine diplomatische Offerte in Wien. Als sein Gesandter Gotter dem Wiener Hof finanzielle Kompensation gegen die Abtretung Schlesiens anbot, antwortete ihm Franz Stephan, der Gatte Maria Theresias:

> „Then go back to your master and tell him that so long as a single man remains in Silesia we would rather face ruin than have dealings with him. I for my part would not give up any right of the queen or a handsbreath of her lawfully inherited lands for the imperial throne, or for the whole world"[668].

So sehr diese Entgegnung von Empörung durchdrungen war, so genau liegt ihr auch eine einfache strategische Überlegung zu Grunde: Würde man sich auf Friedrichs des Großen vorgeschlagenen Kuhhandel einlassen, so hätte man die Annullierung der pragmatischen Sanktion seinerseits akzeptiert. Es wäre geradezu einer Einladung an andere Großmächte gleichgekommen, dem Beispiel Friedrichs des Großen zu folgen und sich am Länderkonglomerat der Hauses Habsburg zu bereichern[669]. Wien war zudem überzeugt, dass die Chancen der eigenen Armeen in diesem Krieg desto mehr steigen würden, je länger er sich hinzieht. Dies erwies sich als Fehlkalkulation, vor allem aus finanziellen Gründen[670]. Deshalb versuchte Maria Theresia, zunächst die größeren Staaten des Heiligen Römischen Reichs Deutscher Nation gegen Preußen zu mobilisieren. Dies gelang nur

---

667 H.L. Mikoletzky 1967, S. 181. Eine ausführliche Schilderung der Lage Österreichs vor dem Einfall Friedrichs des Großen bei R. Browning 1993, S. 17-20.
668 M. Anderson, The War of the Austrian Sucession 1995, S. 71.
669 M. Anderson 1995, S. 72, und R. Browning 1993, S. 43f.
670 R. Browning 1993, S. 44.

zum Teil[671]. Als allerdings im Lauf des Jahres 1741 Frankreich das Bündnis mit Preußen schloß, Bayern im Krieg gegen Österreich mit Truppen und Finanzen unterstützte, den einen Verbündeten Österreichs, Großbritannien, mit der Drohung gegen Hannover zu marschieren vom Eingreifen in den Krieg zugunsten Österreichs abhielt, und den anderen, potentiellen verbündeten Österreichs, Russland, in einen Krieg gegen Schweden verwickelte, dazu dann noch Spanien für seine Invasion in die habsburgischen Ländereien Italiens Rückendeckung bot, da ging es in dieser Situation nur noch um das Überleben Österreichs und des Hauses Habsburg. Es war Frankreich, das Österreich in diese Lage brachte, eine indirekte Folge des preußischen Erfolgs in Schlesien. Erst durch den Angriff Bayerns – nur mit Rückendeckung Frankreichs überhaupt möglich – und die Einnahme von Passau am 31. Juli 1741 sowie den am 15. August erfolgten Rheinübertritt der französischen Truppen wurde aus dem 1. Schlesischen Krieg, wie ihn die deutsche Geschichtsschreibung auch nennt, der Krieg um die österreichische Erbfolge. Das Ziel für Österreich hieß Überleben und möglichst viele der verbliebenen Erbländer für die Krone Habsburgs zu sichern.

Die Lage Österreichs hat sich damit zunächst durch den Einmarsch Friedrichs des Großen in Schlesien zum Schlechten verändert, denn nun ist mit einem Schlag Preußen der neue Hauptgegner Österreichs, der Österreich den Krieg aufzwang, und nicht mehr Frankreich oder das Osmanische Reich. Wiegt sich Österreich zuvor durch das Vertragswerk der Pragmatischen Sanktion gegenüber Preußen und Frankreich in Sicherheit, muss es nun gegen Preußen Krieg führen. Durch die Änderung der französischen Politik im Gefolge dieses Einmarsches, also eine indirekte Wirkung des Einmarsches Friedrichs des Großen auf Österreich, wird die Lage aber existenzbedrohend, sie verschärft sich durch die Umwegwirkung des gleichen Ereignisses noch einmal. Die Truppen Frankreichs, Bayerns, Spaniens u.a.m stehen plötzlich ebenfalls gegen das österreichische Militär. Der Ruhm Maria Theresias gründet auf dem ihr zugeschriebenen Überleben Österreichs in dieser scheinbar ausweglosen Situation – ebenso aber auf den Reformen, die sie in der Folge auf den Weg bringt.

---

671 M. Anderson 1995, S. 72.

III – 3.4) Die Konsequenz für den Praxisrahmen Großbritanniens

Mehr als in allen anderen europäischen Staaten wurde die Außenpolitik Großbritanniens im 18. Jahrhundert bestimmt durch die Ausweitung seiner Macht in Übersee. Seit der „Glorious Revolution" im Jahr 1688, als der Oranier William III. aus den Niederlanden den englischen Thron bestieg, stand England in einem vielschichtigen Konflikt mit Frankreich. Der Kampf der Dynastien (Stuart – Oranien), die unterschiedlichen Konfessionen (Katholisch – Anglikanisch), die Differenzen des politischen Systems (Parlamentarismus – Absolutismus) und die gegensätzlichen Auffassungen von der Bedeutung der Wirtschaft für den Staat (Merkantilismus – Freier Warenverkehr vor allem mit Blick auf den Transport auf den Weltmeeren) bei gleichzeitiger Konkurrenz um die Weltherrschaft in Übersee mündeten in einen etwa 100 Jahre andauernden Großkonflikt. Dieser Konflikt schien in einem ersten großen Krieg, dem Spanischen Erbfolgekrieg (1701 – 1713), zunächst zugunsten Großbritanniens entschieden und wurde so im Frieden von Utrecht besiegelt. Großbritannien war damit als Großmacht in Europa anerkannt. In dieser Zeit gründete die Allianz zwischen Großbritannien und Österreich gegen den gemeinsamen Gegner Frankreich. *R. Lodge* bringt die maßgebliche Bündnisstruktur Großbritanniens in dieser Zeit auf die außenpolitische Formel:

> „That France was the national enemy, that England in isolation was powerless to resist France, and that therefore the closest alliance must be maintained with the Dutch Republic and with the House of Habsburg"[672].

Zu diesen beiden Allianzen Großbritanniens (Niederlande und Österreich) kam eine dritte noch weitaus engere Verbindung zum Kontinent. Als 1715 König Georg I. aus dem Haus Hannover durch Erbfolgebestimmmungen des „Act of Settlement" den britischen Thron bestieg, kam zur Personalunion Großbritanniens und Irlands die Personalunion zwischen England und Hannover dazu. Dies durch einen König, der kein Englisch sprach und sich auf Deutsch und Französisch verständigte. Auf diese Weise wurde der König von England zum Kurfürsten im Heiligen Römischen Reich Deutscher Nation, somit einer der nunmehr acht einflussreichsten Fürsten der deutschen Lande. Georg I. und sein Nachfolger Georg II. (1727–1760) waren in Personalunion König von England und Irland, (Schottland und

---

672 Zitiert in M. Schlenke 1963, S. 172.

England waren zu einem Königreich seit 1707 vereinigt) sowie Kurfürst im Rang eines Herzogs von Braunschweig – Lüneburg (Hannover).

Im Jahr 1740 standen Großbritannien und Frankreich kurz vor einer kriegerischen Auseinandersetzung[673]. Ein Jahr zuvor war es zum Krieg zwischen Großbritannien und Spanien gekommen, zum sog. „War of Jenkins Ear". Es ging um die Freiheit der Meere, genauer: die Freiheit englischer Schiffe auf Handelsrouten, die Spanien als seinen Besitz ansah; einen Besitz, den man durch britische Nutzung gefährdet glaubte. Von keiner Seite wirklich gewollt, entwickelte sich dieser Krieg aus den Angriffen der britischen Flotte auf spanische Schiffe, die vor allem Silber aus den Häfen von Portobello und Cartagena nach Spanien transportierten. Im Herbst 1739 erklärten beide Seiten den Krieg. Auf englischer Seite rechnete man mit einem Eingreifen Frankreichs zugunsten von Spanien, da beide Staaten durch ein Familienabkommen zwischen den beiden bourbonischen Herrscherhäusern verbunden waren. *M. Anderson* zitiert den Herzog von Newcastle, einen der beiden damaligen Secretary of State:

> „… that we take it for granted that France will join Spain, and that we shall be attacked at home". Und fährt erklärend fort: „Against this threat the obvious strategy was to seek European allies and try to rouse on the continent opposition which would force France to divert its energies to land warfare there"[674].

Die Suche nach Verbündeten auf dem Kontinent diente also einem Hauptzweck: Frankreichs Kräfte in Europa zu binden, um in Übersee leichteres Spiel oder sogar freie Hand haben. Dies, der Kern der vielzitierten „Balance of Power" Politik Großbritanniens, war der strategische Hintergrund aller außenpolitischen Entscheidungen Großbritanniens im 18. Jahrhundert.

Es kam vorerst nicht zum Krieg zwischen Frankreich und Großbritannien. Wie oben erwähnt ließ Kardinal Fleury die aus Brest und Toulon schon ausgelaufene französische Flotte zurückrufen[675], weil in Österreich mit dem Tod Karls VI. der Erbfolgefall eingetreten war. Frankreich griff deshalb nicht auf Seiten Spaniens in den Krieg in Übersee ein.

Diese für britische Kolonialpolitik günstige Wendung hatte gleichwohl auch einen wichtigen Nachteil für Großbritannien: Das Interesse Frankreichs galt nun der Erbmasse der habsburgischen Länder und damit also

---

673 Vgl. dazu und zum Folgenden: M. Anderson 1995, S. 11-20. Das Kapitel „Imperial Rivalries and the Anglo-Spanish War".
674 M. Anderson 1995, S. 19.
675 A. Wilson 1936, S. 327. Mediger, Moskaus Weg nach Europa 1953, S. 99;

einem Verbündeten Großbritanniens seit 1690[676]. Genauer: Frankreich wollte den Einfluss Habsburgs im Heiligen Römischen Reich Deutscher Nation zurückdrängen und einen Kaiser in französischer Abhängigkeit, den Wittelsbacher Karl Albert, inthronisieren, um seinen eigenen Einflussbereich auszuweiten. Diese Absicht vor Augen versuchte Großbritannien, wie schon einige Male zuvor, Preußen zum Verbündeten zu gewinnen. Man erhoffte sich beim gerade erst ernannten jungen König von Preußen, Friedrich II., größere Chancen als bei seinem Vater, Friedrich Wilhelm I., der dieses Ansinnen mehrmals zurückgewiesen hatte.

In diese außenpolitische Lage Großbritanniens hinein platzte die Nachricht vom Einmarsch Friedrichs des Großen in Schlesien:

„The outbreak of war on the Continent in 1740–41 had radically altered the situation of Britain."

beschreibt *D. McKay* die Situation[677]. Sie änderte sich folgendermaßen[678]: Der Einmarsch Preußens richtete sich gegen den traditionellen Verbündeten Großbritanniens im Kampf gegen Frankreich. Eine Schwächung Österreichs durch Verlust seiner ökonomisch wichtigsten Provinz schwächte auch England in seinem Kampf gegen Frankreich, denn ein Österreich in der Defensive gegenüber Preußen stellt auch für Frankreich eine wesentlich geringere Gefahr dar. Frankreich wurde so nicht nur indirekt auf dem Kontinent gestärkt, es konnte ihm auch gelingen, Kräfte für die Auseinandersetzung in den Kolonien aus Europa abzuziehen und England zur See und in Übersee zu bedrohen. Außerdem fühlte sich der englische König in seiner Eigenschaft als Kurfürst von Hannover bedroht. Als Nachbar Preußens konnte sich der nächste Angriff Preußens auch gegen Hannover richten.

Preußens Eroberung von Schlesien verändert so die außenpolitische Lage Großbritanniens in Deutschland, Europa und in Übersee. Die alte Konstellation, England mit Österreich und den Niederlanden gegen Frankreich gerät unter Druck, da Österreich als Gegengewicht gegen Frankreich auszufallen droht. Deshalb ist England von nun an gezwungen zu wählen: Entweder auf eine Stärkung Österreichs gegen Preußen hinzuarbeiten und / oder Preußen als neuen Verbündeten zu gewinnen – beides

---

676 siehe M. Anderson 1995, S. 11.
677 D. McKay, The Rise of the Great Powers 1648-1815 1983, S. 166.
678 siehe dazu M. Schlenke 1963, S. 173.

Teil III Preußen als Parvenu

unter der Voraussetzung, dass der eigentliche Feind Frankreich ist und bleibt.

In England stellte man wahrscheinlich zuerst den militärischen Coup Friedrichs des Großen in den weltpolitischen Horizont der europäischen Kolonialpolitik. York, Earl von Hardwicke und Lord Chancellor of Great Britain wird von *M. Schlenke* mit den Worten einige Monate nach Ausbruch des Krieges zitiert:

> „It look'd last year as if the old world was to be fought for in the new, but the tables are turn'd, and I fear that now America must be fought for in Europe"[679].

Während es bisher beim Erwerb von Kolonien in Übersee um die Machtstellung in Europa ging, hatten die kriegerischen Auseinandersetzungen zwischen Preußen und Österreich von nun an auch Konsequenzen für die Erfolgsmöglichkeiten und die britische Machtstellung in Übersee. Darin meldet sich zunächst eine nicht mehr auf Europa allein fixierte Problemsicht, aber auch das Selbstbewusstsein einer Weltmacht, für die der Besitz von Kolonien nicht mehr nur als Ausweis eigener Größe im Vergleich der europäischen Mächte galt[680]. Vielmehr indiziert die im Zitat unterstellte Äquivalenz der Konflikte in Europa und Übersee eine weltpolitische Horizonterweiterung, die einen europäischen Krieg mit den gleichen kühlsachlichen Nützlichkeitserwägungen einordnete, wie das für die Kriege in und um Kolonien schon lange galt. Wenn also, mit der Wendung des Earl von Hardwicke, um Amerika in Europa, d.h. zwischen Preußen und Österreich gefochten wurde, so war das aus britischer Sicht und in britischem Interesse in den Konflikt zwischen sich und Frankreich einzuordnen. Der Konflikt zwischen Preußen und Österreich wurde so völlig in den Konflikt zwischen England und Frankreich hineingenommen und ins eigene Interesse hinein uminterpretiert, d.h. chiffriert: als Teil des Kampfes um Amerika zwischen England und Frankreich. Ungeachtet dieser Chiffrierung des preußisch-österreichischen Konfliktes änderte sich für Großbritannien dadurch die außenpolitische Großwetterlage. *M. Schlenke* schildert das anschaulich an den drei verschiedenen Strategien, die Großbritannien in der Folgezeit aus der neuen Situationsdefinition entwickelte:

> „1. Entschlossenes militärisches Vorgehen gegen den „schlesischen Abenteuerer" mit dem Ziel, ihn niederzuwerfen und den preußischen Staat von der

---

679 M. Schlenke, 1963, S. 174.
680 H. Duchhardt, Balance of Power und Pentarchie 1997, S. 327.

Landkarte zu tilgen oder ihn zumindest auf die Stufe eines militärisch bedeutungslosen Kleinstaats herabzudrücken"[681].

Dies war die erste Reaktion Georg II., der als Hannoveraner vor allem um seinen norddeutschen Besitz fürchtete und deshalb versuchte, eine Allianz von England, Österreich, Sachsen und Hannover gegen Preußen in Stellung zu bringen. Die britische Regierung und das Parlament versagten ihm allerdings darin die Gefolgschaft. Deshalb kam es zu einem für Maria Theresia völlig unerwarteten Politikschwenk unter der Führung des Außenministers Walpole hin zu folgender Strategie:

> „2. Aussöhnung der Kämpfenden durch englische Vermittlung mit der Absicht, Preußen in die antibourbonische Koalition, in das „alte System" einzureihen oder es doch wenigstens zu neutralisieren"[682].

Diese Politik wurde von der britischen Regierung beibehalten trotz ihres offensichtlichen Misserfolgs von Anfang an. Österreich beharrte auf der Rückgabe von Schlesien, und Preußen schloss zunächst das Bündnis mit Frankreich gegen Österreich. Erst im „Renversement des Alliances" (1755) kurz vor Beginn des Siebenjährigen Krieges wurde diese Strategie aufgegeben. Es folgte danach:

> „3. Ersatz des österreichischen durch den preußischen Bundesgenossen, der alsdann die Rolle des gegen Frankreich gerichteten Festlandsdegens zu übernehmen hatte"[683].

Diese Konstellation bestimmt den Siebenjährigen Krieg (1756–1763). Wie man leicht sehen kann, basieren alle drei Strategien auf der für Großbritannien veränderten Gesamtsituation nach dem Einmarsch Friedrichs des Großen in Schlesien.

Dass solche Reaktionen auf einen veränderten, kontingenten Praxisrahmen selbst wieder die Situationsdefinitionen anderer Großmächte verändern, dafür bietet das sog. Renversement des Alliances zu Beginn des Siebenjährigen Krieges ein anschauliches Beispiel:

Großbritannien gab dazu den Anstoß, ohne sich der Tragweite bewusst zu sein: Großbritannien glaubte Russland mit Subsidienzahlungen (Finanzhilfen an Koalitionspartner) als Verbündeten an sich gebunden und Preußen mit dem entsprechenden Abkommen in die Enge getrieben zu haben, sich doch in eine Koalition mit Großbritannien zu begeben, um sich

---

681 M. Schlenke 1963, S. 174.
682 M. Schlenke 1963, S. 174.
683 M. Schlenke 1963, S. 174.

gegen eine britisch-russische Umklammerung zu wehren. Preußen, mit Frankreich noch durch den Vertrag von Breslau aus dem Jahr 1741 verbunden[684], nahm diese Offerte gerne an und schloß mit Großbritannien die sog. Westminsterkonvention (16. Januar 1756), um nicht einseitig auf der Seite Frankreichs gegen Großbritannien in den sich anbahnenden, überseeischen Konflikt hineingezogen zu werden und um sich aus der sich abzeichnenden Umklammerung von Russland einerseits und Großbritannien andererseits zu lösen[685]. Für Preußen hatte sich also durch dieses Abkommen die Lage bereits grundsätzlich verändert: Preußen reagierte auf eine Änderung seiner Situationsdefinition, die auf einer Änderung der Situationsdefinition durch es selbst für Großbritannien beruhte [686]. Allerdings dachte weder Preußen daran, sich von Frankreich zu lösen, noch dachte Großbritannien daran, sich von seinem Verbündeten Österreich zu trennen. Für Österreich und Frankreich aber hatte sich durch die Konvention von Westminster ihre Lage im Feld der Großmächte nun ebenfalls grundlegend gewandelt[687]. Österreich sah sich von seinem bisherigen Verbündeten, Großbritannien, im Stich gelassen und ebenso Frankreich von Preußen. Beide interpretierten die Westminsterkonvention als britisch-preußisches Bündnis. So kam es zum Renversement des Alliances, zu einem „Tausch" der Koalitionspartner. Großbritannien und Preußen sahen sich plötzlich einer österreichisch-französischen Front gegenüber, als diese beiden am 1. Mai 1756 den 1. Vertrag von Versailles schlossen[688].

Auch Russland wurde durch die Westminsterkonvention überrascht. Die Zarin Elisabeth fühlte sich von Großbritannien hintergangen, dachte sie doch Großbritannien durch ihr vorangegangenes Abkommen zur Subsidienzahlung auf die Seite einer antipreußischen Koalition ziehen zu können. Als Reaktion auf diesen „britischen Verrat" in den Augen Russlands sollte der Angriff auf Preußen dann gemeinsam mit Österreich vorangetrieben werden[689].

---

684 R. Browning 1993, S. 58; M. Anderson 1995, S. 75.
685 D. McKay 1983, S. 186ff.
686 Ein Beispiel doppelter Kontingenz à la T. Parsons. Die Frage, wie man in die Kontingenz hineinkommt, ist hier allerdings schon durch das Feld der Großmächte beantwortet.
687 H. Duchhardt 1997, S. 330f; und H. Duchhardt 1992, S. 112.
688 H. Duchhardt 1997, S. 330.
689 Zur Reaktion Russlands auf die Westminster-Konvention siehe W. Mediger 1952, S. 618-622.

In dieser Verkettung von Fehleinschätzungen und unvorhersehbaren Folgewirkungen ändern sich ungewollt für alle Großmächte sukzessive die Situationsdefinitionen, allerdings so, dass dabei die aktuellen Konfliktlinien unter den Großmächten erhalten bleiben. Die Konfliktparteien Preußen-Österreich und Großbritannien-Frankreich stehen nach wie vor im jeweils anderen Lager[690].

III – 3.5) Die Konsequenz für den Praxisrahmen Russlands

Seit dem Sieg über Schweden im Nordischen Krieg (7101-1721) begann der Aufstieg Russlands zur Großmacht[691]. Peter der Große hatte das Baltikum sowie den südlichen Teil Kareliens von Schweden erobert und errichtete seine neue Hauptstadt Petersburg an der Ostsee zur Demonstration eigener Größe und mit dem Anspruch, in Europa als Großmacht Anerkennung zu finden. Ein Blick aus der Perspektive Frankreichs, der ersten Großmacht des Kontinents, kann die europäische Bedeutung Russlands bis zum Ausbruch der Österreichischen Erbfolgekrieges gut verdeutlichen. Frankreich, zu Beginn des 18. Jahrhunderts noch auf den alten Erbfeind Österreich fixiert, hatte zur Eindämmung der österreichischen Macht in Osteuropa die sog. „barriere de l'est" um das Land gelegt. Mit der Großmacht Schweden und Polen[692] durch Verträge verbunden und mit dem Ottomanischen Reich durch Subsidienzahlungen, die diesem immer wieder Vorstöße gegen Österreich auf dem Balkan ermöglichten, sollte diese Barriere Österreichs Expansionsdrang nach Osten Einhalt gebieten. Seit seinem Aufstieg bedrohte Russland diese Barriere und schien damit in der Lage, die französische gegen Österreich gerichtete Strategie zu durchkreuzen. Der russische Staat, nicht nur um die Ukraine (seit 1667), sondern auch um das Baltikum und Teile Kareliens erweitert, hatte mit seiner Besetzung Mecklenburgs und von Teilen Dänemarks im Nordischen Krieg demonstriert, dass er nach Mitteleuropa vorstoßen konnte.

---

690 Für eine tragfähige Analyse des gesamten Renversement des Alliances müsste zumindest der Großkonflikt zwischen Frankreich und Großbritannien zusätzlich analysiert werden. Erst dann wäre zu sehen, wie beide Strukturen, Feld der Großmächte und Konflikt zwischen Großmächten, politisch ineinandergreifen.
691 Siehe Teil I, der Aufstieg Russlands zur Großmacht.
692 W. Mediger 1952, S. 75; McKay 1983, S. 88; M. Scott, The Emergence of the Eastern Powers 2001, S. 5.

Im Polnischen Thronfolgekrieg[693] (1733 – 1738) versuchte Frankreich, den polnischen Exkönig Stanislaus Leszczynski, den Schwiegervater Ludwigs XV., als König in Polen durchzusetzen. Dies misslang und St. Leszczynski musste vor den anrückenden russischen Truppen das Land verlassen, die daraufhin ihren Kandidaten, den sächsischen Kurfürsten Friedrich August II. (der Sohn von August dem Starken) als Thronfolger einsetzten. Frankreich verlor seinen Außenposten an Russland. Aus der Barriere war damit das wichtigste Stück herausgebrochen, und Frankreich stand vor der Aufgabe, sich neu und anders gegen Österreich, aber auch gegen das nun sich dem Zentrum Europas nähernde und als Großmacht wahrgenommene Russland zu positionieren. Im Dezember 1739 gelang es Frankreich, mit Schweden und mit der Türkei ein gegen Russland gerichtetes Defensivbündnis zu schließen[694]. Damit gewann die Barriere einen anderen Sinn als zuvor. Nicht mehr gegen das österreichische Habsburg, sondern gegen ein Vordringen Russlands nach Zentraleuropa richtete sich dieses Bündnis. Den Ausfall Polens versuchte man durch Beitrittsverhandlungen mit Dänemark und Preußen zu kompensieren. Frankreich fühlte sich von da an in seiner Außenpolitik durch die neue Großmacht im Osten Europas herausgefordert. Die Inthronisierung von August II. war dagegen für Russland, Österreich und Preußen ein Garant der bleibenden militärischen Schwäche dieser Personalunion aus Sachsen und Polen[695].

Die führenden Außenpolitiker Russlands zu dieser Zeit waren Kriegsminister Münnich und Reichsvizekanzler Ostermann[696]. Beide suchten gegen die französische Hegemonialpolitik im Osten Europas England und Preußen als Verbündete zu gewinnen[697]. Mit Österreich war man seit 1726 durch einen Verteidigungsvertrag verbunden[698] und der gemeinsame Krieg gegen das Ottomanische Reich (1735–1739) stärkte die Allianz beider Mächte. Preußen allerdings kam dabei durch seine geographische Lage in der „Barrierezone" Frankreichs eine Schlüsselstellung für Russland wie auch für Frankreich zu. Das gemeinsame Interesse an einem militärisch schwachen Sachsen-Polen bildete dabei für Russland den Anknüpfungs-

---

693 Zum Folgenden siehe W. Mediger 1952, S. 69f.
694 Vgl. W. Mediger 1952, S. 88f, 196.
695 Siehe Michael G. Müller, Polen zwischen Preussen und Russland, Berlin 1983, S. 39-49.
696 McKay 1983, S. 154ff.
697 W. Mediger 1952, S. 165ff.
698 M. Anderson 1995, S. 63.

punkt, Preußen weiter in seine gegen eine Machtausweitung Frankreichs gerichtete Vorfeldpolitik zu integrieren[699].

W. *Mediger* schildert die Einschätzung des russischen Vizekanzlers Ostermann zur strategischen Bedeutung von Preußen Ende der zwanziger Jahre des 18. Jahrhundert (zur Regierungszeit von Friedrich Wilhelm I.):

> „Den König von Preußen müssen wir bei uns festhalten suchen, denn wenn auch nicht viel Hilfe von ihm zu erwarten ist, so kann er mit Rücksicht auf die anderen Nachbarn doch von Nutzen sein"[700].

Es war also Preußens Lage in der Barrierezone, die Russland's Interesse weckte und nicht die preußische Militärmacht als solche.

Der Einmarsch Preußens in Schlesien änderte die strategische Situation im Feld für Russland grundlegend. Preußen brach sozusagen aus der Anti-Barriere (*Michael G. Müller*) gegen Frankreich aus. Der Einmarsch in Schlesien hieß Krieg gegen Österreich, und die Allianz zwischen Preußen und Frankreich gegen Österreich (Juni 1741) musste aus russischer Sicht als Seitenwechsel gewertet werden. Dazu kam, dass dem militärisch schwachen, aber territorial weiträumigen und bis an die russische Grenze reichenden Sachsen-Polen nichts anderes blieb, als auf preußischer und französischer Seite mit in den Krieg gegen Österreich zu ziehen. Die französische Barriere schien damit plötzlich bis an die russischen Grenzen vorgerückt. Schweden versuchte, dies mit französischer Hilfe zu nutzen und erklärte seinerseits Russland den Krieg[701]. Das Ostermann'sche System der Defensivallianz gegen Frankreich war damit gescheitert[702].

Dazu kam, dass Preußen seit dem Gewinn der Schlacht von Mollwitz als neue Großmacht auf den Plan trat. Es ging also von Preußen eine neue Qualität der Initiative aus:

> „Und vornehmlich insofern beunruhigte ihn (Ostermann, der Autor) die Möglichkeit, dass Preußen sich zu einem überragenden Machtfaktor ausbilde, als er befürchtete, es werde sich zur Erreichung seiner Ziele Frankreich anschließen und mit Schweden verbinden, wodurch denn die Gegner Rußlands eine kaum auszugleichende äußerst bedrohliche Verstärkung erhalten würden."

---

699 Michael G. Müller 1983, S. 43, 48.
700 W. Mediger, S. 167.
701 Michael G. Müller 1983, S. 52, 79.
702 Michael G. Müller 1983, S. 51-55.

beschreibt *W. Mediger* die entstandene Situation[703]. **Die neue, gefürchtete Qualität der Situation lag nicht mehr darin, welchem Bündnis sich die bisherige Mittelmacht Preußen anschließt, sondern darin, dass es dieses als neuer überragender Machtfaktor zu tun in der Lage war.** Wenn Russland seine Strategie der Vorfeldsicherung weiterführen wollte, musste diese sich nun auch gegen Preußen absichern[704]. Man sieht hier Preußen auf dem Wege der Anerkennung durch die russische Großmacht. Die Frage nach der französischen Barriere gegen Russland wurde jetzt um die Frage erweitert, ob und wie von dem neuen preußischen Machtfaktor eine Gefahr für Russland ausgeht, sei es in einer Koalition mit Frankreich oder als selbständiger Machtfaktor. Bis klar war, wem sich Preußen anschloss, verfolgte Russland deshalb eine Politik der vorsichtigen Beeinflussung Preußens:

> „Aber wie er (Ostermann, der Autor) mit Rücksicht auf diese Gefahr geneigt war, nach jedem Mittel zu greifen, um Friedrich II. noch rechtzeitig zu einer Verständigung mit Österreich zu nötigen, so sah er sich aus eben diesem Grunde zu äußerster Zurückhaltung beim Vorgehen gegen ihn gezwungen, um ihn nicht durch einen voreiligen Schritt zu reizen und gerade in die Richtung zu treiben, von der er ihn abzudrängen gedachte"[705].

Der russische Reichsvizekanzler Ostermann rechnete hier mit Preußen als eigenständigem Machtfaktor im Feld der Großmächte. Deshalb musste er sowohl die neue Eigenständigkeit preußischer Außenpolitik wie die sich anbahnende Koalition mit Frankreich im Auge behalten, also auf den Aufstieg Preußen reagieren und damit der eigenen veränderten Situationsdefinition Rechnung tragen.

Als der englische Gesandte die russische Regierung über die französischen Pläne zur Bildung einer Koalition zwischen Frankreich und Preußen gegen Österreich informierte, zögerte Ostermann nicht mehr und schloss mit Großbritannien im April 1741 eine Defensivallianz. Diese sollte das sofortige Erscheinen eines britischen Geschwaders in der Ostsee ermöglichen. Russland war so mit dem durch den Verlust Schlesiens geschwächten Österreich und der Seemacht England verbunden. Ob dies eine ausreichende Hilfe war gegen die beiden Großmächte mit den bestausgerüsteten Armeen Europas zur damaligen Zeit, Preußen und Frankreich, musste sich zeigen.

---

703 Zum Folgenden W. Mediger 1952, S. 170ff.
704 Michael G. Müller 1983, S. 56, 82.
705 W. Mediger 1952, S. 170.

III – 3) Die Praxisform des Großmachthabitus

Die Eroberung Schlesiens durch Friedrich den Großen zwingt Russland zu einer Neudefinition seiner strategischen Situation. Die Strategie einer Vorfeldpolitik als Anti-Barriere gegen den französischen Machtanspruch in Osteuropa ist gescheitert. Durch die Eroberung Schlesiens und den Kriegseintritt Sachsen-Polens auf preußisch-französischer Seite ist die französische Barriere auf einmal bis an die russische Grenze vorgerückt. Russland sieht sich durch Frankreich und durch ein mit Großmachtanspruch auftretendes Preußen in einem vorher unbekannten Ausmaß gefährdet. Preußen als neuer und eigenständiger Machtfaktor in einem Bündnis mit Frankreich bringt Russland in Zugzwang. Die offensichtliche Schwäche Österreichs angesichts der Niederlage in Schlesien vor Augen geht es Russland nicht mehr nur um den Kampf gegen die Barriere Frankreichs in Osteuropa. Eine Allianz unter Führung Frankreichs aus Schweden, der Türkei, Bayern und Preußen, die sich gleichermaßen gegen Österreich und Russland richtet, kommt aus Sicht Ostermanns einer Vorherrschaft Frankreichs in ganz Europa gleich; einer Vorherrschaft, die in Osteuropa nun nicht mehr allein durch die Barriere, sondern durch den neuen Machtfaktor Preußen gesichert wird. Das Bündnis mit der einzig verbleibenden Großmacht Großbritannien wird für ihn aus diesem Grund zwingend.

III – 3.6) Die Dynamik des Feldes

Die hier beigebrachten Beispiele veranschaulichen die Dynamik des Feldes. Jede Großmacht kann jede andere unter Zugzwang setzen. Einfach und direkt, wie Preußen durch den Einmarsch in Schlesien Österreich, aber gleichzeitig auch indirekt mit dem Eingreifen Frankreichs durch die Mittelmacht Bayern und die zur Mittelmacht abgestiegene Großmacht Spanien. So wird ein Ereignis im Feld in seiner Wirkung vervielfältigt und aus einer Gefahr kann Existenzbedrohung werden. Für Frankreich verschieben sich die außenpolitischen Handlungsoptionen. Der Krieg gegen Großbritannien wird aufgeschoben, die günstige Gelegenheit gegen Österreich vorzugehen, revidiert schon getroffene Entscheidungen. Strategisch verbirgt sich Frankreich zunächst hinter seinen Vasallen Bayern und Spanien, bevor es selbst in den Österreichischen Erbfolgekrieg eingreift. Anschaulich werden hier sowohl die Aktualisierung der Feldgrenze wie auch der Durchgriff einer Großmachtsaktion auf die Situationsdefinition einer Mittelmacht. Diese wiederum kann nur durch Beitritt zu einer Position im

Feld der Großmächte seine eigenen Interessen gegen andere Großmächte wahren oder durchzusetzen versuchen und bestätigt auf diese Weise, dass sie über keine eigenen Mittel verfügt, im Feld der Großmächte Position zu beziehen und die Situationsdefinition anderer Großmächte zu beeinflussen. Großbritannien wird durch den Einmarsch in drei verschiedenen Regionen seiner Außenpolitik betroffen: In Deutschland, Europa und in Übersee. Im Heiligen Römischen Reich Deutscher Nation ist es das Risiko Hannovers, als Nachbar Preußens in die Gefahrenzone zu rücken und zum Gegenstand von Eroberungslüsten der neuen Großmacht Preußen zu werden. In Europa, d.h. für Großbritannien im Kampf gegen Frankreich auf dem europäischen Festland, scheint Österreich als Verbündeter nicht mehr genug Bedrohungspotential gegen Frankreich aufbauen zu können. Frankreich würde deshalb von der Schwäche Österreichs profitieren, und die bisher auf dem Kontinent gebundenen Streitkräfte Frankreichs könnten in Übersee gegen Großbritannien in Stellung gebracht werden. Auch hier multiplizieren sich die Wirkungen des Einmarsches in Schlesien in ihrem Nachteil für Großbritannien zu einer grundlegend veränderten Situationsdefinition im Feld der Großmächte. Drei neue Strategien lassen sich beobachten: Direkter Kampf gegen Preußen, Versuch der Aussöhnung von Preußen und Österreich mit dem Ziel, Preußen in die Allianz gegen Frankreich zu ziehen und – dann im Siebenjährigen Krieg verwirklicht – den Ersatz des Verbündeten Österreich durch Preußen. Alle drei bauen auf der veränderten Situationsdefinition Großbritanniens auf: Preußen schadet in allen drei Regionen der britischen Position im Feld der Großmächte. Preußen als Gefahr muss deshalb ausgeschaltet werden, sei es durch einen Sieg über Preußen oder ein Bündnis mit ihm.

Russland sucht das Bündnis mit Großbritannien, um dem neuen Machtfaktor Preußen in Koalition mit Frankreich zu begegnen. War es vorher die Frage der „barriere de l'est", ob und wie sich Preußen in eine französische Koalition gegen Russland einbinden ließe, war es jetzt die Verbindung zweier Großmächte, die Russland zum Bündnis mit einer anderen Großmacht zwangen.

Die Bewegung im Feld und der Druck auf eine Großmacht durch eine oder mehrere andere qua Veränderung seiner Situationsdefinition wie die Aktualisierung der Grenze als Machtgefälle zwischen Groß- und Mittelmacht lassen sich an diesen Beispielen nachvollziehen. Wie diese Bewegung des Feldes zur Positionierung der einzelnen Großmächte steht, soll im abschließenden Kapitel zur Konstitution des Feldes der Großmächte erörtert werden.

III – 4) Das Feld der Großmächte und sein Umfeld: Das Machtgefälle als Grenze (dargestellt am Beispiel der Mittelmächte Bayern und Sachsen)

Dieses Kapitel hat drei Teile. Ich beginne mit den Schlussfolgerungen, die sich aus dem zu Bayern und Sachsen Ausgeführten ergeben, um die Aufmerksamkeit gleich auf das zu lenken, was sich als Resultat im Lauf der Darstellung herauskristallisieren wird: die Grenze des Feldes oder die Differenz zwischen Feld und Umfeld, also wie von hüben nach drüben und auf anderen Wegen wieder zurück Groß- und Mittelmächte einander begegnen und voneinander politischen Gebrauch zu machen suchen. Die Beispiele beziehen sich wieder auf Preußen als Katalysator einer sich verändernden Situationsdefinition und wie schon vorher: auf die Eroberung Schlesiens, und verfolgen die sich verzweigenden Konsequenzen über die Schwelle des Feldes der Großmächte hinaus in das Umfeld der Mittelmächte[706].

Darauf folgen die Beispiele Bayern und Sachsen. Im Fall Bayerns zunächst der geschichtliche Teil in einer das Wesentliche gedrängt zusammenfassenden historischen Skizze (III-4.2.1) Anschließend (III-4.2.2) erörtere ich die schon herauspräparierten Züge unter dem Gesichtspunkt der Aktualisierung des Feldes: Wie zeigt sich die Grenze des Feldes in seiner Aktualisierung durch den Einmarsch Preußens? Das Beispiel Sachsen kennt mehrere Stufen einer sich graduell veschlechternden Situation. Deshalb werden hier historischer Report und Interpretation im jeweiligen Kapitel (III-4.3.1 – III-4.3.3) zusammengezogen.

III – 4.1) Macht als Grenze zwischen Feld und Umfeld

Die Grenze des Feldes der Großmächte erscheint zunächst als ein Machtgefälle. Schon der Unterschied in der Begriffswahl Großmacht – Mittelmacht / Kleine Mächte („Small Powers" in der englischsprachigen Literatur) weist auf die Unterlegenheit der Ausgeschlossenen hin: Die Mittelmächte sind ausgeschlossen, weil sie nicht über die Machtfülle der Großmächte verfügen. Dieses Machtgefälle verführt in der politologischen Literatur oft zu Skalierungen aller Art, um Abgrenzung und Übergang glei-

---

706 Mitgemeint sind hier immer auch alle anderen Nicht-Großmächte, also z. B. auch Kleinmächte und Schwellenmächte.

chermaßen begreiflich zu machen, immer gemessen an dem Blickwinkel, in den hinein die Adjektive groß, mittel, klein gestellt werden, etwa: Bevölkerungsdichte, Landesgröße, Industrieproduktion, militärische Kapazität u.a.m.[707]*. Es ist bisher nicht gelungen, hier zu einer allgemein anerkannten Auswahl von Variablen und deren zu verallgemeinernder Bedeutung zu gelangen*[708]*. Seltener wird gesehen, dass es sich beim Machtgefälle vor allem um ein Gefälle von Macht handelt, und so der Unterschied im Machtgefüge ja schon selbst erscheint, ihn deshalb auch charakterisiert. Hinweise auf die Bedeutung des Status einer Nicht-Großmacht*[709]*, auf die Einbindung in ein System internationaler Beziehungen und die Anbindung an das Verhalten bestimmter Großmächte zeigen, dass die Abgrenzung – und in einem nächsten Schritt dann auch die Grenze – gerade in der Beziehung zwischen Großmacht und Nichtgroßmacht gesucht werden muss und nicht so sehr in deren ökonomischen, militärischen oder anderen Qualitäten.*

Der folgende Gedankengang nimmt diese Anregungen aus der Literatur auf und bezieht sie an Beispielen auf das Verhältnis des Feldes der Großmächte im 18. Jahrhundert, der Pentarchie, zu den Mittelmächten seiner Zeit.

Wie oben dargelegt, verdankt die Großmacht ihren Status der Anerkennung durch die anderen Großmächte. Ihr wird die prinzipiell gleiche Bedrohungsfähigkeit unterstellt, wie man sie von sich selbst behauptet und von anderen Großmächten annimmt. Aus diesem Grund lief der Zugang zum Feld auch über einen gewonnenen Krieg gegen eine Großmacht (England, Preußen, Russland). Damit war die Bedrohungsfähigkeit unter Beweis gestellt, und die Folgen für das Feld waren zwingend. Mittelmächte genießen diese Anerkennung nicht. Sie sind gegenüber Großmächten nicht bedrohungsfähig. Zwar erkennen Mittelmächte eine Großmacht als Großmacht an, die Großmacht dagegen beurteilt eine Mittelmacht nach Nützlichkeitserwägungen. An die Stelle der Reziprozität der Anerkennung im Feld tritt damit ein Beziehungsgeflecht ungleichen Typs, das Mittel-

---

[707] Vgl. dazu die Übersicht bei R. Väyriynen, On the Definition and Measurement of Small Power Status 1971, S. 93, Tabelle 1.
[708] R. Väyriynen 1971, S. 99f, N. Amstrup, The Perennial Problem of Small States. A Survey of Research Efforts 1976, S. 178f.
[709] R. Väyriynen 1971, S. 92f.; D. Vital, The Analysis of Small Power Politics 1971, S. 18; Th. Schieder, Die mittleren Mächte im System der Grossen Mächte 1981, S. 588f; P. Schröder, The Lost Intermediaries: The Impact of 1870 on the European System 1984, S. 3; vgl. die Einteilung bei H. Duchhardt, Balance of Power und Pentarchie 1997, S. XVI.

III – 4) Das Feld der Großmächte und sein Umfeld

mächte ebenso sehr an die Position einer Großmacht zu koppeln vermag, wie es sie gleichzeitig effektiv von einer eigenen Positionierung im Feld ausschließt. Die Beziehungen Großmacht – Mittelmacht gehören deshalb einem anderen Beziehungstyp an. Vorausgreifend gesagt: An die Stelle der Anerkennung tritt Macht. Macht gegenüber dem, von dem keine Gefahr ausgeht und der deshalb zur Verfügung dessen steht, der sich der Mittelmacht gefahrlos bedienen kann. Der Gebrauch des Begriffs Macht in einem eigenschaftlichen Sinn verdeckt ja eher den Verhältnischarakter von Macht, auch wenn er in der Unterscheidung Großmacht – Mittelmacht wiederhervorgehoben wird. Die Feldgrenze wird also im Folgenden als ein Machtverhältnis charakterisiert.

Die Unterteilung von Groß- und Mittelmächten ist dem 18. Jahrhundert nicht nachträglich übergestülpt, sondern ein bereits in der Epoche selbst greifbares Resultat der Entwicklung der europäischen Staatenwelt[710]. Als ein Beispiel sei aus den offiziellen Staatsbetrachtungen der österreichischen Regierung aus dem Jahr 1761 zitiert, die das Kriegsziel der gegen Preußen gerichteten Koalition im Siebenjährigen Krieg zusammenfassen:

> *„Nach dem allgemeinen Europäischen wahren Interesse sollte Preussen, wenn es genöhtiget werden könnte, in die Mittelmäßigkeit gesetzet werden, dass es wieder ein Staat vom andern Range, und den übrigen weltlichen Churfürsten gleich, würde. Sonst müssen die Staaten in Europa vom ersten Range in beständiger Besorgnis schweben, in von Preußen zu erregenden Kriege verwickelt zu werden..."[711].*

Erster und anderer Rang, Mittelmäßigkeit und ständige Besorgnis: Die entscheidenden Stichworte erscheinen hier. Als Staat von erstem Rang kann man andere Staaten ersten Ranges in ständige Besorgnis versetzen, ist also bedrohungsfähig. Als in die Mittelmäßigkeit zurückgesetzter Staat zweiten Ranges ist man dazu nicht in der Lage.

In der Geschichte der Internationalen Beziehungen hat diese Einteilung bis heute Gültigkeit behalten. Gültigkeit für das 18. Jahrhundert und da-

---

710 Zur Herausbildung dieses Unterschieds siehe: J. Black, The Rise of the European Powers 1679-1793, 1990, S. 58f,207; M. Sheehan, The Balance of Power 1996, S. 73; H.M. Scott, The Emergence of the Eastern Powers 2001, S. 66.
711 Staats-Betrachtungen über gegenwärtigen Preußischen Krieg in Teutschland, Wien 1761, abgedruckt in: J. Kunisch, Das Mirakel des Hauses Brandenburg, München – Wien 1978, S. 101-141, Zitat S. 126.

Teil III Preußen als Parvenu

rüber hinaus. Heinz Duchhardt[712] zum Beispiel teilt die Akteure der internationalen Beziehungen im 18. Jahrhundert in die Mächte der Pentarchie (= Großmächte), Absteiger (Nichtmehr-Großmächte), Schwellenmächte (gerade im Auf- oder Abstieg begriffene Mächte), die Kleinen und die Passiven (Mittelmächte bei anderen Autoren) sowie die außereuropäische Staatenwelt. An Begriffen wie Schwellenmächten (Das Osmanische Reich), Absteiger (Spanien, Schweden) und Aufsteigern (Preußen, England, Russland) wird klar, wie danach das Feld der Großmächte sich in Zahl und Art der Positionen ständig verändert, in dieser Bewegung pulsiert und seine eigene Stabilität behauptet.

Die Stabilität dieses Feldes wird behauptet gegenüber einem Umfeld von Mittelmächten, die selbst kein eigenes Feld bilden. Zwar gibt es unter Mittelmächten Bezeugungen der Anerkennung gleichen Ranges, so etwa unter den größeren Kurfürstentümern der Hlg. Röm. Reiches deutscher Nation Bayern, Sachsen und Preußen, oder Savoyen und Sardinien – Piemont. Gegen das Interesse einer Großmacht allerdings vermag keine Mittelmacht ein Bündnis anderer Mittelmächte ins Feld zu führen, obwohl es dazu immer wieder Versuche gegeben hat. Keine Großmacht musste je ein Bündnis von Mittelmächten als bedrohungsfähig anerkennen. Selbst bei Allianzen, an denen mehrere Mittelmächte beteiligt sind, handelt es sich immer um Anschlüsse mehrerer Mittelmächte an eine Großmacht gegen eine andere. Der von Paul W. Schroeder beobachtete „kumulative Effekt der Präsenz von Mittelmächten"[713] reichte jedenfalls nicht zum Aufbau eigener Bündnisse oder Allianzen gegen Großmächte. Wenn eine Initiative zum Bündnis von Mittelmächten einmal gestartet wurde, wie z.B. der Versuch, eine Liga der Italienischen Staaten zu Beginn des 18. Jahrhunderts zu etablieren, schlug sie fehl:

> „Talk in 1708 of a league of Venice, the Papal States, Parma, Savoy-Piedmont and Tuscany for the liberty of Italy and in opposition to foreign troops collapsed before the reality of rivalries,..., and the projected Italian league became instead a plan for an Italian-French league, supported by French troops, to free Italy from the Austrian yoke.... the events of 1708 illustrated the extent to which minor powers could defend their position only by seeking as-

---

712 H. Duchhardt, Balance of Power und Pentarchie. Internationale Beziehungen 1700 – 1785, Band 4 des Handbuchs der Geschichte der Internationalen Beziehungen, Paderborn 1997.
713 P.W. Schroeder 1984, S. 5.

*sistance from major states, a process that drew them into great-power conflicts"*⁷¹⁴.

Eigene Rivalität untereinander, Schutzbedürfnisse und das Interesse der Großmächte, sich der Dienste von Mittelmächten zu versichern, lassen solche Bündnisse immer wieder scheitern. Man kann daher die Gesamtheit der Mittelmächte nicht als ein Feld parallel zum Feld der Großmächte auffassen. Die Gesamtheit der Mittelmächte bildet lediglich das Umfeld des Feldes der Großmächte.

Die Bedrohungsfähigkeit einer Großmacht versetzt die Mittelmacht in eine Situation äußerster Ambivalenz. Ohne Anerkennung als ebenbürtiges Gegenüber einer Großmacht sieht sie sich selbst einer ihr gegenüber rein instrumental orientierten Politik der Großmacht ausgesetzt, die für sie zwar Vorteile bergen, aber auch bis zum Verlust der Eigenstaatlichkeit gehen kann.

„*Great powers may obsess about loss of position, while lesser powers worry more about survival"*⁷¹⁵,

wie J. Black es formuliert. Gerade weil Mittelmächte Großmächte anerkennen, ohne selbst von Ihnen in dieser Weise anerkannt zu sein, kommt es zu dem von Th. Schieder als merkwürdig beschriebenen Phänomen, „*dass mittlere Staaten leichter geneigt sind, sich allenfalls Großmächten unterzuordnen als gleichrangigen, wenn diese nur etwas ihr eigenes Maß überschreiten"*⁷¹⁶. Der Grund dürfte, wie eben ausgeführt, im einseitigen Anerkennungsverhältnis liegen.

Diese Ambivalenz äußert sich für die Mittelmacht auf zwei Ebenen. Zum einen können Mittelmächte in Ihrer Bedeutung für eine Großmacht konkurrieren: Als die Mittelmacht Dänemark zum Beispiel 1763 durch innenpolitische Schwierigkeiten in den Augen des französischen Außenministers Choiseul als Gegengewicht gegen die Expansionsbestrebungen Russlands ausfiel, war die Reaktion eindeutig:

„*Choiseul's verdict on Denmark was especially withering. That state, he concluded, was no longer of any interest or utility to France"*.. „*France's hopes*

---

714 J. Black 1990, S. 165f. Einen gleichgelagerten Fall schildert E. Broicher mit Bezug auf das Hl. Römische Reich deutscher Nation, E. Broicher 1947, S. 165.
715 J. Black, Great Powers and the Quest for Hegemony 2007, S. 14.
716 Th. Schieder 1981, S. 592.

Teil III Preußen als Parvenu

> in northern Europe would instead be concentrated upon Sweden, where a new policy was now launched"⁷¹⁷.

Und noch einmal eine Entscheidung des französischen Außenministers drei Jahre später:

> „By August 1766 Choiseul was convinced that nothing was to be expected from the Ottoman empire and in the following month he admitted that the new strategy upon which he had so confidently embarked in the spring was unlikely to succeed. This was not the end of Choiseul's active policy in south-eastern Europe. In mid-1767 he once more tried to promote a war, this time by direct intervention in the Crimea (that is: by the Muslim Khanate of Crimea, der Autor)"⁷¹⁸.

Beide Male entscheidet der französische Außenminister neu im Hinblick auf ein gegebenes Ziel, d.i. Eindämmung der russischen Expansionsbestrebungen im baltischen Raum 1763 und Eindämmung der russischen Expansionsbestrebungen am Schwarzen Meer 1767, über den politischen Wert einer Mittel – bzw. Schwellenmacht. Schweden und das Khanat auf der Krim werden als Äquivalente aufgewertet gegenüber Dänemark und dem Osmanischen Reich. Bei diesen konkreten Einzelfallentscheidungen handelt es sich lediglich um typische Beispiele, die hier wegen ihrer deutlichen Formulierungen von H.M. Scott als Beispiele veranschaulichen sollen, was in der Routine des außenpolitischen Geschäfts täglich neu an Entscheidungen anfiel. W. Mediger illustriert das mit dem Versuch eines Vorgängers von Choiseul im Amt, Kardinal Fleury in den Jahren nach 1731, als die französisch-englische Allianz zerbrach und Frankreich der dadurch drohenden Isolation zu entgehen versuchte:

> „In seiner unbehaglichen Vereinsamung nahm Frankreich nach allen Seiten die Verbindung mit den revolutionären Elementen, den an der Aufteilung des habsburgischen Erbes und damit am Umsturz der bestehenden Verhältnisse interessierten Mächten auf. Bündnisverhandlungen wurden angeknüpft mit Spanien und Sardinien; zu Bayern, seit jeher Rückgrat der französischen Partei in Deutschland, wurde auch Sachsen gewonnen, beide natürlich Gegner der Pragmatischen Sanktion, gegen die sie ein Arsenal von Erbansprüchen bereithielten"⁷¹⁹.

Frankreich sondiert hier, welche Mittelmächte und in welcher Reihenfolge am besten gegen Österreich in Stellung gebracht werden können. Und im

---

717 H.M. Scott 2001, S. 168.
718 H.M. Scott 2001, S. 171.
719 W. Mediger, Moskaus Weg nach Europa 1952, S. 69.

Frühjahr 1741 gibt es für Frankreich im beginnenden Österreichischen Erbfolgekrieg eine klare Abstufung:

> „France's chief diplomatic efforts during the spring came at the court and the camps of Frederick II. Whereas Saxon support and Piedmontese assistance were nonessential and Bavarian adherence categorical, the accession of Prussia to France's plan was neither a frippery nor a certainty"[720].

Während die sächsische Unterstützung und die Hilfe des Königreichs Piemont-Sardinien demnach erwünscht, aber nicht unbedingt erforderlich erscheinen, ist das Bündnis mit Bayern unbedingt erforderlich. Soweit die Mittelmächte. Preussen dagegen ist ein Unsicherheitsfaktor. Die Versuche des Marshall Belle-Isles, es auf dem Verhandlungsweg festzulegen, gehen lange ins Leere, bevor der Vertrag abgeschlossen werden kann. Preußen als neue Großmacht im Konflikt zwischen Frankreich und Österreich läßt sich nicht wie noch bis vor kurzem auf eine Seite ziehen, sondern nimmt bereits eine eigene Position ein.

Mit diesen drei Beispielen ist die **eine Ebene der Ambivalenz** *bezeichnet.* **Mittelmächte erscheinen hier als Funktion einer Großmacht** *und das heißt: in einer einseitigen und doppelten Relation von Großmacht zu Mittelmacht. Einseitig, weil die Feststellung des politischen Wertes einer Mittelmacht angesichts einer bestimmten politischen Situation nur von der Großmacht getroffen wird und nicht umgekehrt; doppelt, weil der politische Wert im Hinblick auf seine Bedeutung und im Vergleich zu anderen festgestellt und verändert wird (Äquivalenzaspekt). Ambivalenz meint hier also potentielle Änderung der politischen Bewertung durch eine Großmacht durch den Vergleich mit anderen Mittelmächten im Hinblick auf eine politische Situation.*

Die andere Ebene der Ambivalenz wird durch die Situationsdefinition einer Großmacht bestimmt. Ändert sich der Rahmen, innerhalb dessen kontingente Handlungen für eine Großmacht sinnvoll und also möglich sind (vgl. Teil III – 3), hat das Auswirkungen auf eine Mittelmacht, die für sie in aller Regel kaum beeinflussbar sind. Die immer wieder beklagten Ohnmachtserfahrungen von Mittelmächten sind oft Folge aus solchen Änderungen der Situationsdefinition einer Großmacht. **Die Änderung der Situationsdefinition kannn plötzlich zu einem völligen Wertverlust der Mittelmacht für die Großmacht oder aber zu einem neuen Wert für eine andere Großmacht führen.** *Die Literatur betont immer wieder die Über-*

---

720 R. Browning, The War of the Austrian Succession 1993, S. 56.

heblichkeit der Großmächte, der sich die „Mächte der nachgeordneten Ränge ungefragt zu fügen hätten"[721]. H.M. Scott schildert anschaulich an einem Beispiel, welche abwechselnd katastrophalen, und dann auch wieder vorteilhaften Konsequenzen Mittelmächte zu erdulden hatten:

> „The conclusion of the Franco-Austrian alliance in 1756 and the ending of Bourbon-Habsburg antagonism neutralised large areas in western and southern Europe which traditionally had been arenas for the military conflicts which had accompanied this rivalry. Between the Seven Years War and the struggle with the French Revolution, the established cockpits of the Southern Netherlands, the Rhineland (which alone had seen fighting after 1756) and the Italian Peninsula were put into cold storage"[722].

Mit diesen beiden hier kurz skizzierten Ambivalenzen ist das prinzipielle Verhältnis einer Mittelmacht zu einer Großmacht im 18. Jahrhundert umrissen.

Beide Ambivalenzen stehen nun in einem bestimmten Verhältnis. Solange die Situationsdefinition auf der Ebene des Feldes gleichbleibt, erscheint die Beziehung Großmacht – Mittelmacht als ein funktionales Verhältnis: Die einseitige Bestimmung des politischen Wertes einer Mittelmacht und dessen potentielle Skalierung durch potentielle Äquivalente. Gerät allerdings die Ebene des Feldes in Bewegung, ändern sich also die Situationsdefinitionen von Großmächten durch den gegenseitigen Zugzwang, in den sie sich versetzen, kann sich auch der Bewertungsmaßstab für den politischen Wert einer Mittelmacht ändern. Die erste hier geschilderte Ambivalenz markiert also eine mögliche Bewertungsänderung im Hinblick auf einen gegebenen Maßstab, die zweite fokussiert eine mögliche Maßstabsänderung durch einen Wechsel der Situationsdefinition. Da beides oft und oft zeitgleich geschieht, zumindest aber immer damit gerechnet werden muss, erscheint das Verhältnis von Großmacht und Mittelmacht als eine doppelt variable Relation[723]. Für die Großmacht ändert sich die Situationsdefinition, für die Mittelmacht die Bewertung durch die Großmacht.

---

721 so J. Kunisch 1978, S. 36. Vgl. auch J. Black 1990, S. 58, 80, 168; McKay und H.M. Scott, The Rise of the Great Powers 1983, S. 251, 268; M. Sheehan 1996, S. 72; E. Broicher, Der Aufstieg der preussischen Macht von 1713-1756 ... 1947, S. 129, 138, 150, 152.
722 H.M. Scott 2001, S. 65.
723 Darin analog dem von N. Luhmann entwickelten Komplexitätsbegriff, vgl. Soz. Aufklärung Bd.II 1982, Der Aufsatz „Komplexität", S. 210.

III – 4) Das Feld der Großmächte und sein Umfeld

Darin aber manifestiert sich die **soziale Struktur der Grenze. Die potentielle Änderung der Situationsdefinition**, mit der eine Mittelmacht immer zu rechnen hat, **zeigt** ihr auch, **dass das** bis jetzt als bloße Relation zu einer Großmacht **beschriebene Verhältnis**, meist handelt es sich dabei ja um irgendeine Form von Schutzverhältnis, **mehr ist: Es ist das Verhältnis zu einer Großmacht samt deren über Situationsdefinitionen eingespieltes Netz wechselseitiger Handlungseinschränkungen der Großmächte untereinander, das Verhältnis zum Großmachthabitus demnach**. Die Bewertung, der sich eine Mittelmacht durch eine Großmacht ausgesetzt sieht, ist Resultat der über reziproke Veränderungen der durch Großmächte pulsierenden Dynamik des Gesamtfeldes. Je nach Veränderung dieses Kontingenzrahmens einer Großmacht kann sich auch der Wert einer Mittelmacht für eine Großmacht ändern. Mittelmächte entwickeln deshalb in der Regel ein feines Gespür für heraufziehende Wetterwechsel im Feld der Großmächte. Das Bewusstsein der Abhängigkeit des eigenen Wertes von dieser Großwetterlage wirft ein Licht zurück auf die Großmacht, in deren politischer Abhängigkeit sie sich befindet. Die Großmacht wird nun auch durch die Mittelmacht taxiert: Was ist ihr Schutzversprechen wert? Was brächte z.B. der Wechsel in das Schutzverhältnis einer anderen Großmacht? Und: Wäre ein solcher Wechsel angesichts des eindeutigen Machtgefälles überhaupt möglich? Es handelt sich also bei der Taxierung einer Großmacht durch eine Mittelmacht nicht um eine Umkehrung der doppelt variablen Relation, sondern um Einsicht in deren Zusammenhang. Könnte die Mittelmacht dieses Machtgefälle aus eigenem Vermögen umdrehen, hätte sie, wie in Preußens Fall, den Aufstieg zur Großmacht geschafft. Wie immer die Antwort auf die eben skizzierten Fragen lauten mag, sie setzt eine Reflexion auf die politische Gesamtlage des Feldes der Großmächte voraus, von der auf den vermutlichen, zukünftigen Wert der Mittelmacht für die Großmacht geschlossen werden kann. Darin, in dieser Stellung der Mittelmacht gegenüber der Großmacht, zeigt sich, dass deren Verhältnis mehr ist als das bloße Verhältnis von Mittel- und Großmacht. Es ist auf Seiten der Großmacht im Sinne des Äquivalenzaspektes eine Bewertung der besten für die eigenen Ziele zur Verfügung stehenden Mittelmacht, mithin eine Reflexion auf das Umfeld des Feldes der Großmächte. Es geraten dabei, wie demonstriert, eben auch die anderen Mittelmächte in den Blick. Und es ist auf Seiten der Mittelmacht im Sinne der Beachtung des sich veränderten Kontingenzrahmens für jede Großmacht eine Taxierung der Nützlichkeit seines eigenen Abhängigkeitsverhältnisses. **Die Abhängigkeit von der Großmacht ist darin nicht schlechthin, sondern eine, die sich aus** *der Reflexion auf die Gesamtlage des Feldes ergibt, kurz gesagt, eine Abhängigkeit von der Position der Großmacht im Feld. Mithin liegt auch hier eine Reflexion nicht nur auf die das Verhältnis beherrschende Großmacht vor, sondern eine Reflexion auf deren Positionierung in der Gesamtlage des Feldes*[724]. *Beziehen sich Groß- und Mittelmacht in dieser Weise aufeinander, liegt demnach also eine Aktualisierung der Grenze zwischen dem Feld der Großmächte und seinem Umfeld vor. Diese Grenze ist durch ein Machtgefälle zwischen dem Feld der Großmächte und seinem Umfeld von Mittelmächten gekennzeichnet* und aktualisiert sich im Verhältnis von Groß- und Mittelmacht, für unseren Zweck gesprochen: durch Ausübung von Macht im Kontext internationaler Politik zur Zeit des europäischen Absolutismus.

Darausfolgende Strategien

Macht als doppelte Ambivalenz in diesem Sinne vorausgesetzt, als Verhältnis relativer Allmacht gegenüber relativer Ohnmacht, zwingt den unterlegenen Teil, die nicht anerkannten, zu kleinen, gemessen an der Großmacht nur mittelmäßigen Mächte zur Reaktion, um das sich aus dieser Ambivalenz sich ergebende Existenzrisiko zu minimieren. Ein Konflikt kommt nicht in Frage, da sein Ausgang per definitionem feststehen würde. Mit dem Sieg der überlegenen Großmacht wäre ja unbedingt zu rechnen, denn nur, wenn sich beide Seiten Hoffnung auf einen Sieg machen können, also die Situation diametral entgegengesetzt einschätzten, könnte es zu einem Konflikt kommen.

Die Reaktion der Mittelmacht besteht zunächst, ganz allgemein gesprochen, darin, die Struktur des Feldes für eigene Zwecke zu nutzen ohne ihm anzugehören: Mittelmächte schließen sich einer Position im Feld der Großmächte an – und dies zum Nutzen beider, zum Nutzen der Großmacht, die die Position innehat und von der Mittelmacht vielfältig profitieren kann, sowie der Mittelmacht, die an den damit verbundenen Schutz- und Vergünstigungsmechanismen partizipiert. Es gibt vielfältige Möglichkeiten der Kopplung. Die am weitesten verbreitete Strategie besteht darin, ein

---

724 Der Machtbegriff M. Webers („Macht bedeutet jede Chance, innerhalb einer sozialen Beziehung den eigenen Willen auch gegen Widerstreben durchzusetzen, gleichviel worauf diese Chance beruht", Wirtschaft und Gesellschaft 1985, S. 28) müsste in diesem Fall unter Berücksichtigung der Funktion der Mittelmacht und der Position der Großmacht, also unter einer doppelten Perspektiverweiterung reformuliert werden.

III – 4) Das Feld der Großmächte und sein Umfeld

Schutzverhältnis einzugehen. Mittelmächte suchen mit derjenigen Großmacht ein Schutzverhältnis einzugehen, die am ehesten ebenfalls von diesem Verhältnis profitieren kann (Interesse der Großmacht) und die am den besten Schutz vor der Bedrohung durch eine andere Großmacht bietet (Interesse der Mittelmacht). Damit nutzt die Mittelmacht das multilaterale Anerkennungsverhältnis der Großmächte untereinander, also deren wechselseitig anerkannte Bedrohungsfähigkeit, über die sie selbst nicht verfügt[725].

Ein Beispiel sei vor Augen gestellt, dass die Beziehung einer Mittelmacht auf das Feld und die Positionierung zweier Großmächte darin eindrücklich illustriert.

Seit 1720 war Sardinien-Piemont Königreich, bestehend aus dem Königreich Sardinien, dem Herzogtum Savoyen und dem Fürstentum Piemont[726]. *König Karl Emanuel III. und sein Außenminister Marquis d'Ormea verfolgten in den ersten Monaten des Jahres 1741 eine typische*

---

725 Paul W. Schroeder hat mehrere solche Strategien zusammengestellt. P. Schroeder kritisiert eine Theorieentwicklung der Balance of Power, in der die oben skizzierte Inanspruchnahme eines Schutzverhältnisses als „Balancing" interpretiert wird, also als Teil eines Gesamtgleichgewichts der Staatenwelt, zu dem auch die Mittelmächte gehören. Danach stellen sich Mittelmächte immer auf die Seite einer schwächeren Macht (hier Groß- oder Mittelmacht), um das Gesamtgleichgewicht des Staatensystems wiederherzustellen. P.W. Schroeder weist nun auf alternative Strategien hin, die sich nicht mehr in Rahmen einer Gleichgewichtstheorie interpretieren lassen: „Bandwagoning" (in etwa: Trittbrettfahrer, Allianz mit der stärkeren Seite für ein Schutzverhältnis), „Hiding" (in etwa: Wegducken vor einem Konflikt), „Declaring Neutrality", „Transcending" (bei Schroeder: Versuch, über die Ebene des sich entwickelnden Völkerrechts Einfluss auf die beiden Konfliktparteien zu nehmen). Wie auf den ersten Blick zu sehen, geht es in allen Beispielen um die Frage des Überlebens einer Mittelmacht bei Konflikten zwischen Großmächten. Während „Bandwagoning" ein Schutzverhältnis ist, wird bei „Hiding", Declaring Neutrality" und „Transcending" auf ein einseitiges Schutzverhältnis verzichtet in der Hoffnung, von beiden Seiten dadurch ein dem eigenen Schutz günstiges Wohlwollen zu erlangen. Auch hier wird der Feldstruktur Rechnung getragen, die Reziprozität der Anerkennung der Bedrohungsfähigkeit wird hier aber unter dem Aspekt ihrer gegenseitigen Neutralisierung in Anspruch genommen: Beide sind bedrohungsfähig, von wem der bessere Schutz zu erwarten ist, bleibt unklar, und: die Mittelmacht veranschlagt den eigenen politischen Wert als gering für beide Großmächte im Konflikt.
Das Ganze findet sich bei M. Sheehan 1996, S. 162-167. Das dort zitierte Papier von P.W. Schroeder ist leider über den internationalen Leihverkehr nicht zugänglich.

726 Das folgende Beispiel aus R. Browning 1993, S. 25, 56, 38.

Teil III Preußen als Parvenu

Schaukelpolitik zwischen den beiden Großmächten Frankreich und Österreich, die beide in diesem Teil Norditaliens strategische Interessen verfolgten. Dem österreichischen Kanzler Kaunitz vermittelte man während eines Besuchs den Eindruck als sei die Furcht vor Frankreich wesentliches Motiv der savoyardischen Außenpolitik. Um Österreich als eigene Schutzmacht zu werben, war man zu militärischer Unterstützung bereit, allerdings mit Konditionen: Die Abtretung der österreichischen Territorien in Italien an das eigene Königreich, Die Zusicherung, dass die Lombardei kein eigener Staat würde sowie Geld und Garantien von Großbritannien. Den Österreichern war der Preis erwartungsgemäß zu hoch. Zur gleichen Zeit wurde der Kontakt mit Frankreich gepflegt, das solange jedenfalls der spanischen Armee den Durchzug nach Norditalien verweigerte. Karl Emanuel III. hielt so beide Seiten künstlich in einer unklaren Verhandlungssituation, die mit dem Interesse der beiden in Konflikt stehenden Großmächte jonglierte, sich mit Hilfe des Königreiches Sardinien-Piemont im beginnenden Österreichischen Erbfolgekrieg günstig gegen den Feind in Stellung bringen zu können.

Die Verhandlungen mit beiden Großmächten setzen auch hier die relative Ohnmacht der Mittelmacht gegen das Feld der Großmächte voraus. Die jeweiligen Verhandlungen über die Forderungen beider Seiten können soweit in die Länge gezogen werden, dass die Unklarheit der Situation von der Mittelmacht zu ihren Gunsten verbucht werden kann. Das noch nicht eingegangene Schutzverhältnis ist in diesem Augenblick durch eine Nichtangriffswahrscheinlichkeit ersetzt. Auch hier handelt es sich um eine Kopplung an das Feld der Großmächte. Deren gegenseitige Bedrohungsfähigkeit kann zur Neutralisierung der für das eigene Land bestehenden Gefahr genutzt werden[727]; ein Beispiel der Reaktion einer Mittelmacht auf ihre zuvor beschriebene Situation doppelter Ambivalenz und auf das in ihr enthaltene Existenzrisiko. Bei aller situationsspezifischen Verschiedenheit der Reaktion setzen sie das grundlegende Machtgefälle zwischen Feld und Umfeld voraus. Macht wird in diesem Verhältnis von der Großmacht über die Mittelmacht ausgeübt (und nicht umgekehrt). Darauf reagiert die Mittelmacht mit den ihr zur Verfügung stehenden Möglichkeiten des Angebots der Kopplung an zwei verschiedene Positionen.

---

727 Zu den verschiedenen Strategien Karl Emanuels III. zwischen den beiden Großmächten Frankreich und Österreich zu bestehen vgl. H. Duchhardt 1997, S. 194-197, 291.

III – 4.2) Bayern als typische Mittelmacht

III – 4.2.1) Die Mittelmacht Bayern zwischen Frankreich und Östereich

Existenzsicherung einer Mittelmacht mit hohem politischem Wert für zwei Großmächte, die im Konflikt mit einander stehen, das war auch für die Außenpolitik der Mittelmacht Bayern das Gebot der Lage zu Beginn des Österreichischen Erbfolgekrieges. *Johannes Wilms* beschreibt anschaulich die prinzipielle geopolitische Situation Bayerns, wie sie unverändert vom 17. bis ins 19. Jahrhundert bestand[728]. Im langjährigen Konflikt zwischen Frankreich und Österreich zählten beide Großmächte Bayern zur eigenen Interessensphäre. Bayern war dank seiner geographischen Lage Gegenstand österreichischer Arrondierungsinteressen:

> „Für den Wiener Hof war Bayern immer ein Objekt der Begehrlichkeit oder des Neids. Diese große Provinz trennt die alten Erblande des Hauses Österreich von seinen Eroberungen in Italien und seinen Erwerbungen in Schwaben. Bayern beherrscht die Donau und den Inn, die beide in Wien als einheimische Flüsse gelten, es beherrscht die Zugänge zu den Alpen wie zu den Höhen des Böhmerwaldes, kurz, Bayern ist einfach wegen seiner Lage das wichtigste Objekt für eine Arrondierung des habsburgischen Machtbereichs, nach dem es den Ehrgeiz dieses Herrscherhauses verlangen könnte.",

so Graf Vergennes, französischer Außenminister unter Ludwig XVI.[729]. Das Interesse Österreichs war aus geopolitischen Gründen auch ohne den angesprochenen Konflikt naheliegend. Die Bedrohungsfähigkeit Österreichs war schon aus Arrondierungsinteressen für Bayern ein ständiger außenpolitischer Faktor erster Ordnung. Zudem war es Durchgangsland für die Armeen beider Großmächte. Im Norden und Süden durch Gebirge natürlich begrenzt, diente die Mitte, also das Donautal samt den Zuflüssen Isar und Inn, Franzosen wie Österreichern als Brücke in Feindesland hinein[730]. Auch wenn der habsburgische Kaiser Ferdinand II. 1623 Maximilian I. von Bayern die Kurwürde verlieh und die Oberpfalz Bayern zuschlug, war es Kardinal Mazarin als Regierender Minister Frankreichs, der in den Verhandlungen zum Westfälischen Frieden im Jahre 1648 für Bayern diesen Status gegen Ferdinand III., Kaiser des Reiches und Herr-

---

728 Johannes Wilms, Die Macht und ihr Preis, in: Unter der Krone. 1806-1918 – Das Königreich Bayern und sein Erbe. München 2006, S. 40-43.
729 J. Wilms 2006, S. 40.
730 R. Browning 1993, S. 15.

scher von Österreich, verteidigte und sich so einen abhängig Verbündeten im Heiligen Römischen Reich Deutscher Nation gegen das österreichische Oberhaupt des Reiches schuf. Fortan war dies der politische Wert Bayerns in den Augen Frankreichs über das Heilige Römische Reich Deutscher Nation hinaus und noch während des Deutschen Bundes bis zu seinem Eintritt ins Deutsche Reich im Jahre 1871. Der Bayerische Kurfürst Maximilian IV. Joseph (1799–1806/1806–1825) empfing die Königswürde als Max I. Joseph aus der Hand Napoleons und die bayerische Königskrone wurde in Paris gefertigt.

Gleichwohl war Kurbayern in der ersten Hälfte des 18. Jahrhunderts eine Mittelmacht mit ähnlichen Großmachtsambitionen wie Preußen. Kurzfristig, von 1742 – 1745, gelang es dem bayerischen Kurfürsten Karl Albrecht sogar mit französischer, spanischer und preußischer Unterstützung Kaiser des Heiligen Römischen Reichs Deutscher Nation zu werden (12.2.1742 – 20.1.1745)[731]. Nach seinem Tod im Januar 1745 fiel die Kaiserkrone aber an das Haus Habsburg zurück und die Großmachtträume Bayerns waren deshalb und wegen der militärischen Niederlage gegen Österreich gescheitert[732]. H. Duchhardt[733] charakterisiert Bayern im 18. Jahrhundert als einer der „Reichsstände, deren Ambitionen und Zielperspektiven mit ihren mangelnden Ressourcen und ihren strukturellen Defiziten in einem besonders krassen Widerspruch standen und die an der Unaufhebbarkeit dieses Widerspruchs scheiterten." Ein Stadtteil Münchens, die Maxvorstadt, bietet dem aufmerksamen Besucher noch heute eine Erinnerung an diese Stellung Bayerns zwischen den Großmächten. Während der Obelisk auf dem Karolinenplatz an die 30.000 gefallenen Bayern erinnert, die auf französischer Seite an Napoleons Feldzug gegen Russland teilnahmen, sind einige umliegende Straßen, z.B. Briennerstr., Arcisstr. und Barerstr, nach Orten benannt, an denen die bayerische Armee auf Seiten verschiedener Koalitionsarmeen und immer an der Seite Österreichs gegen Napoleon kämpften.

Nun zur Lage, zur sich ändernden Situationsdefinition Frankreichs zu Beginn des österreichischen Erbfolgekrieges. Friedrich der Große hatte Schlesien im Januar 1740 erobert und die entscheidende Schlacht gegen die österreichischen Truppen im April 1740 bei Mollwitz gewonnen. In

---

731 B. Hubensteiner, Bayerische Geschichte 1981, S. 278f, R. Browning 1993. S. 38.
732 J. Black 1990, S. 117.
733 H. Duchhardt 1997, S. 209, zum Folgenden das Kapitel „Kurbayern" in H. Duchhardt 1997, S. 209-214.

den daraufhin vom Sondergesandten Kardinal Fleurys, Marschall Belle-Isle, geführten Verhandlungen mit Friedrich II., schlossen beide Seiten das von Frankreich vorgeschlagene Bündnis gegen Österreich.

Frankreich hatte damit in der neuen Großmacht Preußen einen Verbündeten im Kampf gegen Österreich gewonnen. Dass so zugleich ein Konkurrent um Einfluss im Heiligen Reich Deutscher Nation auftrat, der Frankreich im Verlauf des Krieges unter Zugzwang setzen konnte und sollte, kam der französischen Außenpolitik erst später zu Bewusstsein. Die strategische Situation Frankreichs hatte sich mit dem Einfall Preußens in Schlesien grundlegend gewandelt. Die schon gegen England ausgelaufenen Schiffe wurden von Kardinal Fleury zurückbeordert und das neue Ziel lautete: Krieg gegen Österreich, um den Erzfeind zu schwächen und um die eigene Hegemonie auszubauen.

Damit hatte sich Marschall Belle-Isle am französischen Hof gegen seinen Vorgesetzten, Kardinal Fleury, durchsetzen können. Hatte Kardinal Fleury zunächst den Unterschied der beiden Erbfolgen im Heiligen Römischen Reich Deutscher Nation und in den österreichischen Erbländern betont und deshalb die Pragmatische Sanktion anerkannt, wurde jetzt der Plan der Übertragung der Kaiserkrone an den bayerischen Kurfürsten zum lediglich ersten Schritt einer möglichst weitgehenden Schwächung Österreichs. Frankreich begann daraufhin eine Koalition gegen Österreich zu schmieden, um mit Hilfe von Preußen den Erzfeind zu besiegen. In dieser Koalition kam Bayern eine Schlüsselstellung zu[734]. Die von Frankreich in der Folge gestartete diplomatische Initiative zur Bildung dieser Koalition trug bald erste Früchte:

> „Bavaria's most pressing need was money, and France had been working to funnel funds to Charles Albert by urging Spain to pay him subsidies. On 28 May Belle-Isle presided over the conclusion of an agreement between Madrid and Munich. Spain promised Bavaria an immediate payment of 800,000 livres (£32.000) and monthly subsidies of 80,000 Durch florins (£ 7,250), while Bavaria reciprocated with a pledge to use the money to put 6,000 additional troops in the field and to exercise its influence – potentially considerable, if Charles Albert became emperor – to secure Italian lands for Don Philip. This agreement was the Treaty of Nymphenburg, the first formal pact concluded by the allies of Austria"[735].

---

734 R. Browning 1993, S. 55f.
735 R. Browning 1993, S. 57f. (zum Ende der zitierten Passage: R. Browning will sagen: „among the allies of France" oder „the allies against Austria". Nur so ergibt der Text den Sinn, in dem er gemeint ist).

Teil III Preußen als Parvenu

Nur fünf Tage später, am 4. Juni 1741, schlossen Preußen und Frankreich das Bündnis von Breslau[736]. Darin sicherte Frankreich Preußen u.a. zu, Bayern jede nötige militärische und finanzielle Unterstützung geben, um Österreich militärisch so unter Druck zu setzen, dass das eroberte Schlesien durch Österreich nicht mehr gefährdet werden konnte. Bayern, nun auf Seiten Frankreichs gegen Österreich in Stellung gebracht, bekam, wie Frankreich, Briefe von Friedrich II., in denen der preußische König zur Eile gegenüber Österreich antrieb. Friedrich II. hoffte so, Maria Theresia dazu zu bringen, Truppen aus Schlesien abzuziehen, um sie den verbündeten Truppen Bayerns und Frankreichs entgegen zuwerfen[737]. Und er erreichte sein Ziel. Ohne Blutvergießen und mit einer List gelang es bayerischen Soldaten in der Nacht des 31. Juli 1741, durchs Stadttor von Passau zu einzudringen, das Tor zu öffnen und die Stadt im Morgengrauen einzunehmen. Damit war aus dem ersten Schlesischen Krieg zwischen Preußen und Österreich der europäische Krieg um die österreichische Erbfolge geworden[738]. Einen Monat später griff Frankreich direkt in den Krieg ein. Am 15. August 1741 setzten die französischen Truppen über den Rhein, um Bayern im Kampf gegen Österreich zu Hilfe zu eilen. Sie trugen weißblaue Bänder an den Kopfbedeckungen. Frankreich wollte damit nicht als Koalitionsführer, sondern lediglich als Koalitionsbeteiligter auftreten und so ein Zugeständnis an das schwankende Selbstbewusstsein des bayerischen Kurfürsten signalisieren, der sich um die Kaiserkrone bewarb:

> „The fiction was maintained, that France was not at war with the Habsburgs but merely acting as an auxiliary of Charles Albert"[739].

Den Beteiligten auf beiden Seiten des Konflikts war klar, dass Bayern nur mit Hilfe Frankreichs zu einem solchen Waffengang fähig war. Die gefahrlose Einnahme der Stadt Passau am 31.7.1741 hatte deshalb vor allem symbolischen Charakter, da die Stadt ohne nennenswerte österreichische Truppen zu ihrer Verteidigung leichte Beute war[740]. Die bayerisch-französische Armee eroberte in der Folge zunächst Linz (15.9.1741), wo sich Karl Albert zum Erzherzog von Oberösterreich krönen ließ, zog weiter bis nach St. Pölten (21.10.1741), ca. 30 km vor Wien, um dann auf Geheiß

---

736 R. Browning 1993, S. 57f.
737 R. Browning 1993, S. 68.
738 R. Browning 1993, S. 65.
739 D. McKay und H.M. Scott 1983, S. 165.
740 R. Browning 1993. S. 65f.

III – 4) Das Feld der Großmächte und sein Umfeld

Frankreichs in Richtung Prag abzubiegen[741], sehr zum Missfallen Preußens, das auf den Fall Wiens und damit auf die definitive Niederlage Österreichs gehofft hatte. Prag wurde erobert (26.11.1741) und Karl Albert ließ sich dort zum König von Böhmen krönen[742]. Aber selbst dieser Triumph war geborgt:

> „Nevertheless, despite his dominance in Prague, an anomaly was obtruding: a Bavarian might reign in Prague, but it was French bureaucrats who administered"[743].

Dennoch waren dieser Sieg und diese Krönung ausschlaggebend für die Voten der anderen Kurfürsten des Heiligen Römischen Reichs Deutscher Nation. Der Bayerische Kurfürst und König von Böhmen Karl Albert wurde in Frankfurt / M. am 24. Januar 1742 als Karl VII. zum Kaiser des Heiligen Römischen Reichs Deutscher Nation gewählt[744].

Sieg und Krone standen allerdings auf tönernen Füßen. Zwei österreichische Armeen rückten zur gleichen Zeit schon auf Bayern und Oberösterreich vor. Schon am 17. Januar wurde die bayerische Armee bei Schärding besiegt. Genau am Tag der Wahl Karl Alberts konnte dann die österreichische Armee unter General Khevenhüller Linz zurückerobern[745]. Damit nicht genug wurde Karl Albert eben am Tag seiner Krönung zum Kaiser die Hauptstadt München durch österreichische Truppen entrissen[746]. Die Besatzungslinie verlief dann entlang der Donau bis Ingolstadt. In dieser für ihn bedrohlichen Lage wurden die wahren Machtverhältnisse offenbar:

> „The emperor remained what he had been for months – the prisoner of French policy, beholden to French administrators and officers for the activities of his government and army and dependent on French funds for these comforts he could still enjoy. In fact he lived in a dream world,..."[747].

Mit der Einnahme von Prag wendete sich dann endgültig das Blatt zugunsten Österreichs. Die französische Armee wurde in Prag durch österrei-

---

741 H.L. Mikoletzky, Österreich. Das Grosse 18. Jahrhundert 1967, S. 184, 188.
742 R. Browning 1993, S. 78, 82f.
743 R. Browning 1993, S. 83.
744 R. Browning 1993, S. 87.
745 R. Browning 1993, S. 90.
746 M. Anderson, The War of the Austrian Succession 1995, S. 94. Und R. Browning 1993, S. 92.
747 R. Browning 1993, S. 113.

chische Truppen eingeschlossen und belagert⁷⁴⁸. Im Juli 1742 schließlich autorisierte Kardinal Fleury seinen Gesandten Belle-Isle, die Forderung nach einem Rückzug der österreichischen Armee aus dem von Österreich besetzten Bayern aufzugeben, wenn dadurch der französischen Armee freier Abzug aus Prag gewährleistet würde. Kardinal Fleury ging sogar noch weiter. Er bot an, Bayern den habsburgischen Landen zu überlassen, wenn der Abzug aller französischen Truppen aus Böhmen durch Österreich garantiert werde. Der Grund für die Wende des Kriegsglücks war: Preußen hatte die Allianz gegen Österreich verlassen und seine Truppen zurückgezogen. Für Frankreich, das eben noch die Schlinge um Österreich enger und enger gezogen hatte, stand nun das Prestige als europäische Vormacht auf dem Spiel. Deshalb konnte Voltaire schreiben: „All Europe had its eyes on Prague"[749]. Frankreich war nun in seinem Vorgehen gegen Österreich von der Schlagkraft des preußischen Militärs abhängig geworden.

Für den eben gekrönten Kaiser Karl Albert waren all das keine guten Nachrichten. Hatte er bei seiner Krönung im Februar noch hoffen können, dass die französischen Truppen ihm Bayern zurückeroberten, schwand seine Hoffnung im Lauf des Jahres 1742 immer mehr bis zum Abzug der französischen Truppen aus Prag am 16. Dezember 1742[750]. Er war Opfer der französisch – österreichischen Einigung geworden. Als es ihm immerhin gelang, bei einem Abzug eines Teils der österreichischen Truppen, die in Richtung Prag gegen die französische Armee zu Hilfe eilten, das bayerische Gebiet bis auf kleine Teile durch seine bayerische Armee zurückzuerobern[751], war dies nur von kurzer Dauer. Österreich besetzte Bayern von neuem und stellte es unter habsburgische Verwaltung. Karl Albert beklagte sich bei den Franzosen:

> „So I am now compelled to seek refuge here (in Augsburg, der Autor) and my hereditary lands are completley surrendered to my enemies.... This is the bitter fruit of French help"[752].

Der bayerische Kaiser des Hlg. Röm. Reiches dtsch. Nation, auch Karl VII. genannt, fühlte sich von seiner bisherigen Schutzmacht Frankreich

---

748 Zum Folgenden R. Browning 1993, S. 116.
749 R. Browning 1993, S. 120.
750 M. Anderson 1995, S. 113.
751 R. Browning 1993, S. 121.
752 M. Anderson 1995, S. 115, zitiert aus P.C. Hartmann, Karl Albrecht – Karl VII. Glücklicher Kurfürst, unglücklicher Kaiser, Regensburg 1985, S. 281.

aufgegeben. Die böhmische Königskrone war verloren, die Landgewinne in Tirol und Böhmen ebenso wie der größte Teil des bayerischen Stammlandes. Maria Theresia ging daran, Bayern als Pufferstaat in ihrem Sinne umzuformen. Sie setzte im eroberten Gebiet einen Vizekönig ein, Graf von Goess, und schloss dieses Bayern an die österreichische Verwaltung an. Bayern war für sie von geopolitischem Interesse, aber auch als Faustpfand wertvoll, um es gegen Schlesien eintauschen zu können. Karl VII. hatte deshalb keine Wahl. Er suchte die Verhandlungen mit Wien und London und war bereit, die Seite zu wechseln und sich auf der Seite Österreichs zu positionieren. Nach zähen Verhandlungen, immer wieder von Kriegshandlungen unterbrochen, starb Kaiser Karl VII. am 20. Januar 1745[753]. Nach weiteren kriegerischen Auseinandersetzungen schloss sein Sohn und Nachfolger Max Joseph III. mit Österreich den Friedensvertrag von Füssen am 22. April 1745. Er nahm alle Ansprüche auf österreichische und andere Ländereien zurück, erkannte die Pragmatische Sanktion an, ebenso das Recht der österreichischen Erzherzogin Maria Theresia, als Königin von Böhmen das Stimmrecht eines Kurfürsten zur Kaiserwahl im Hlg. Röm. Reich Dtsch. Nation auszuüben, und willigte ein, als bayerischer Kurfürst für den Mann Maria Theresias, Franz Stephan, bei der Kaiserwahl seine Stimme abzugeben[754]. Ein Jahr später wurde der klassische Subsidienvertrag zwischen Österreich und Bayern geschlossen. Bayerische Truppen kämpften von nun an in diesem Erbfolgekrieg auf österreichischer Seite gegen französische Truppen (z.B. in Flandern 1748)[755]. Damit konnte Frankreich nicht mehr auf Bayern als Verbündeten zählen, und hatte den Staat auch geopolitisch als Durchmarschgebiet verloren. Von da an teilte sich der österreichische Erbfolgekrieg in zwei europäische Zonen: Der Krieg Preußens gegen Österreich in Böhmen, Sachsen und Schlesien sowie der Krieg Frankreichs gegen Österreich in Italien[756]. Soweit ein Abriss der Fakten aus historischer Sicht.

---

753 M. Anderson 1995, S. 140, R. Browning 1993, S. 196f.
754 R. Browning 1993, S. 203.
755 H. Mikoletzky 1967, S. 195.
756 R. Browning 1993, S. 206.

III – 4.2.2) Das Schicksal der Mittelmacht Bayern im Österreichschen Erbfolgekrieg als Aktualisierung der Grenze des Feldes der Großmächte.

Durch diese historische Skizze wird klar, wie sich unter dem Druck der Eroberung Schlesiens durch Preußen erst die Situationsdefinition der Großmacht Frankreich änderte, und diese Änderung sich dann in der Neubewertung einer abhängigen Mittelmacht niederschlug – der konkrete Fall eines funktionalen Abhängigkeitsverhältnisses als sich eines sich wandelnden Machtgefälles zwischen der Großmacht Frankreich und der Mittelmacht Bayern, ausgelöst durch die neue Großmacht Preußen. Als diese Situationsdefinition Frankreichs sich durch eine abermalige Volte Preußens wieder änderte, hatte vor allem Bayern den Preis zu zahlen. Es wurde durch Frankreich aufgegeben, d.h. es verlor völlig seinen Wert als Mittelmacht. So entschied die Änderung einer Situationsdefinition für eine Position im Feld über Sein oder Nichtsein, Satelliten- bzw. Pufferstaat oder Annexion einer Mittelmacht im Umfeld der Großmächte.

Wenn jetzt die Rolle Bayerns als Mittelmacht erörtert wird, um zu zeigen, wie durch den Einfall Friedrichs II. in Schlesien und seine Eroberung die Feldgrenze als Teil der Einheit des Feldes aktualisiert wird, dann müssen dazu im Bilde gesprochen zwei Richtungen dargestellt werden. Zum einen muss dargelegt werden, welche Auswirkungen die neue Konstellation auf Bayern als Mittelmacht zwischen zwei Großmächten hatte und wie sich darin die oben besprochenen Merkmale der Grenze des Feldes zeigen. Die andere Richtung soll skizzieren, auf welche Weise Bayern ins Feld wirkte. Die Tatsache, dass es keine Änderung einer Situationsdefinition der anderen Großmächte herbeiführen konnte, ist als negatives Faktum nicht direkt zu belegen, da es sich um einen Mangel an Einfluss, um ein Ausbleiben einer bestimmten Wirkung handelt. Als Indikator dafür, dass der Mittelmacht Bayern genau dies bewusst war, wird deshalb ihr Anschluss an eine Position im Feld gewertet. Um aus dem Umfeld heraus seine eigenen Interessen überhaupt wahrnehmen zu können, schloß es sich der Position einer Großmacht, zunächst der Frankreichs, später der Österreichs an. Zwar konnte Bayern so nicht den Platz einer Großmacht einnehmen, es konnte nicht eine andere Großmacht dazu zwingen, seine Situation im Feld der Großmächte neu zu definieren. Die Grenze des Feldes blieb also gegenüber dem Umfeld gewahrt. Die Mittelmacht konnte aber über den Anschluss an eine Position im Feld seine eigenen Interessen wahrnehmen, indem es sich die Mechanismen des Feldes über diesen Anschluss zunutze machte. Auf diese Weise kann gezeigt werden, wie eine Mittelmacht im Bewusstsein dieser Grenze dennoch ihre eigenen Möglichkeiten in der Kopplung an eine Position realistisch nutzt.

Durch den Sieg Preußens über Österreich in der Schlacht von Mollwitz gewann in der französischen Außenpolitik die Partei des Gesandten Belle-Isle die Oberhand. Nicht mehr der Krieg gegen England, wie von Kardinal Fleury geplant, sondern der Kampf mit dem neuen Verbündeten Preußen gegen Österreich bestimmte die Tagesordnung. Dadurch wurde Bayern als mit Frankreich liierter Mittelmacht in seiner strategischen Bedeutung für Frankreich aufgewertet. Während Sachsen und das Königreich Sardinien-Piemont „nicht entscheidend" waren für die Bildung einer französischen Koalition gegen Österreich[757], kam Bayern eine Schlüsselstellung zu. Frankreich vermittelte durch einen anderen abhängigen Staat, Spanien, Subsidien an Bayern, unterstützte seinen Machtanspruch auf die Kaiserkrone und eilte mit Truppen zum gemeinsamen Angriff auf Österreich. So sehr hier beide Länder Ihren Vorteil sahen und suchten, wurde durch die Art der Hilfe auch das Machtverhältnis klar. Bayern war für Frankreich ein Instrument seiner Auseinandersetzung mit Österreich. Das Verhältnis hatte damit funktionalen Charakter. Bayern hatte einen bestimmten Wert, der durch den Vergleich mit dem Wert anderer Mittelmächte für Frankreich ermittelt war. Österreich sollte im Heiligen Römischen Reich Deutscher Nation an Einfluss verlieren, sowohl durch den Verlust der Kaiserkrone als auch durch Verkleinerung der Ländereien des habsburgischen Hofes (Oberösterreich, Böhmen). Spanien und Sardinien-Piemont waren von Frankreich dazu ausersehen, diese Rolle auf den italienischen Kriegsschauplätzen einzunehmen. Da es im Krieg auch um Aufmarsch- und Durchgangsrouten und Truppenverstärkung ging, kam Bayern in geopolitischer und militär-strategischer Hinsicht eine herausragende Bedeutung zu. Bayern gewann also in der Anfangsphase des Krieges an Bedeutung. Damit bestätigt sich eine allgemeine Beobachtung *J. Blacks*:

> „War made the position of second-rank powers more crucial and accordingly it led to an increase in bids of their support, a siginifcant corrosive of alliances that tended to lack any ideological, religious, sentimental popular or economic bonds"[758].

---

757 R. Browning 1993, S. 56.
758 J. Black 1990, S. 104.

Diese Bedeutung wurde im vorliegenden Fall bis an den Gipfel möglicher Machtentfaltung innerhalb des Heiligen Römischen Reiches Deutscher Nation gesteigert, und zwar für Frankreich wie auch für Bayern selbst: Der bayerische Kurfürst Karl Albert wurde erst Erzherzog von Oberösterreich, dann König von Böhmen und zuletzt in Frankfurt am Main zum Kaiser Karl VII. gekrönt: Der Ruhm für ihn, die Macht für Frankreich. Als Preußen sich vorübergehend aus dem Krieg zurückzog und mit Österreich einen Friedensvertrag schloß (den es wenige Tage danach wieder brach), weil es Frankreich im Feld der Großmächte nicht zu stark lassen werden mochte, wendete sich das Kriegsglück zugunsten Österreichs und damit zuungunsten Frankreichs und seines Schützlings Bayern. Am Tag der Wahl zum Kaiser wurden die bayerisch-französischen Truppen aus Linz vertrieben und ausgerechnet am Tag der Krönung wurde Kaiser Karl VII. die bayerische Hauptstadt München von den Österreichern genommen. So hatte sich durch einen Schachzug Preußens die Situationsdefinition Frankreichs wiederum völlig verändert. Es wurde durch den preußischen Rückzug gezwungen, sich seinerseits zunächst aus Oberösterreich, dann aber auch aus Bayern vor Österreich zurückzuziehen. Damit änderte sich die Bedeutung Bayerns für Frankreich nicht mehr nur graduell, sondern fundamental. Es hatte nicht nur keine höhere oder eine nicht mehr so gewichtige Bedeutung, sondern es hatte mit einem Schlag keinen Wert mehr für die Großmacht Frankreich. Die Instrumentalisierung der Mittelmacht Bayern gegen die Großmacht Österreich stand für die Außenpolitik Frankreichs in diesem Augenblick nicht mehr als eine politische Handlungsoption auf der Tagesordnung. Das gehörte jetzt nicht mehr zu den kontingenten Möglichkeiten, zum rationalen Praxisrahmen französischer Politik. Für den bayerischen Kurfürsten die klassische Ohnmachtserfahrung einer Mittelmacht. Er und sein Nachfolger hatten daher keine Wahl. Sie dienten sich der jetzt siegreichen Großmacht Österreich an, um wenigstens eine begrenzte Eigenständigkeit zu bewahren. Österreich verzichtete dann auch auf die administrativ schon begonnene Annexion und begnügte sich mit Bayern als Satellitenstaat. Aus Sicherheitsgründen konnte Bayern es sich nicht leisten, ohne den Schutz auszukommen, den der Anschluss an eine Großmacht bietet. In diesem ambivalenten Wechselspiel von Instrumentalisierung und Schutzgewährung, Ohnmachtserfahrung und Anschluss an erst die eine und dann die andere Position zeigt sich präzise die Art und Weise, wie durch den Einmarsch Preußens in Schlesien und den damit verbundenen Großmachtsanspruch die Feldgrenze der Großmächte sich aktualisiert: Die Mittelmacht Bayern besetzte keine Position im Feld, partizipierte aber durch die Kopplung an verschiedene Positionen von deren Schutzstrukturen. So war Bayern als Mittelmacht Teil des Umfeldes der Pentarchie des 18. Jahrhunderts. Genau aus diesem Grund wird man daher auch sagen müssen, dass Bayern als Mittelmacht nicht in der Lage war, die Änderung einer Situationsdefinition herbeizuzwingen. Dieses Machtmittel stand im Inneren des Feldes nur Großmächten zur Verfügung, während Bayern hier nur die erwähnte Ohnmachtserfahrung blieb. Die Mittelmacht Bayern konnte von den Mechanismen des Feldes durch Kopplung an eine Position profitieren, sie aber nicht in der Weise einer Großmacht beeinflussen. Ein klassisches Beispiel von Machtausübung internationaler Politik im Zeitalter des Absolutismus und darüberhinaus.

III – 4.3) Die Bestätigung der Grenze des Feldes durch abweichendes Verhalten: Sachsens zerstobene Großmachtträume

III – 4.3.1) Die Bedeutung der Mittelmacht Sachsen für die Verifizierung der Grenze des Feldes der Großmächte

Die Großmachtträume Sachsens im 18. Jahrhundert schienen eine Zeit lang nicht ohne Erfolgsaussichten[759]. Im Siebenjährigen Krieg aber endeten sie in einer Katastrophe. Staat und Gesellschaft lagen durch den langen Krieg und die preußische Besatzung darnieder: Die Finanzen ruiniert, das Militär aufgerieben, die Wirtschaft am Boden und durch hohe Entschädigungszahlungen ausgelaugt. Der Verlust der polnischen Krone war lediglich der außenpolitische Gipfelpunkt einer Serie von Niederlagen, die Sachsen endgültig auf den Status einer Mittelmacht zurückwarfen.

Das Beispiel Sachsens, genauer des Königreichs Sachsen-Polen (1697–1763), könnte, oberflächlich gesehen, als Widerlegung des eben zur Grenze des Feldes Gesagten angeführt werden. Die doppelte Ambivalenz, das Zusammenspiel von Praxisrahmen und funktionaler Abhängigkeit dargestellt am Beispiel Bayerns, schien hier nicht handlungsleitend zu sein. Sachsens Bestreben, über die Herstellung einer Realunion mit Polen den

---

759 Dazu R. Hanke, Brühl und das Renversement des alliances 2006, S. 1, 20, 308, 314, 342. W. Müller, Der Siebenjährige Krieg 2001, S. 3. H.-J. Arendt, Sachsen, der Siebenjährige Krieg und der Hubertusburger Friedensvertrag mit Preussen 1763, 2011, S. 35f.

Großmachtstatus zu erlangen, mündete in den Versuch, sich den mit dem Feld der Großmächte gegebenen Strukturzwängen zu entziehen.

Das die Außenpolitik leitende Verhältnis zur Großmacht Österreich wurde trotz schlechter Erfahrungen und trotz der Bedrohung durch die neue preußische Großmacht beibehalten (1740-1745). Anschließend sah sich Sachsen nach dem Österreichischen Erbfolgekrieg und bis zum Ende des Siebenjährigen Krieges gezwungen, auf eindeutige Festlegungen zu verzichten und sich durch eine neutrale, bzw. allen Großmachtseiten gegenüber wohlwollende Politik in Sicherheit vor Bedrohungen zu bringen (1745-1756). Diese Schaukelpolitik scheiterte, und man konnte bereits zur damaligen Zeit den langsamen Abstieg in die Tragödie mit verfolgen, sie kritisieren wie z.B. der spätere sächsische Thronfolger Kurprinz Friedrich Christian in seinem Tagebuch[760] (1751-1757), davor warnen wie Friedrich der Große und Maria Theresia, oder die Unaufhaltsamkeit dieser Entwicklung kopfschüttelnd konstatieren wie der englische Gesandte Williams[761].

Das geradezu sture Festhalten an dieser Schaukelpolitik[762], für die der Name des Grafen Heinrich von Brühl steht (von 1738 bis 1763 maßgeblicher Minister des sächsischen Königs), wird nur verständlich vor dem Hintergrund einer politischen Unvereinbarkeit, die sich erst allmählich zeigte: Graf Heinrich von Brühl betrieb Großmachtpolitik bei militärisch völlig unzureichenden Mitteln. Die schlechte Verfassung des sächsischen Militärs war allgemein bekannt. Sachsen war eine militärisch schwache Mittelmacht und wurde als solche politisch behandelt[763]. Die Personaluni-

---

[760] Das geheime politische Tagebuch des Kurprinzen Friedrich Christian 1751-1757, hrsg. von Horst Schlechte, Weimar 1992, S. 128.

[761] H. Schlechte 1992, S. 19: Friedrich der Große kommentierte die sächsische Außenpolitik gegenüber dem frz. Minister des Auswärtigen Rouillé: „Sachsen erkläre damit seinen Alliierten: ‚Beginnt den Krieg, gebt uns das Geld, und wir werden unserem gefährlichen Nachbarn den Gnadenstoß versetzen, sobald wir das ohne Risiko tun können'." H. Schlechte 1992, S. 21: Der englische Gesandte Williams Oktober 1751: „Sachsen wolle sich offenbar mit allen Staaten Europas gut stellen, das führe aber zu völliger Untätigkeit, die Sachsen hundertmal mehr schade als jede reiflich überlegte Entscheidung, gleichgültig wie sie ausfalle". H. Schlechte zitiert auch Maria Theresia: „Brühl verstehe weder recht Freund, noch recht Feind zu sein". (H. Schlechte 1992 S. 21).

[762] Vgl. zum Begriff J. Ziekursch, Sachsen und Preußen um die Mitte des achtzehnten Jahrhunderts 1904, S. 126f; M. von Salisch, Treue Deserteure 2009, S. 22.

[763] M. von Salisch, 2009, das Kapitel „Die sächsische Armee am Vorabend des Siebenjährigen Krieges" S. 45-53. Dort wird der Zeitraum von 1738-1756 verhandelt.

on mit der polnischen Adelsrepublik sah ausdrücklich keine Verstärkung des sächsischen Militärs vor. Graf von Brühl meinte, darüber hinweg gehen zu können, um auf diplomatischem Weg den Großmachtstatus zu erlangen. Die von ihm für Sachsen immer wieder geforderte Neutralität in Großmachthändeln wurden von den anderen Großmächten kategorisch abgelehnt: Sachsen möge sich entscheiden wie auch immer, wurde dort verlangt. Über eine Nichtentscheidung im Sinne einer Neutralität würde man hinweggehen. Wäre Graf von Brühl nicht seinen oder den Großmachtträumen des sächsischen Hofes gefolgt, hätte die grundlegende Weichenstellung der sächsischen Außenpolitik als Mittelmacht sich vor allem des Schutzes durch Preußen als der neuen und für Sachsen bedrohungsfähigsten Großmacht versichern müssen, nachdem der Rang Preußens als neuer Großmacht klar geworden war (also ungefähr ab 1742). Die prinzipielle Wendung aber gegen Preußen aus eigener Großmachtsambition bei unzureichenden militärischen Mitteln Sachsens war nichts anderes als hochgepokerte Risikopolitik, die meinte, die durch das Feld der Großmächte vorgegebenen Zwänge mit diplomatischen Mitteln beiseite schieben zu können.

Das ist also aus dem Fall Sachsen als Mittelmacht im 18. Jahrhundert zu lernen: In dem Maße wie Sachsen glaubt, sich über die Strukturen des Feldes der Großmächte hinwegsetzen zu können, also die Grenze zwischen Feld und Umfeld nicht beachten zu müssen, Politik ohne Rücksicht darauf betreiben zu können und das, ohne als Großmacht anerkannt zu sein und ohne die militärischen Mittel dafür zu haben, in dem Maße wird gerade sein abweichendes Verhalten als Mittelmacht zur Bestätigung der Strukturen des Feldes der Großmächte, hier der Grenze zwischen dem Feld der Großmächte und seinem Umfeld. Die Nichtbeachtung dieser Grenze führt zum Ruin von Staat und Gesellschaft Sachsens im Siebenjährigen Krieg. Das schutzlose Sachsen ist hilflos der Politik der Pentarchie ausgeliefert.

Wie das gegenüber seiner Position als Mittelmacht abweichende Verhalten Sachsens die Grenze zwischen dem Feld der Großmächte und seinem Umfeld noch einmal bestätigt, das wird im Folgenden zu zeigen sein.

III – 4.3.2) Sachsen als Spielball im Feld der Großmächte

Das Kurfürstentum Sachsen zog viele begehrliche Blicke auf sich. Das, was Grundlage für sein wirtschaftliches Wohlergehen war, seine zentrale Lage in Mitteleuropa mit vielen Handelsstraßen zwischen Ost und West, zwischen Nord und Süd[764] und mit dem europaweit bedeutsamen Messeplatz Leipzig[765], das war auch ein Grund für das Interesse aller Großmächte der damaligen Zeit: Die geostrategisch bedeutsame Lage zwischen Preußen und Österreich, in der Zone der sowohl russischen als auch französischen Barrierepolitik gelegen und gerade deshalb auch für die britische, gegen Frankreich gerichtete Politik interessant. Diese Lage zeichnete eine Mittelmacht Sachsen aus, deren Großmachtsambitionen denen anderer deutscher Mittelmächte wie Bayern, Hannover und Preußen zwar in nichts nachstand[766], ja deren Chancen sogar zeitweilig am größten schienen, die aber daran bis in den Grund hinein scheiterte.

Ein wichtiger Grund für dieses Scheitern war die Herrschaft über Polen, die August dem Starken zwar die polnische Königskrone bescherte (1697), ihn aber auch in die Abhängigkeit von der Großmacht Russland brachte. Es war Russland, das in Polen durch den Einfluss auf die verschiedenen Adelsparteien und durch die Kontrolle über das polnische Militär[767] das Heft in der Hand hielt. Die repräsentative Rolle des Königs aus Sachsen fiel demgegenüber kaum ins Gewicht. In dem Maße wie der sächsische Kurfürst durch den Erwerb der polnischen Krone seine Großmachtpläne weiterzuverfolgen dachte, in eben dem Maße macht sich Sachsen in der Personalunion Sachsen-Polen auch von der Großmacht Russland abhängig[768], der man doch eigentlich auf Augenhöhe eines Tages begegnen wollte. Schon dies ein grundlegender Widerspruch strategischer Art. Für Russland dagegen war Sachsen-Polen ein wichtiger Teil seiner Anti-Barrière de l'Est, mit Preußen und dem Reich der Habsburger ein Puffer gegen die Französische Einflusspolitik in Osteuropa, die auf eine Allianz von Schweden, Polen und dem Osmanischen Reich unter französischer

---

764 J. Ziekursch, Sachsen und Polen um die Mitte des 18. Jahrhunderts 1904, S. 28-32; K. Keller, Landesgeschichte 2001, S. 8, 134, 200.
765 K. Keller 2001, S. 199f.
766 W. Müller 2001, S. 2f; P. Rassow, Die Angliederung Schlesiens an Preussen 1740 in ihrer Bedeutung für das System der Grossen Mächte 1953, S. 14.
767 K. Zernack, Negative Polenpolitik als Grundlage deutsch-russischer Diplomatie in der Mächtepolitik des 18. Jahrhunderts 2001, S. 230: „Der epochale Angelpunkt dieses Ablaufs liegt – während des großen Nordischen Krieges – bei dem Stummen Reichstag von Grodno 1717, auf dem Peter der Große die unwiderrufliche militärische Kontrolle des riesigen polnischen Staatsgebietes zugesichert bekam.".
768 M. G. Müller, Polen zwischen Preussen und Russland 1983, S. 42-52, und M. von Salisch, 2009, S. 19f.

Führung setzte: Containment-Politik gegen die Ausweitung russischen Einflusses in Osteuropa, hieß die französische Strategie. Auf russischer Seite hatte Sachsen-Polen in der Anti-Barrière de l'Est bis 1740 eine klare Funktion: Es gehörte zum strategischen Vorfeld Russlands gegen eine Ausweitung des französischen Machtbereichs. War diese Abhängigkeit vor allem des polnischen Teils Folge einer nicht verwirklichten Staatlichkeit der Personalunion Sachsen-Polen – Russland befehligte über das Militär des polnischen Königs, der zugleich Kurfürst von Sachsen war, so dass Außen- und Innenpolitik in Polen noch nicht genau zu trennen waren -, befand sich das weiter in Richtung absolutistischer Herrschaft entwickelte Sachsen klar im Einflussgebiet von Österreich. Im Defensivbündnis von 1733 gaben sich die Großmacht Österreich und die Mittelmacht Sachsen Garantien über die Unverletzlichkeit ihres Territoriums[769].

Diese Situation änderte sich mit der Eroberung Schlesiens durch Preußen. Die politische Entwicklung von 1740–42 bescherte dem sächsischen Kurfürsten eine neue Großmacht als Nachbarn. Damit geriet Sachsen in einen Grundkonflikt mit der neuen Großmacht Preußen. Denn die conditio sine qua non für weitere sächsische Großmachtpläne bestand darin, eine Landverbindung zwischen Sachsen und Polen herzustellen, um über die territoriale Einheit die Einheit des Herrschaftsanspruchs (und später der Großmachtambition) realisieren zu können – Arrondierung nennt die Geschichtswissenschaft der frühen Neuzeit diesen Zusammenhang. Ein solcher Korridor war allerdings nur über schlesisches Territorium zu bekommen. Schlechthin undenkbar, dass Preußen sich auf irgendeinen Handel hätte einlassen können, der damit ja sein eigenes Territorium zerschneiden musste. Das war das erste Ziel der sächsischen Außenpolitik bis 1763: der Korridor durch Schlesien. Alle anderen Ziele mussten dahinter zurückstehen.

Zwei Phasen sind hier zu unterscheiden: Der beginnende Aufstieg Preußens war Resultat der ersten Phase, der Entwicklung im Österreichischen Erbfolgekrieg der Jahre 1740–1742. Preußen war in diesen beiden Jahren noch nicht sofort als Großmacht anerkannt. Darüber hinaus war unklar, ob die sog. Pragmatische Sanktion, die in Österreich die weibliche Thronfolge nach dem Tod Karls VI. (20.10.1740) sichern sollte, auch europaweit anerkannt bliebe oder ob es zu Ansprüchen anderer europäischer Herrscherdynastien auf die Thronfolge in Österreich kommen sollte. Und es

---

769 R. Hanke 2006, S. 33, auch S. 16, 20.

herrschte zudem Unklarheit über den Kurs, den der neue Zar, Iwan VI (1740/41), nach dem Tod der Zarin Anna (28.10.1740) einschlagen würde[770]. Bei beiden Großmächten, Russland und Österreich, stand mit der Unklarheit der dynastischen Sukzession auch die Richtung der Außenpolitik in Frage, während der Nachbar Preußen sich daran machte, zur Großmacht aufzusteigen. Die zweite Phase rechnet dann schon mit der neuen Großmacht Preußen (1742–1763).

Die im Folgenden zu skizzierenden Etappen zeigen eine schrittweise und qualitative Zuspitzung der Konkurrenz von Sicherheits- und Großmachtinteresse Sachsens. Die sächsische Außenpolitik verfolgte in erster Linie ihre Großmachtambitionen und schob das Sicherheitsinteresse auf den zweiten Rang. Sie verlor dabei allmählich, aber stetig an Reputation als Mittelmacht und wurde immer mehr zum Spielball im Feld der Großmächte, die die Mittelmacht nach Gutdünken für ihre Zwecke verplanten oder beiseite schoben.

III – 4.3.2.1) Sachsen gerät zwischen die Großmächte Österreich und Preußen (1740–1742)

Wie als Mittelmacht Sachsen auf die oben geschilderte, **unklare Situation in der ersten Phase**, 1740–1742, reagieren? Wie sicherte Sachsen sein Schutzbedürfnis ab? Und dazu gleich die entsprechende Frage aus der Beobachtung zweiter Ordnung: Wie aktualisiert Sachsen mit seinen Reaktionen auf diese Situation die Grenze zwischen dem Feld der Großmächte und seinem Umfeld?[771] Dazu im Folgenden[772].

---

770 J. Ziekursch 1904, S. 41.
771 Die Darstellung unterscheidet sich so von der Bayerns als Mittelmacht. Wurden dort erst die geschichtlichen Fakten präsentiert, um sie dann im Sinne der Feldgrenze, der Machtgefälles zwischen Groß- und Mittelmacht zu interpretieren, so wird hier die Präsentation der geschichtlichen Fakten mit der entsprechenden Interpretation als Aktualisierung der Feldgrenze in einem Abschnitt geleistet. Das daher, weil im Fall Sachsens verschiedene Schritte auf dem Weg zum Ruin als Mittelmacht hintereinander besprochen werden, so dass ein prinzipielles Auseinanderziehen von Historie und Interpretation es schwerer machen würde, die Entwicklung der immer unhaltbareren Stellung der Mittelmacht Sachsens als Leser mitzuverfolgen.
772 Die folgende Darstellung basiert im Wesentlichen auf der Veröffentlichung von René Hanke, Brühl und das Renversement des Alliances. Die antipreußische Außenpolitik der Dresdener Hofes 1744-1756, Berlin 2006.

III – 4) Das Feld der Großmächte und sein Umfeld

Die Anfrage Österreichs auf Hilfe Sachsens gegen den Einmarsch Preußens in Schlesien, wie im Defensivbündnis von 1733 (s.o.) vorgesehen, beschied der sächsische Hof abschlägig. Er sei danach nicht zur Hilfe verpflichtet, wenn ihm selbst Gefahr drohe[773]. Sachsen nahm Preußen mithin sofort als Bedrohung wahr, auch wenn der Einmarsch sich nicht gegen Sachsen richtete. Daraufhin wurde ein neues Geheimabkommen am 11. April 1741 geschlossen[774]. Dieses sah zwar ein Eingreifen Sachsens auf österreichischer Seite vor, allerdings erst, nachdem Russland und Großbritannien zugunsten Österreichs in den Krieg mit eingegriffen hätten. So sicherte sich Sachsen in der unklaren Situation ab, nicht doch noch auf die im Nachhinein schwächere Seite zu geraten. Was könnte schon passieren, wenn drei Großmächte gegen einen Aufsteiger, Preußen, mit im Boot wären und man erst anschließend zu militärischem Eingreifen gefordert wäre? Zumal als Lohn dann der versprochene Korridor nach Polen winken würde? Das Verhandlungsergebnis des Grafen Heinrich von Brühl schien gewinnversprechend und der Unklarheit der Situation geschuldet. Für politische Weitsicht sprach es dennoch nicht. Großbritannien hatte nämlich andere Interessen als jene, die das Geheimabkommen zwischen Österreich und Sachsen vorsah. Großbritannien lag daran, zwischen Preußen und Österreich zu vermitteln, um Preußen in eine gegen den Hauptfeind Frankreich gerichtete Koalition mit hineinzuziehen. Für Sachsen hatte dies zur Folge, dass ein gemeinsames Vorgehen aller drei Großmächte mit Sachsen gegen Preußen unmöglich wurde. Als die preußische Armee bei Mollwitz (10. April 1741) die österreichische Armee schlug und Frankreich daraufhin das gegen Österreich gerichtete Bündnis mit Preußen und Bayern schloss, dazu Schweden als Frankreichs Verbündeter Russland den Krieg erklärte, so dass Russland zögerte, Österreich zu Hilfe zu kommen (wie vertraglich vereinbart), da hatte von April bis Juni 1741 sich die internationale Lage völlig gewandelt und an ein Vorgehen gegen Preußen

---

R. Hankes Buch ist die bislang einzige mir bekannte Veröffentlichung zum Thema über den gesamten Zeitraum. Darüber hinaus ist sie dankenswerter Weise so ausführlich wie übersichtlich in der Darstellung der komplexen Situation der sächsischen Außenpolitik, dass die hier vorgelegte Interpretation als Bestätigung der Feldgrenze zwischen Groß- und Mittelmächten in dieser Transparenz überhaupt möglich wurde.

773 R. Hanke 2006, S. 41.
774 Zum Folgenden siehe R. Hanke 2006, S. 40-43.

war nicht mehr zu denken. Selbst Sachsen ratifizierte den ausgehandelten Vertrag nicht mehr. Warum?

Nicht Preußen geriet jetzt in Bedrängnis, wie im Vertrag Sachsens mit Österreich vorgesehen, sondern die Großmacht Österreich. Statt an der Seite der vermeintlich stärkeren Koalition stand Sachsen jetzt auf einmal im luftleeren Raum der Diplomatie ohne Anbindung an eine Großmacht. Frankreich und Preußen erklärten daraufhin, dass sie eine Neutralität Sachsens nicht akzeptieren würden[775].

Graf Heinrich von Brühl zog in dieser Situation die einzig mögliche Konsequenz und schlug sich auf die Seite der französisch-preußischen Koalition als der im Augenblick stärkeren Seite[776], auch wenn der Versuch, einen Korridor zwischen Polen und Sachsen auszuhandeln, scheiterte. Gerade dieses strategische Spiel des Wechsels in letzter Minute, erst unter Bedingungen, die der Mittelmacht Sachsen-Polen keine andere Wahl mehr ließen[777], wurde international registriert und wirkte sich langfristig nachteilig für die Interessen Sachsens aus. An ein preußisch-französisches Zugeständnis eines Korridors nach Polen war unter diesen Umständen (aber vielleicht auch ohnehin nicht) nicht zu denken und die bei Sieg der Koalition versprochenen Gebiete lagen in Mähren ohne Landverbindung zum sächsischen Territorium[778].

Wie aktualisiert sich in dieser Situation das Machtgefälle zwischen Groß- und Mittelmacht, die Grenze zwischen Feld und Umfeld, wo tritt die geschilderte Dialektik von veränderter Situationsdefinition und funktionalem Abhängigkeitsverhältnis (die doppelte Ambivalenz) zu Tage?

Zunächst ein Blick auf die Personalunion zwischen Sachsen und Polen. Das polnische Militär befindet sich nach wie vor unter russischem Oberbefehl, und ob die polnische Adelsrepublik sich in die sächsische Außenpolitik hineinziehen lässt, ist mehr als unwahrscheinlich, da sie den Großmachtsambitionen ihres sächsischen Königs ablehnend gegenübersteht. Die sächsische Außenpolitik kann jedenfalls auf keine militärische Unterstützung von polnischer und damit auch von russischer Seite hoffen. Dem entspricht andererseits eine relative Unabhängigkeit von russischem Ein-

---

775 R. Hanke 2006, S. 44.
776 Dafür steht der sog. Frankfurter Teilungsvertrag am 19. September 1741 mit Bayern (damals französischer Satellitenstaat) vgl. R. Hanke 2006, S. 44.
777 R. Hanke 2006, S. 45f.
778 J. Ziekursch 1904, S. 72.

fluss, dessen militärischer Arm eben nur bis Polen und nicht bis Sachsen reichte. Auf russische Hilfe kann Sachsen für sich aber ebenso wenig setzen.

Der Nachbar Preußen dringt in Österreich ein und raubt diesem seine ökonomisch wichtigste Provinz. Trotzdem ist die so beraubte Großmacht Österreich bislang noch die Sachsen nächste und für es wichtigste Großmacht. Insofern erscheint das Bündnis Sachsens mit Österreich als das klassische Bündnis zwischen einer Mittelmacht und einer Großmacht zur Abwehr einer anderen – nun ja Großmacht? Zunächst versperrt Preußens Eroberung Sachsen den Weg zum Korridor und steht deshalb seinen Großmachtambitionen im Weg. Preußen hat damit aber auch seine Bedrohungsfähigkeit einer anderen Großmacht, Österreich, gezeigt. Sachsen beginnt also mit dem Bündnis praktisch schon den Großmachtstatus Preußens anzuerkennen, denn es sichert sich bei seinem Gegner ab und registriert damit die Ebenbürtigkeit Preußens mit Blick auf Österreich. **Es handelt sich hier um die funktionale, typische dreistellige Machtkonstellation (Bündnis Großmacht-Mittelmacht zum Schutz vor der Bedrohung durch eine andere Großmacht).** *Soweit die klassische Aktualisierung von Feld und Umfeld.*

Beobachten wir jetzt, wie Österreich Sachsen beobachtet. **Welchen Wert hat diese Mittelmacht Sachsen für die Großmacht Österreich?** *Zunächst einmal ist für das von Preußen beraubte Österreich die Mittelmacht Sachsen als Puffer, Durchgangsland und Nachbar Preußens von unmittelbarer geostrategischer Bedeutung. Darüber hinaus ist Sachsen ein Kurfürstentum und damit stimmberechtigt bei der Wahl des Kaisers im Heiligen Römischen Reich Deutscher Nation. Sachsen sichert seine Stimme dem Ehemann Maria Theresia's, Franz Stephan von Lothringen, zu. Darüber hinaus verspricht Sachsen die Abgabe der Kurstimme Böhmens durch Franz Stephan anzuerkennen. Sachsen ist sozusagen für zwei Stimmen bei der anstehenden Kaiserwahl gut. Das ist Sachsens Funktion für Österreich bis zur gegen den bayerischen Kandidaten verlorenen Kaiserwahl 1742*[779].

Das Bild ist allerdings nicht so eindeutig wie eben gemalt. Sachsen fürchtet ja aus gutem Grund, eventuell doch auf die schwächere Seite zu geraten und möchte sich erst dann gegen Preußen in Stellung gebracht wissen, wenn die Übermacht der Großmächte Russland, Großbritannien

---

[779] Siehe dazu R. Hanke 2006, S. 42, 80. M. von Salisch 2009, S. 21.

und Österreich gegen Preußen steht. Sachsens Furcht vor einem auch Österreich überlegenen Preußen ist verständlich und sicher der unklaren Situation geschuldet, wie die militärischen Stärkeverhältnisse einzuschätzen sind.

Damit weist aber auch das oben skizzierte Bild in eine andere Richtung. Warum nicht mit Preußen paktieren als der eventuell stärkeren Macht? Der Großmachtstatus Preußens mag zu dieser Zeit noch nicht gefestigt sein, trotzdem steht ganz klar der Grundkonflikt über den Korridor dabei im Wege. Dies vorausgesetzt kann dann nur die andere Großmacht Österreich gegen Preußen helfen. Nur Österreich kann den sächsischen Großmachtambitionen gegen Preußen ein Partner sein. Würde der sächsische Hof allerdings seine außenpolitischen Prioritäten anders setzen und sie in der Sicherheit Sachsens sehen, wäre das Bündnis mit Preußen doch schon vorzuziehen, denn es hat sich aktuell militärisch stärker als die Großmacht Österreich erwiesen. **Der Großmachtanspruch beginnt im Fall der Mittelmacht Sachsen die Sicherheitsinteressen klar auf den zweiten Platz zu verweisen.**

Im September 1741 hat sich, wie erwähnt, die Lage gedreht[780]. Preußen, Frankreich und sein Vasall Bayern rücken auf Österreich vor, und Sachsen schließt sich an, nicht ohne dem Habsburger Hof zu bedeuten, dass man keine andere Wahl habe. Österreich ist nicht mehr in der Lage, Sachsen zu schützen. Und ein Wert der Mittelmacht Sachsen für Österreich, die durch politischen Druck Preußens sogar die eigene Armee dem preußischen Militär unterstellen muss, ist eben durch die Änderung der Situationsdefinition aller Beteiligten nicht mehr gegeben. **Dies die doppelte Ambivalenz: Die Änderung der Situationsdefinition, des Praxisrahmens für alle Positionen im Feld, führt nicht nur zu einer positiven oder negativen Wertstufung innerhalb der Funktion der Mittelmacht Sachsen für die Großmacht Österreich im Vergleich zu anderen Mittelmächten (1. Ambivalenz), es führt auch zu einem erzwungenen Wechsel der Kopplung an eine Position, in diesem Fall an die Seite Preußens (2. Ambivalenz).** *Die diplomatischen Bemühungen von Brühls laufen allerdings ins Leere. Es gelingt ihm nicht, im Frankfurter Teilungsvertrag einen Passus auszuhandeln, der einen Korridor nach Polen vorsieht. Auch wenn August III. sogar seine Truppen denen Friedrichs II. für den Feldzug in Mähren unterstellen muss, die Gebietsversprechen ohne Landverbindung*

---

780 Zum Folgenden siehe R. Hanke 2006, S. 45-49.

zu Sachsen erweisen sich als haltlos, als Preußen mit Österreich den Separatfrieden von Breslau schloss (17. Mai 1742). Während Karl Albrecht von Bayern zum König von Mähren und anschließend zum Kaiser gekrönt wird, geht August III. leer aus. Sein später, aus der Not geborener Beitritt zur Koalition spiegelt sich in seinem sinkenden Wert für diese Koalition. Es ist nicht einmal nötig, ihm Anteil an der Beute zu verschaffen. Dass Sachsen an der Seite Preußens Truppen nach Mähren führt und Prag mit erobert, lässt angesichts der Vorgeschichte (der Wechsel in letzter Minute) keine erweiterte Wertschätzung von Seiten Preußens zu. Im Gegenteil: Preußen schließt den Breslauer Separatfrieden mit Österreich, zieht sich zurück, das Kriegsgeschick wendet sich zugunsten Österreichs, und Sachsen steht wieder allein auf weiter Flur. Und noch einmal versucht von Brühl, unbelehrbar[781], das gleiche Manöver: Er lässt beim erstarkenden Österreich nachfragen, ob eine neutrale Position Sachsens geduldet werde. Auch Österreich verweigert es. Sachsen kann im September 1742 nur noch dem Breslauer Friedensvertrag beitreten. R. Hanke kommentiert: „Außer Verlusten hatte der Krieg Sachsen nicht gebracht."[782] Und außenpolitisch sitzt es weiter zwischen den Stühlen. Der Wechsel der Großmachtposition von Österreich zu Preußen und zurück wird kaum honoriert.

Die Erfahrung dieser ersten Phase, des ersten Teils des Österreichischen Erbfolgekrieges (bis zum September 1742) haben der Mittelmacht Sachsen eines klar vor Augen gestellt: Das Kriegsgeschick dieser Jahre wird maßgeblich von Preußen bestimmt. Es hat Österreich geschlagen, sich Schlesien einverleibt, mit Frankreich eine Allianz gegen Österreich zu den eigenen, preußischen Bedingungen geschlossen und ist mit seiner Balancepolitik in der Lage, mal der einen mal der anderen Seite das Kriegsglück zu zuwenden. Wenn Frankreich die Allianz mit Preußen sucht, um wie viel mehr müsste nicht Sachsen als nächster und unmittelbarer Nachbar dieses Aufsteigers unter den Großmächten diese Allianz suchen? Der Großmachtstatus Preußens ist nach dem Sieg über Österreich bei Mollwitz

---

781 Warum unbelehrbar? Er hätte rein machtpolitisch gesehen auch einen für die Sicherheit Sachsens wesentlich vorteilhafteren Vertrag mit Preußen avisieren können. Dem standen natürlich seinen Großmachtambitionen im Weg. Friedrich II. hatte dieses Bündnis vor seinem Einmarsch vorgeschlagen und Sachsen war einer Antwort ausgewichen (Hanke 2006, S. 37, 40).
782 R. Hanke 2006, S. 49. Vgl. auch die Kurzfassung dieses doppelten Positionswechsels von Sachsen bei M. von Salisch 2009, S. 23.

Teil III Preußen als Parvenu

sozusagen auf seiner ersten Etappe, d.h. man rechnet danach mit Preußen im Feld der Großmächte. Sachsen müsste aus eigenem, genuinem Sicherheitsinteresse die Kooperation mit Preußen suchen.
Das Gegenteil geschieht. Von 1742–1763 sucht Sachsen nach Möglichkeiten, gegen Preußen zu agitieren, um der Großmacht den Korridor nach Polen abzujagen[783]. *Dies führt zum zweiten Abschnitt bis zum abermaligen und endgültigen Ausscheiden Preußens aus dem Österreichischen Erbfolgekrieg, 1743–1745.*

III – 4.3.2.2) Die schlechtere Lösung: Sachsen als Diener zweier Herren (1743–1745)

Am 20. Dezember 1743 schloss Sachsen wiederum ein Defensivbündnis mit Österreich, das die Keimzelle zu einer neuen Allianz gegen Preußen bilden sollte. Auch mit Russland gelang es, das vor 11 Jahren geschlossene Defensivbündnis am 4. Februar 1744 zu erneuern[784]. Die von Sachsen avisierte Allianz gegen Preußen aus Österreich, Russland, Großbritannien und Sachsen schien Gestalt anzunehmen. Da durchkreuzte wieder Preußen die sächsischen Pläne. Das Kriegsglück hatte sich 1743 nach dem Rückzug Preußens aus dem Erbfolgekrieg zu Gunsten Österreichs gewendet, so das Preußen eine österreichische Dominanz ebenso fürchtete wie vorher eine französische und deshalb – ungeachtet des Breslauer Friedens vom Juni 1742 – wieder auf der französischen Seite in den österreichischen Erbfolgekrieg eingriff[785] (eine sonst meist Großbritannien zugeschriebene Politik des Balancierens der militärischen Stärke zweier Großmächte). Im August 1744 drang das preußische Heer in Sachsen ein, um ins österreichische Böhmen durchzumarschieren. Ehe August III. von Polen aus reagieren konnte, hatte Preußen Tatsachen geschaffen[786]. Als Sachsen zu lange zögerte sich zu erklären, auf welcher Seite es stünde, erklärte Preußen am 26. August 1745 – ein Jahr nach dem Durchmarsch – den Krieg.

---

783 R. Hanke 2006, S. 52.
784 R. Hanke 2006, S. 53f.
785 Die preußische Geschichtsschreibung nennt diese Etappe des Österreichischen Erbfolgekrieges auch den 2. Schlesischen Krieg (1744-1745).
786 R. Hanke 2006, S. 56.

Österreich und Sachsen verloren ihn und Sachsen musste 1 Million Reichstaler Reparationen an Preußen zahlen[787].

Wie reagierte die sächsische Außenpolitik auf den Einmarsch Preußens?

Einerseits durfte von Brühl dem bislang „nur" durchmarschierenden Preußen keine Handhabe für einen Kriegsgrund gegen Sachsen bieten, andererseits war man durch das Defensivbündnis mit Österreich verpflichtet, Truppen auf dessen Seite zu stellen, was auch dem sächsischen Interesse am Korridor entsprach. Also erklärte der sächsische Hof Preußen, dass die Waffenhilfe Sachsens für Österreich lediglich eine Erfüllung vertraglicher Pflichten bedeute, ohne dass Sachsen damit in den Krieg zwischen Preußen und Österreich eintrete[788], während gleichzeitig sächsische Truppen dem österreichischen Militär in Böhmen zu Hilfe kamen. Als am 8. Januar sogar die sog. Warschauer Quadrupelallianz gegen Preußen zustande kam (Österreich, Großbritannien, Sachsen und die Niederlande) schien von Brühl wieder einmal auf diplomatischem Erfolgskurs. Mit welcher Motivation wird klar, wenn man das diplomatische Beigeplänkel beachtet: Graf von Brühl war nicht bereit, die Allianz zu ratifizieren, solange Österreich nicht den Korridor zusagte. Erst die Drohung Großbritanniens, die finanzielle Unterstützung für Sachsen einzustellen, zeigte Wirkung, und Sachsen ratifizierte auch ohne Korridorzusage. Man sieht: Auch wenn es nicht immer gelang ihn durchzusetzen, der Korridor nach Polen, Symbol für die Großmachtambition Sachsens, führte weiterhin die außenpolitische Prioritätenliste an. Schließlich wurde dieser dann auch in die Vereinbarungen mit Österreich, gen. Leipziger Teilungsvertrag, aufgenommen. Noch ein Mosaikstein errungen auf dem Verhandlungsweg. Als Frankreich zudem für die Nachfolge des verstorbenen römisch-deutschen Kaisers, Karl Albrecht aus Bayern (Karl VII.), den sächsischen Kurfürsten August III. anfragte[789], stellte der sächsische Hof unannehmbare Forderungen, die auf eine Ablehnung dieses Ansinnens hinausliefen. Der sächsische Hof hätte dafür ja die Seiten wechseln müssen. Frankreich verlangte für die römisch-deutsche Kaiserwürde den Abzug Sachsens aus Böhmen und den Verzicht, gegen Frankreich an der Seite Österreichs zu kämpfen – dies der

---

787 M. von Salisch 2009, S. 24.
788 R. Hanke 2006, S. 56.
789 R. Hanke 2006, S. 77f.

Wert Sachsens für die Großmacht Frankreich[790]. Als Teil einer preußisch-französischen Allianz hätte es gegen Österreich und die Seemächte (Großbritannien und die Niederlande) gestanden. Aus Sicht von Brühls wäre so die Hoffnung auf den Korridor zwischen Sachsen und Polen dahin gewesen. Sachsen lehnte so aus Großmachtsambitionen die römisch-deutsche Kaiserwürde ab – blind für die drohende Gefahr. Denn Friedrich II. hatte mit der Kriegserklärung gegen Sachsen lediglich mit Rücksicht auf die Verhandlungen über die Kaiserkrone gezögert. Preußen erklärte Sachsen am 26. August 1745 den Krieg – ein Jahr nach dem preußischen Durchmarsch nach Böhmen. Russland wusste mit Hinweis auf Zeit und Witterungsverhältnisse sich seinen Verpflichtungen aus dem erneuerten Defensivbündnis (s.o.) zu entziehen. Sachsen und Österreich beschlossen daraufhin, einem preußischen Angriff zuvorzukommen und in die Offensive zu gehen. Kurz vor Beginn der Operationen im November 1745 machte Sachsen allerdings einen Rückzieher. Man wollte doch lieber Russland mit ins Boot holen und deshalb die Mobilmachung in Russland abwarten. Wieder einmal taktierte Sachsen zu lange. Am 23. November 1745 marschierte Friedrich II. in Sachsen ein, brachte dem vereinigten österreichisch-sächsischen Heer die entscheidende Niederlage bei Kesselsdorf bei (15. Dezember 1745) und zwang Österreich und Sachsen zum Friedensschluss zu preußischen Bedingungen, dem sog. Dresdener Frieden (25. Dezember 1745)[791]. Eine Million Reichstaler waren von Sachsen als Entschädigung an Preußen zu zahlen – rückblickend geurteilt lediglich ein Vorgeschmack auf das Kommende.

Eine angekündigte Tragödie: Preußen zieht sich aus dem Österreichischen Erbfolgekrieg zurück, nachdem ihm Österreich im Breslauer Frieden Schlesien gezwungenermaßen überlassen muss. Ist Preußen damit keine Gefahr mehr? Hat sich nicht gerade im Friedensschluss wie im Krieg zuvor die preußische Dominanz gezeigt? Graf Heinrich von Brühl stellt diese Stärke Preußens durchaus in Rechnung, wenn er Friedrich II. keine Handhabe bieten will, Sachsen als Kriegspartei selbst anzugreifen. Und doch meint er gemeinsam mit Österreich Preußen Paroli bieten zu können – und wird anschließend wieder wankelmütig. Seine Großmachtsambitionen vor Augen und die preußische Gefahr im Rücken setzt er noch einmal auf die Karte einer Koalition gegen Preußen. Zunächst möchte er mit

---

790 R. Hanke 2006, S. 83.
791 R. Hanke 2006, S. 90-92.

III – 4) Das Feld der Großmächte und sein Umfeld

Russland und Österreich gegen Preußen ziehen. Als Russland ausweicht, wird nicht etwa das Unternehmen abgeblasen – ganz so, als ob es doch nicht notwendig gewesen wäre auf russische Hilfe zu setzen –, sondern die Achse Österreich-Sachsen soll Preußen in die Knie zwingen – hier scheint sich die Gier nach dem Großmachtstatus über militärstrategisches Räsonnement hinwegzusetzen. Nur ganz zuletzt bekommt Sachsen kalte Füße und bläst das Unternehmen in letzter Minute ab, vielleicht, wer weiß, schien es Graf von Brühl dann doch wieder zu waghalsig.

Keine klare Strategie, sondern der Versuch, sich über das eigentlich Unvermeidliche hinwegzusetzen, lässt sich hier erkennen: *Preußen ist für Sachsen die größte Bedrohung. Es ist diejenige Macht, mit der sich Sachsen aus Sicherheitsinteresse zuallererst über ein Schutzbündnis einigen müsste – trotz des grundlegenden Interessenkonflikts über den Korridor zwischen Sachsen und Preußen, aber wegen dessen militärischen Überlegenheit über Österreich. Für Graf von Brühl dennoch die einzig ausgeschlossene Option im diplomatischen Poker. Die Gier nach Größe, der Großmachthabitus der Mittelmacht überwiegt – und trügt über die wahre außenpolitische Situation hinweg. Preußen erklärt den Krieg, und Österreich und Sachsen verlieren gemeinsam.*

Zunächst ist das eine Wiederholung der oben schon geschilderten doppelten Ambivalenz*. Noch einmal schließt Sachsen sich der wieder erstarkten Großmacht Österreich qua Defensivbündnis an, weil es Schutz vor einer anderen Großmacht Preußen sucht (1.Ambivalenz). Bedacht werden muss hier der Wert der Mittelmacht Sachsen für die Großmacht Österreich (1. Ambivalenz), seine Funktion, bei gleichzeitiger Abwägung der Schutzfähigkeit Österreichs gegenüber Preußen im Feld (2. Ambivalenz), die Positionierung beider Großmächte im Feld. Von Brühl weiß, dass dieser Schutz nicht ausreichen könnte gegen ein militärisch überlegenes Preußen. Die Mittelmacht Sachsen müsste nun eigentlich das Schutzbündnis mit der sie am stärksten bedrohenden Macht Preußen suchen. Das steht in diesem Fall seinen eigenen Großmachtsambitionen im Weg. Also soll eine zweite Großmacht, Russland, aushelfen. Dessen Interesse an der Mittelmacht Sachsen konfligiert allerdings mit seinem Interesse an dem Bündnispartner Preußen gegen Frankreich[792], und deshalb weicht Russland einer Hilfe für Sachsen aus. Für Österreich ist es natürlich wichtig,*

---

792 R. Hanke 2006, S. 60f.

Teil III Preußen als Parvenu

eine Verstärkung der eigenen Truppen zu erhalten[793]*, da sich ja 1740–1742 gezeigt hat, dass es gegenüber der Koalition Frankreich-Preußen in die Defensive geraten ist. Zudem kommt hier die geostrategische Bedeutung Sachsens zum Zug. Der Kriegsschauplatz könnte von Böhmen weiter weg womöglich nach Preußen oder zumindest an die sächsisch-preußische Grenze verlagert werden*[794]*. Dass dieser strategische Wert Sachsens sich in Grenzen hält, kann man daran ablesen, dass eine Abtretung schlesischen Gebietes an Sachsen für den so erhofften Korridor ausdrücklich ausgeschlossen wird*[795]*. Die zugesagte Einrichtung des Korridors hängt ausschließlich von den Gebietsgewinnen ab, die im Kampf gegen Preußen erzielt werden können.* **Hier zeigt sich, dass das Bündnis einer Mittelmacht mit zwei Großmächten weniger Schutz bedeuten kann (2. Ambivalenz) als das Bündnis mit einer Großmacht, da der Wert einer Mittelmacht für eine Großmacht rapide sinkt, wenn sie mehreren Herren zugleich verpflichtet ist (1. Ambivalenz).** *Die Bündnisse mit Österreich und Russland können also das eine wichtige nicht eingegangene mit Preußen nicht aufwiegen*[796].

Preußen nimmt sich die Freiheit, in Sachsen einzudringen und nach Böhmen durchzumarschieren, ohne die Zustimmung Sachsens vorher einzuholen, und ohne dass Österreich es verhindern kann. Nicht einmal dies führt zu einem Richtungswechsel in der sächsischen Außenpolitik. Sachsen macht sich zunächst „klein", hofft, dass das Gewitter vorüberziehen möge – und scheint dabei noch Glück zu haben. Frankreich, eine weitere Großmacht, zeigt an Sachsen Interesse und bietet ihm die römisch-deutsche Kaiserkrone an (das Angebot ist natürlich gegen die Bewerbung Österreichs gerichtet). Daraufhin verschiebt der französische Bündnispartner Preußen sogar die geplante Kriegserklärung gegenüber Sachsen – Galgenfrist bei Kaiserwetter. Die Annahme des französischen Angebots würde den Wechsel des Schutzbündnisses von Österreich zu Preußen mit sich bringen. Es ist klar, dass diese Lage im Feld der Großmächte sich spätestens nach der Wahl des römisch-deutschen Kaisers ändern würde, ein Wechsel der Position im Feld der Großmächte würde sich also auch von

---

793 Vereinbart waren 6000 Soldaten im Bündnisfall. Sachsen schickte dennoch immerhin 21 000 Soldaten nach Böhmen, um die österreichischen Truppen gegen Preußen zu unterstützen, vgl. R. Hanke 2006, S. 53, 56.
794 R. Hanke 2006, S. 62.
795 R. Hanke 2006, S. 53, 57.
796 Siehe M. von Salisch 2009, S. 25.

hier anraten (2. Ambivalenz). Und Graf von Brühl weicht auch diesem Angebot mit der Replik unannehmbarer Forderungen aus und versucht, allein mit Österreich (d.h. ohne Russland) Preußen anzugreifen. Es ist dann auch bei den Vorbereitungen dazu geblieben: Der Graf setzt für den Korridor die Zukunft Sachsens aufs Spiel, immerhin steht Preußen als Feind des Bündnispartners Österreich bereits im eigenen Land, der Schritt zur Kriegserklärung gegen Sachsen ist ein kleiner. So verliert Sachsen voraussehbar diese Etappe des Österreichischen Erbfolgekrieges und muss schwerwiegende Reparationen zahlen.

Die sächsische Außenpolitik, das wird hier deutlich, hat mehrfach Gründe, im eigenen Sicherheitsinteresse das Bündnis mit Preußen zu suchen. Die Situation spitzt sich ja so zu, dass man über die Chuzpe des Grafen Heinrich von Brühl schon erstaunt sein muss, der sich über das vor Augenstehende hinwegsetzt und seine Großmachtpläne entgegen aller Vorsicht betreibt.

III – 4.3.2.3) Politische Mimikry: Die Stellung Sachsens als Chamäleon im Feld der Großmächte (1745–1748)

Nach dem Abschluss des Dresdener Friedens (25. Dezember 1745), der den Sieg Preußens und die Niederlage Sachsens wie Österreichs besiegelte, ging es in eine neue Runde der gleichen Konstellation. Sachsens Großmachtgelüste waren ungebrochen, und die Frage lautete nur, wie man den Korridor der neuen Großmacht Preußen abringen konnte, ohne sich der Gefahr einer erneuten preußischen Kriegserklärung auszusetzen. R. Hanke zitiert aus ungedruckten Quellen und beschreibt die neue Strategie so:

„Der Dresdener Hof lehnte es jedoch ab, darauf einzugehen (auf das österreichische Angebot der Erneuerung der Defensivallianz von 1743, der Autor), weil „das Secretum gewiß transpiriren, mithin der König in Preußen, eher, als es sonst zu befürchten stehet, einen neuen Krieg anzünden, und bei Sachsen den Anfang machen würde, um solches vollends gänzlich zu ruiniren, und, seinen Absichten hinterlich [sic] zu seyn, außer Stand zu setzen"". Österreich befinde sich noch im Krieg mit Frankreich und Spanien und sei darum nicht in der Lage, dem Kurfürstentum wirksam beizustehen. Für Sachsen und Österreich laute das Gebot der Stunde, Friedrich II. keinen Grund zum Mißtrauen zu geben, sondern ihm vielmehr „schönzutun" („cajoliren"), um unterdessen „mit Frankreich und Spanien zu einem billigen Frieden zu gelangen". Dies brauche Dresden und Wien keineswegs daran zu hindern, an der Bildung einer großen Allianz zu arbeiten."[797]

An der Konstellation hatte sich nichts geändert: Sachsen mit Österreich gegen Preußen. Lediglich Gewichte wurden verschoben. Diese Verschiebungen brachten Sachsen nun in eine mehr und mehr prekäre Lage. Die Erneuerung des Defensivbündnisses mit Österreich (Angebot vom 30. Januar 1746[798]) wurde aus Angst vor Preußen vermieden, obwohl Sachsen zusammen mit Österreich die antipreußische Allianz schmieden mochte. Eigentlich. Allerdings musste man Preußen dabei „schöntun", es nicht provozieren, sprich, noch vorsichtiger bei der Bildung einer großen Allianz gegen es vorgehen. Ein Bündnis mit Österreich kam also deshalb jetzt schon nicht mehr in Frage. Erst wenn die große Allianz zustande gekommen wäre, wollte sich Sachsen – wie schon zuvor – daran beteiligen[799]. Deshalb richtete sich die gesamte diplomatische Aktivität des Dresdener Hofes auf ein Bündnis von Österreich und Frankreich. Lange Zeit versuchte von Brühl, sich die Position eines Vermittlers zwischen diesen beiden verfeindeten Großmächten aufzubauen. Als die Gespräche dank sächsischer Vermittlung im März 1748 in die entscheidende Phase kamen und direkt zwischen den Kontrahenten geführt wurden, verlor Dresden allerdings die Mittlerstellung – die Gespräche wurden ohne sächsische Beteiligung geführt – und damit an Wert für die Kontrahenten[800]. Gleichzeitig interessierte sich Preußen für Sachsen als Bündnispartner. Im Oktober 1746 und im März 1747 bot auch Preußen Sachsen ein Defensivbündnis an. Sachsen reagierte ausweichend und nutzte die preußische Offerte, um Russland und Österreich zu einer Stellungnahme zu dem Angebot zu bewegen, statt sich eindeutig auf eine Seite zu stellen. Sachsen schürte so das Misstrauen ihm gegenüber auf allen Seiten. Von Brühl schien offensichtlich die Zustimmung des russischen und des österreichischen Hofs zu einem preußisch-sächsischen Defensivbündnis testen zu wollen[801]. Preußen schöntun, denn darum ging es, konnte für die sächsische Diplomatie bis zum Abschluss eines Bündnisses zwischen Sachsen und Preußen ge-

---

797 R. Hanke 2006, S. 96. R. Hanke zitiert seinerseits aus verschiedenen ungedruckten Quellen, wie die Anführungszeichen andeuten.
798 R. Hanke 2006, S. 95.
799 R. Hanke 2006, S. 96-99.
800 R. Hanke 2006, S. 171.
801 R. Hanke 2006, S. 197f.

hen, das die andere Seite (Österreich und Russland) bitte mit Augenzwinkern durchgehen lassen möge. *R. Hanke* kommentiert trefflich:

> „Er hoffte, sozusagen als Kuckucksei unter den Fittichen seines Gegners überwintern zu können"[802].

Die Mittelmacht Sachsen windet sich unter den Zwängen der Feldstruktur der Großmächte. Der eigene, begrenzte Praxisrahmen schiebt die militärisch schwache Mittelmacht aus ureigenem Sicherheitsinteresse in Richtung Preußen, auch wenn die sächsische Diplomatie sich gegen diese Richtung und für seine Großmachtambition sträubt, soweit es gehen mag. Die realistische Einsicht, Österreich biete keinen wirksamen Schutz gegen Preußen, wird wieder mit dem Versuch einer antipreußischen Koalition (Österreich-Frankreich) beantwortet – und Sachsen verliert an Wert für beide Großmächte gerade in dem Augenblick, als diese Allianz in Sichtweite rückt. **Die Ambivalenz von potentiellen Zugehörigkeiten zu verschiedenen Positionen im Feld der Großmächte wird hier von Sachsen im Blick auf seine eigene Großmachtsambition aufrechterhalten und nicht aufgelöst zugunsten einer sicherheitspolitisch gebotenen, eindeutigen Kopplung an eine Position im Feld, so dass dieser Mangel an Positionierung durchschlägt auf den sinkenden Wert der Mittelmacht für die anderen Großmächte.** Mit der noch weitergehenden Zumutung an Russland und Österreich, sie mögen der Allianz Sachsen-Preußen ihren Segen geben, setzt sich *Graf Heinrich von Brühl* zielgenau zwischen alle Stühle – bei vier beteiligten Großmächten (Preußen, Frankreich, Österreich und Russland) schon fast ein Kunststück, initiiert also einen multilateralen Ansehensverlust bei allen Großmächten gleichzeitig[803]. Die Fata morgana eines sächsischen Großmachtstatus vernebelt die ehernen Zwänge der sächsischen Sicherheitsinteressen und verhindert die Einsicht, dass auch ein sächsisches Kuckucksei sehr bald aus dem preußischen Nest geflogen wäre. Man verbündet sich mit dem Gegner, um sich besser mit Hilfe seiner Gegner gegen ihn wappnen zu können. Eine politische Mimikry, die nicht bedenkt, dass dabei ja auch immerhin die Gegner des Gegners zu eigenen Gegnern werden[804]. *Graf Heinrich von Brühl* scheint nicht zu bemerken, dass seine Außenpolitik den allgemeinen Ansehensverfall Sachsens geradezu betreibt. Diese Außenpolitik wirkt unernst, sie glaubt mit den Macht-

---

802 R. Hanke 2006, S. 198, siehe auch S. 240.
803 R. Hanke 2006, S. 219, 223, 241ff.
804 R. Hanke 2006, S. 240f.

verhältnissen jonglieren zu können und vernachlässigt so die vitalen Sicherheitsinteressen Sachsens. **In schon beklemmender Klarheit gerät hier der nur geplante und aufs diplomatische Parkett der Möglichkeiten gestellte Wechsel der Positionen im Feld (von Österreich zu Preußen, 2. Ambivalenz) zu einem Spiel mit dem Feuer, das den Wert der Mittelmacht Sachsen für alle beteiligten Großmächte (1. Ambivalenz) weiter schrumpfen lässt**[805].

III – 4.3.2.4) Die Tragödie der sächsischen Außenpolitik (1753–1756)

Wenn der Wert einer Mittelmacht für das Feld der Großmächte ins zu Vernachlässigende schrumpft, dann kennt die frostige Sphäre der Bedeutungslosigkeit auf internationalem Parkett noch Stufen unterhalb des Gefrierpunktes aller Wertschätzung: Kaltes Misstrauen gegenüber Sachsen auf dem Feld der Großmächte machte sich breit. Sachsen hatte sich den Ruf erworben, eine unzuverlässige Mittelmacht zu sein[806]. Weder Österreich noch Russland oder Frankreich konsultierten den Dresdener Hof länger als Verhandlungsgehilfen und enthielten ihm Gespräche mit den anderen Großmächten vor. Sachsen war vor allem in der entscheidenden Phase vor Beginn des Siebenjährigen Krieges (1753–1756) über wichtige Weichenstellungen nicht informiert[807], und das führte zu verhängnisvollen Fehlentscheidungen in der sächsischen Außenpolitik[808]. Darüber hinaus gelang es Preußen, einen Spion mit Namen Menzel unter die sächsischen Kabinettssekretäre zu platzieren (1753–1757). Es wurde bald bemerkt, und Sachsen geriet in den Geruch eines Mangels an Verschwiegenheit im diplomatischen Verkehr. Das schädigte die Vertrauenswürdigkeit Sachsens noch zusätzlich[809].

Der schon konstatierte Interessengegensatz in der sächsischen Außenpolitik, Sicherheitsinteresse gegen Großmachtsambition, geriet jetzt selbst

---

805 R. Hanke 2006, S. 206f, 211f, 214, 217, 219, 233, 242f, 249f.
806 R. Hanke 2006, S. 244, 298.
807 R. Hanke 2006, S. 299, 303-306, 341, Marcus von Salisch 2009, S. 26.
808 R. Hanke 2006, S. 293, 297, 317f.
809 R. Hanke 2006, S. 299. 340. Vgl. dazu die ausführliche, in biographische Erzählung ausgeschmückte Beschreibung der Entdeckung des Spions in Menzel in: W. Fellmann, Heinrich Graf Brühl. Ein Lebens- und Zeitbild, Leipzig 1989, darin das Kapitel „Ein Spion geht in die Falle", S. 303-311. Marcus von Salisch 2009. S. 14.

noch einmal in eine Schieflage aus Informationsmangel. Wenn politische Mimikry sich mit Farbenblindheit paart, kann das, was verborgen werden soll, erst recht sichtbar werden. Die sog. sächsische Neutralität speiste sich aus dem in seiner Außenpolitik enthaltenen Interessengegensatz und nicht aus Distanz gegenüber einem Geschehen, das man auf diesem Abstand halten möchte. Das war bei der geostrategischen Bedeutsamkeit Sachsens, seinem Interesse am Korridor, und der Vorgeschichte seiner Bündnisversuche und -verweigerungen für alle damals Beteiligten evident. Politische Mimikry gegenüber Preußen hieß, das „Schöntun" weiterzutreiben und eine Allianz mit dessen Gegnern zu vermeiden aus Angst vor dieser Sachsen bedrohenden, neuen Großmacht – soweit das Sicherheitsinteresse Sachsens. Die Großmachtambition dagegen strebte nach einer möglichst weit gefächerten Koalition von Österreich, Frankreich, Großbritannien und Russland, um in dieser Koalition Preußen letztlich den Korridor abzujagen. Durch den Ruf als unzuverlässige Mittelmacht wurde Sachsen aber immer mehr von wichtigen, die Lage des Feldes betreffenden Informationen ausgeschlossen. Dieser Mangel an Informiertheit wirkte sich zunehmend verhängnisvoll in der außenpolitischen Urteilsfähigkeit Sachsens aus.

Für eine gewisse Zeit war die Situation fließend, ohne eindeutig festgelegte Bündnisse: Einerseits war da die Westminsterkonvention, geschlossen zwischen Großbritannien und Preußen (16. Januar 1756)[810], aber auch Russland hatte schon einen, wenn auch noch nicht ratifizierten Subsidienvertrag mit Großbritannien vereinbart (6. August 1755)[811]. Andererseits war unklar: Kommt ein Vertrag zwischen Frankreich und Österreich überhaupt zustande (Sachsen erfuhr davon erst am Anfang Juni 1756)[812] oder blieb Österreich an der Seite Großbritanniens? Sachsen zweifelte an der Haltbarkeit eines französisch-österreichischen Bündnisses[813]. Eher befürchtete man auf Grund der Westminsterkonvention eine preußische Vermittlerrolle zwischen Frankreich und Großbritanniens auf Kosten Österreichs und Sachsens[814]. Auf welcher Seite Russland dabeistehen würde, blieb unklar.

---

810 R. Hanke 2006, S. 289.
811 R. Hanke 2006. S. 277.
812 R. Hanke 2006, S. 306.
813 R. Hanke 2006, S. 310.
814 R. Hanke 2006, S. 293.

Dieser Informationsmangel beeinflusste natürlich auch das, was im gegebenen Fall als Mimikry gelten konnte: Auf Preußen als Verbündeter Frankreichs musste anders Rücksicht genommen werden als auf ein Preußen als Verbündeter Großbritanniens. Es war die Blindheit gegenüber der Positionierung Preußens im Feld der Großmächte, die im konkreten politischen Fall den falschen Anpassungsmodus wählte. Wird hier aus Informationsmangel die falsche oder auch bloß ungeschickte Entscheidung getroffen, trägt sie nicht zur Angepasstheit bei, sondern macht die eigene gefährdete Positionierung als Mittelmacht kenntlich, wenn auch ganz gegen deren Willen. Auch wenn sich der Balken der außenpolitischen Waage zwischen Sicherheitsinteresse und Großmachtambition immer in Richtung Großmachtambition neigte, schien für Graf Heinrich von Brühl doch immerhin eine schiefe Balance zu herrschen. Dass sich der Kipppunkt zwischen beiden durch die politische Großwetterlage verschob, wurde erst nicht wahrgenommen und dann nicht in seinen Konsequenzen für Sachsen erkannt.

Der erste gravierende Mangel an Information des sächsischen Hofes macht sich in der Beurteilung der Westminsterkonvention (16. Januar 1756) bemerkbar. Der Vertrag zwischen Preußen und Großbritannien, glaubte man in Sachsen, sei mit Billigung Frankreichs geschlossen worden[815]. So verstanden hätte der Vertrag Preußen im Feld der Großmächte ganz außerordentlich stärken müssen. Er wäre auf eine Neutralität oder Vermittlerrolle Preußens im sich anbahnenden Konflikt zwischen Frankreich und Großbritannien hinausgelaufen. Preußen hätte so weder Österreich noch das von Finanzhilfen Frankreichs oder Großbritanniens abhängige Russland fürchten müssen. Für die Großmachtsambitionen Sachsens keine günstige Entwicklung. Andererseits gab es damit vorerst auch keine unmittelbare Kriegsgefahr, die von Preußen ausgehen konnte, wiederum eine scheinbar gute Nachricht für Sachsens Sicherheitsinteresse bei dieser unvollständigen und damit letztlich falschen Sicht der Dinge.

Ganz das Gleiche unterstellte Graf von Brühl der österreichischen Seite. Auch sie wolle in dem sich anbahnenden Krieg zwischen Frankreich und Großbritannien neutral bleiben[816]. So blieb unbemerkt, dass Österreich auf ein Bündnis mit Frankreich und Russland gegen Preußen hinarbeitete parallel zu den in diesem Augenblick aus Mangel an Informa-

---

815 R. Hanke 2006, S. 293.
816 R. Hanke 2006, S. 297.

tion brachliegenden Absichten von Brühls[817]. Russlands prinzipielles Einverständnis mit Österreich, Preußen anzugreifen, entging von Brühl ebenso[818]. Die sächsische Außenpolitik ging also von einem Österreich aus, das ebenso wie Preußen in dem Konflikt zwischen Frankreich und neutral bleiben wolle.

Unsicherheitsfaktor blieb lediglich Russland. Die massive Aufrüstung Russlands wurde bemerkt. Für den sächsischen Hof blieb aber unklar, gegen wen sie sich richtete[819]. Für Sachsen verhieß eine österreichische Neutralität zunächst eine weitere Verringerung der Kriegsgefahr, die Aufrüstung Russlands aber eine Erhöhung des Risikos, selbst auf der vielleicht falschen Seite die Kosten eventuell doch eintretender Kriegshandlungen zu tragen. Verständlich, dass Graf Heinrich von Brühl diese Frage vor konsequenzenreichen Entscheidungen klären wollte. Ein aufrüstendes Russland auf österreichischer Seite würde die österreichische Neutralität unglaubwürdig gemacht haben. Ein Russland auf preußischer Seite im Verein mit Großbritannien oder sogar mit Frankreich wäre auf eine völlige Isolierung Österreichs hinausgelaufen, das zur leichten Beute anderer Großmächte bereit gestanden hätte. Egal auf welcher Seite Russland also sich befunden hätte, in jedem Fall hätte sich die Gefahr, in einen Krieg mit Preußen verwickelt zu werden, vergrößert, sei es im Verteidigungsfall Preußen gegen Österreich und Russland, sei es Preußen mit Russland und mit Großbritannien oder/und Frankreich gegen das isolierte Österreich. Beide Optionen liefen auf die Gefahr hinaus, zumindest auch von Preußen in den Krieg mit hineingezogen zu werden. Ob Sachsen diese Lage wirklich in allen Einzelheiten soweit durchdachte, ist nicht bekannt. Für Sachsen hätte dies bedeutet, seine sicherheitspolitischen Interessen stärker gewichten zu müssen, als es durch ein bloßes Abwarten möglich war. Preußen war mit einiger Wahrscheinlichkeit so oder so gefährlicher als es seine scheinbare Neutralität zwischen Großbritannien und Frankreich in den Augen Sachsens hergab. Dafür sprach allein schon die Aufrüstung Russlands.

In den Verhandlungen mit Frankreich gehörte für Österreich auch die polnische Krone zur Verhandlungsmasse. Österreich bot sie Frankreich an, ohne Sachsen darüber zu informieren. Sachsen sollte nach dem Sieg über Preußen und falls es der antipreußischen Koalition doch noch

---

817 R. Hanke 2006. S. 294.
818 R. Hanke 2006, S. 303.
819 R. Hanke 2006, S. 306f.

beigetreten wäre, mit dem Herzogtum Magdeburg für den Verlust der polnischen Krone entschädigt werden[820]. Man sieht an diesem für Sachsens Zukunft entscheidendem Detail, wie illusionär die Einschätzung Sachsens war, mit Hilfe Österreichs den Korridor nach Polen durchzusetzen und so die eigenen Großmachtsambitionen voranzutreiben. Sachsen war Anfang 1756 für Österreich wenig mehr als nützliches Kanonenfutter im Kampf gegen Preußen. Auch die Positionierung Österreichs im Feld wurde also falsch wahrgenommen.

Es wird klar, wie die Veränderung der politischen Wetterlage sich hinter dem Rücken der sächsischen Außenpolitik vollzog. Preußen erschien stärker als es war, und von ihm schien weniger Kriegsgefahr auszugehen. Es war umgekehrt, blieb aber aus Informationsmangel unbemerkt. Österreich wurde von Sachsen ihm selbst freundlicher geglaubt als es das Angebot der polnischen Krone an Frankreich signalisierte und gleichzeitig militärisch schwächer als es seine Sachsen unbekannte Koalition mit Russland hergab. Das Fazit von Brühls aus dieser falsch wahrgenommenen Lage hieß Abwarten und weder, wie von Österreich gewünscht, dem Petersburger Vertrag (Bündnis zwischen Österreich und Russland von 1746) beizutreten[821] noch gar ein Bündnis mit Preußen einzugehen. Von Brühl wollte vor weiteren Schritten Klarheit, auf welcher Seite Russland stand.

Nach und nach lichtete sich allerdings auch für Sachsen der Nebel einer illusionären Lageeinschätzung. Sachsen wurde am 1. Juni 1756 über die Unterzeichnung des Versailler Vertrags zwischen Österreich und Frankreich unterrichtet, ein Monat nach seiner Unterzeichnung. Das Renversement des Alliances war damit vollzogen: Preußen nicht mehr Verbündeter Frankreichs, die Billigung der Westminsterkonvention durch Frankreich Legende, die Stellung Preußens auf dem Kontinent geschwächt, da die finanzielle und logistische Unterstützung Großbritanniens keine Kompensation für die Truppen der zahlenmäßig stärksten Armee des Kontinents darstellen konnte, Österreichs Position aber durch die neue Allianz mit Frankreich vor allem gegenüber Preußen gestärkt. Es war die Verwirklichung des Brühl'schen Plans ohne sein Zutun, mit Hilfe einer Allianz zwischen Österreich und Frankreich gegen Preußen vorgehen zu

---

820 R. Hanke 2006, S. 299f.
821 R. Hanke 2006, das Kapitel 4. Verhängnisvolles Zögern: Sachsen versäumt den Anschluss an die antipreußische Koalition (Juni-August 1756), S. 305-319, bes. S. 306, 317.

können, und wurde deshalb auch von sächsischer Seite ausdrücklich begrüßt[822]. Waren es auch gute Nachrichten für die Stellung der Mittelmacht Sachsen im Feld der Großmächte?

Auch wenn die Lage im Feld der Großmächte sich der Hoffnung Sachsens auf eine Koalition gegen Preußen genähert hatte, die Kriegsgefahr war damit auch gestiegen. Österreich und Frankreich hatten ein gemeinsames Interesse, den Eroberer Schlesiens und Bündnispartner Großbritanniens, Preußen also, in seine Schranken zu weisen. Geschwächt war die Position Preußens zudem lediglich im Blick auf Frankreich. Aus der Sicht Sachsens blieb Russland als potentieller Bündnispartner Preußens im Spiel, und die militärische Schlagkraft Preußens hatte durch eine veränderte Positionierung im Feld der Großmächte auch nicht gelitten. Für Sachsen war durch den Versailler Vertrag tatsächlich die Gefahr einer kriegerischen Auseinandersetzung gewachsen.

Graf Heinrich von Brühl blieb deshalb vorsichtig. Er vermied noch immer, der Koalition aus Frankreich und Österreich beizutreten, da, wie ausgeführt, Russland's Positionierung im Feld noch unklar blieb. Damit gewichtete er die Sicherheitsinteressen schon etwas stärker als vorher und das in einer Situation, wo die Chance auf einen Schlag gegen Preußen sich realistisch zu eröffnen schienen. Der sächsische Gesandte am österreichischen Hof, Flemming, kam mit seiner Einschätzung der dann eintretenden Realität des Kriegsbeginns schon nahe, als er darlegte, dass Wien auf einen Angriff Preußens spekulierte, weil nur in diesem Fall Frankreich laut Vertrag zur Hilfe verpflichtet sei. Der Spekulation auf einen Beginn der Kriegshandlungen gegen Preußen durch Russland, wie von Österreich gewünscht und von Flemming nach Dresden berichtet, widersprach von Brühl mit dem Einwand, dass Russland zu abhängig vom Handel mit Großbritannien und dessen Finanzhilfe sei, um hier in Anschlag gebracht werden zu können[823].

Als die Nachricht von preußischen Truppenbewegungen den sächsischen Hof erreichte, ließ von Brühl bei den Regierungen Frankreichs und Österreichs Erkundungen einholen, was sie bei einem Durchmarsch der preußischen Truppen durch Sachsen tun würden. Auf die vertröstende Antwort Kaunitz', des österreichischen Staatskanzlers, soll der sächsische Gesandte Flemming sogar auf die Gefahr eines preußischen Präventiv-

---

822 R. Hanke 2006, S. 306.
823 R. Hanke 2006, S. 307f.

schlags verwiesen haben[824]. Man war also in Sachsen schlussendlich zwar noch nicht im Bilde, aber doch recht nahe an der tatsächlichen Lage der Dinge. Als dann die verschiedenen Anfragen Preußens am Österreichischen Hof, ob seine Aufrüstung als Kriegsvorbereitung zu verstehen sei, ausweichend beantwortet wurden (s.o.), führte die Kunde von dieser ausweichenden Antwort am sächsischen Hof zur Beruhigung. Da Preußen wie Österreich ihre militärischen Anstrengungen als defensive Maßnahmen deklarierten, glaubte auch Sachsen nicht mehr an einen bevorstehenden Waffengang[825]. Noch immer sprach aus von Brühls Sicht daher die letzte Unklarheit mehr für ein Abwarten als für die Parteinahme auf einer Seite, auch wenn die Bedrohung Preußens durch Frankreich und Österreich und die Truppenbewegungen auf preußischer Seite[826] samt massiver russischer Aufrüstung auf einen bevorstehenden Krieg hinwiesen.

Graf Heinrich von Brühl wartete zu lange. Genau am 29. August 1756, als er die beruhigende Nachricht von defensiven Absichten Preußens und Österreich an seinen Gesandten in Frankreich, Vitzthum sandte, begann der Einmarsch der preußischen Truppen in Sachsen[827]. Sachsen konnte 18 000 Mann mobilisieren gegen eine preußische Armee von 67 000 Soldaten. Selbst als die preußische Armee Sachsen schon besetzt hielt und Friedrich II. den polnischen König und sächsischen Kurfürst, August der III. von Sachsen, darüber nachträglich unterrichtete, bot der ihm daraufhin logistische Hilfe an, erklärte im übrigen aber seine Neutralität in dem Krieg zwischen Preußen und Österreich. Es half ihm nichts. „Euer Schicksal muss an das meine geknüpft sein" antwortete ihm Friedrich der Große[828]. Das sächsische Heer wurde bei Pirna von der preußischen Ar-

---

824 R. Hanke 2006, S. 312, 316. Vgl. Anmerkung 3 S. 312: Die Bemerkung über den möglichen Präventivschlag Preußens von Flemming gegenüber Kaunitz ist nach R. Hanke in dem Brief Flemmings an von Brühl vom 7. Juli 1756 enthalten, also fast zwei Monate vor dem Einmarsch preußischer Truppen in Sachsen am 29. August 1756.
825 R. Hanke 2066, S. 317f.
826 Wie sich der Informationsmangel bei gleichzeitig prinzipieller Kenntnis der preußischen Truppenbewegungen ausgewirkt hat, darüber informiert im Detail M. von Salisch 2009, im Kapitel „Die sächsischen Reaktionen auf die Rüstungen Preußens im Sommer 1756", S. 55-66.
827 Zum Folgenden R. Hanke 2006, S. 318f. Ausführlich zu den ersten Tagen der preußischen Besatzung Sachsens siehe D. Bode, Der Beginn des Siebenjährigen Krieges 2001, vor allem S. 22-27.
828 H.-J. Arendt 2011, S. 36f.

mee eingeschlossen. Als das österreichische Heer zu Hilfe eilte, wurde es am 1. Oktober 1756 bei Lobositz geschlagen, und die sächsische Armee kapitulierte am 15. Oktober. Sie wurde der preußischen Arme zwangsweise eingegliedert. Der sächsische Hof indes zog sich mit Erlaubnis des preußischen Königs nach Warschau ins sichere Polen zurück, wo er bis zum Ende des Siebenjährigen Krieges 1763 blieb[829].
Damit begann für das Land Sachsen ein siebenjähriges Martyrium unter preußischer Herrschaft. Friedrich der Große fokussierte auf die militärstrategische Bedeutung und notiert in seinem Rückblick auf den Beginn des Siebenjährigen Krieges:

> „Wollte man den Kriegsschauplatz nach Böhmen verlegen, so musste man durch Sachsen marschieren, und machte man sich nicht zum Herrn Sachsens, so behielt man einen Feind im Rücken, der den Preußen die Schifffahrt auf der Elbe sperren und sie so zum Verlassen Böhmens nötigen konnte. Das lag völlig in der Hand des Königs von Polen."[830]

Das Land diente darüber hinaus als Versorgungs- und Aufmarschbasis[831]. Für Friedrich der Große war auch dies Teil seiner Planung:

> „Nächst Pommern hatte von allen deutschen Ländern Sachsen am meisten gelitten, aber sein guter Boden und der Gewerbefleiß seiner Einwohner waren Hilfsquellen, die der preußische Staat nur in Schlesien hatte."[832]

Die Bevölkerung Sachsens hatte für „Brodt, Fleisch, Eier und Zugemüse vom Land" aufzukommen[833]. Offensichtlich führte die preußische Armee keine Verpflegung auch nur für die nächsten 6 Tage mit sich. Wagen, Pferde, Mehlkarren, Troßknechte, alles musste aus dem Kurfürstentum beschafft und rekrutiert werden. *J. Luh* fasst die Bedeutung Sachsens für die preußische Kriegsführung so zusammen:

> „Durch die Okkupation Sachsens gelang es Friedrich also, die Defizite seines eigenen Landes – was den Ertrag der Böden, die gewerbliche Infrastruktur, die finanzielle Leistungskraft des Bürgertums sowie die geringe Bevölkerungsdichte betraf – zu einem erheblichen Teil auszugleichen. ... Dass Fried-

---

829 H.-J. Arendt 2011, S. 37.
830 Friedrich der Große, Geschichte des Siebenjährigen Krieges. Erster Teil (Dritter Band der Gesamtausgabe), 1913, S. 41.
831 D. Bode 2001, S. 22. R. Gross, Geschichte Sachsens 2012, S. 152f.
832 Friedrich der Große, Geschichte des Siebenjährigen Krieges. Zweiter Teil (Vierter Band der Gesamtausgabe) 1913, S. 183.
833 Siehe zum Folgenden J. Luh 2001, S. 30-32; und M. von Salisch, 2009, S. 1f.

richs Armee sich in den wettinischen Landen behauptete, half Preußen, den Konflikt durchzustehen"[834].

Dies der Wert der Mittelmacht Sachsen für die neue Großmacht Preußen. Dresden wurde 1760 in den Kämpfen zwischen österreichischen und preußischen Truppen durch letztere bombardiert, in Brand gesetzt, und die Dresdner Altstadt ungefähr zu einem Drittel zerstört[835]. Als im Jahr 1763 der Friede zu Hubertusburg geschlossen wurde, war das Land Sachsen wirtschaftlich und sozial ruiniert. Ironie des Schicksals: Der am 15. Februar 1763 in Hubertusburg geschlossene Friedensvertrag zwischen Preußen und Sachsen sah „das Recht der freien Durchfahrt durch das preußische Schlesien für den sächsischen Kurfürsten und König von Polen"[836] vor. Der Tod von August III. im Oktober 1763 brachte das Ende der sächsisch-polnischen Personalunion. Preußen und Russland hatten sich auf einen anderen Kandidaten geeinigt[837].

Auch wenn der Nebel sich allmählich hebt, und der sächsische Gesandte Flemming mit seiner Einschätzung dem dann eintretenden Geschehen recht nahe kommt, zu einer realistischen Lagebeurteilung reicht es nicht. **Graf Heinrich von Brühl hat aus Mangel an Information nicht erkannt, wie sich der Kipppunkt der schiefen Balance aus Sicherheitsinteresse und Großmachtsambition verschiebt.** *Nicht nur ist das Angebot Österreichs an Frankreich, die polnische Krone zu erben, ein Schlussstrich unter alle sächsischen Großmachtambitionen. Dass überdies Österreich und Frankreich bei einem preußischen Einfall in Sachsen angesichts der geostrategischen Lage des Kurfürstentums weder sofort helfen können und vielleicht später auch nicht wollen – wie die Erfahrung ja schon gelehrt hatte- dass alles sollte eine informierte sächsische Außenpolitik wissen und könnte es bei einer anderen Wertschätzung als Mittelmacht auch wissen.* **Die schiefe Balance hat sich nun nicht auf die Seite der Großmachtambition verschoben, wie von Sachsen durch die Allianz Österreich-Frankreich erhofft (die größere Wahrscheinlichkeit, den Korridor nach Polen zu erhalten), sondern auf die Seite der Sicherheitsinteressen gesenkt (die aktuelle Bedrohung durch Preußen).** *Sachsen ist ja durch den zu erwartenden Waffengang in seiner Existenz gefährdet. Mit Schön-*

---

834 J. Luh 2001, S. 33; vgl. auch M. von Salisch 2009, S. 21.
835 St. Hertzig, Die Kanonade vom 19. Juli 1760 und der Wiederaufbau der Dresdner Innenstadt 2001, vor allem S. 42-46.
836 H.-J. Arendt 2011, S. 47.
837 H.-J. Arendt 2011, S. 48.

tun allein ist einer politischen Mimikry nicht mehr zu helfen. Es bedürfte, so muss man hier wohl spekulieren, schon einer preußisch-sächsischen Verständigung, um das sächsische Schielen nach schlesischem Territorium für den Korridor auf Kosten von Preußen für Preußen zu widerlegen. Die vorsichtige, aus Unwissenheit erzwungene, abwartende Haltung Sachsens kann aber in dieser Situation nicht anders verstanden werden als das, was sie ist: der schlechte Kompromiss zwischen Sicherheitsinteresse und Großmachtsambition und nicht etwa Distanz zu den Weltläufen im Auge des sich anbahnenden Hurrikans. *Der Kommentar Friedrichs des Großen: „Euer Schicksal muss an das meine geknüpft sein", birgt in sich die Aktualisierung des Machtgefälles zwischen Groß- und Mittelmacht (1. Ambivalenz) und zugleich die zwangsweise Positionierung Sachsens an der Seite Preußens (2. Ambivalenz). So wird die als unzuverlässig geltende Mittelmacht Sachsen in ihrer außenpolitischen Mimikry doch sehr kenntlich und berechenbar. Die Lage des Feldes, also die Erwartung Preußens, dass alle anderen Großmächte ebenfalls erwarten, dass irgendeine Großmacht schon den Krieg auch in Europa auslösen wird (und ihn damit von Amerika nach Europa trägt), bringt Preußen in durch solche reflexive Generalisierung ausgelösten Druck, der zum Präventivschlag führt und dessen erstes Opfer Sachsen wird. Die hier dargestellte Aktualisierung der Grenze zwischen Feld und Umfeld durch Sachsen ergibt sich mittelbar aus dieser Lage vor Beginn des Siebenjährigen Krieges.*

III – 4.3.3) Geostrategie und Großmachthabitus (Resümee)

Es ist eine erstaunliche Kontinuität in den hier vorgeführten Etappen des sächsischen Untergangs. Da Sachsen sich nicht selbst im Feld der Großmächte positionieren kann, schließt es sich der Positionierung der Großmacht Österreich an, um Schutz gegen Preußen zu suchen. Gleichzeitig hat sie dadurch einen Wert für diese Großmacht in ihrer eigenen Positionierung im Feld. Diese Konstellation ist allerdings dauerhafter, als es die Lage des Feldes der Großmächte gebietet. Sachsen bleibt in der Folge bei der Großmacht Österreich, obwohl das Sicherheitsinteresse es nahelegen würde, sich mit Preußen als der neuen, Sachsen vor allen anderen bedrohenden Großmacht zu verständigen. Die zunächst klassische, schon am Beispiel Bayerns erläuterte Stellung einer Mittelmacht im Feld der Großmächte wird hier aber nicht mehr aus Sicherheitsinteresse, sondern aus

Großmachtsambition beibehalten. Die Funktion wird mit Blick auf die Gesamtlage des Feldes sozusagen funktionslos, verliert ihre Bedeutung, auch wenn sie formal aufrechterhalten bleibt. Die vom Feld her gebotene Schutzfunktion wäre jetzt von Preußen und nicht mehr von Österreich zu gewährleisten. Die Stellung der Mittelmacht Sachsen, ihr Wert für die anderen Großmächte, verschlechtert sich schrittweise. Immer stärker driften Sicherheitsinteresse und Großmachtsambition auseinander, so dass die Gefahr wächst, und das Risiko, Opfer von Großmachtpolitik zu werden, kontinuierlich steigt. Eine kurze Rekapitulation dieser Schritte:

1) Sachsen flüchtet 1740/41 in die Neutralität aus Angst, auf die falsche, schwächere Seite zu geraten. Schutz gegen das in Schlesien siegreiche Preußen wird dann unter Vorbehalten bei Österreich, der gegnerischen Großmacht, gesucht, ohne zunächst selbst von der Auseinandersetzung betroffen zu sein. Preußen wird als Bedrohung wahrgenommen, vor allem der Großmachtsambitionen Sachsens wegen. Als sich die Lage dreht und Preußen mit Frankreich gegen Österreich marschiert, hat Sachsen keine andere Wahl, als sich anzuschließen, um nicht unter die Räder der preußischen Militärmaschinerie zu geraten. Die zentrale geostrategische Lage Sachsens wirkt sich hier zum Nachteil für das Kurfürstentum aus. Durch den Angriff Preußens und Frankreichs verliert Sachsen jeden Wert für Österreich, da die Hilfe der Mittelmacht angesichts der Übermacht belanglos wird und da die Mittelmacht sich aus eigenem Überlebensinteresse den Gegnern anschließt. Der Wechsel der Position durch Sachsen erst in letzter Minute spiegelt sich in der geringen Wertschätzung durch Preußen und Frankreich. Preußen schließt Frieden mit Österreich, und Sachsen steht plötzlich allein auf weiter Flur. **In dieser ersten Etappe beginnt man im Feld der Großmächte mit Preußen als neuer Großmacht zu rechnen, und Sachsen stellt sich nach dem Breslauer Frieden (Mai 1742) darauf ein.**

Für Sachsen gilt von da an, dass man der neuen Großmacht Preußen die Landbrücke zwischen Sachsen und Polen abjagen will, ein Stück Schlesien also, das wiederum Preußen einen Teil seiner neuen Besitzung nehmen würde. **Der Korridor zum Königreich Polen wurde für die sächsische Außenpolitik fortan zum Symbol der eigenen Großmachtsambitionen.** *Nach dieser ersten Phase stellt sich diese Konstellation ein. Sie bleibt bestehen bis zum Ruin Sachsens nach Ende des Siebenjährigen Krieges. Seitdem ist es also die geostrategische Bedeutung Sachsens angesichts seiner Großmachtsambition, die die Stellung Sachsens im Feld der Großmächte kennzeichnet.*

III – 4) Das Feld der Großmächte und sein Umfeld

2)Sachsen sucht 1742 die Allianz mit Österreich und Russland gegen Preußen und hofft dabei auf den Korridor, lässt aber eine klare Strategie vermissen. Mal mit Russland gegen Preußen mal ohne es, Österreich wird vertröstet, die Option, das Bündnis mit Preußen ein Bündnis zu suchen, bleibt außen vor. Es ist der Versuch, sich über das eigentlich Unvermeidliche hinwegzusetzen: über eine Positionierung auf Seiten Preußens, die allein dem Schutzbedürfnis Sachsens in dieser Situation Rechnung tragen würde. Hier verweist die Großmachtsambition das Sicherheitsinteresse Sachsen klar auf den zweiten Platz. **Der vergebliche Versuch Sachsens, sich des Rückhalts zweier anderer Großmächte zu versichern, zeigt vielmehr, wie das Bündnis einer Mittelmacht mit zwei Großmächten weniger Schutz bedeuten kann als das Bündnis mit einer Großmacht, da der Wert einer Mittelmacht für eine Großmacht rapide sinkt, wenn sie sich als Diener zweier Herren präsentiert.**

Letztlich wird Sachsen von Preußen überrascht, das zum zweiten Mal in den Österreichischen Erbfolgekrieg eingreift. Als Preußen Sachsen besetzt und dieses zu lange zögert, sich auf die Seite Preußens zu stellen, erklärt Preußen dem Kurfürstentum Sachsen und Österreich den Krieg, gewinnt, und Sachsen muss 1 Million Taler Reparationen an Preußen zahlen.

3)Nach dem Frieden von Dresden (Dezember 1745) und dem Ausscheiden Preußens aus dem Österreichischen Erbfolgekrieg geht es in eine neue Runde. Ziel sächsischer Außenpolitik ist es, auf ein Bündnis zwischen Österreich und Frankreich gegen Preußen hinzuarbeiten. Sachsen allerdings traut sich schon nicht mehr, einem Bündnis gegen Preußen überhaupt beizutreten aus Furcht vor dem übermächtigen Nachbarn. Die politische Mimikry beginnt. Man will Preußen schöntun, denkt selbst an ein Bündnis mit dem Feind Preußen unter – heimlicher – Billigung von Österreich und Russland, die doch bitte Verständnis für die Lage Sachsen aufbringen mögen, mit ihrem Gegner zu koalieren, um besser und gefahrloser mit ihnen als dessen Gegnern gegen ihn sich aufstellen zu können. Hier beginnt die außenpolitische Sicht sich einzunebeln und zu verwirren. **Das Sicherheitsinteresse drängt Sachsen in Richtung Preußen, die Großmachtsambition hingegen in Richtung Österreich und Russland. Sachsen ventiliert, entscheidet sich aber nicht für eine Position. Diese Ambivalenz von potentiellen Zugehörigkeiten zu verschiedenen Positionen im Feld der Großmächte wird nicht aufgelöst zugunsten einer sicherheitspolitisch gebotenen, eindeutigen Kopplung an eine Position im Feld. Die scheinbare Neutralität schlägt sich nieder im sinkenden Wert der Mittelmacht für die anderen Großmächte.**

4) Im Jahr 1756 gerät die eben geschilderte Konstellation unter noch stärkeren Druck. Die Reputation Sachsens als notorisch unzuverlässiger Mittelmacht – nicht nur an den preußischen Spion, sondern vor allem an die wiederholte Flucht in eine scheinbare Neutralität ist hier zu denken – schneidet das Kurfürstentum weitgehend vom Informationsaustausch zwischen den Großmächten ab. Damit wird die politische Mimikry gegenüber Preußen zum Lotteriespiel an waghalsigen Vermutungen über die internationale Lage. **In dem Maße wie die Positionierung Preußens im Feld der Großmächte unklar ist, führen auch die Anpassungsstrategien lediglich zu Spekulationen darüber, was Wohlverhalten in dieser Situation sein könnte. So vollzieht sich die Veränderung der politischen Wetterlage weitgehend hinter dem Rücken der sächsischen Außenpolitik.** Sachsen macht sich kenntlich durch die Hilflosigkeit seiner auf Vermutungen angewiesenen Außenpolitik, die es nach außen hin als Neutralität verstanden wissen möchte. Preußen weiß es durch seinen Spion und die anderen Großmächten durch die Unschlüssigkeit sächsischen Taktierens: Sachsen ist schlecht oder nicht informiert, es ist hin und hergerissen zwischen Sicherheitsinteresse und Großmachtsambition. **Sachsen dagegen kann seinen Wert für eine andere Großmacht auf Grund des Informationsmangels nur noch unzureichend einschätzen und verpasst den Zeitpunkt, zu dem es aus Sicherheitsinteresse sich für eine Position spätestens entscheiden müsste**[838].

So verkennt die sächsische Außenpolitik die heraufziehende Kriegsgefahr und beruhigt sich gerade in dem Moment, als Friedrich der Große in Sachsen einmarschiert, die sächsische Armee besiegt und sie in seine Eigene eingliedert. Das den siebenjährigen Krieg währende Martyrium ruiniert Sachsen, und der Tod Augusts III. im Jahr 1763 bringt das Ende der Personalunion Sachsen-Polen. Sachsen wird endgültig auf den Rang einer deutschen Mittelmacht reduziert.

Sachsen kann als Beispiel gelten für die zerstörerische Wirkung des Großmachthabitus bei Mittelmächten, deren militärische Mittel nicht ausreichen, um diesem Großmachtdrang Geltung zu verschaffen. Die gerühmte Diplomatie des Grafen Heinrich von Brühl ist aus dieser Sicht eine unzureichende Kompensation für fehlenden militärischen Druck. Sie vermag nicht, das Dilemma zwischen Sicherheitsinteresse und Großmacht-

---

838 Vgl. dazu das Kapitel 4, Verhängnisvolles Zögern: Sachsen versäumt den Anschluss an die antipreußische Koalition (Juni-August 1756), R.Hanke 2006, S. 305-319.

sambition aufzulösen. Graf Heinrich von Brühl hat nicht erkannt, dass jede Großmachtsambition die Wahrung der Sicherheitsinteressen voraussetzt und deshalb nicht in Konkurrenz dazu verfolgt werden kann; das macht den Kardinalfehler seiner gesamten Konzeption von Außenpolitik aus. Jegliche Großmachtsambition hängt immer von der Wahrung basaler Sicherheitsinteressen ab und kann keinesfalls dazu eine Alternative sein. Jede realistische Chance auf die Eröffnung eines Korridors zwischen Sachsen und Polen mit Hilfe einer Allianz anderer Großmächte (Österreich, Frankreich, Russland) wäre immer durch einen Waffengang mit Preußen zu erzwingen gewesen, ein Waffengang, in dem die Mittelmacht Sachsen vor allem durch ihre geostrategische Lage als erstes und vielleicht einziges Opfer seinen Fortbestand riskiert hätte. Wäre nicht eventuell das nach dem Siebenjährigen Krieg ausgehandelte Recht der freien Durchfahrt auch noch ohne kriegerische Auseinandersetzung, dafür aber in Koalition mit Preußen zu haben gewesen? Wer weiß. Man kann aber sehen: Erst durch die verhängnisvolle Wirkung dieses Großmachthabitus wird die geostrategische Lage zur Gefahr für Sachsen.

Der Begriff Schaukelpolitik hat sich für diese Politik der schlechten Interessenkompromisse eingebürgert. Geschaukelt wird hier zwischen dem basalen Sicherheitsinteresse Sachsens und seinen Großmachtsambitionen. Die Konkurrenz von Sicherheits- und Großmachtsinteresse verschärft sich dabei mit jedem hier geschilderten Schritt. Die Abweichung von dem, was das Sicherheitsinteresse vor allem gefordert hätte, schraubt den Preis, den Sachsen dafür bezahlen muss, immer weiter in die Höhe: 1 Million Taler an Reparationen, Verzicht auf den Korridor, Verzicht auf die polnische Krone, vielfache Plünderung im Siebenjährigen Krieg, der Brand Dresdens etc. **Diese Kosten, die steigenden Schwierigkeiten Sachsens im außenpolitischen Tagesgeschäft und seine kontinuierlich sinkender Wert für das Feld der Großmächte sind der Preis für die Missachtung der Feldstruktur und damit sozusagen der Lackmustest auf die beschriebene Grenzstruktur des Feldes der Großmächte.**

Dass die von Brühlsche Außenpolitik ihren Großmachtsambitionen Vorrang vor den eigenen Sicherheitsinteressen gibt und sie in Konkurrenz dazu vorantreibt, das macht im Blick auf das Feld der Großmächte ihr abweichendes Verhalten aus. Sie missachtet die Struktur der doppelten Ambivalenz und des darin enthaltenen Machtgefälles und meint, sich durch eine immer wieder gesuchte Abseitsstellung frei bewegen zu können. Dass das Machtgefälle auch Mittelmächten einen Praxisrahmen vorgibt, darüber scheint Graf von Brühl geblendet durch seine und die Großmachtssucht des sächsischen Hofes. Auch dies eine Wirkung des Großmachthabitus. Der Ruin von sächsischem Staat und Gesellschaft am Ende des Siebenjährigen Krieges spricht das unvermeidliche Urteil über diese Art von Außenpolitik.

So sieht man letztlich auch an der sächsischen Außenpolitik: Die Verbindung zwischen Groß- und Mittelmacht als Schutzverhältnis ist nicht schlechthin, sondern die zwischen dem Wert einer Mittelmacht für das Feld und der Positionierung einer Großmacht im Feld – und dies auch unterhalb des Gefrierpunktes aller Wertschätzung. Das machen die Positionswechsel Sachsens zwischen Österreich und Preußen, sowie der spätere Versuch der Mimikry auch bei mangelnder Informiertheit gegenüber Preußen klar. Es handelt sich nicht nur um ein einseitiges Verhältnis zwischen zwei ungleichen Mächten, es handelt sich um die Grenze zwischen Feld und Umfeld, die sich in diesem von Sachsen zu seinem Schaden nur unzureichend berücksichtigtem Machtgefälle zwischen Feld und Umfeld abbildet.

III – 5) Die Konstitution des Feldes der Großmächte

„De là cette puissance nouvellement née en Europe qui devient si redoutable entre les mains du fils qu'elle mérite la plus sérieuse attention..." [839]

Die Aufmerksamkeit des Feldes der Großmächte richtete sich in den Jahren 1740–1763 auf Preußen, den Parvenu und Störenfried, auf die untypische, auf tönernen Füßen stehende Großmacht im Feld der Großmächte. Deshalb ließ sich am Beispiel des preußischen Großmachthabitus im bereits bestehenden Feld der Großmächte die Aktualisierung der verschiedenen Aspekte des Feldes herausarbeiten. Seine Einheit, die Positionierung Preußens im Feld und seine Anerkennung als Großmacht, das Machtgefälle zwischen Feld und Umfeld und das gegenseitige Unterdrucksetzen der Großmächte durch die gegenseitige permanente Veränderung der außenpolitischen Handlungsgrundlagen, all dies gezeigt am Beispiel Preußens, zielt schließlich und endlich auf den Eckstein des Arguments: auf den Zu-

---

839 zitiert von Maurice Sautai, Les préliminaires de la guerre de la succession d'Autriche, Paris 1907, S. 501. Sautai schreibt diese Aussage dem Marquis de Beauvau zu, räumt aber ein, es nicht belegen zu können ("nous croyons pouvoir attribuer ce document au Marquis de Beauvau, notre envoyé extraordinaire à Berlin en 1740).

sammenhang dieser bislang für sich betrachteten Bestandteile, auf die Konstitution des Feldes der Großmächte.

Um die Konstitution dieses Feldes in der ihm eigenen Gestalt nachzuvollziehen, war im zweiten Teil die Unterscheidung von Beobachtung erster und zweiter Ordnung als methodisches Korrektiv zum direkten Zugriff via objektivierender Theoreme wie Idealtyp, System, Pentarchie, Club, Gruppe, Kreis der führenden Mächte u.a.m eingeführt worden. Über die Mead'sche Kategorie des Generalisierten Anderen konnte einsichtig gemacht werden, dass bei sozialen Tatsachen Grenze und Einheit auseinanderfallen, weil die verschiedenen Versionen der Einheit einer sozialen Tatsache immer positionsabhängig geschaffen werden. Die positionsabhängige Version der Einheit des Feldes wurde von Preußen nicht objektivert in einem wie immer gearteten Begriff vom Feld der Großmächte, sie wurde vielmehr generalisiert und aus der Beobachtung zweiter Ordnung dann im Begriff der Lage gefasst. Was deshalb bei Personen und Dingen, bei Objekten also zusammenfällt, Präsentation der Einheit und Abgrenzung nach außen, musste hier in seinem spezifischen sozialen Zusammenhang neu gedacht werden. Eine der Objektivierung äquivalente Leistung erklärt daher die Abgrenzung zwischen Groß- und Mittelmacht im Machtgefälle Feld-Umfeld und dessen Verhältnis zur Generalisierung im Begriff der Lage. Der Weg von einem zum anderen führt dabei über zwei Ebenen der Relationierung im Feld, über den Prozess der Anerkennung und das „Über-die-Bande-spielen" außenpolitischer Rahmenbedingungen, die permanente Adaption der je eigenen Situationsdefinition an die Lage im Feld.

Diese Züge des Feldes laufen zusammen im Habitus einer Großmacht. Schon ein Blick auf den wissenschaftlichen wie außerwissenschaftlichen Sprachgebrauch zeigt: Es ist in der Regel der Großmachtstatus aufgefasst als Eigenschaft einer Großmacht, auf den die Rede kommt, wenn die mit ihm verbundenen Strukturen zum Thema werden. Und schon der Begriff verrät, dass hier die Zurechnung des Status, die Positionierung also, mit dem Machtgefälle, Großmacht im Unterschied zu Mittel- und Kleinmächten, zusammengesehen werden möchte. Der von *P. Bourdieu* übernommene Begriff des Habitus in seiner Spezifizierung des Feldes aus einer bestimmten Position erlaubte es, anschließend an den allgemeinen Sprachgebrauch das wissenschaftlich konkretisierte Ineinandergreifen von Generalisierung und Individualisierung in einer Position und die beiden Strukturebenen ins Verhältnis zu setzen. In diesem Sinn präsentiert der Großmachthabitus Preußens die Struktur des Feldes der Großmächte aus preußischer Sicht und im Hinblick auf Preußen als Großmacht. Der Begriff des

Feldes schließlich bot sich an, um den verbreiteten Terminus System zu vermeiden. Gerade im Blick auf den vielleicht ausgearbeitetsten Systembegriff von *N. Luhmann* zeigte sich, dass wir es hier mit einer vergleichsweise lockereren Struktur zu tun haben. Beides, die Abgrenzung zum Systembegriff wie die Affinität zum Habitus, zeichnen den Feldbegriff aus und machten ihn zum Terminus der Wahl für die hier erläuterte Struktur.

Im Folgenden greife ich die beiden Beispiele auf, die die Einheit des Feldes aus preußischer Sicht als Lage erscheinen ließen: Die Lage zu Beginn des Österreichischen Erbfolgekrieges und die Lage zu Beginn des Siebenjährigen Krieges. Beide Male handelte es sich um einen Präventivschlag Preußens, der zur Aktualisierung des Feldes aus preußischer Sicht führte oder, was dasselbe ist, der den preußischen Großmachthabitus in actu zeigte. Dass es sich hier zweimal um einen Kriegsbeginn handelt, muss nicht heißen, dass nur solche zum Krieg führende Lagen in Frage kommen, um die Einheit des Feldes als Generalisierung konstatieren zu können. Im Kontext der hier gewählten Epoche konnte ich allerdings nichts Vergleichbares an anderer Stelle finden. Es ging und geht darum, die der Objektivierung vergleichbare Leistung, den Zusammenhang zwischen Generalisierung und Einheit aufzuzeigen als Teil der Konstitution des Feldes.

Die Lage Preußens vor Beginn der beiden Kriege war vergleichbar. Es sah sich einem Handlungsdruck durch das Feld der Großmächte ausgesetzt, zum einen durch die günstige Gelegenheit einer anfechtbaren dynastischen Sukzessionsfolge, zum anderen durch den französisch-britischen Konflikt, der in Nordamerika zum Krieg ausartete. Dieser Druck des Feldes konnte aber nur dann seine Wirkung entfalten, wenn eine solche Lage gleichzeitig als Chance erschien. Wenn es also nicht von vornherein aussichtslos war, daraus Profit zu schlagen und das meint: Es gab kein Machtgefälle, das es von vornherein aussichtslos erscheinen ließ, in dieser Situation in den Wettstreit mit anderen Großmächten zu treten. Vielmehr ging es um die Wahrung und Nutzung von daraus sich ergebenden Chancen, so das darauf zielende Kalkül. Es ist oben dargestellt worden.

Die Leidenschaft, die Ruhmsucht wurden aktualisiert und auf Präsenz gestellt durch den Blick auf das Feld als reflexive Generalisierung, als Lage also, in der jeder Feldteilnehmer annimmt, dass alle anderen Feldteilnehmer ebenso annehmen, dass jeder eben gerade auf diese Weise generalisiert. Der Druck der davon ausging, die eigenen Chancen in dieser Situation zu wahren, veranlasste Friedrich zu dem Präventivschlag, der ihm aus der Perspektive der anderen wiederum den Großmachtstatus einbrachte, zunächst als Erkenntnis der Bedrohungsfähigkeit (Beginn des Österreichischen Erbfolgekrieges), dann als Anerkennung durch Bewunderung und Respekt (meist im Lauf des Siebenjährigen Krieges und danach). Der Wille zur Großmacht zeigte sich hier als ein durch das Feld getriebener Wille. So bedingten Generalisierung und Positionierung Preußens einander, aus der Beobachtung zweiter Ordnung gesprochen die Genese des preußischen Großmachthabitus, im Feld der Großmächte des 18. Jahrhunderts.

III – 5.1) Das Feld zu Beginn des Österreichischen Erbfolgekrieges

Nach dem Sieg Preußens über Österreich in der Schlacht von Mollwitz begann der Prozess der Anerkennung Preußens mit der Erkenntnis seiner Bedrohungsfähigkeit durch die anderen Großmächte. Sei es direkt durch den Sieg über Österreich, sei es durch die Verhandlungsführung mit Frankreich und zweimaligem Bruch der Koalition mit Frankreich gegen Österreich, oder durch die Einsicht der russischen Großkanzler Ostermann und Bestushev, dass sich Preußen nicht mehr in eine russische Einflusssphäre einordnen ließ, die als Barriere gegen Frankreich dienen sollte, und sei es eben auch durch die Strategien Großbritanniens, zunächst mit Österreich gegen Preußen Krieg zu führen, danach Preußen in eine Koalition mit Österreich zu drängen – immer das Ziel vor Augen, auf dem europäischen Kontinent eine Allianz gegen Frankreich zu schmieden – bei allen konnte man sehen, dass die Bedrohung durch Friedrich den Großen ein Bild in den Augen der anderen schuf, dass seine Bedrohungsfähigkeit in einem ambivalenten Charakterportrait festhielt. Die Äußerungen sind aus einer Vielzahl unterschiedlicher und zeitlich weitgestreuter Quellen zusammengetragen und ergeben ein eindeutiges Bild: Der Klage über Unberechenbarkeit und Unzuverlässigkeit, über Ehrgeiz und Ruhmsucht, stehen die Anerkennung als heeresführender König (roi connétable) und als militärstrategisches Genie gegenüber. Bei allen Verschiebungen der Gewichtung einzelner Charakteristika, betonen diese Aspekte sämtlich die neue Bedrohungsfähigkeit Preußens, die in seinem König Friedrich dem Großen sichtbar wurde. So wurde Preußen als Großmacht im Feld der Großmächte positioniert.

Die Konsequenzen für die Situationsdefinition der einzelnen Großmächte stellten sich sofort ein und waren beträchtlich: Für Österreich gefährlich wegen des Raubs seiner reichsten Provinz, Schlesien; existenzbedrohend aber durch die Veränderung der Situationsdefinition Frankreichs, das eine Allianz mit Preußen gegen Österreich schloß, und wegen ihrer Konsequenzen für die Donaumonarchie. Direkte und indirekte Wirkung addierten sich hier zur Krise der Monarchie, die der jungen Regentin Maria Theresia im Feld der Großmächte den Weg zur Anerkennung Preußens durch Imitation wies, zunächst als Bewunderung dann als Respekt (Konsequenz aus der Niederlage im Österreichischen Erbfolgekrieg). Heeresreform, Steuerreform, Verwaltungsreform und Justizreform, allesamt Detailregelungen einer Entmachtung der Stände, schufen in Österreich die Grundlagen des Staates im heutigen Sinn aus den bis dahin lediglich qua Personalunion verbundenen Ländereien. So führte der Prozess der Anerkennung im Feld der Großmächte zur Konstitution von Staat und Gesellschaft des modernen Österreich.

Die Mittelmacht Bayern, durch ihre geographische Lage und ihrer Zugehörigkeit wegen zum Heiligen Römischen Reich Deutscher Nation Interessengebiet von französischer und österreichischer Großmacht zugleich, bekam die Folgen dieser veränderten Situationsdefinition Frankreichs und Österreichs schnell zu spüren. Zog es zunächst von Frankreich vorgeschickt dann an seiner Seite gegen Österreich in den Erbfolgekrieg, musste es nach dem Rückzug Frankreichs um seine Existenz fürchten, die es nur durch einen Wechsel des Großmachtbündnisses retten konnte. An Bayern war zu demonstrieren, wie der Wechsel der Großwetterlage im Feld der Großmächte, hier durch den Aufstieg Preußens, vor allem seine Volten des Rückzuges und Wiedereinstiegs in den Krieg, die Feldgrenze zwischen Feld und Umfeld im Sinne der doppelten Ambivalenz des Machtgefälles aktualisierte. Die Mittelmacht Bayern musste sich zum eigenen Schutz an eine andere Position im Feld der Großmächte, an Österreich, anschließen (Sardinien-Piemont, um an ein anderes Beispiel zu erinnern, versuchte durch aufschiebende Pendeldiplomatie den Schutz bei und vor beiden Mächten). Man sieht hier deutlich, dass es sich nicht einfach um die Beziehung einer Großmacht und einer Mittelmacht handelte, die beide die ihnen gemäße Interessenpolitik verfolgen. Bayern war vielmehr durch eine bestimmte Veränderung der Situationsdefinition zweier Großmächte im Feld betroffen, die durch eine dritte, Preußen, ausgelöst wurde. Somit stellte sich Bayern als Teil des Umfeldes auf den Wechsel der Situationsdefinitionen der Positionen der Großmächte im Feld ein und sah sich gezwungen, Schutz bei Österreich zu suchen, da durch die neue Konstellation im Feld nur diese Großmacht den Schutz gewähren konnte, den zuvor Frankreich bot, m.a.W. Bayern reagiert auf die veränderte Situation im gesamten Feld. Aus der Beobachtung zweiter Ordnung gesprochen: Es aktualisiert durch sein Verhalten die Grenze zwischen Feld und Umfeld.

Damit ist der Weg von der Generalisierung des Feldes durch Preußen, die den Präventivschlag Friedrichs auslöste, bis zur Aktualisierung der Feldgrenze durchschritten. Es handelt sich dabei nicht um eine Aktion, die durch den politischen Willen eines Einzelnen geplant und hervorgerufen wurde. Die Konstitution des Feldes zeigt sich vielmehr im Zusammenspiel von Entdinglichung und Schließung, von der reflexiven Generalisierung zur Einheit des Feldes über die beiden Ebenen des Habitus zur Aktualisierung der Außengrenze zwischen Feld und Umfeld. Die Konstatierung der Lage als Aktualisierung der Einheit des Feldes führt dabei an mehreren anderen Stellen (Sardinien-Piemont, Spanien, Bayern, Sachsen) zur Aktualisierung des Machtgefälles zwischen Groß- und Mittelmächten. Der Druck der Lage und der von ihr gesetzte Impuls streuen ihre Wirkung über die einzelnen Großmachtspositionen in das Umfeld. Dort suchen Mittelmächte den Anschluss an Positionen von Großmächten, um ihre eigene Existenz zu sichern. Die doppelte Ambivalenz von größerer und geringerer Bedeutung, von Schutz und Preisgabe, zwingt sie in ein einseitiges und Nützlichkeit abwägendes Machtgefälle, das die gewährte Sicherheit unter den permanenten Vorbehalt einer Änderung der Situationsdefinition einer Großmacht stellt. Mittelmächte erfahren die Einheit des Feldes so als Veränderung der Machtlage im Feld der Großmächte.

III – 5.2) Das Feld zu Beginn und während des Siebenjährigen Krieges

Der Siebenjährige Krieg begann im Mai 1756 in Nordamerika. Großbritannien erklärte Frankreich den Krieg. Auf dem europäischen Kontinent rechneten Österreich, Russland und Preußen damit, in diesen Krieg verwickelt zu werden. Während Österreich und Preußen dies fürchteten, sah Russland darin eine Chance auf eigene Machtkonsolidierung in Europa.

Eine Konfliktlage hier, aber als Lage vergleichbar derjenigen zu Beginn des Österreichischen Erbfolgekrieges: Jeder der drei rechnet damit, durch irgendeine andere Großmacht, sei es Frankreich oder Großbritannien, Russland, Österreich oder Preußen[840] hineingezogen zu werden. Diese

---

840 D.h. die drei zitierten Großmächte fürchteten auch durch sie selbst mit hineingezogen zu werden. Preußen z.B. auch durch Russland oder Österreich usw. Österreich z.B. auch vorzeitig durch Russland.

Lage führte zu Aufrüstung bei allen Großmächten. Sowieso bei Frankreich und Großbritannien, später bei Österreich, Russland und Preußen. Damit wurde eine Erwartungsspirale in Gang gesetzt, an deren Ende die Initiative bei dem lag, der am meisten zu fürchten hatte, weil der Druck der Lage auf ihm besonders lastete und ihn deshalb anderen zuvorkommen ließ. Das war hier das von drei Großmächten eingekreiste Preußen.

Preußen begann nicht etwa sofort mit einem Überraschungsangriff gegen Österreich. Friedrich der Große suchte vielmehr nach Gründen, die den Druck der Lage hätten abmildern können. Dreimal ließ er in Wien anfragen, ob ein Angriff auf Preußen bevorstünde. Die ausweichenden Antworten des Österreichischen Hofes verstärkten seine Befürchtungen eher als sie zu zerstreuen. Nur deshalb konnte Friedrich der Große leidenschaftlich behaupten: „Ich bin unschuldig an diesem Krieg. Ich habe alles getan, um ihn zu vermeiden"[841]. Sowohl die Aktion als auch die Begründung, zuvorkommen zu müssen, um nicht selber durch die Aktionen seiner Gegner überrascht zu werden, ergeben nur Sinn, wenn man die skizzierte Lage zu Beginn des Siebenjährigen Krieges in Rechnung stellt[842].

Soweit die Erkenntnis aus den zitierten Quellen reicht, geschah der Umschlag von einer Imitation, die als bewundernde Anerkennung Preußens durch die Großmächte zu werten ist, zu einer Imitation, die dem Gegner und sich selbst Respekt als Ebenbürtige erweist, während und nach dem Siebenjährigen Krieg. War die Erkenntnis der Bedrohungsfähigkeit seit dem Österreichischen Erbfolgekrieg gegeben, ließ die Anerkennung Preußens durch die anderen Großmächte einen strukturell analogen Prozessverlauf erkennen, der zwar nicht synchron, aber zu verschiedenen Zeiten in verschiedenen Geschwindigkeiten und Anlässen heterochron durchzubuchstabieren war. Seine gemeinsame Abfolge – Erkenntnis der Bedrohungsfähigkeit, Anerkennung als Bewunderung, Anerkennung als Respekt – konstatierte sowohl die Positionierung Preußens über ein gemeinsames Bild Friedrichs des Großen als auch die daran anschließende Imitation preußischen Militärs. Die Allgemeinheit lag dabei nicht im Imitat, das je nach Interesse und Bedürfnis einer Großmacht unterschiedlich ausfiel, sie

---

841 Friedrich der Große und Maria Theresia in Augenzeugenberichten 1972, S. 262.
842 Es sei an dieser Stelle noch einmal darauf hingewiesen, dass es sich hier um die Rekonstruktion der politischen Lage zu Beginn des Siebenjährigen Krieges handelt, nicht aber um eine moralische Bewertung des Kriegsbeginns. Es wäre allerdings interessant, den Druck der Lage in die moralische Beurteilung miteinzubeziehen: Was hieße es z.B. gleichwohl keinen Krieg zu beginnen?

lag im Sinn dieser Imitation: Bewunderung war bei allen Großmächten der erste Schritt, und das nicht etwa zurückgelehnt aus den Publikumsrängen europäischer Außenpolitik generös Beifall spendend, es war vielmehr die überwältigende und ambivalente Faszination geronnen aus einer Blendung durch den Erfolg des Gegners und gleichzeitiger Kränkung durch die eigene Niederlage. Während also der erste Schritt noch ein Bild Friedrichs des Großen vor Augen stellt, erweist der zweite und dritte in analogen Imitationen des preußischen Militärs den ihn gemeinsamen Sinn.

Im zweiten Schritt kommt es dabei zu einer, wie ich es im Anschluss an S. *Freud* genannt habe, politischen Objektbesetzung und führt damit diese Form der Anerkennung als Bewunderung in ein Dilemma.

Die bewundernde Imitation versucht die Kränkung der Niederlage vergessen zu machen und die Insignien des Erfolgs zu vereinnahmen. Dadurch wird der realisierte Erfolg des anderen mit dem eigenen erhofften Erfolg identifiziert – ohne dass die Gründen für die eigene Niederlage in diese Bewunderung reflektiert eingehen. Druck wird erzeugt, der in ein Identitätsproblem mündet. Das politische Objekt Friedrich der Große besetzt die Identität einer anderen Großmacht, verkörpert z.B. durch Joseph II. von Österreich oder Peter II. von Russland. Deren bewundernde Imitation will durch Identifikation die Bewunderung sich selbst ebenso zuführen, leitet sie aber praktisch von sich weg auf den Anderen. Dadurch treibt sie über sich selbst hinaus. Je weiter die Imitation getrieben wird, desto schärfer die Diskrepanz zwischen Bewundertem und Bewunderer. Sie wirkt dann auch überzogen bis ins Unangemessene, Lächerliche hinein. Die Bewunderung sich selbst zuzuführen, gelingt erst in einem zweiten Schritt, sobald und soweit die Anerkennung aus Bewunderung sich in Anerkennung aus Respekt verwandelt. In diesem Umschlag geraten die Grenzen der Imitation aus Angst vor Identitätsverlust in den Blick und zwar durch eine wie auch immer geartete, landesspezifische Öffentlichkeit, die eine Außenperspektive auf sich im Land selbst herstellen kann. Aus dieser Perspektive wird beklagt, dass eine schrankenlose Imitation dem Charakter des eigenen Landes zuwider laufe, ihm Schaden zufüge, da sie kein Kriterium der Abgrenzung kennt. Die Anerkennung aus Respekt versucht demnach nicht mehr, den Erfolg des Anderen zu vereinnahmen, sondern ihn zu eigenen Bedingungen wieder zu ermöglichen und sich dafür die geeigneten Mittel zu verschaffen. Deshalb verkörpert Preußen in diesem Augenblick nicht mehr das zu imitierende Ideal, sondern einen Typ von Großmacht, der eben darin auf einer Stufe mit der anderen Großmacht steht. Damit ist gleiche Augenhöhe erreicht und der Sinn von Imitation wandelt sich: Das, was übernommen wird, wird übernommen, weil es für beide Ausdruck des Großmachtstatus ist, also Zeichen der gemeinsamen Zugehörigkeit zum Feld. Der darin zum Ausdruck kommende Respekt vor Preußen als anderer Großmacht zeigt die Einheit von Selbst- und Fremdachtung, die in der Bewunderung als schrankenloser Verehrung noch nicht gegeben war.

Man sieht hier, wie auf einer anderen Ebene als der der klassischen Außenpolitik eine Bewegung des Feldes der Großmächte stattfindet, die direkt in das Selbstbewusstsein und die administrative Ausbildung einer werdenden Gesellschaft eingreift, sie durch den Zwang zur Imitation zunächst über sich selbst hinaus treibt und dann neu zu sich kommen lässt. Das hier beispielhaft im Blick auf Österreich Ausgeführte ist dabei im Vorgriff gesprochen. Es wäre an dem Aufstieg bzw. Abstieg von Großmächten und der Imitation zwischen Großmächten am Ganzen des Feldes zu demonstrieren, wie es durch das Feld der Großmächte auch in Großbritannien, Frankreich, Russland und Preußen zur Ausbildung eines administrativen Monopol und der Formation einer entsprechenden Gesellschaft kam.

III – 5.3) Das Feld als Prozess von Imitation und Koordination von Heterochronizität

Der Druck, den das Feld auf die einzelne Großmacht ausübt, gilt ihrer Positionierung darin. Österreich, Frankreich und Großbritannien hatten Niederlagen gegen andere Großmächte, gegen Preußen, Großbritannien und Frankreich zu verarbeiten, die ihrer Position im Feld der Großmächte schadeten oder gefährdeten. Durch diese Niederlagen gewinnt die Ungleichzeitigkeit des Standes der gesellschaftlichen Entwicklung, hier als Unterlegenheit des Militärs, in den verschiedenen Ländern Bedeutung für die Positionierung einer Großmacht. Die aus heutiger Sicht nachholende Modernisierung führte zur Imitation dessen, was zur Stärkung der eigenen Position im Feld nötig schien. Der Anerkennungsprozess Preußens galt also, feldintern gesehen, dem Versuch der Statuswahrung der anderen Großmächte im Feld, kein Machtgefälle entstehen zu lassen, das eine Großmacht plötzlich aus dem Feld zur Mittelmacht geschrumpft und in die Abhängigkeit anderer Großmächte katapultiert hätte. Diese Gefahr bestand z. B. für Österreich als Überdehnung, d.h. im Mißverhältnis zwischen geographischer Ausdehnung, damit gegebener fehlender Einheitlichkeit des

Territoriums einerseits und den verschiedenen Verwaltungstraditionen andererseits, die nur schwer und nur teilweise zur Uniformität einer absolutistischen Administration zusammengeschweißt werden konnten[843]. Frankreich war durch den Ausgang des Siebenjährigen Krieges in seinem Ansehen als Großmacht schwer geschädigt[844]. Ein Jahrhundert zuvor noch war Frankreich Garantiemacht des Westfälischen Friedens gewesen. Die Niederlage gegen Preußen in der Schlacht bei Rossbach und der Verlust seiner nordamerikanischen Kolonien, sein Einfluss in Indien weitgehend an Großbritannien verloren, führte zu einem weitgehend von Großbritannien diktierten ersten Friedensschluss von Paris (1763) und sogar zum Ausschluss von den Friedensverhandlungen von Hubertusburg (1763), dem zweiten, kontinentalen, den preußisch-österreichischen Konflikt betreffenden Friedensschluss. Sämtliche Kriegsaktivitäten Frankreichs in der Folge, über den Eingriff in den amerikanischen Unabhängigkeitskrieg bis zu den Napoleonischen Kriegen, galten vornehmlich der Statuswahrung im Feld der Großmächte.

Auch wenn Großbritannien aus dem Siebenjährigen Krieg als großer Gewinner hervorging – es hatte sich in Nordamerika und in Indien gegenüber Frankreich weitgehend durchgesetzt – musste es davor und während des Krieges schmerzvolle Niederlagen einstecken. Die Erfolge Frankreichs in Indien (Madras 1746, Pondichery 1748), die Eroberung von Menorca durch Frankreich (1756) und die Zurückdrängung der englischen Milizen im Grenzbereich von englischen Kolonien und Neu-Frankreich in Nordamerika vor und zu Beginn des Siebenjährigen Krieges, all das nagte am Großmachtstatus, die diesen vor allem den Erfolgen zur See, dem

---

843 Vgl. dazu M. Hochedlinger 2003, das Kapitel 10, Squaring the circle or how to administer and defend a territorial giant: ‚Although, in absolute terms, Austria's power had increased, her relative power had been reduced due to strategic overextension, enhanced vulnerability and lack of focus." S. 220.

844 Siehe dazu S. Externbrink 2006, das Kapitel Rosbach und Leuthen: „Das Unglück ist groß: durch den Verlust an Reputation, durch den Einfluss, den dieses Ereignis auf unsere Verbündeten wie auf unsere Feinde ausüben wird, durch die unzählbaren Vorteile, die der König von Preußen daraus ziehen wird, und durch die Hilfe, die er dem englischen Kabinett zum Sitzungsbeginn seines Parlaments verschafft, S. 191. (S. Externbrink zitiert hier einen Brief von Belle-Isle an Choiseul vom 29. November 1757, aus: Filon, L'Ambassade de Choiseul, S. 113-116). Zum Krieg zwischen Frankreich und Großbritannien im Siebenjährigen Krieg siehe H. Scott 2006, das Kapitel The Anglo-Bourbon War, S. 108-116, bes. S. 115f zu den Friedensschlüssen von Paris und von Hubertusburg.

wachsenden Reich von Kolonien und dem dadurch sich ausweitenden Welthandel zu verdanken hatte. Auf dem europäischen Kontinent konnte sich Großbritannien nur mit Allianzen gegenüber Frankreich behaupten. Auch für Großbritannien ging es vor und im Siebenjährigen Krieg um die Statuswahrung als Großmacht[845].

Ob es bei Russland um Statuswahrung oder Statusgewinn als Großmacht ging zu Beginn des Siebenjährigen Krieges, ist aus den mir zugänglichen Quellen nicht zu entscheiden. Sicher war aber der Aufstieg Preußens die Hauptsorge Russlands. Deshalb drängte es auf einen Militärschlag gegen Preußen, den es aber nicht allein, sondern mit Verbündeten zu führen dachte[846]. Im Vorfeld des Siebenjährigen Krieges geriet Russland dabei in eine schwierige Situation, die auch hier die Gefahr einer außenpolitischen Isolierung in sich barg. Die Westminsterkonvention (1756) zwischen Preußen und Großbritannien sowie die Gerüchte um eine Vermittlerposition Preußens zwischen Frankreich und Großbritannien ließen am russischen Hof Befürchtungen aufkommen, Frankreich, Großbritannien und Preußen demnächst in einer antirussischen Allianz vereint zu sehen[847]. Die Frage kreiste deshalb um die Entscheidung, ob, um Preußen zu schlagen, der außenpolitische Schulterschluss mit Frankreich oder Großbritannien zu suchen sei. Als Peter III. gegen Ende des Siebenjährigen Krieges an die Macht kam, aus seiner persönlichen Bewunderung Friedrichs des Großen praktische Politik wurde und er den Pakt mit Preußen schloss, führte dies nicht nur zum Ende des Siebenjährigen Krieges auf dem Kontinent, es war auch ein geostrategisch kluger Schachzug um Russlands Position in Europa zu stabilisieren. Die Allianz mit Preußen eröffnete ihm persönlich den Weg nach Holstein und seiner Nachfolgerin auf dem Thron, Katharina der Großen, den Weg nach Mitteleuropa. Russland wurde im Frieden von Teschen (1779), der den Bayerischen Erbfol-

---

845 J. Black 1990, S. 105, 113ff; und B. Simms, Zweierlei Reich. Die britische Politik im Spannungsfeld zwischen Amerika und Europa im Schatten der „Diplomatischen Revolution" 2001, S. 74: „Für London aber bedeutete dies die völlige Isolation (gemeint ist der Vertrag von Versailles zwischen Österreich und Frankreich im Mai 1756, der Autor) wie man sie seit dem Ende der 1730er Jahre nicht mehr gekannt hatte.".
846 H. Kaplan 1968, S. 4.
847 H. Kaplan 1968, das Kapitel „Russia Plans For War", darin bes. die Seiten 50-55.bes. S. 51. Der spätere Nachfolger der Zarin Elisabeth, Peter III. nahm an diesen Planungen des höchsten außenpolitischen Beratergremiums der Zarin, der „Conference at the Imperial Court", teil.

gekrieg zwischen Preußen und Österreich beendete, gemeinsam mit Frankreich Garantiemacht im Heiligen Römischen Reich Deutscher Nation.

In allen diesen Fällen hat sich gezeigt, dass die Imitation Preußens an den Versuch gekoppelt ist, in einer spezifischen, prekären Situationsdefinition den Status im Feld der Großmächte zu bewahren, zu erringen oder wieder zu gewinnen.

Das führt zum Charakter des an den konkreten Imitationen beschriebenen Prozesses. Dieser lief weder synchron noch ließ sich irgendein direkter Zusammenhang der verschiedenen Imitationen beobachten. Im Gegenteil, Österreich, als erste direkt betroffene Großmacht begann mit den Preußen imitierenden Reformen im Jahr 1744 als Reaktion auf die Niederlagen im Österreichischen Erbfolgekrieg. Für Großbritannien war die beschriebene Nachahmung für den Anfang des Siebenjährigen Krieges zu fassen (1756), in Frankreich setzten die Nachahmungen schon zu Zeiten des Österreichischen Erbfolgekrieges ein. Zur bis in die 80er Jahre des 18. Jahrhunderts dauernden Auseinandersetzung Frankreichs um die Grenzen der Imitation kam es dagegen erst durch die Niederlage gegen Preußen bei Roßbach im Jahr 1757. In Russland dagegen erschien die Nachahmung ab dem Jahr 1761 zunächst an die persönliche Verehrung des Thronfolgers Peters III. geknüpft, wurde aber von der Nachfolgerin Katharina der Großen modifiziert weitergeführt.

Daran wird deutlich, dass diese Imitation zwar auf der Bedrohungsfähigkeit Preußens aufbaut, aber aus dieser deshalb nicht zwingend folgt, der Prozess „entwickelt" sich nicht. Die innere Plausibilität der Abfolge erscheint aus diesem Grund nicht als notwendige Abfolge. Vielmehr ist es gerade die je verschiedene, eben geschilderte außenpolitische Lage und darin eine prekäre oder erfolgversprechende Situation, die zur Imitation als Bewunderung und als Respekt trieb. Wann diese eintritt, ist eine Frage der Lage des Feldes. Diese Koordination von Heterochronizität muss nicht eintreten, kann aber jederzeit sich einstellen und hat eine Wahrscheinlichkeit für sich: Jede der Großmächte geriet im Lauf der Vorgeschichte und Geschichte des Siebenjährigen Krieges in eine solche Situation, die Anlass zur Imitation gab, die auf die Bedrohungsfähigkeit Preußens reagierte[848].

---

848 Ganz in diesem Sinn auf der Metaebene argumentierend A. Nassehi: „Für eine empirische Forschungsperspektive bedeutet das, sich nicht von einer vorgängigen Harmonisierungserwartung solcher Perspektiven einschränken zu lassen, sondern die Logik von Situationen tatsächlich darin zu entdecken, dass es unterschiedli-

Damit ist eine Konstellation avisiert, die durch das Theorem der Balance of Power nicht zu fassen ist: Auch wenn jede Großmacht qua Status als bedrohungsfähig allen anderen Großmächten gegenüber gilt, also die Gleichheit des Status gegeben ist, befinden sich die relativen Rangunterschiede zwischen den Positionen im Feld im permanenten Fluss. Mal ist Frankreich, mal Preußen, mal Russland oder Großbritannien die erste Großmacht im Feld, während die jeweils anderen sich mit ungünstigeren Positionierungen begnügen müssen, die durch die spezifischen Situationsdefinitionen bedingt sind (und dies ungeachtet aller quantifizierbaren Ressourcen einer Großmacht). Es ist die Ungleichheit in der Gleichheit, die prekäre Situationen schafft und den Impuls zur nächsten Stufe der Anerkennung setzt. Die aus dem Willen zur absoluten Macht gespeiste Kreativität des Einen wird der zur Nachahmung getriebene Wille des Anderen, dem nicht nachzustehen und die in der Gleichheit bestehende Ungleichheit in eine Gleichheit zu seinen Gunsten aufzulösen. Dies der zweite Aspekt des heterochronen Prozesses. Die verschiedenen Zeiten der Realisierung einer nächsten Stufe des Anerkennungsprozesses durch unterschiedliche Großmächte sind unterschiedlich, weil sie an die ungleichen Situationsdefinitionen der Großmächte im Feld gebunden sind. Die beiden jeweils folgenden Stufen (Anerkennung als Bewunderung und Anerkennung als Respekt) werden in einer dazu passenden Gelegenheit aktualisiert und entelechieren nicht aus einer Wurzel der Bedrohungsfähigkeit. Die chronologisch messbare Zeit dazwischen kann beliebig lang oder kurz sein. Der heterochrone Prozess verläuft darum nicht notwendig, sondern mit der Wahrscheinlichkeit ab, die durch den Eintritt einer Lage der Ungleichheit in der Gleichheit gegeben ist.

Darin zeigt sich die ultima ratio der Schaffung des modernen Staates und der modernen Gesellschaft: Der Wille zur Macht, zur Großmacht im Zeitalter des Absolutismus wird praktisch in der creatio ex potestate absoluta, in der Erschaffung eines neuen, bisher nicht dagewesenen Typs von Staat und Gesellschaft. Die Macht Friedrichs des Großen war absolut, seine Bedrohung war es auch. Daher erscheint der Wille zur Macht als getriebener, als einer, der sich dem Druck des Feldes entgegenstemmt, aber auch als einer, der sich die ihm eben daraus ergebenden Chancen ergrei-

---

che Gegenwarten sind, in denen sich Anschlüsse (hier z.B: Imitationen, der Autor)plausibel machen, Abschlüsse die an sich selbst feststellen, dass diese Gegenwart sich ebenso wenig wie andere auf andere Gegenwarten und Plausibilitäten extrapolieren lässt." (A. Nassehi 2011, S. 19).

fen will. Die heutige Welt ist darin eine Welt der Moderne, dass sie noch immer in dieser Tradition steht.

III – 6) Nachtrag. Zum theoretischen Gehalt des methodischen Vorgehens

Diese Arbeit rekonstruiert ein Historisches Individuum, das Feld der Großmächte im 18. Jahrhundert. Eine einmalige geschichtliche Struktur und deshalb kein subsumierbarer Fall unter Kategorien, die so dessen Verallgemeinerungsfähigkeit testen würden. Das hat Folgen für hier verwendete Theoreme und bekannte Topoi soziologischer Theorieangebote. Begriffsarrangements wie Habitus und Feld, Feld und Umfeld, reflexive Generalisierung und Lage, Funktion als doppelte Ambivalenz, Situationsdefinition, Positionierung, Imitation, u.a.m. subsumieren nicht mehr den zu erklärenden Sachverhalt. Sie dienen vielmehr dazu, die strukturelle Individualität des Sachverhalts als Kompositum soziologisch zu kommunizieren[849]. Es handelt sich dabei also zunächst nicht um Kategorien, sondern um beobachtbare Module einer einmaligen Sozialstruktur. Als solche haben sie einen „Sitz im sozialen Leben", eine bestimmte Stellung im Gesamt eines Historischen Individuums. Die Funktion als eine einseitige, doppelte Relationierung z.B. dient hier dazu, die Grenze zwischen Feld und Umfeld, das Machtgefälle mit Blick auf seine vielfältigen Aktualisierungen zu erklären. Im Feld, im Prozess der Anerkennung, wo es sich um multilaterale, verschiedensinnige Reziprozität handelt, kann es eben deswegen nicht um eine Funktion als einseitige, wenn auch doppelte Relationierung gehen, sondern um wechselseitige, reziproke Relationierung. Und an der Grenze zwischen Feld und Umfeld geht es deshalb nicht um Generalisierung, sondern um Funktion, d.h. um Äquivalenz und Instrumentalisierung. Vermieden werden soll, was *A.N. Whitehead* einmal „the fallacy of misplaced concreteness" genannt hat[850], den Trugschluss einer fehlgeleiteten Konkretisierung einzelner Theoreme.

Solche Trugschlüsse zu vermeiden, bzw. den sozialen Ort eines solchen Strukturmoduls zu klären ist, das wurde in der Arbeit deutlich, nur aus der

---

849 Siehe dazu V. Kruse, Das Kapitel "Historisches Individuum" als analytische Kategorie in der historischen Soziologie: „Historisches Individuum ist sowohl formales Objekt der Forschung als auch analytisches Instrument", S. 114, in: V. Kruse 1999, S. 113-122.
850 A.N. Whitehead, Science and the Modern World 1967, S. 51.

Beobachtung zweiter Ordnung möglich. Nur hier kann rekonstruiert werden, was gesehen wird, wenn gesehen wird, dass gesehen wird. *N. Luhmann* hat das Rekursivität genannt und den Vorteil herausgestrichen: Keine „bessere" Übersicht nur eine andere, die die Einbettung der ersten Beobachtung in deren sozialen Kontext noch einmal auf sich selbst beziehen und sie so als kritische Instanz verwenden kann. Dies geschieht immer mit Blick auf den durch erste Beobachtung avisierten Sachverhalt, der so in doppeltem Licht erscheint: in erster und zweiter Beobachtung. Und erst diese Doppelung ermöglicht es, vom Sinn des Sachverhalts zu sprechen, von Imitation als Bewunderung und Imitation als Respekt: So haben alle Großmächte Preußen imitiert. Das Imitat war verschieden, der Zeitpunkt war es und der Anlass ebenso. Erst der Vergleich der verschiedenen Imitationen konnte das mit der Imitation Erstrebte von seinem durch die individuellen Umstände gewählten Symbol trennen. Für die einzelne Großmacht musste beides zusammenfallen, da sonst die angestrebte Übertragung (Ziel der Imitation) nicht stattfinden konnte. Der soziologische Beobachter aber sieht die strukturierte Struktur, den blinden Fleck, das unbewusste Schema oder den habitualisierten Teil des Habitus – und nennt es Sinn, das Allgemeine als individuell Erstrebtes. Und dieser Sinn kann bei allen Imitationen empirisch als übereinstimmend nachgewiesen werden – durch Rekursivität. Die Differenz von Identifikation als Sinn von Imitation einerseits und Exerzierschritt, Kantonsystem und Uniformmode u.a.m. als Imitate andererseits setzt nämlich so etwas wie einen Durchgriff des Beobachters zweiter Ordnung, des soziologischen Beobachters voraus. Das konstruktive Moment, wenn man es so nennen will, verfährt wie *G.H. Mead* es für den Generalisierten Anderen beschrieben hat. Der konstruierende, soziologische Beobachter sieht in der Vielzahl gleichartiger Aktionen nicht nur die Allgemeinheit. Er generalisiert sie vielmehr zur Struktur (zu einem Typ von Generalisiertem Anderen). Dies nun allerdings nicht aus freien Stücken. Denn er kann die gleiche Generalisierung auf Seiten der betroffenen Position, hier Preußen, beobachten. Preußen generalisiert ja, wie oben gezeigt, die Allgemeinheit der Bedrohungsfähigkeit in einer gegebenen Situation zur Lage. Und eben in dieser Lage ist für Preußen die Einheit des Feldes gegeben. Der soziologische Beobachter übernimmt diesen konstruktiven Schritt Preußens. Er macht sich die Perspektive des Habitus auf die Einheit des Feldes zu eigen, limitiert den sozialen Ort der Einheit des Feldes auf die generalisierende Ebene des Habitus, entgeht dadurch der Verdinglichung des Feldbegriffs und legitimiert seinen eigenen konstruktiven Durchgriff als sachgemäße Übernahme (Kapitel III-2.2/2.3). Die kate-

goriale Einheit des Feldbegriffs wird durch die Beobachtung zweiter Ordnung noch einmal an ihrem sozialen Ort als Strukturmodul verankert.
Und so auch anderweitig. Denn ebenso wird mit dem hier verwendeten Funktionsbegriff verfahren. Das Machtgefälle als doppelte und einseitige Relationierung, das heißt eine Funktion – doppelt meint „Bedeutung haben für" (Wertaspekt) und „dies besser oder schlechter als" (Äquivalenzaspekt) – charakterisiert ja das Feld in seiner Abgrenzung gegenüber dem Umfeld der Mittel- und Kleinmächte (Kapitel III-4). Die Frage nach der Funktion des Feldes erscheint dann als Frage nach dem durch es begründeten Machtverhältnis, dessen doppelte Ambivalenz (bedeutsam oder nicht / besser oder schlechter) auf ihre Abhängigkeit von einem anderen Strukturmodul, von dem sich fortwährend ändernden Praxisrahmen jeder einzelnen Großmacht verweist. Die Übernahme jenes Strukturmoduls in die Beobachtung zweiter Ordnung nun limitiert einerseits den sozialen Ort der Funktion des Feldes auf Grenzsicherung gegenüber dem Umfeld, entgeht dadurch dem Trugschluss, das Feld in all seinen Aspekten oder in seiner Gesamtheit funktional fassen zu müssen – dies wäre in diesem Fall „misplaced concreteness" – und legitimiert seinen eigenen, hier funktionalen Durchgriff als sachgemäße Übernahme zur Erklärung der Schließung des Feldes.

Das Herzstück dieser Arbeit, die Darstellung des Prozesses der Anerkennung von Großmächten durch Großmächte am Beispiel Preußens, hat Anerkennung einer Großmacht rekonstruiert als einen Dreischritt von Erkenntnis der Bedrohungsfähigkeit, Imitation als Bewunderung und Imitation als Respekt. Und auch hier wird Anerkennung nicht ubiquitär ausgeweitet, sondern als Strukturmodul für Positionierung im Feld gefasst. Das Verhältnis Mittelmacht – Großmacht ist eben kein Anerkennungsverhältnis, das Verhältnis von Großmacht zu Großmacht schon. Anerkennung ist dabei Teil eines reziproken Verhältnisses, das allerdings in Absetzung vom Hegel'schen Begriff der Anerkennung nicht lediglich bilateral, sondern multilateral (Preußen wird von vier Großmächten anerkannt) und nicht gleichsinnig (sich wechselseitig anerkennen), sondern verschiedensinnig (die Reziprozität liegt im Wechselspiel von Anerkennung durch die vier Großmächte einerseits und der Generalisierung zur Lage durch Preußen andererseits) zu fassen ist. Auch diese multilaterale und verschiedensinnige Reziprozität hat ihren sozialen Ort. Sie konstituiert eine Position im Feld als die erste Ebene seiner Struktur. Auch hier bleibt der konstruktive Durchgriff des soziologischen Beobachters an die rekursiv gewendete Beobachtung erster Ordnung gebunden. Anerkennung rekurriert auf ein Feld unter Gleichen und schafft dadurch Raum, deren Ungleichheit darin zu erörtern – deshalb wird anerkannt, deshalb läuft der Prozess ab. Bilaterale Verengung des Begriffs sowie die Annahme von gleichsinniger Reziprozität des Anerkennungsprozesses wären – bezogen auf dieses Historische Individuum – ebenfalls Trugschlüsse unangebrachter Konkretion. Erst die Limitierung von Reziprozität als Wechselspiel von Anerkennung und Generalisierung legitimiert den konstruktiven Durchgriff, die Konstitution des Feldes als Prozess der Anerkennung zu erklären.

Das sollten die Beispiele zeigen: Die doppelte Beobachtung des Feldes aus erster und aus zweiter Ordnung limitiert die Konkretion auf das Sachgemäße, weil sie in der Differenz der Beobachtungen am gleichen Sachverhalt mit dessen Eigenständigkeit konfrontiert wird. Nur die vorausgesetzte Identität des Gegenstandes in beiden Beobachtungen erlaubt, eine Beobachtung rekursiv auf die andere zu beziehen. Sonst handelte es sich schlicht um zwei Beobachtungen, deren Verhältnis sich nicht über den gemeinsamen Gegenstand definieren ließe. Auf der Basis dieser Identität kann die Differenz der Beobachtungen erst rekursiv gewendet werden, kann empirische Arbeit am Gegenstand sich als solche ausweisen.

Offen muss hier bleiben, ob auch Klassen soziologischer Kategorien wie Familien, Bewegungen, Organisationen, Religionen u.a.m. Raum lassen zur Erklärung von Individualität, die über die Konstatierung eines Ausreißers oder Einzelfalles hinausgeht. Falls Strukturmodule auch hier zu eruieren wären, kämen jedenfalls eine Vielzahl zu wählender Vergleichsmodi in Frage, je nachdem ob Generalisierung, Funktion, Imitation, Positionierung o.a. die Basis des Vergleichs ansonsten historisch einzigartiger Individuen abgäbe.

Voraussetzung dieses methodologischen Ansatzes bleibt dabei die Trennung von erkenntnistheoretischer und methodologischer Ebene. Auf welchen, vielleicht auch divergenten erkenntnistheoretischen Voraussetzungen Beobachtung erster und zweiter Ordnung ruhen, kann hier nicht erörtert werden. Für die Zwecke dieser Arbeit soll genügen, dass das, was eben noch einmal rekapituliert wurde, für Beobachtung zugänglich ist.

Wichtige Daten der Epoche

1643–1715	Ludwig XIV., König von Frankreich
1648	Ende des Dreißigjährigen Krieges. Westfälischer Friede in Münster und Osnabrück unterzeichnet
1688–1713	Kurfürst Friedrich III. von Brandenburg. Seit 1701 König von Friedrich I. von Preußen
1697–1733	Kurfürst Friedrich August I. von Sachsen („August der Starke") als August II. König von Polen (ausgenommen 1704-1709)
1700–1721	„Großer Nordischer Krieg" des Königreichs Schweden gegen Sachsen-Polen, Russland und Dänemark. Niederlage Schwedens und Verlust des Großmachtstatus. Russlands Sieg gegen Schweden in der Schlacht von Poltava (1709) wird als Beginn des Anerkennung Russlands als Großmacht gewertet.
1701–1714	Spanischer Erbfolgekrieg: Frankreich gegen England, Österreich, Holland, Preußen, Hannover, Portugal, Savoyen und das Heilige Römische Reich Deutscher Nation. Aufstieg Englands (durch Realunion mit Schottland ab 1707 Großbritannien) und Österreichs zu Großmächten
1712	Geburt Friedrichs des Großen am 24. Januar
1713	Friede von Utrecht zwischen Frankreich und Großbritannien, Preußen, Holland und Savoyen. Ende der Habsburger Dynastie in Spanien. Die Bourbonen stellen nun in Frankreich und Spanien den König. Als Konsequenz des britischen Sieges: Verbot der Fusion beider Länder im Vertrag. Die Aufrechterhaltung des europäischen Gleichgewichts der Mächte wird Vertragsgegenstand auf Wunsch Großbritanniens
1714	Friede von Rastatt zwischen Frankreich und Österreich. (Der Friede von Utrecht und der Friede von Rastatt beenden den Spanischen Erbfolgekrieg).
1713–1740	Friedrich Wilhelm I. (der Soldatenkönig und Vater Friedrichs des Großen), König von Preußen
1715–1774	Ludwig XV., König von Frankreich
1722–1723	Friedrich Wilhelm I. schafft das Generaldirektorium als einheitliche Zentralbehörde für die preußischen Länder
1726–1743	Kardinal Fleury ist Leiter der französischen Außenpolitik
1733	Einführung des sog. Kantonreglements in Preußen. Das Rekrutierungsverfahren nach Landesbezirken für das preußische Militär wurde nachgeahmtes Vorbild in anderen europäischen Ländern
1733–1763	Friedrich August II., Kurfürst von Sachsen, wird König von Polen (ab 1735, dort als August III. gezählt)
1740–1786	Friedrich II. (Friedrich der Große), König von Preußen
1740–1780	Maria Theresia, Erzherzogin von Österreich, Königin von Ungarn und Böhmen, Ehefrau des Kaisers Franz I. (deshalb vor allem in Österreich auch als Kaiserin tituliert)
1740–1748	Österreichischer Erbfolgekrieg
1740	Am 16. Dezember: Einmarsch Preußens in Schlesien und Annexion dieser österreichischen Provinz

Wichtige Daten der Epoche

1741–1762	Im Zuge der Staatsstreiche in Russland (1740/41) wird Elisabeth I. Zarin von Russland
1741	Am 14. April: Schlacht bei Mollwitz. Sieg Preußens über die Großmacht Österreich (Begründung des Nimbus Friedrichs des Großen als Feldherr). Anschließend Bündnis mit Frankreich
1742–1745	Karl Albert von Bayern wird als Karl VII. Kaiser des Heiligen Römischen Reiches Deutscher Nation
1745	Friede von Dresden zwischen Preußen und Österreich. Österreich anerkennt die Annexion Schlesiens durch Preußen für die Stimme Preußens bei der Kaiserwahl für den Gatten Maria Theresias Franz I.
1748	Friede von Aachen. Ende des Österreichischen Erbfolgekrieges
1753–1792	Fürst Wenzel Anton Kaunitz, Österreichischer Staatskanzler und Leiter des österreichischen Außenpolitik
1756	Westminster Konvention zwischen Großbritannien und Preußen
1756	Vertrag von Versailles zwischen Frankreich und Österreich (Die Westminster Konvention und der Vertrag von Versailles begründeten das sog. Renversement des Alliances, den Tausch der Verbündeten, d.h. die Konflikte je zwischen Großbritannien und Frankreich sowie zwischen Preußen und Österreich blieben bestehen, man tauschte nur den Koalitionspartner)
1756–1763	Siebenjähriger Krieg, Preußen und Großbritannien gegen Österreich, Frankreich, Russland, Schweden und mehrere Fürstentümer des Heiligen Römischen Reiches Deutscher Nation
1756	Einmarsch Preußens in Sachsen und anschließende Besetzung des Landes als logistische Basis des Krieges
1757	Siege Preußens bei Rossbach (gegen Frankreich) und bei Leuthen (gegen Österreich)
1762	Tod der Zarin Elisabeth. Der Nachfolger Peter III. schließt als Bewunderer Friedrichs des Großen Frieden mit Preußen.
1762-1796	Nach nur sechsmonatiger Amtszeit wird Peter III. durch seine Gattin gestürzt, die daraufhin als Zarin „Katharina die Große" Russland regiert.
1763	Friede von Hubertusburg zwischen Preußen und Österreich mit Sachsen
1763	Friede von Paris zwischen Frankreich mit Spanien und Großbritannien mit Portugal (Der Friede von Hubertusburg und der Friede von Paris beendeten den Siebenjährigen Krieg). Wie man sieht, werden die Kriege teilweise gemeinsam ausgefochten. Die Friedensschlüsse hingegen richten sich nach den im Krieg enthaltenen Konflikten.
1764	Allianz zwischen Preußen und Russland
1765	Joseph II. von Österreich wird Kaiser des Heiligen Römischen Reiches Deutscher Nation (Nachfolge des Vaters)
1772	Vertrag zwischen Österreich, Preußen und Russland zur Teilung Polens (sog. 1. Polnische Teilung)
1775–1783	Amerikanischer Unabhängigkeitskrieg mit Frieden von Paris
1778	Bayerischer Erbfolgekrieg zwischen Preußen und Österreich. Im Frieden von Teschen, garantiert von Frankreich und Russland, wurde Letzteres zur Garantiemacht im Heiligen Römischen Reich Deutscher Nation.
1789	Beginn der französischen Revolution
1814/15	Wiener Kongress: Die Übereinkunft der fünf Großmächte, künftig abgestimmt in Europa als „Konzert der Mächte" zu agieren

Literaturverzeichnis

Anderson, Fred, Crucible for War. The Seven Years War and the Fate of the Empire in British North America 1754-1766, New York 2000.

Anderson, Matthew Smith, "Eighteenth-Century Theories of the Balance of Power", in: Studies in Diplomatic History. Essays in memory of David Bayne Horn, Worcester-London 1970, S. 183-198.

Anderson, Matthew Smith, The War of the Austrian Succession 1740-1748, London-New York 1995.

Anderson, Perry, Lineages of the Absolutist State, London 1974.

Angster, Julia, Erdbeeren und Piraten. Die Royal Navy und die Ordnung der Welt 1770-1860, Göttingen 2012.

Arendt, Hans-Jürgen, Sachsen, der Siebenjährige Krieg und die Hubertusburger Friedensverträge mit Preußen 1763, in: Wissenschaft und Kunst im Zeichen von Krieg und Frieden, Jena 2011, S. 30-57.

Armstrup, Niels, "The Perennial Problem of Small States, A Survey of Research Efforts", in: Cooperation an Conflict XI (1976), S. 163-182.

Aron, Raymond, Frieden und Krieg. Eine Theorie der Staatenwelt, Frankfurt/M. 1986.

Asbach, Olaf, "Die Globalisierung Europas und die Konflikte der Moderne – Dynamiken und Widersprüche in der Theorie und Praxis der internationalen Beziehungen in der Frühen Neuzeit", in: Der Siebenjährige Krieg (1756-1763). Ein europäischer Weltkrieg im Zeitalter der Aufklärung, Berlin 2011, S. 27-64.

Baraldi, Claudio, GLU. Glossar zu Niklas Luhmanns Theorie sozialer Systeme, hg. v. Corsi, Giancarlo und Esposio, Elena, Frankfurt/M. 1997.

Barrelmeyer, Uwe, Geschichtliche Wirklichkeit als Problem. Untersuchungen zu geschichtstheoretischen Begründungen historischen Wissens bei Johann Gustav Droysen, Georg Simmel und Max Weber, Münster 1995.

Baugh, Daniel A., The Anglo-French Seven Years' War, Harlow 2011.

Baumgart, Winfried, Europäisches Konzert und Nationale Bewegung. Internationale Beziehungen 1830-1878 (Handbuch der Geschichte der Internationalen Beziehungen, Band 6), Paderborn-München-Wien-Zürich 1999.

Beck, Lewis White, 18th-Century Philosophy, New-York – London 1966.

Behrens, Henning (Hg.), Theorien der Internationalen Politik, München 1984.

Bely, Lucien, "La politique extérieure de la France au milieu du XVIIIe siècle", in: Der Siebenjährige Krieg (1756-1763). Ein europäischer Weltkrieg im Zeitalter der Aufklärung, Berlin 2011, S. 75-98.

Bely, Lucien, Les relations internationales en Europe (XVIIe – XVIIIe siècles), Paris 1992.

Berger, Peter L., Luckmann, Thomas, Die gesellschaftliche Konstruktion der Wirklichkeit. Eine Theorie der Wissenssoziologie, Frankfurt/M 1989.

Literaturverzeichnis

Bisky, Jens (Hg.), Unser König. Friedrich der Große und seine Zeit – ein Lesebuch, Berlin 2012.

Black, Jeremy, Eighteenth-Century Britain: 1688-1783, New York 2001.

Black, Jeremy, Great Powers and the Quest for Hegemony. The world order since 1500, New York 2007.

Black, Jeremy, The Rise of the European Powers 1679-1793, London-New York-Melbourne-Auckland 1990.

Blaich, Fritz, Die Epoche des Merkantilismus, Wiesbaden 1973.

Blanning, Tim, Das Alte Europa 1660 – 1789. Kultur der Macht und Macht der Kultur, Darmstadt 2006.

Blanning, Tim, Joseph II., London-New York 1994.

Blaschke, Karl-Heinz, Bevölkerungsgeschichte von Sachsen, Weimar 1967.

Blaschke, Karl-Heinz, Sachsen zwischen den Reformen 1763-1831, in: Sachsen 1763-1832, Beucha1996, S. 9-23.

Bode, Dietmar, Der Beginn des Siebenjährigen Krieges, in: Dresdner Hefte. Beiträge zur Kulturgeschichte, Vol. 68 (2001), S. 20-27.

Bourdieu, Pierre, Der Habitus als Vermittlung zwischen Struktur und Praxis, in: Zur Soziologie der symbolischen Formen, Frankfurt/M.1974, S. 125-158.

Bourdieu, Pierre, Die feinen Unterschiede. Kritik der gesellschaftlichen Urteilskraft, Frankfurt/M. 1987.

Bourdieu, Pierre, Sozialer Sinn. Kritik der theoretischen Vernunft, Frankfurt/M. 1993.

Bourdieu, Pierre, Praktische Vernunft. Zur Theorie des Handelns, Frankfurt/M.1998.

Bourdieu, Pierre, Genese und Struktur des religiösen Feldes, in: Pierre Bourdieu. Das religiöse Feld. Texte zur Ökonomie des Heilsgeschehens, Konstanz 2000.

Bourdieu, Pierre, Das politische Feld. Zur Kritik der politischen Vernunft, Konstanz 2001.

Bourdieu, Pierre, Von der königlichen Hausmacht zur Staatsraison. Ein Modell der Genese des bürokratischen Staates, in: Pierre Bourdieu. Schwierige Interdisziplinarität. Zum Verhältnis von Soziologie und Geschichtswissenschaft, Münster 2004, S. 24-47.

Bourdieu, Pierre, Entwurf einer Theorie der Praxis, Frankfurt/M. 2. Aufl. 2009.

Brandenburgs Kurfürsten. Preussens Könige. Deutsche Kaiser, Taschenlexikon, Karwe 8. Aufl. 2008.

Brewer, John, The Sinews of Power. War, money and the English state, 1688-1783, London 1989.

Broicher, Elisabeth, Der Aufstieg der preussischen Macht von 1713 bis 1756 in seiner Auswirkung auf das europäische Staatensystem, Köln 1947.

Browning, Reed, The War of the Austrian Succession, New York 1993.

Brunner, Otto, ""Feudalismus". Ein Beitrag zur Sozialgeschichte", in: Neue Wege der Verfassungs- und Sozialgeschichte (Zweite, vermehrte Auflage), Göttingen 1968, S. 128-159.

Brunner, Otto, "Vom Gottesgnadentum zum monarchischen Prinzip. Der Weg der europäischen Monarchie seit dem hohen Mittelalter", in: Neue Wege der Verfassungs- und Sozialgeschichte, Göttingen 1980, S. 160-186.
Buddruss, Eckhard, Die französische Deutschlandpolitik 1756-1789, Mainz 1995.
Bull, Hedley, The Anarchical Society. A Study of Order in World Politics, London and Basingstoke 1977.
Burkhardt, Johannes, "Die Friedlosigkeit der Frühen Neuzeit. Grundlegung einer Theorie der Bellizität Europas", in: Zeitschrift für Historische Forschung 24 (1997), Nr. 1, S. 509-574.
Burkhardt, Johannes, Abschied vom Religionskrieg. Der Siebenjährige Krieg und die päpstliche Diplomatie, Tübingen 1985.
Buzan, Barry, Charles Jones, Richard Little, The Logic of Anarchy. Neorealism to Structural Realism, New York 1993.
Buzan, Barry, Little, Richard, International Systems in World History, Oxford 2000.
Campbell, Peter, Power and Politics in Old Regime France 1720-1745, London-New York 1996.
Carr, Edward Hallett, The Twenty Years' Crisis, 1919 – 1939. An Introduction to the Study of International Relations, New York 2001.
Clark, Christopher, Preußen. Aufstieg und Niedergang. 1600-1947, München 2008.
Clark, Christopher, Die Schlafwandler. Wie Europa in den Ersten Weltkrieg zog, München 12. Aufl.2014
Childs, John, Armies and warfare in Europe, 1648-1789, New York 1982.
Corvisier, André, Armées et sociétés en Europe de 1494 à 1789, Paris 1976.
Craig, Gordon A., Die Politik der Unpolitischen. Deutsche Schriftsteller und die Macht 1770-1871, darin: Goethe als Staatsmann (Kap. I), München 1996.
Dassow, Johannes, Friedrich II. von Preussen und Peter III. von Russland, Stolp / Pommern 1908.
de Madariaga, Isabel, Katharina die Große. Das Leben der russischen Kaiserin, München 2. Aufl. 1997.
de Madariaga, Isabel, Russia in the Age of Catherine the Great, New Haven and London, Yale University Press 1981.
Dehio, Ludwig, Gleichgewicht oder Hegemonie, Zürich 1997.
Demel, Walter, Europäische Geschichte des 18. Jahrhunderts, Stuttgart – Berlin – Köln 2000.
Demel, Walter, Vom aufgeklärten Reformstaat zum bürokratischen Staatsabsolutismus, München 1993.
Dickson, Peter George Muir, Finance and Government under Maria Theresia 1740-1780, 2 Bände, Oxford 1987.
Dillmann, Edwin, Maria Theresia, München 2000.
Dippel, Horst, Geschichte der USA, München 1997.
Dorn, Walter, Competition for Empire. 1740 – 1763, New York and London 1940.

Literaturverzeichnis

Duchhardt, Heinz, Balance of Power und Pentarchie. Internationale Beziehungen 1700-1785 (Handbuch der Geschichte der Internationalen Beziehungen, Band 4), Paderborn-München-Wien-Zürich 1997.

Duchhardt, Heinz, Das Zeitalter des Absolutismus, München 1992.

Duchhardt, Heinz, Gleichgewicht der Kräfte, Convenance, Europäisches Konzert, Darmstadt 1976.

Duffy, Christopher, Friedrich der Grosse und seine Armee, Stuttgart 1978.

Duffy, Christopher, Maria Theresia und ihre Armee, Stuttgart 2010.

Duffy, Christopher, Russia's Military Way to the West. Origins and Nature of Russian Military Power 1700-1800, London 1981.

Dull, Jonathan R., The French Navy and the Seven Year's War, London 2005.

Durkheim, Emile, Der Selbstmord, Neuwied – Berlin 1973.

Durkheim, Emile, Die Regeln der soziologischen Methode, Frankfurt/M 1984 (Einleitung von René König).

Durkheim, Emile, Les règles de la méthode sociologique, Paris 2007 (mit Einleitung durch F. Dubet).

Dwyer, Philip G. (Hg.), The Rise of Prussia 1700-1830, Harlow 2000.

Dziembowski, Edmond, Un nouveau patriotisme francais, 1750-1770. La France face à la puissance anglaise à l'époque de la guerre de Sept Ans, Oxford 1998.

Ekkehart, Krippendorff, Staat und Krieg. Die historische Logik politischer Unvernunft, Frankfurt/M. 1985.

Elias, Norbert, Über den Prozess der Zivilisation. Zweiter Band. Wandlungen der Gesellschaft – Entwurf zu einer Theorie der Zivilisation, Frankfurt/M. 6. Aufl. 1979.

Engels, Jens Ivo, "Das "Wesen" der Monarchie. Kritische Anmerkungen zum "Sakralkönigtum" in der Geschichtswissenschaft", in: Majestas 7 (1999), S. 33-39.

Erbe, Michael, Revolutionäre Erschütterung und Erneuertes Gleichgewicht. Internationale Beziehungen 1785-1830 (Handbuch der Geschichte der Internationale Beziehungen, Band 5), Paderborn-Wien-München-Zürich 2004.

Externbrink, Sven, "Ludwig XV. als Außenpolitiker. Zum politischen "Stil" des Monarchen", in: Französisch-Deutsche Beziehungen in der neueren Geschichte. Festschrift für Jean Laurent Meyer zum 80. Geburtstag, Münster 2007, S. 221-240.

Externbrink, Sven, Friedrich der Große, Maria Theresia und das Alte Reich. Deutschlandbild und Diplomatie Frankreichs im Siebenjährigen Krieg, Berlin 2006.

Fellmann, Walter; Heinrich Graf Brühl. Ein Lebens- und Zeitbild, Leipzig1989.

Fejtö, Francois, Joseph II., München 1987.

Fowler, William, Empires at War, The Seven Years' War and the Struggle for North America, New York 2005.

Freud, Sigmund, Massenpsychologie und Ich-Analyse. Die Zukunft einer Illusion, Frankfurt/M. 3. Aufl. 1997.

Friedrich der Große; Friederisiko. Friedrich der Große – Ausstellung der Stiftung Preussische Schlösser und Gärten Berlin-Brandenburg im Neuen Palais und im Park Sanssouci, München 2012.

Friedrich der Große, "Betrachtungen über den gegenwärtigen politischen Zustand Europas", in: Die Werke Friedrichs des Großen. Erster Band, Berlin 1913, S. 226-244.

Friedrich der Große, "Geschichte meiner Zeit, Zweiter Band", in: Die Werke Friedrichs des Großen in deutscher Übersetzung, Berlin 1913.

Fröhlich, Michael, Geschichte Großbritanniens. Von 1500 bis heute, Darmstadt 2004.

Füssel, Marian, "Friedrich der Große und militärische Größe", in: Friederisiko. Friedrich der Große – Die Essays, 2011, S. 50-61.

Füssel, Marian, Der Siebenjährige Krieg. Ein Weltkrieg im 18. Jahrhundert, München 2010.

Fulda, Hans Friedrich, Georg Wilhelm Friedrich Hegel, München 2003.

Fuller, William C., Strategy and Power in Russia 1600-1914, Toronto 1992.

Gadamer, Hans-Georg, Hegels Dialektik des Selbstbewußtseins, in: Materialien zu Hegels "Phänomenologie des Geistes", Frankfurt/M. 1979, S. 217-242.

Général Andolenko, C.R., Histoire de l'Armée Russe, Flammarion 1967.

Gersmann, Gudrun, Hubertus Kohle (Hg.), Frankreich 1800. Gesellschaft, Kultur, Mentalitäten, Stuttgart 1990.

Giddens, Anthony, Die Konstitution der Gesellschaft, Frankfurt/M.-New York 1997.

Gilpin, Robert, War and Change in World Politics, Cambridge 1981.

Gömmel, Rainer, Die Entwicklung der Wirtschaft im Zeitalter der Merkantilismus 1620-1800, München 1998.

Greve, Wilhelm G., Epochen der Völkerrechtsgeschichte, Baden-Baden 2. Aufl. 1988.

Groehler, Olaf, Die Kriege Friedrichs II., Berlin 6. Aufl. 1990.

Gross, Reiner, Geschichte Sachsens, Leipzig 2012.

Gulick, Edward Vose, Europe's Classical Balance of Power. A Case History of the Theory and Practice of One of the Great Concepts of European Statecraft, New York 1955.

Habermas, Jürgen, Strukturwandel der Öffentlichkeit. Untersuchungen zu einer Kategorie der bürgerlichen Gesellschaft, Neuwied und Berlin 5. Aufl. 1971.

Hanke, René, Brühl und das renversement des alliances. Die antipreußische Politik des Dresdner Hofes 1744-1756, Münster 2006.

Hawtrey, R.G., Economic Aspects of Sovereignty, London 1930.

Hegel, Georg Wilhelm Friedrich, Phänomenologie des Geistes, Verlag Meiner Hamburg, Jubliäumsausgabe, 1952.

Hegel, Georg Wilhelm Friedrich, Enzyklopädie der philosophischen Wissenschaften III. Dritter Teil. Die Philosophie des Geistes. Mit den mündlichen Zusätzen, Frankfurt/M.1976.

Hegel, Georg Wilhelm Friedrich, Jenaer Schriften 1801-1807, Frankfurt/M. 1983.

Hertzig, Stefan, Die Kanonade vom 19. Juli 1760 und der Wiederaufbau der Dresdner Innenstadt, in: Dresdner Hefte. Beiträge zur Kulturgeschichte, 2001, S. 42-50.

Hinrichs, Carl, "Staat und Gesellschaft im Barockzeitalter", in: Preußen als historisches Problem, Berlin 1951, S. 205-226.

Hinrichs, Carl, "Zur Selbstauffassung Ludwigs XIV. in seinen Mémoires", in: Preußen als historisches Problem, Berlin 1964, S. 299-315.

Hinrichs, Ernst, "Merkantilismus in Europa, Konzepte, Ziele Praxis", in: Absolutismus, Frankfurt/M. 1986, S. 344-360.

Hintze, Kurt, "Die Bevölkerung Preußens im 17. und 18. Jahrhundert nach Quantität und Qualität", in: Moderne Preußische Geschichte, Berlin 1982.

Hintze, Otto, "Staatsverfassung und Heeresverfassung", in: Staat und Verfassung. Gesammelte Abhandlungen zur allgemeinen Verfassungsgeschichte, Göttingen 1962, S. 52-83.

Hintze, Otto, "Wesen und Verbreitung des Feudalismus", in: Staat und Verfassung. Gesammelte Abhandlungen zur allgemeinen Verfassungsgeschichte, Göttingen 1962, S. 84-119.

Hintze, Otto, Feudalismus – Kapitalismus, hg. v. Gerhard Oestreich, Göttingen 1970.

Hochedlinger, Michael, Austria's Wars of Emergence. War, State and Society in the Habsburg Monarchy 1683-1797, London 2003.

Holbraad, Carsten, "The Role of Middle Powers", in: Cooperation and Conflict 1971 (1971), S. 77-90.

Honneth, Axel, Kampf um Anerkennung. Zur moralischen Grammatik sozialer Konflikte, Frankfurt/M. 1994.

Honneth, Axel, "Arbeit und Anerkennung. Versuch einer Neubestimmung", in: Anerkennung 21 (2009), S. 213-228.

Horn, D.B., Frederick the Great and the Rise of Prussia, London 1964.

Hubensteiner, Benno, Bayerische Geschichte. Staat und Volk. Kunst und Kultur, München 9. Aufl. 1981.

Jervis, Robert, System Effects. Complexity in Political and Social Life, Princeton 1997.

Jervis, Robert, The Logic of Images in International Relations, Princeton 1970.

Jessen, Hans (Hg.), Friedrich der Große und Maria Theresia in Augenzeugenberichten, München 1972.

Kaemmel, Otto, Sächsische Geschichte, Dresden 1999.

Kahnert, Timo, Der drohende Krieg gegen Russland 1761/62, in: Handbuch zur Nordelbischen Militärgeschichte. Heere und Kriege in Schleswig, Holstein, Lauenburg, Eutin und Lübeck, 1623-1863/67, Husum 2010.

Kant, Immanuel, Zum ewigen Frieden. Ein philosophischer Entwurf, Stuttgart, 2010.

Kantorowicz, Ernst H., "Die Mysterien des Staates. Eine absolutistische Vorstellung und ihre Ursprünge im Mittelalter", in: Götter in Uniform. Studien zur Entwicklung des abendländischen Königtums, Stuttgart 1998.

Kantorowicz, Ernst H., "Die zwei Körper des Königs", in: Götter in Uniform. Studien zur Entwicklung des abendländischen Königtums, Stuttgart 1998.

Kaplan, Herbert H., Russia and the Outbreak of the Seven Years' War, Berkeley and Los Angeles 1968.

Kaufhold, Karl Heinrich, "Wirtschaft, Gesellschaft und ökonomisches Denken", in: Preußens großer König, Würzburg 1986, S. 101-112.

Kaus, Gina, Katharina die Große. Biographie, Esslingen-München 1977.

Keep, John L., Soldiers of the Tsar. Army and Society in Russia 1462-1874, Oxford 1985.

Keller, Harald, Die Kunst des 18. Jahrhunderts, Frankfurt/M-Berlin-Wien 1971.

Keller, Katrin, Landesgeschichte Sachsen, Stuttgart 2002.

Kennan, George, Memoiren eines Diplomaten, München 1982.

Kennedy, Paul, Aufstieg und Fall der Grossen Mächte. Ökonomischer Wandel und Militärischer Konflikt von 1500 bis 2000, Frankfurt/M. 2. Aufl. 1989.

Kieserling, André, Selbstbeschreibung und Fremdbeschreibung. Beiträge zur Soziologie des Wissens, Frankfurt/M. 2004.

Klueting, Harm, Die Lehre von der Macht der Staaten. Das außenpolitische Machtproblem in der "politischen Wissenschaft" und in der praktischen Politik im 18. Jahrhundert, Berlin 1986.

Kluxen, Kurt, "Zur Balanceidee im 18. Jahrhundert", in: Vom Staat des Ancien Regime zum Modernen Parteienstaat., 1978.

Kötzschke, Rudolf, Sächsische Geschichte, Dresden 2002.

Konstam, Angus, Russian Army of the Seven Years War (I), London 1996.

Kotulla, Michael, Deutsche Verfassungsgeschichte. Vom Alten Reich bis Weimar (1495-1934), Berlin-Heidelberg 2008.

Kroener, Bernhard R., "Die materiellen Grundlagen österreichischer und preußischer Kriegsanstrengungen 1756-1763", in: Europa im Zeitalter Friedrichs des Grossen. Wirtschaft, Gesellschaft, Kriege, 1989.

Kroener, Bernhard R., "Herrschaftsverdichtung als Kriegsursache, Wirtschaft und Rüstung der europäischen Großmächte im Siebenjährigen Krieg", in: Wegner, Bernd (Hg.), Wie Kriege entstehen. Zum historischen Hintergrund von Staatenkonflikten, Paderborn-München-Wien-Zürich 2000, S. 145-173.

Kruse, Volker, "Geschichts- und Sozialphilosophie" oder Wirklichkeitswissenschaft"?. Die deutsche historische Soziologie und die logischen Kategorien René Königs und Max Webers, Frankfurt/M. 1. Aufl. 1999.

Kugler, Franz, Geschichte Friedrichs des Großen, Leipzig 1856.

Kunisch, Johannes, Das Mirakel des Hauses Brandenburg. Studien zum Verhältnis von Kabinettspolitik und Kriegsführung im Zeitalter des Siebenjährigen Krieges, München-Wien 1978.

Kunisch, Johannes (Hg.), "Staats-Betrachtungen über den gegenwärtigen Preußischen Krieg in Teutschland", in: Das Mirakel des Hauses Brandenburg, Wien 1978.

Kunisch, Johannes, Staatsverfassung und Mächtepolitik. Zur Genese von Staatenkonflikten im Zeitalter des Absolutismus, Berlin 1979.

Kunisch, Johannes, "Hausgesetzgebung und Mächtesystem. Zur Einbeziehung hausvertraglicher Erbfolgeregelungen in die Staatenpolitik des ancien régime", in: Der dynastische Fürstenstaat, Berlin 1982, S. 49-80.

Kunisch, Johannes, Fürst – Gesellschaft – Krieg. Studien zur bellizistischen Disposition des absoluten Fürstenstaates, Köln – Weimar – Wien 1992.

Literaturverzeichnis

Kunisch, Johannes, "Der Aufstieg neuer Großmächte im 18. Jahrhundert und die Aufteilung der Machtsphären in Ostmitteleuropa", in: Staatskanzler Wenzel Anton von Kaunitz-Rietberg 1711-1794, Graz-Estergom-Paris-New York 1996.

Kunisch, Johannes, Absolutismus, Göttingen 2. Aufl. 1999.

Kunisch, Johannes, Friedrich der Grosse. Der König und seine Zeit, München 2004.

Kunisch, Johannes, "Der Historikerstreit über den Ausbruch des Siebenjährigen Krieges (1756)", in: Friedrich der Große in seiner Zeit, München 2008, S. 48-105.

Kunisch, Johannes, Friedrich der Große in seiner Zeit. Essays, München 2008.

Le Duc de Broglie, Frédéric II et Louis XV d'après des documents nouveaux 1742-1744, Paris 1885.

Leonard, Carol S., Reform and Regicide. The Reign of Peter III. of Russia, Bloomington and Indianapolis 1993.

Levy, Jack S., War in the Modern Great Power system, 1495-1975, Kentucky 1983.

Link, Christoph, Deutsche Verwaltungsgeschichte Band 1. Vom Spätmittelalter bis zum Ende des Reiches, Stuttgart 1983.

Luhmann, Niklas, "Komplexität", in: Soziologische Aufklärung 2, Aufsätze zur Theorie der Gesellschaft, Opladen 1982, S. 204-220.

Luhmann, Niklas, Die Kunst der Gesellschaft, Frankfurt/M. 2. Aufl. 1996.

Luhmann, Niklas, Soziale Systeme. Grundriß einer allgemeinen Theorie, Frankfurt/M. 2. Aufl. 1985.

Luhmann, Niklas, Die Wissenschaft der Gesellschaft, Frankfurt/M. 1990.

Luhmann, Niklas, Soziologische Aufklärung 5. Konstruktivistische Perspektiven, Opladen 1990.

Luh, Jürgen, Kriegskunst in Europa, 1650-1800, Köln-Weimar-Wien 2004.

Luh, Jürgen, Sachsens Bedeutung für Preußens Kriegsführung, in: Dresdner Hefte, Vol. 68(2001)Vol. 68, S. 28-34.

Malettke, Klaus, Ludwig XIV. von Frankreich. Leben, Politik und Leistung, Göttingen-Zürich 1994.

Mann, Michael, Geschichte der Macht (Zweiter Band). Vom Römischen Reich bis zum Vorabend der Industrialisierung, Frankfurt/M. 1994.

Mann, Thomas, Friedrich und die Grosse Koalition. Ein Abriss für den Tag und die Stunde, Stuttgart 1990.

Marx, Werner, Hegels Phänomenologie des Geistes. Die Bestimmung ihrer Idee in "Vorrede" und "Einleitung", Frankfut/M. 1981.

Matzerath, Josef, Adelsrecht und Ständegesellschaft im Kursachsen des 18. Jahrhunderts, in: Sachsen 1763-1832, Beucha 1996, S. 24-39.

Maurer, Michael, Kirche, Staat und Gesellschaft im 17. und 18. Jahrhundert, München 1999.

Mc Kay, Derek, Scott, H.M., The Rise of the Great Powers 1648-1815, Harlow 1983.

Mead, George H., "Eine behavioristische Erklärung des signifikanten Symbols", in: Gesammelte Aufsätze Band 1, Frankfurt/M., S. 290-298.

Mearsheimer, John J., The Tragedy of Great Power Politics, New York 2001.

Mediger, Walter, Moskaus Weg nach Europa. Der Aufstieg Russlands zum europäischen Machtstaat im Zeitalter Friedrichs des Grossen, Braunschweig 1952.

Messerschmidt, Manfred, "Das preußische Militärwesen", in: Handbuch der Preussischen Geschichte 3 (2001).

Mikoletzky, Hanns Leo, Österreich. Das Grosse 18. Jahrhundert, Wien 1967.

Milner, Helen, "The Assumption of Anarchy in International Relations Theory, A Critique", in: Studies in Diplomatic History. Essays in memory of David Bayne Horn 17 (1991), Nr. 1, Cambridge S. 67-85.

Mohnhaupt, Heinz, "Die Lehre von der "Lex Fundamentalis" und die Hausgesetzgebung Europäischer Dynastien", in: Der dynastische Fürstenstaat, Berlin 1982, S. 3-33.

Morgenthau, Hans J., Politics among Nations. The Struggle for Power and Peace, New York 2006.

Müller, Michael G., Polen zwischen Preussen und Russland, Berlin 1983.

Müller, Winfried, Der Siebenjährige Krieg. Sachsen im Beziehungsgeflecht des Alten Reiches und der europäischen Großmächte, in: Dresdner Hefte, Vol. 68(2001), S. 2-10.

Münkler, Herfried, Der Grosse Krieg. Die Welt 1914 – 1918, Berlin 2014.

Muhlack, Ulrich, "Thronfolge und Erbrecht in Frankreich", in: Der dynastische Fürstenstaat, Berlin 1982, S. 173-197.

Nassehi, Armin, Geschlossenheit und Offenheit. Studien zur Theorie der modernen Gesellschaft, Frankfurt/M. 2003.

Nassehi, Armin, Gesellschaft der Gegenwarten, Studien zur Theorie der modernen Gesellschaft II, Frankfurt/M. 2011.

Neugebauer, Wolfgang, "Der Merkantilismus in Brandenburg-Preußen bis 1740", in: Handbuch der Preussischen Geschichte, Berlin-New York 2009, S. 285-296.

Neugebauer, Wolfgang, "Epochen der preußischen Geschichte. Brandenburg-Preußen in der Frühen Neuzeit. Politik und Staatsbildung im 17. und 18. Jahrhundert", in: Handbuch der Preussischen Geschichte, Berlin-New York 2009, S. 113-410.

Neugebauer, Wolfgang, "Staatsverfassung und Heeresverfassung in Preußen während des 18. Jahrhunderts", in: Die Preussische Armee zwischen Ancien Régime und Reichsgründung, Paderborn 2008, S. 27-44.

Oestreich, Gerhard, "Strukturprobleme des europäischen Absolutismus", in: Geist und Gestalt des frühmodernen Staates, 1969, S. 179-197.

Opitz-Belakhal, Claudia, Militärreformen zwischen Bürokratisierung und Adelsreaktion. Das französische Kriegsministerium und seine Reformen im Offizierskorps von 1760-1790, Sigmaringen 1994.

Osterhammel, Jürgen, Die Entzauberung Asiens. Europa und die asiatischen Reiche im 18. Jahrhundert, München 2010.

Perinbanayagam, R.S., "The Definition of the Situation, an Analysis of the Ethnomethodologiocal and Dramaturgical View", in: The Sociological Quarterly 15 (1974), S. 521-541.

Literaturverzeichnis

Pietschmann, Horst, "Reichseinheit und Erbfolge in den spanischen Königreichen", in: Der dynastische Fürstenstaat, Berlin 1982, S. 199-246.

Piper, Stefan Ulrich, "Der Westfälische Friede und seine Bedeutung für das Völkerrecht", in: Juristische Arbeitsblätter 12 (1995).

Pleschinski, Hans (Hg.), Voltaire – Friedrich der Grosse – Briefwechsel, Zürich 1992.

Pomeranz, Kenneth, The Great Divergence. China, Europe and the Making of Modern World Economy, Princeton-Oxford 2000.

Pommerin: Reiner, "Bündnispolitik und Mächtesystem. Österreich und der Aufstieg Rußlands im 18. Jahrhundert", in: Expansion und Gleichgewicht, Berlin 1986, S. 113-164.

Pröve, Ralf, "Der delegitimierte Gegner. Kriegsführung als Argument im Siebenjährigen Krieg", in: Der Siebenjährige Krieg (1756-1763). Ein europäischer Weltkrieg im Zeitalter der Aufklärung, Berlin 2011, S. 275-282.

Quante, Michael, "Der reine Begriff des Anerkennens". Überlegungen zur Grammatik der Anerkennungsrelation in Hegels Phänomenologie des Geistes, in: Deutsche Zeitschrift für Philosophie, 2009, S. 91-106.

Rassow, Peter, Die Angliederung Schlesiens an Preussen 1740 in ihrer Bedeutung für das System der großen Mächte, Köln-Braunschweig 1953.

Reboul, Colonel, Histoire de la Nation francaise Bd. VII (Histoire militaire et navalée des Croisades à la Révolution), Paris ohne Jahrgang.

Redlich, Oswald, Das Werden einer Großmacht. Österreich 1700-1740, Brünn-München-Wien 1942.

Rees, Joachim, "Krieg und Querelle. Zum Wandel des militärischen Ereignisbildes seit 1756", in: Der Siebenjährige Krieg (1756-1763). Ein europäischer Weltkrieg im Zeitalter der Aufklärung, Berlin 2011, S. 197-244.

Reichardt, Sven, Bourdieus Habituskonzept in den Geschichtswissenschaften, in: Pierre Bourdieus Konzeption des Habitus, Heidelberg 2013, S. 307-323.

Reinhard, Wolfgang, "Anmerkung", in: Staatsverfassung und Heeresverfassung in der europäischen Geschichte der frühen Neuzeit, Berlin 1962, S. 470-472.

Richter, Dirk, Weltgesellschaft, in: Soziologische Gesellschaftsbegriffe, München 1997, S. 184-204.

Roberts, Michael, Die militärische Revolution 1560-1660, in: Absolutismus, Frankfurt/M. 1986.

Rothstein: Robert L., Alliances and Small Powers, New York 1968.

Rousseau, Jean Jacques, Extrait du projet de paix perpétuelle de Monsieur l'Abbé de Saint-Pierre, Ausgabe E.M. Nutell, 1927.

Sautai, Maurice, Les Préliminaires de la guerre de la succession d'Autriche, Paris, Librairerie Militaires R. Chapelot 1907.

Scharf, Claus, Katharina II., Deutschland und die Deutschen, Mainz 1995.

Schieder, Theodor, "Die Mittleren Staaten im System der Grossen Mächte", in: Historische Zeitschrift 232 (1981), S. 583-604.

Schieder, Theodor, Friedrich der Grosse. Ein Königtum der Widersprüche, Frankfurt/M., Berlin 1986.

Schlechte, Horst (Hg.), Das Geheime Politische Tagebuch des Kurprinzen Friedrich Christian 1751 bis 1757. Köln-Weimar-Wien 1992.

Schlenke, Manfred, England und das Friderizianische Preussen 1740 – 1763. Ein Beitrag zum Verhältnis von Politik und öffentlicher Meinung im England des 18. Jahrhunderts, Freiburg – München 1963.

Schoeps, Hans-Joachim, Preussen. Geschichte eines Staates, Berlin 1981.

Schort, Manfred, Politik und Propaganda. Der Siebenjährige Krieg in den zeitgenössischen Flugschriften, Frankfurt/M. 2006.

Schroeder, Paul W., "The Lost Intermediaries, The Impact of 1870 on the European System", in: The International History Review VI (1984), S. 1-27.

Schüßler, Willi (Hg.), Friedrich der Große – Gespräche mit Henri de Catt, München 1981.

Schulze, Winfried, "Hausgesetzgebung und Verstaatlichung im Hause Österreich vom Tode Maximilians I. bis zur Pragmatischen Sanktion", in: Der dynastische Fürstenstaat, Berlin 1982, S. 253-271.

Schulze, Winfried, Soziologie und Geschichtswissenschaft, München 1974.

Schumpeter, Joseph A., "Die Krise des Steuerstaates", in: Aufsätze zur Soziologie, 1953, S. 1-71.

Schumpeter, Joseph A., "Zur Soziologie der Imperialismen", in: Aufsätze zur Soziologie, 1953, S. 72-146.

Schweizer, K.W., England, Prussia and the Seven Years War. Studies in Alliance Policies and Diplomacy, London-New York 2008.

Schwingel, Markus, Pierre Bourdieu. Zur Einführung, Hamburg 3. Aufl. 2000.

Scott, H.M., "1763-1786, The Second Reign of Frederick the Great?", in: The Rise of Prussia 1700-1830, Harlow 2000, S. 177-200.

Scott, H.M., "Prussia's Emergence as a European great power, 1740-1763", in: The Rise of Prussia 1700-1830, Harlow 2000, S. 153-176.

Scott, H.M., "Katharinas Russland und das europäische Staatensystem", in: Katharina II., Russland und Europa, Mainz 1995.

Scott, H.M., "Kaunitz and the Western Powers after the Seven Years War", in: Staatskanzler Wenzel Anton von Kaunitz-Rietberg 1711-1794, Graz-Esztergom-Paris-New York 1996.

Scott, H.M., "Russia as a European Great Power", in: Russia in the Age of the Enlightenment. Essays for Isabel de Madariaga, New York 1990, S. 7-39.

Scott, H.M., The Birth of a Great Power System 1740-1815, London 2006.

Scott, H. M., The Emergence of the Eastern Powers. 1756-1775, Cambridge 2001.

Sheehan, Michael, The Balance of Power. History and Theory, London 1996.

Shennan, Margaret, The Rise of Brandenburg Prussia, London 1995.

Siep, Ludwig, Der Kampf um Anerkennung. Zu Hegels Auseinandersetzung mit Hobbes in den Jenaer Schriften, in: Hegel-Studien, Vol. 9 (1974), S. 155-207.

Siep, Ludwig, Anerkennung als Prinzip der praktischen Philosophie. Untersuchungen zu Hegels Jenaer Philosophie des Geistes, Vol. 11, Freiburg-München 1979.

Literaturverzeichnis

Siep, Ludwig, Der Weg der Phänomenologie des Geistes. Ein einführender Kommentar zu Hegels "Differenzschrift" und "Phänomenologie des Geistes", Frankfurt/M. 2000.

Simms, Brendan, "Zweierlei Reich. Die britische Politik im Spannungsfeld zwischen Amerika und Europa im Schatten der "Diplomatischen Revolution"", in: Der Siebenjährige Krieg (1756-1763). Ein europäischer Weltkrieg im Zeitalter der Aufklärung, Berlin 2011, S. 65-74.

Skalweit, Stephan, Frankreich und Friedrich der Grosse. Der Aufstieg Preußens in der öffentlichen Meinung des "ancien régime", Bonn 1952.

Steinbach, Matthias (Hg.), Kartoffeln mit Flöte. Friedrich der Große – Stimmen, Gegenstimmen, Anekdotisches, Stuttgart 2011.

Szabo, Franz A.J., Kaunitz and enlightened absolutism 1753-1780, Cambridge 1994.

Szabo, Franz A.J., The Seven Years' War in Europe, London-New York 2008.

Tarde, Gabriel, Die Gesetze der Nachahmung, Frankfurt/M. 2009.

Thompson, Andrew C., Britain: Hanover and the Protestant Interest, 1688-1756, Woodbridge 2006.

Tilly, Charles, Coercion, Capital and European States, ad 990-1990, Cambridge – Oxford 1990.

Tilly, Charles, The Formation of National States in Western Europe, Chicago 1975.

Väyriynen, Raimo, "On the Definition and Measurement of Small Power Status", in: Cooperation and Conflict VI (1971), S. 91-102.

Vital, David, "The Analysis of Small Power Politics", in: Small States in International Relations, 1971, S. 15-27.

Vocelka, Karl, Walter Pohl, Die Habsburger. Eine Europäische Familiengeschichte, hg. v. Brigitte Vacha, Graz-Wien-Köln 1995.

Vocelka, Karl, Glanz und Untergang der Höfischen Welt, hg. v. Herwig Wolfram, Wien 2001.

von Ranke, Leopold, "Politisches Gespräch", in: ders., Die Grossen Mächte., hg. v. Ulrich Muhlack, Frankfurt/M. 1995.

von Ranke, Leopold, Die Grossen Mächte., hg. v. Ulrich Muhlack, Frankfurt/M. 1995.

von Salisch, Marcus, ""Von Preußen lernen...?". Die friderizianische Armee nach dem Siebenjährigen Krieg und die Entwicklungen der Zeit", in: Friederisiko. Friedrich der Große – Die Essays, München 2012, S. 62-73.

von Salisch, Marcus, Treue Deserteure. Das Kursächsische Militär und der Siebenjährige Krieg, München 2009.

von Schlözer, Kurd, Friedrich der Große und Katharina die Zweite, Berlin 1859.

von Stein, F., Geschichte des russischen Heeres. Vom Ursprunge desselben bis zur Thronbesteigung des Kaisers Nikolai Pawlowitsch, Hannover 1885.

Wagner, Ferdinand, "Die europäischen Mächte in der Beurteilung Friedrichs des Grossen 1746 – 1757", in: Mittheilungen des Instituts für Österreichische Geschichtsforschung XX (1899), S. 397-443.

Walt, Stephen M., "Alliance Formation and the Balance of World Power", in: International Security 9 (1985), Nr. 4, S. 3-43.

Literaturverzeichnis

Walt, Stephen M., The Origins of Alliances, Ithaca – London 1987.

Waltz, Kenneth, Theory of International Politics, New York 1. Aufl. 1979.

Wandruszka, Adam, "Die europäische Staatenwelt im 18. Jahrhundert", in: Propyläen Weltgeschichte 7 Frankfurt/M.-Berlin (1986), S. 385-465.

Watson, Adam, The Evolution of International Society. A comparative historical analysis, London-New York 2009.

Weber, Max, "Die "Objektivität" sozialwissenschaftlicher und sozialpolitischer Erkenntnis", in: Wissenschaftslehre. Gesammelte Aufsätze, Tübingen 1985, S. 146-214.

Weber Max, Wirtschaft und Gesellschaft, Tübingen 1985.

Wegner, Bernd (Hg.), Wie Kriege entstehen. Zum historischen Hintergrund von Staatenkonflikten, Paderborn-München-Wien-Zürich 2000.

Wende, Peter, "Die Thronfolge in England im 16. und 17. Jahrhundert", in: Der dynastische Fürstenstaat, Berlin 1982, S. 345-357.

Wendt, Alexander, "Anarchy is what States Make of it, The Social Construction of Power Politics", in: International Organization 46 (1992), Nr. 2, S. 392-425.

Wendt, Alexander, Social Theory of International Politics, Cambridge 1999.

Wendt, Alexander, "The State as Person in International Theory", in: International Organization 30 (2004), Nr. 2, S. 289-316.

Whitehead, Alfred North, Science and the Modern World (Lowell Lectures 1925) New York 1967.

Wilms, Johannes, "Die Macht und ihr Preis. Im Wettstreit der Großmächte fiel Bayerns Herrscher eine riskante Schlüsselrolle zu", in: Unter der Krone. 1806-1918 – Das Königreich Bayern und sein Erbe, München 2006, S. 40-43.

Wilson, Arthur McCandless, French Foreign Policy during the Administration of Cardinal Fleury 1726-1743. A Study in Diplomacy and Commercial Development, London 1936.

Wilson, Peter H., Absolutism in Central Europe, London 2000.

Wolf, John B., The Emergence of the Great Powers, 1685-1715, New York 1951.

Wolfgang Adam, Holger Dainat, Ute Pott (Hg.), "Krieg ist mein Lied". Der Siebenjährige Krieg in den zeitgenössischen Medien, Göttingen 2007.

Ziekursch, Johannes, Sachsen und Preussen um die Mitte des achtzehnten Jahrhunderts, Breslau 1904.